그레이트
식스 해빗

그레이트 식스 해빗

HIGH PERFORMANCE HABITS

재능과 환경을 이기는 초격차 인생 습관

브렌든 버처드 지음 | 김원호 옮김

월요일의꿈

내 삶의 빛이자 내가 아는 가장 멋진 사람,

데니스에게.

차례

SECTION 1 퍼스널 해빗

SECTION 2 소셜 해빗

SECTION 3 지속 가능한 성공을 위해 꼭 기억해야 할 것들

**HIGH
PERFORMANCE
HABITS**

탁월함이란 훈련과 습관에 의해 얻어지는 일종의 기술이다.
뛰어난 가치관이나 탁월함이 있어서 올바르게 행동하는 게 아니라,
올바르게 행동하기 때문에 뛰어난 가치관과 탁월함을 지니게 되는 것이다.
우리가 반복적으로 하는 행동이 우리 자신을 만들어낸다.
탁월함이란 단편적인 행동을 지칭하는 게 아니라 습관을 지칭하는 것이다.

-아리스토텔레스Arostotle

"어째서 더 나아가기를 그토록 두려워하지요?"

커다란 오크 책상을 사이에 두고 나는 린Lynn과 마주하고 있었다. 그녀는 자리를 고쳐 앉더니 잠시 창밖을 내다보았다. 우리가 있던 사무실은 42층으로, 저 멀리 바다가 보이고 있었다.

그런 질문을 그녀가 좋아하지 않을 거라는 생각은 하고 있었다.

사실 그녀는 주위 사람 누구라도 매우 유능하다는 평가를 내릴 만한 사람이었다. 강한 추진력에, 결단력과 리더십도 갖추고 있었다. 린은 지난 5년 동안 세 번이나 승진했고, 사람들은 그녀를 존경했다. 그녀는 탄탄대로를 걷고 있었다. 성공에 필요한 '무언가'를 가지고 있다는 게 그녀에 대한 주위 사람들의 평가였다.

'성취를 두려워한다'는 것은 그녀와는 상관없는 이야기일 것만 같았다. 하지만 나는 그렇지 않다는 것을 알고 있었다. 린은 시선을 내 쪽으로 옮기더니 대답하기 시작했다.

"글쎄요, 두려워하는 것은 아닌데……."

나는 그녀를 응시하면서 고개를 가로저었다. 그러자 그녀는 분위기를 바꾸고는 고개를 끄덕였다. 그러면서 자신의 갈색 머릿결을 내리

쓸었다. 아마도 이야기를 꾸며내는 걸 그만두기로 한 것 같았다.

"그래요. 어쩌면 그 말이 맞을지도 모르겠어요. 나는 다음 단계로 올라서는 게 두려워요."

나는 왜 두려운지 물어보았다.

"지금까지도 겨우 올라왔거든요."

● ● ●

나는 이 책을 통해 왜 사람들은 스스로 가능성을 차단하는지, 그리고 뛰어난 성과를 내기 위해서는 어떻게 해야 하는지에 대해 말하려고 한다. 왜 어떤 사람은 뛰어난 성과를 내고, 어떤 사람은 실패하고, 대다수는 시도조차 하지 않는 걸까?

나는 성과 코치로 일해오면서 린과 같은 사람을 많이 봐왔다. 린과 같은 사람은 강한 의지와 추진력으로 오랫동안 노력하면서 성공을 이뤄낸다. 그러다 어느 순간 갑자기 성과가 나지 않는다. 일에 대한 열정을 잃어버리고 지쳤다는 느낌을 갖게 된다. 주위 사람들이 보기에 그 사람은 여전히 열심히 일을 하고 계속해서 앞으로 나아가는 것 같지만, 그의 내면에서는 혼란이 일어난다. 무엇을 해야 할지 모르는 상황에 처하는 것이다. 목표의식을 상실하고, 성공을 지속할 자신감도 잃게 된다. 지금까지 오래도록 일해왔지만 성공을 지속할 수 있는 원칙 같은 것은 마련해두지 못했다. 성공할 수 있는 충분한 능력을 가지고는 있지만, 다음 단계로 올라서는 데 필요한 것을 해내지 못할 거라는 두려움이 너무 커서 앞으로 나아가지 못한다. 왜 이런 상황이 발생하는 것일까? 그리고 이런 상황을 극복하여 계속해서 더 높은 단계로 올라서고, 대다수는 시도조차 하지 못하는 성과를 이뤄내는 사람은 무엇이 다른 것일까?

이를 설명하기 위해 이 책에서는 지난 20년 동안의 연구, 엘리트들을 대상으로 행했던 10년 동안의 성과 코칭, 전 세계 성공한 사람들을 대상으로 한 심층 조사와 면담 및 분석을 통해 얻은 데이터를 활용했다. 그리고 적당한 수준에서 멈추는 게 아니라 최고의 성과를 이루기 위해서는 어떻게 해야 하는지를 설명할 것이다. 또한 외적 성공과 더불어 내면의 만족을 이뤄내는 방법도 소개할 것이다.

나는 '성공'에 관한 잘못된 관념도 다룰 것이다. 오늘날 세상에서 다음 단계로 올라서기 위해서는 다른 이들에게 가치를 창출해줘야 하고, 다른 이들을 이끌어야 하며, 일의 우선순위를 관리하고 복잡한 상황을 처리해야 하는데, 이렇게 하기 위해서는 추진력, 의지, 성실함, '타고난' 능력만으로는 부족하다. 자신이 이룰 수 있는 최고의 성과에 도달하기 위해서는 개인적인 열정과 노력 그 이상의 것이 필요하다. 그리고 자신이 좋아하는 것과 잘하는 것을 넘어서는 영역으로 나아갈 수 있어야 한다. 사실 세상은 우리의 재능이나 성격보다는 우리가 세상에 어떤 의미 있는 기여를 할 수 있는가에 더 큰 관심을 둔다.

이 책을 다 읽은 후에는 직장에서 새로운 프로젝트를 시작하거나 자신의 대담한 꿈을 추구할 때 어떤 결정을 내려야 하는지, 그리고 뛰어난 성과를 계속해서 끌어내주는 일련의 습관은 무엇인지를 알게 될 것이다. 이 책에서 다룰 습관들의 효과는 실증적으로 검증되었음을 미리 밝혀둔다. 일을 할 때 어떤 부분에 에너지를 집중해야 하고 어떻게 해야 가장 효과적으로 일을 할 수 있는지를 알게 됨으로써 우리는 전에 없던 자신감과 활력을 갖게 될 것이다. 또한 첫 성공 이후 계속해서 성공을 이어나가는 방법에 대해서도 알게 될 것이다. 최고의 성과를 이루기 위해 남들과 경쟁해야 하는 상황이라면 이 책이 어떻게 판단하고 무엇을 해야 하는지에 대한 답을 제시해줄 수 있다.

그렇다고 이 책을 읽으면 초인간이 될 수 있다는 말은 아니다. 누구에게나 취약한 부분이 있다. 하지만 이 책을 다 읽은 후에는 스스로에게 이렇게 말할 수 있을 것이다. "계속해서 뛰어난 성과를 낼 수 있는 방법을 알게 되었어. 주어진 상황에서 올바르게 판단할 수 있고, 목표를 향해 나아가는 길에서 마주치게 되는 역경들을 극복할 수 있다는 자신감을 갖게 되었어." 이 책은 삶의 다양한 영역과 상황에서 성공을 이끌어낼 수 있는 사고방식과 습관이 무엇인지를 알려줄 것이다. 성과 코치로서 나는 이 습관들이 그야말로 우리 삶의 모든 영역에서—글로벌기업의 경영자, 연예인, 운동선수, 세계적인 전문가, 부모와 학생 등—바람직한 성과로 이어지는 것을 목격해왔다. 인생을 바꾸는 검증되고 확실한 방법을 알기 원한다면 이 책이 해답이 될 것이다.

이 책은 우리의 잠재력을 최대한 발휘하고, 행복을 누리고, 다른 이들의 성공을 돕고, 진정한 의미에서의 만족을 찾는 데 도움이 될 것이다. 최고의 성과로 이끄는 습관들을 자신의 것으로 만들고자 하는 확고한 의지와 노력이 뒷받침된다면 우리의 일과 삶은 이전과는 완전히 달라질 것이다. 한마디로 전보다 더 뛰어난 사람이 되는 것이다.

왜 지금 이 책을 읽어야 하는가?

나는 성과 코치로서 지금까지 전 세계 수백만 명의 사람들이 일과 삶에서 다음 단계로 발전해갈 수 있도록 도왔다. 그리고 그 과정에서 분명한 사실을 알게 되었다. 사람들은 자신과 가족들의 삶, 그리고 자신의 직업을 더 나은 단계로 발전시키기 위해 어떤 결정을 내려야 하는지 좀처럼 확신을 갖지 못한다는 점이다.

사람들은 누구나 크게 성장하기를 바라지만, 구체적인 결정 앞에서 쉽게 포기한다. 열심히 일하지만, 다음 단계로는 도약하지 못한다. 의욕을 가지고 있지만, 자신이 정확히 무엇을 원하는지는 모른다. 갈망하는 꿈이 있긴 하지만, 그 꿈을 추구했다가 주위로부터 부정적인 평가를 받거나 실패할지 모른다는 두려움 때문에 앞으로 쉽게 나아가지 못한다.

사람들은 과도한 업무량, 스스로에 대한 의심, 원치 않는 의무, 지나치게 많은 선택과 책임 등으로 인해 완전히 지쳐버린다. 너무나 많은 이들이 자신이 처해 있는 상황은 결코 나아지지 않을 것이며, 앞으로도 끊임없이 혼란과 좌절의 바다를 헤매게 될 거라는 느낌을 가지고 살아간다. 참으로 안타까운 상황이다. 그런 중에도 사람들은 희망을 가지고 변화를 기대하지만, 올바른 습관과 방향성의 부재로 인해 삶은 예전과 같은 식으로 흘러갈 뿐이다.

물론 많은 이들이 즐겁고 행복한 삶을 살아가고 있다. 문제는 그러한 행복을 지속할 수 있느냐다. 때로는 자신이 그러한 행복을 지속할 수 있다고 느끼겠지만, 그리고 이따금 엄청난 자신감을 갖기도 하겠지만 언제나 낭떠러지는 존재한다. 사람들은 높은 상태에 있다가 떨어지는 것을 너무나 싫어한다. 그래서 성장과 성공을 높은 상태로 유지하는 방법을 찾으려고 한다. 이때 정말 필요한 것은 단순히 긍정적인 기분을 만들어주는 '임기응변'이 아니라 삶과 일을 근본적으로 개선하는 '방법론'이다.

물론 이러한 방법론을 찾아내는 것은 쉬운 일이 아니다. 모든 사람이 저마다의 삶을 더 나은 것으로 만들기를 바라지만, 린처럼 많은 이들은 꿈을 추구하는 일이 여러 문제들, 즉 인간관계의 파괴, 재정적 곤란, 사회적 조롱, 극도의 스트레스 같은 것을 만들어낼지도 모른다는 두려움에 사로잡혀 앞으로 나아가기를 꺼린다. 사실 이와 같은 두려움은 누구나 가질 수 있다. 그리고 이런 두려움 때문에 미래의 가능성을 스스로 제한하는 일은 누구에게나 일어날 수 있다.

자신의 삶을 더 나은 것으로 만들기 위한 능력이 부족한 게 아니다. 비슷한 프로젝트를 추진하더라도 어떤 경우에는 최고의 성과를 내지만, 또 어떤 경우에는 좀처럼 자신감이 생기지 않는다. 사회활동에서도 어떤 경우에는 리더십을 발휘하며 인정받지만, 어떤 경우에는 그렇지 못할 때가 있다. 의욕적으로 큰 성과를 이뤄내는 날이 있는가 하면, 온종일 넷플릭스 드라마만 보다가 후회하는 날도 있다.

주위를 둘러보면 나보다 더 빠르게 앞으로 나아가는 사람들이 있다. 일을 능숙하게 처리하고 문제도 안정적으로 해결한다. 어떤 분야, 어떤 상황이라 하더라도 성공할 것만 같은 사람들이 있다.

그들은 도대체 어떤 사람들일까? 비결은 무엇일까? 뛰어난 성과를 내는 사람들, 즉 하이퍼포머high performer의 성공 비결은 바로 '습관'에 있다. 우리가 어떤 분야에서 일을 하건, 우리의 배경이나 성격이나 약점이 무엇이건, 습관을 바꿈으로써 성과를 바꿀 수 있다. 올바른 습관과 훈련이 뒷받침된다면 누구라도 최고의 성과를 이뤄낼 수 있다. 나는 이와 같은 상황을 수도 없이 목격해왔고, 바로 이것이 내가 이 책을 쓴 이유다.

성공의 기준선이 바뀌었다

많은 이들이 자신이 바라는 인생과 현재의 인생 사이에 간극이 꽤 크다고 생각한다. 50년 전만 하더라도 인생을 살아가는 방법이 지금보다 단순했고, 성공과 실패를 가르는 기준선도 꽤 분명했다.

"열심히 일하고, 규칙을 지켜라. 머리를 숙이고, 너무 많은 의문을 제기하지는 마라. 리더가 제시하는 방향을 따르고, 자신의 일에 능숙해져라."

그러다 20년 전쯤부터 이 기준이 허물어지기 시작했다. 그래도 여전히 어느 정도는 구체적으로 정리해볼 수 있었다.

"열심히 일하라. 기존의 틀을 깨고, 먼 곳을 바라보라. 낙관론자가 이긴다. 전문가라는 사람들에게 의문을 제기하라. 스스로 리더가 되고, 상황을 빠르게 파악하고 빠르게 판단하라."

하지만 오늘날에 이르러 성공의 기준선은 완전히 허물어졌다. 그래서 많은 이들이 무엇을 어떻게 해야 성공할 수 있을지 감도 잡지 못하는 상황이 되어버렸다. 직업의 미래를 예측할 수 있고 주위의 기대도 고정되어 있던 시대는 더 이상 오지 않는다. 게다가 변화의 속도는 더욱 빨라지고 있다. 모든 게 혼란스럽게 다가오는 시대다. 상사, 연인, 고객 모두가 계속해서 우리에게 새로운 것을 요구한다. 업무의 범위나 방식도 계속 변하고 있고, 난이도 또한 쉴 새 없이 높아지고 있다. 컴퓨터와 로봇이 우리의 직업을 위협하는 일은 어느새 현실이 되었다.

상황을 더욱 어렵게 만드는 것은 모든 게 연결되어 있다는 점이다. 어느 한 부분에서 문제가 발생하면 나머지 부분에까지 문제가 파급되는 시대가 되었다. 사적인 실수조차 만천하에 공개되고 전 세계로 퍼져나간다.

이제는 이전과는 완전히 다른 세상이 되었다. 확실성은 낮아지는데 기대치는 높아진다. 이제 사람들은 규칙을 지키고 열심히 일을 해야 성공할 수 있다는 말을 하지 않는다. 대신에 사람들 사이에는 다음과 같은 암묵적인 동의가 형성되어 있다.

"열심히 일하지 않는 것처럼 보여라. SNS에는 여유로운 시간을 보내는 (듯한) 사진들을 올려라. 하지만 실제로는 열심히 일하라. 이제 규칙은 사라졌고, 누구의 지시를 따를 필요도 없다. 너무나 혼란스러운 세상이기에 항상 정신을 바짝 차려야 한다. 의문을 제기하되, 답을 얻을 수 있을 거라는 기대는 하지 마라. 따라야 할 리더가 없는 세상이니 스스로 나아가야 하고, 자기 자신의 리듬에 따라 가치를 창출해야 한다. 아무것도 확실한 것은 없다. 그러니 주어지는 상황에 끊임없이 적응해나가야 한다. 내일이면 모든 게 달라져 있을 수도 있다."

지금의 세상은 혼란스럽다는 말로 표현할 수 있는 수준이 아니다. 이 세상을 살아가는 것은 칠흑같이 깜깜한 바닷속을 헤엄쳐나가는 것과 같다. 어디로 나아가야 할지 알아볼 수 없고, 아무리 팔다리를 휘저어도 좀처럼 앞으로 나아갈 수 없다. 주위에는 도와줄 사람이 아무도 없다. 일에 대한 강한 의지와 철학도 가지고 있지만, 그러한 것들을 어디에 어떻게 적용할 수 있을지는 알 수 없다. 나 역시 그들에게 방향을 제시해주지 못한다.

앞으로 나아가지 못할 뿐 아니라, 조만간 내리막을 걷게 될 것 같다는 느낌이 들지도 모르겠다. 물론 지금까지는 잘해왔을 것이다. 열정과 과감성을 지니고 있고, 일도 열심히 해왔을 테니 말이다. 지금까지 몇 번이나 정상에 올랐을 수도 있다. 하지만 이제부터는 다르다. 어디로 나아가야 할까? 더 높이 오르기 위해서는 어떻게 해야 할까? 나보다 더 빠르게 앞서가는 사람들은 도대체 어떤 비결을 숨기고 있는 것일까? 나는 언제쯤이면 여유로운 삶을 살 수 있을까? 언제까지 몸이 갈려 나갈 정도로 일을 해야 하는 것일까? 나는 지금 제대로 살아가고 있는 것인가?

우리에게 필요한 것은 내 능력을 최대한으로 발휘할 수 있게 해주는 믿을 만한 일련의 행동들이다. 하이퍼포머를 연구해보면 그들에게는 매일 반복적으로 행하는 체계적인 행동들이 있으며, 그 행동들이 성공을 이끌어낸다는 것을 알 수 있다. 무언가를 제대로 해내는 사람과 공상만 하다가 끝내는 사람의 차이가 바로 여기에 있다. 자신이 수립한 가정을 검증하고, 발전을 이뤄내고, 계속해서 뛰어난 성과를 만들어내기 위해서는 이런 체계적인 행동들이 있어야 한다. 그리고 나는 이 체계적인 행동들을 '습관habit'이라고 부를 것이다. 그렇다면 뛰어난 성과로 이끄는 습관은 어떤 것들일까?

더 이상 통하지 않는 성공 공식

까다로운 과제를 앞에 둔 상황에서 우리는 어떤 조언을 듣게 될까? 지난 수백 년 동안 우리는 다음과 같은 조언을 들어왔다. 하나같이 긍정적인 것들이다.

- 열심히 일하라.

- 열정을 가져라.

- 집중해서 일하라.

- 많이 공부하라.

- 끈기를 가져라.

- 감사하는 마음을 가져라.

긍정적이고, 실제 도움이 되고, 그런 만큼 많이 회자되는 조언들이다. 누구도 이의를 제기하지 않는, 시대를 관통하는 조언들이다. 이런 원칙들을 가지고 있어서 손해 볼 일은 없다. 그리고 대학교 졸업 연설의 도입부에서 가장 흔히 들을 수 있는 문구들이기도 하다.

그런데 이 조언들이 오늘날의 상황에서도 여전히 유효할까? 이 원칙들을 기반으로 열심히 일을 하는데도, 여전히 성공 근처에도 가보지 못한 채 만족과는 거리가 먼 삶을 살고 있는 이들이 우리 주위에는 없는가?

이 세상의 기저를 구성하는 수십억 명의 사람들은 열심히 일을 하지 않아 거기에 머무는 것일까? 자신의 일에 열정을 가지고 있음에도 현상 유지에만 그치는 사람들이 우리 주위에는 없는가? 충분한 능력이 있음에도 무엇을 해야 할지 몰라 허둥거리면서 자꾸만 뒤처지는 사람들을 만나보지 못했는가?

훈련이 부족한 것일까? 1만 시간 동안 훈련을 하면 상황은 달라질까? 그렇지 않다. 아무리 훈련과 공부를 많이 해도 앞으로 나아가지 못하는 사람이 대부분이다. 태도나 마음가짐이 문제일까? 하지만 감사하는 마음, 긍정적인 마음으로 일을 하는데도 형편이 계속해서 나빠지는 사람은 너무나 많다. 도대체 어떻게 해야 하는 것일까?

좌절을 겪다

나도 그런 상황에 처해 있던 사람 가운데 하나였다. 열아홉 살 때 첫사랑에 실패하고 너무나 낙담했던 나는 진지하게 자살까지 생각했다. 정말 힘든 시기였다. 그러다 거의 죽을 뻔한 교통사고를 겪은 후 나는 삶에 대해 다시 생각하게 되었다. 나는 친구가 모는 차를 타고 고속도로를 달리던 중에 시속 140킬로미터에서 차가 전복되는 사고를 당했다. 우리 둘 다 심각한 부상을 입었지만, 목숨만은 건졌다. 그 사고 이후 나는 새 생명을 얻었다는 생각을 갖게 되면서 완전히 다른 사람이 되었다.

그 교통사고에 대해서는 자세히 언급하지 않겠다. 다만 그 사고를 통해 내가 얻은 교훈만큼은 이야기하고 싶다. 생명은 글로 다 표현할 수 없을 정도로 소중하며, 새로운 기회를 얻게 되었다면 자신이 진짜로 원하는 게 무엇인지 진지하게 고민해야 한다. 새로 맞는 아침이나 새로운 결심도 새로운 기회의 일종이다. 그 사고를 통해 나는 내가 진짜로 원하는 것은 자살로 생을 마감하는 게 아니라 계속해서 살아가는 것이라는 자각을 하게 되었다. 실연의 상처는 너무 컸지만, 나는 계속해서 살아가고, 계속해서 사랑하고 싶었다. 나는 내게 주어진 두 번째 삶은 정말로 뜻있게 살고 싶었다. 살아가고, 사랑하고, 뜻있는 일을 해내자. 이것은 내 삶의 신조가 되었다. 그 이후 내 인생은 완전히 다른 것이 되었다.

나는 인생의 의미를 찾기 위해 자기계발서를 닥치는 대로 읽었다. 심리학 공부를 시작했고, 방송강의도 찾아서 들었다. 나는 자기계발 전문가들이 제시하는 방법들을 받아들였다. 단순히 받아들이기만 한

게 아니라 열심히 실천했고, 내 삶에 감사하는 마음을 가졌다.

그러자 변화가 일어났다. 열심히 노력한 결과 좋은 직업을 갖게 되었고, 새로운 여자친구를 만나게 되었으며, 좋은 사람들과 친구가 될 수 있었고, 괜찮은 집도 구하게 되었다. 그리고 내 삶에 더 크게 감사하는 마음을 갖게 되었다.

그런데 여기까지 도달하자 아무리 노력해도 내 삶이 더 나아지지 않는 상황이 전개되기 시작했다. 6~7년에 걸쳐 내 인생에서 무언가 발전하고 더 나아졌다고 할 만한 것이 없는 상황이 벌어졌다. 미칠 것 같았다. 열정과 감사로 열심히 노력해도 앞으로 나아가지 못하고 아무런 성취감도 못 가지게 되자 절망감마저 들었다.

그리고 이와 같은 상황이 지속되자 내 안에서 무언가가 고갈되고 있다는 느낌이 들었다. 뛰어난 성과를 낼 때도 있었지만 너무 자주 지쳐버렸고, 의욕적으로 일해서 목표를 이루더라도 보상받고 있다는 생각이 전혀 들지 않았다. 웬만한 동기부여로는 좀처럼 추진력을 내지 못했고, 다른 사람들과 진정으로 협력하지 못했고, 가치를 창출하고는 있었지만 별다른 의미가 없었다. 누구도 이런 삶을 바라지는 않을 것이다.

그러다 문득 나 자신을 다시 돌아보게 되었다. 나는 나름의 성공을 이뤄냈지만, 내가 기대하는 것만큼 체계적으로 행동하고 있던 것은 아니었다. 나는 내 분야에서 월드클래스라고 평가하기에는 한참이나 모자랐고, 세상에 그리 크게 기여하고 있지도 않았다. 나에게는 하루하루를 이끌어줄 명확한 계획이 필요했다. 그런 계획이 있어야 더 빠르게 배우고, 세상에 더 크게 기여하고, 더 만족스러운 삶을 살아갈 수 있을 거라는 생각이 들었다.

그리고 과거의 성공법칙은 특정 목표를 위한, 단편적인 성공에 특화되어 있다는 점도 깨닫게 되었다. 그 특정 목표를 이룬 다음에는 어떤 일이 일어나게 될까? 목표로 하던 학위를 받은 다음에는, 원하던 직업을 갖게 된 다음에는, 꿈꾸던 일을 시작한 다음에는, 전문가가 된 다음에는, 바라던 수준의 자본을 모은 다음에는, 사랑을 이룬 다음에는, 특정 능력을 갖게 된 다음에는…… 어떤 일이 일어나게 될까? 그 최초의 성공을 토대로 월드클래스에 도전하고, 세상에 더 큰 기여를 하고 큰 족적을 남기기 위해서는 무엇을 해야 할까? 첫 성공 다음 단계로 올라서기 위해서는 어떻게 해야 할까? 어떻게 해야 성공을 계속해서 이어나갈 수 있을까? 그리고 어떻게 해야 내 주위 사람들도 그렇게 할 수 있도록 도와줄 수 있을까?

나는 이런 질문들에 대한 답을 찾으려 했고, 결국은 그것이 내 직업이 되었다.

좌절 이후 내가 알게 된 중요한 것들

나는 지난 20년 동안 다음 세 가지 질문에 대한 답을 찾아왔고, 이 책은 이에 대해 그동안 내가 얻은 경험과 지식을 담고 있다.

1. 왜 어떤 사람들과 팀들은 더 빠르게 성공을 이뤄내고, 계속해서 더 높은 단계로 올라서는가?
2. 성공한 사람 가운데 왜 어떤 이는 행복하게 살아가고 어떤 이는 불행에 빠지는 걸까?

3. 사람들에게 더 높은 수준의 성공을 추구하도록 동기를 부여하는 것은 무엇일까? 그리고 성공 가능성을 더욱 높여주는 습관, 훈련, 외부 도움에는 어떤 것들이 있을까?

이런 질문들에 대한 답을 찾기 위해 나는 자신의 분야에서 큰 성공을 이뤄냈으면서도 진정으로 행복하게 살고 있는 많은 사람들을 만나 인터뷰를 진행했고, 때로는 그들과 함께 작업을 했다. 나는 기업의 CEO, 스포츠 스타, 유명 연예인을 만나 이야기를 들었고, 그들 중에는 오프라 윈프리와 어셔(Usher, 미국의 인기 가수) 같은 사람들도 있었다. 그리고 지금까지 내가 진행한 코칭 프로그램(온라인 및 비디오 프로그램 포함)에 참가한 사람은 전 세계 195개 국가 160만 명이 넘는다.

위 질문에 대한 답을 찾는 과정에서 나는 기업의 회의실, 슈퍼볼 출전팀의 라커룸, 올림픽 경기장, 억만장자의 헬리콥터 등 온갖 장소를 찾아다녔고, 그 밖에도 자신의 삶을 더 나은 것으로 만들고자 노력하는 많은 평범한 사람들을 만나러 다녔다.

그렇게 해서 나는 세계에서 가장 많은 사람들이 이용한 온라인 성과 코칭 프로그램을 만들게 되었다. 내가 발행하는 뉴스레터는 성과 코칭 분야에서 가장 많은 사람들이 구독하고 있으며, 내가 운영하는 웹사이트에는 성과 코칭과 관련해 가장 방대한 양의 데이터가 구축되어 있다.

나는 하이퍼포먼스연구소High Performance Institute라는 연구기관을 설립했는데, 이 기관에서는 하이퍼포머의 특성을 연구하고 있다. 우리는 성공하는 사람들이 어떻게 생각하고, 어떻게 행동하고, 어떻게 다른 사람에게 영향을 끼치고, 어떻게 목표에 도달하는지를 더 정확하게 알아내려고 한다. 또한 우리는 사람들의 성취도를 정량적으로 평가할 수 있는 검증받은 평가방식을 개발했고, 성과 코치 양성 프로그램도 개발했다. 지금까지 이 프로그램을 통해 배출된 성과 코치는 200명이 넘는다.

이 책은 이 모든 과정에서 내가 알게 된 것들을 담고 있다. 나 스스로 공부하고 실행해 알게 된 것들은 물론이고, 수많은 사람들을 코칭하고 워크숍을 진행하는 과정에서 알게 된 것들도 있다. 나는 이 책을 쓰기 위해 자신의 분야에서 최고 수준에 오른 수백 명의 사람들과 심층 인터뷰를 진행했으며, 관련 분야의 논문들을 탐독했고, 온·오프라인에서 내 강의를 듣는 사람들의 의견도 청취했다. 내가 공개한 무료 온라인 강좌는 1억 뷰를 넘기기도 했다.

이 방대한 양의 데이터와 20년간의 경험을 통해 나는 삶과 직업에서의 성공을 가능하게 만들어주는 습관들을 정리할 수 있었다. 내가 알게 된 중요한 개념들은 다음과 같다.

적합한 습관만 가지고 있다면 누구라도 자신이 원하는 분야에서 놀라운 성과를 만들어낼 수 있고, 성공하는 사람이 될 수 있다.

뛰어난 성과는 연령, 교육 수준, 소득, 인종, 국적, 성별 등과 상관관계가 그리 높지 않다. 그리고 이는 성공하지 못하는 이유 가운데 상당수가 잘못됐다는 것을 의미한다. 뛰어난 성과는 개인의 특성이 아니라 개인이 행하고 있는 일련의 행동에 의해 만들어지며, 나는 이런 일련의 행동을 '뛰어난 성과를 위한 습관'이라고 부를 것이다. 누구라도 이런 습관을 형성하고 자신의 것으로 만들 수 있다. 이 책은 새로운 도약을 추구하는 사람에게 효과적인 방법을 알려줌으로써 성공과 잠재력의 실현을 도와줄 것이다. 그리고 이미 성공한 사람에게는 그다음 단계로의 도약에 도움이 될 것이다.

습관이라고 다 똑같은 습관이 아니다.

개인의 삶과 직업에서의 성공을 이뤄내는 데에는 나쁜 습관과 좋은 습관, 그리고 더 좋은 습관과 가장 좋은 습관이 있다. 습관을 형성하려면 맨 처음 행동이 중요한 의미를 가지며, 그 행동을 기반으로 효과적인 습관을 만들어나가야 한다. 나와 하이퍼포먼스연구소의 전문가들은 성공으로 이끄는 효과적인 습관이 무엇인지 그 본질을 파악해냈다. 그리고 그런 습관을 갖추고 강화하는 구체적인 방법을 알아냈다. 감사일기를 작성함으로써 긍정적인 마음을 갖는 것도 좋은 방법이다. 하지만 감사일기를 쓰는 것만으로 앞으로 나아갈 수 있을까? 아침 시간을 규칙적으로 보내는 것도 좋은 방법이다. 하지만 아침 시간의 규칙성만으로 더 높은 성과와 행복을 실현해낼 수 있을까? 그렇지 않다. 그렇다면 어떻게 해야 할까? 우리는 구체적인 성과 개선을 이룰 수 있는 습관을 형성하는 데 도움을 주는 방법론을 만들어냈다. 또한 전술적인 차원에서 개별 분야의 성과를 개선하는 방법과 전략적인 차원에서 인생의 만족도를 높일 수 있는 방법도 알아냈다.

중요한 것은 성과 그 자체가 아니라 조화로운 삶이다.

누구나 성과를 내는 방법을 알고 있다. 목표를 정하고, 해야 할 일들을 정하고, 하나씩 열심히 해나가면 된다. 이렇게 하면 자신이 원하는 분야에서 뛰어난 성과를 낼 수 있다. 문제는 열심히 하고 뛰어난 성과를 낼수록 요구되는 업무량과 스트레스도 따라서 많아진다는 점이다. 우리가 뛰어난 성과를 내면 낼수록 주위 사람들은 우리에게 점점 더 많은 일을 주문할 것이다. 이는 하이퍼포머라면 공통적으로 겪는 문제다. 하지만 주위 사람들의 요구를 계속해서 받아들이는 식으로 해서는 안 된다. 중요한 것은 얼마나 많은 일을 해낼 수 있느냐가 아니다. 일을 많이 하자고 한다면 인생의 모든 시간을 일하는 데 쓸수도 있다. 이제부터 인생의 질문을 "어떻게 해야 더 많은 것을 이뤄낼 수 있을까?"에서 "나는 어떤 삶을 살기를 바라는가?"로 바꿔보라. 성취만 추구하다 보면 더 많은 성취를 이뤄내는 것 이외의 목적은 전부 사라진 채 심하게는 영혼의 파괴에까지 이르기도 한다. 뛰어난 성과와 함께 조화로운 삶을 추구하면서 내면의 성장, 행복감, 인생의 만족감 등을 함께 경험하는 것이 이 책의 목적이다.

확실한 것만 추구하는 식으로는 뛰어난 성과를 이루기 어렵다.

많은 사람이 확실한 것만을 추구한다. 하지만 확실한 것만 추구해서는 성공하기 어렵다. 또한 확실한 성공의 길이 있다고 누군가 말한다면 그는 아마 사기꾼일 것이다. 확실한 것만 추구한다면 시야가 가려지고, 스스로 많은 것을 제약하게 된다. 그리고 경쟁자들에게는 예측하기 쉬운 상대가 될 뿐이다. 게다가 이전과는 달라진 새로운 사실을 거부하는 상황에까지 이르면 교조적인 사람이 되기 쉽고, 새로운 시장 상황에서 계속 뒤처지게 된다. 물론 아직 미숙한 단계에서는 그것이 가장 안전한 길이고, 그렇게 할 필요도 있다. 하지만 뛰어난 성과를 내기 위해서는 그 단계를 벗어나 호기심을 추구할 수 있어야 하고, 여기에 필요한 것은 높은 수준의 자신감이다.

기술이 우리를 구원해주지는 않을 것이다.

신기술을 장착한 새로운 제품들이 우리의 삶을 더 빠르고 더 좋은 것으로 만들어준다는 내용의 홍보물이 넘쳐나는 세상이다. 하지만 점점 더 많은 사람이 홍보물 이면에 있는 실상을 보기 시작했다. 도구는 인간의 지혜를 대체할 수 없다. 많은 이들이 첨단기기를 활용해 세상과 더욱 연결되고 있지만, 여전히 사람은 고립되어 있고 많은 문제를 안고 있다. 수많은 앱과 통계치들을 매일같이 들여다보지만, 정작 자신의 영혼과 진정한 야망에는 접근하지 못하고 있다. 우리 삶을 진정으로 바꿔주는 것은 첨단기술이 아니라 습관이다.

'뛰어난 성과'란 무엇인가?

이 책에서 말하는 뛰어난 성과란 '통상적인 것을 넘어서는 성과를 장기간에 걸쳐 계속해서 이뤄내는 것'을 의미한다.

이 책에서는 성공의 기준을 단발적으로 충족시키는 것을 뛰어난 성과라고 말하지 않는다. 개인이든, 팀이든, 기업이든, 혹은 그보다 더 거대한 집단이든, 높은 성과를 장기간에 걸쳐 지속적으로 이뤄내는 게 중요하다. 그런가 하면 단순히 지속적인 발전을 이뤄낸다고 해서 그것을 뛰어난 성과라고 말하지도 않을 것이다. 지속적으로 발전을 이뤄낸다 하더라도 남들 하는 만큼만 발전하고 있다면 그건 뛰어난 게 아니다. 사람들 사이의 통상적인 기대치와 성과를 넘어서는 결과를 계속해서 이끌어낼 때 우리는 이를 '뛰어난 성과high performance'라고 평가할 것이다.

특정 분야에서 전문지식이나 능력을 발전시켰다고 해서 이를 뛰어난 성과라고 평가하지도 않을 것이다. 또한 새로운 기술이나 언어를 익히는 것, 체스 챔피언이 되는 것, 뛰어난 피아니스트로 이름을 올리는 것, CEO가 되는 것 등에서 그친다면 이 또한 이 책에서 말하는 하이퍼포머(뛰어난 성과를 내는 사람)와는 거리가 멀다. 어느 한 분야에서 최고의 위치에 오르는 것, 혹은 어느 하나의 사업을 성공으로 이끄는 것만으로는 하이퍼포머가 되지 못한다. 장기간에 걸쳐 계속해서 성공을 이뤄내고, 특히 다른 사람들을 이끌 수 있는 역량을 갖추고 있어야 한다. 하이퍼포머는 자기 인생의 여러 부문을 탁월하게 이끌어가는 것을 가능하게 해주는 일련의 습관을 가지고 있다.

슈퍼볼 우승팀의 주전 쿼터백을 생각해보라. 그는 강한 의지력, 좋은 식습관, 자기절제, 리더십, 체력, 협상력, 홍보능력 등을 모두 갖추고 있기에 그 자리에 오를 수 있었을 것이다. 다른 분야도 마찬가지다. 어떤 분야에서 뛰어난 성과를 내기 위해서는 그 분야와 관련된 다양한 역량들을 높은 수준에서 갖추고 있어야 한다.

뛰어난 성과에 대한 나의 정의를 보면 '장기간에 걸쳐'와 '계속해서'라는 표현이 나오는데, 혹자들은 이에 대해 의미의 중복이 아니냐고 말할지도 모르겠다. 하지만 이 두 표현이 내포하는 의미는 분명히 다르다. 하이퍼포머는 일정 기간이 지난 뒤에 노력을 멈추는 일이 없다. 항상 꾸준하게 무언가를 하면서, 계속해서 사람들의 통상적인 기대를 넘어서는 결과물을 만들어낸다. 그들이 다른 경쟁자들을 제치고 뛰어난 성과를 내는 원동력이 바로 이 꾸준함에 있다. 하이퍼포머가 어떻게 생활하고 있는지를 살펴보면 그들의 성공을 납득할 수 있다.

'통상적인 것을 넘어서는 성과를 장기간에 걸쳐 계속해서 이뤄내는 것'은 단순히 의지나 노력만 가지고 되는 일이 아니다. 자신의 삶에서 행복감을 유지하고, 주위 사람들과 긍정적인 관계를 이어나가고, 자신이 성장함에 따라 다른 사람들에게도 도움을 주는 일련의 습관을 가지고 있어야 가능한 일이다. 자신을 강하게 몰아붙이는 것만으로는 하이퍼포머가 될 수 없다. 삶에 대한 건강한 접근방식을 가지고 있어야 뛰어난 성과가 가능하다. 적어도 우리의 연구 결과에 따르면 그렇다. 자신의 직업이나 관심 분야에서 어떤 성취를 이뤄내는 것이 바로 뛰어난 성과로 이어지는 것은 아니다. 뛰어난 성과를 이루기 위해서는 그것이 가능한 삶을 살아가야 한다. 자기 일에 충실하고, 한편으로는 즐거움도 누리고, 자신이 원하는 삶을 살아가는 사람들만이 느낄 수 있는 자신감으로 충만한 삶 말이다.

그래서 이 책에서는 '자신의 강점에 집중하라', '1만 시간 동안 노력하라' 같은 개념 그 이상의 것을 다루려고 한다. 뛰어난 재능을 가지고 있는 사람들 가운데 많은 이들이 성공을 추구하는 과정에서 스스로의 건강을 파괴하고, 결국 하이퍼포머가 되지 못한다. 많은 이들이 성공을 추구하는 과정에서 인간관계를 상실하고, 그래서 계속해서 좋은 성과를 내는 데 필요한 주위 사람들의 지원을 이끌어내지 못한다. 성장을 도와주던 코치를 잃고, 인간관계가 망가지면서 심리적으로 위축되기도 한다. 그리고 투자자들과의 관계가 파탄 나면서 사업의 성장에 필요한 자금을 구하지 못하는 상황에 내몰리기도 한다.

이 책에서 나는 모든 것을 희생하여 목표를 추구해야 한다고 말하지 않을 것이다. 오히려 업무 분야에서의 뛰어난 성과와 동시에 삶의 다양한 측면들을 함께 추구해야 한다고 말할 것이다.

조직도 마찬가지다. 오늘날 조직들은 뒤처지지 않기 위해 그 어느 때보다 더 열심히 노력하고 있으며, 조직의 책임자들은 조직문화를 바꾸고 뛰어난 성과를 내기 위해 고군분투하고 있다. 그들은 원대한 비전을 앞세워 구성원들을 몰아붙이고 싶지만, 사실은 그들도 구성원들이 이미 과도한 업무량으로 인해 지쳐 있다는 점을 알고 있다. 이런 상황에서 나는 조직 책임자들이 이 책으로부터 도움을 받을 수 있을 거라고 믿는다. 이 책에는 조직을 더 건강하게 만들고, 기존의 조직을 뛰어난 성과를 내는 조직으로 변모시키는 방법이 들어 있다. 뛰어난 성과를 내는 습관은 개인만이 아니라 조직에도 적용될 수 있다.

이 책은 개인과 조직이 다음 단계로의 성공으로 더 빠르면서도 더 건강하게 지속적으로 나아갈 수 있는 길을 제시해줄 것이다. 행복하고 만족스러운 삶을 살면서도 계속해서 더 높은 단계로 나아가는 것은 상상에서만 가능한 일이 아니다. 이 책에서 소개되는 뛰어난 성과를 내는 습관들은 우리 삶에 적용할 수 있을 정도로 구체적이다. 누구라도 이 방법들을 활용할 수 있고, 확장할 수 있고, 지속할 수 있다.

하이퍼포머는 어떤 사람들일까?

통상적인 것을 넘어서는 성과를 장기간에 걸쳐 계속해서 이뤄내는 사람들, 즉 하이퍼포머는 어떤 사람들일까?

하이퍼포머는 동료들보다 더 큰 성취를 이뤄내면서도 스트레스로 인한 부정적인 영향은 적게 받는다.

적절한 습관을 가지고만 있다면, 더 크게 성공하기 위해서는 더 큰 압박과 걱정, 스트레스 등을 견뎌내야 한다는 개념은 더 이상 옳지 않게 된다. 성취나 생존을 위해 가지고 있는 모든 힘을 짜내 투쟁하지 않아도 얼마든지 뛰어난 성과를 낼 수 있다. 하이퍼포머는 스트레스를 받지 않는다고 말하려는 것이 아니다. 그들도 스트레스를 받는다. 다만 그들은 피로, 주위 사람들의 교란, 과도한 업무량이 주는 스트레스에 더 잘 대응하고, 더 잘 극복하고, 스트레스로 인한 성과 저하를 최소화할 줄 안다.

하이퍼포머는 도전을 사랑하고, 역경 앞에서도 목표 달성에 대한 자신감을 잃지 않는다.

인생을 살아가는 과정에서 어려운 일을 회피하려고만 하는 이들이 너무 많다. 자신감이 없거나, 도전의 결과가 두렵기 때문이다. 하지만 하이퍼포머는 그렇지 않다. 조심성이 없어서가 아니다. 단지 그들은 새로운 일에 도전하는 것을 사랑하고, 일을 추진하는 자신의 능력을 믿기 때문이다. 그들은 도전 앞에서 움츠러들지 않는다. 그리고 이와 같은 태도는 자신의 성장을 이끌어낼 뿐만 아니라 주위 사람들에게도 긍정적인 영향을 끼친다.

하이퍼포머는 더 건강하다.

하이퍼포머는 좋은 식습관을 가지고 있고, 운동도 더 많이 한다. 우리 조사에 의하면 뛰어난 성과를 내는 최상위 5퍼센트의 사람들이 주 3회 운동을 하는 비율은 보통 사람들보다 40퍼센트 더 높은 것으로 나타났다. 성공하기 위해서는 어느 정도 건강을 포기해야 한다고 믿는 이들이 많다. 이는 잘못된 믿음이다. 우리 조사에 의하면 하이퍼포머는 평균적인 사람들보다 정신적·정서적·신체적으로 더 건강한 것으로 나타났다.

하이퍼포머는 행복하다.

우리는 모두 행복하기를 바란다. 하지만 무언가를 성취한 사람들 가운데 상당수는 스스로 불행하다고 느낀다. 남들보다 더 많은 것을 이루었음에도 기쁨을 느끼지 못한다. 하지만 하이퍼포머는 다르다. 뛰어난 성과를 가능하게 하는 습관이 일상의 행복을 높여주기 때문이다. 우리가 제안하는 습관들이 뛰어난 성과를 항상 보장하는 것은 아니지만, 더 행복한 삶을 만들어준다는 것만큼은 분명하다. 긍정적인 도전의식, 즐거움의 추구, 자신감 같은 요소들이 더 높은 행복감을 가져오기 때문이다.

하이퍼포머는 존중받는다.

하이퍼포머는 동료들로부터 질투가 아닌 존중을 받는다. 왜 그럴까? 그들은 자존심이 아니라 타인이나 조직에 대한 기여를 더 중시하기 때문이다. 그리고 주위 사람들을 소중히 여기고, 존중하고, 인정하면서 주위에 긍정적인 영향을 발산하기 때문이다. 그래서 그들의 동료들은 오히려 그들을 닮고 싶어 한다.

하이퍼포머는 더 좋은 성적을 받고 더 빨리 성공의 자리에 오른다.

직업에서의 성과는 대학에서의 학점과 밀접한 상관관계가 있는 것으로 조사됐다. 200명의 대학교 운동선수들을 조사해봤더니 학점 평균이 높을수록 자기 분야에서의 성과지수가 더 높게 나타났다. 그리고 하이퍼포머는 기업의 임원이나 CEO인 경우가 많다. 이유는 당연하다. 그들의 습관이 그들을 리더로 만들고, 더 빠르게 승진하도록 만들어주기 때문이다.

하이퍼포머는 전통적인 형태의 보상 수준과 상관없이 자신의 일을 열정적으로 한다.

하이퍼포머의 성과는 경제적 보상 수준에 그리 큰 영향을 받지 않는다. 그들에게는 임금이나 소득의 변화가 성과에 별다른 영향을 끼치지 않는 것이다. 그들은 돈 때문이 아니라 자신이 느끼는 '필요' 때문에 열심히 일한다(여기서 말하는 필요에 대해서는 본문에서 자세히 다룰 것이다). 그들이 일을 하는 이유는 보너스나 트로피가 아니라 자신이 추구하는 의미 때문이다. 실제로 조사를 해보면 하이퍼포머는 자신의 소득과 상관없이 스스로 자신이 제대로 인정받고 있다고 인식하는 것으로 나타났다. 그들은 다른 사람들로부터의 인정이나 감사 표시에 개의치 않는 경향을 보인다. 대중이 선망하는 직업을 가지고 있는 경우가 아니더라도 마찬가지다. 하이퍼포머는 자신의 직업에서 의미를 추구하고, 그래서 더 열심히 일하고, 더 높은 성과를 내고, 더 큰 만족감을 느낀다.

하이퍼포머는 (명분이 있는 일에 관해서는) 자기주장이 확실하다.

하이퍼포머는 타인의 주장을 묵살하거나 꺾지 않으면서도 자기주장을 확실하게 내세운다. 그들은 새로운 아이디어를 과감하게 제안하고, 까다로운 대화를 회피하지 않으면서 자신의 진짜 생각과 꿈을 이야기한다. 또한 그들은 옳은 주장을 내세우는 타인을 공개적으로 지지하는 경향을 보이고, 다른 사람들의 아이디어에 대해 더 수용적인 태도를 지닌다. 다시 말해 하이퍼포머는 자기주장을 분명하게 내세우면서도 타인의 의견에 수용적인 사람들이다.

하이퍼포머는 천부적인 재능이라는 것에 얽매이지 않는다.

타고난 재능이나 소질을 집중적으로 계발해야 한다는 믿음을 가지고 있는 사람들이 많다. 하지만 한 가지만 파고들어야 성공하는 시대는 이미 지나갔다. 이제는 자신의 천부적인 재능을 찾아 그것만을 추구하는 게 아니라, 자신이 해야 하는 일을 찾아서 해야 하는 시대다. 그리고 이것이 오늘날 하이퍼포머의 방식이다. 그들은 자신의 재능을 찾기보다는 세상의 요구나 문제를 찾아 그것을 해결하는 사람이 되려고 한다. "나는 누구이고, 내가 잘하는 것은 무엇인가?" 이는 하이퍼포머의 질문이 아니다. 하이퍼포머의 질문은 다음과 같다. "여기에서 요구되는 것은 무엇인가? 그것을 위해 내가 할 수 있는 일은 무엇이고, 다른 사람들을 어떤 식으로 이끌어야 하는가?" 자신의 재능을 찾아 그것에 집중하는 것은 하이퍼포머의 방식이 아니다.

하이퍼포머는 생산성이 높다. 자기 분야의 일에 있어서는 가장 높은 수준의 결과물을 만들어낸다.

하이퍼포머는 자기 분야에서 가장 높은 수준의 의미 있는 결과물을 만들어낸다. 이는 단순히 가장 많은 업무량을 처리한다는 뜻이 아니다. 엄청난 업무량을 소화해내는 사람들은 세상에 많다. 그러나 하이퍼포머는 자기 분야에서 가장 가치 있는 결과물을 누구보다 많이 만들어낸다. 한 마디로 그들은 중요한 일을 찾아서 한다. 이런 접근법이 그들을 하이퍼포머로 만든다.

하이퍼포머는 유연하고 수용적인 리더다.

내가 주목하는 사람들은 혼자서 일하는 전문가나 개별적인 스타가 아니다. 내가 말하는 하이퍼포머는 진공 상태에서 생각하고, 살아가고, 일하지 않는다. 그들은 주위 사람들에게 영향을 끼치고, 자신의 주위에 엄청난 가치를 창출해낸다. 많은 경우 그들은 어려운 상황을 헤쳐나가야 하거나, 함께 일하는 사람들을 성공으로 이끌어야 하는 리더다. 한 프로젝트에서 다음 프로젝트로 옮겨 다니며 계속해서 성공을 이뤄내야 한다. 그들은 어떤 상황의 어떤 조직에 속하더라도 성공을 이뤄내는데, 이는 그들이 천재적인 능력이 있어서가 아니라 함께 일하는 사람들에게 긍정적인 영향을 끼침으로써 그 사람들의 성장을 이끌어내기 때문이다. 하이퍼포머는 자신뿐만 아니라 함께 일하는 사람들의 역량까지도 함께 발전시킨다.

그렇다면 하이퍼포머란 완전무결하고 전능한 사람을 의미하는 것인가? 전혀 그렇지 않다. 지금까지 이야기한 것은 하이퍼포머를 일반적으로 설명한 것이고, 그 설명의 범주 안에서 하이퍼포머는 아주 다양한 유형으로 나타날 수 있다. 어떤 사람은 자기 분야에서 높은 생산성을 보여주지만, 건강이 좋지 못할 수 있다. 어떤 사람은 행복하고 건강하지만, 주위로부터 존중받지 못할 수도 있다. 내가 말하는 하이퍼포머는 여기에 나열된 모든 특성을 전부 갖춘 사람이 아니다. 다만 여기에 나열된 특성을 더 많이 갖추고 있을수록 뛰어난 성과를 실현할 가능성이 더 높아진다.

이런 특성들이 자신과는 상관없다 하더라도 실망할 필요는 없다. 뛰어난 성과를 내는 역량이나 특성은 타고나는 게 아니기 때문이다. 성과 코치로 오래도록 일을 해오면서 알게 된 것은 하이퍼포머는 초인적인 능력을 지닌 사람이 아니라는 점이다. 천부적인 재능을 가지고 있거나 유전형질이 뛰어난 사람이 뛰어난 성과를 내는 게 아니다. 뛰어난 성과는 습관의 결과이며, 누구라도 그런 습관을 가짐으로써 하이퍼포머가 될 수 있다. 이것이 우리가 도출해낸 결론이다. 그리고 이 책에서 그 결론을 증명해보일 것이다.

뛰어난 성과를 만드는 식스 해빗

그동안 성과 코치로 일하며 성과에 관해 연구해온 결과 나는 보통의 사람을 하이퍼포머로 만드는 일련의 습관이 있다는 점을 알게 됐다. 보통 이상의 성과를 장기간에 걸쳐 계속해서 이뤄낼 수 있도록 해주는 여섯 가지 습관, 즉 식스 해빗이 그것인데 이 습관들은 외부 상황에 의해 우연히 가질 수도 있지만, 의지와 노력으로 습득할 수도 있다.

나는 이 식스 해빗을 'HP6 High Performance 6'라고 부르기도 하는데, 이 습관들은 명료함 clarity, 활력 energy, 필요성 necessity, 생산성 productivity, 영향력 influence, 용기 courage 등과 관련 있다. 뛰어난 성과를 만들어내는 식스 해빗은 말 그대로 습관처럼 몸에 배어서 목표가 바뀔 때, 프로젝트가 바뀔 때, 팀이 바뀔 때, 함께 일하는 사람들이 바뀔 때도 변함없이 언제나 실행되어야 한다. 이 습관들은 누구라도 당장 습득할 수 있고, 자신의 상황에 맞게 개선할 수 있고, 우리 인생의 다양한 측면에서 효과를 만들어낼 수 있다. 이 책에서 나는 식스해빗 각각에 대해 자세히 다루고, 실행에 필요한 조언을 제시할 것이다.

일반적으로 우리는 어떤 행위를 반복하다가 결국에는 무의식중에도 그 행위를 자동으로 하게 되었을 때 습관이 형성되었다고 말한다. 기억하기 쉬운 단순한 행위를 반복적으로 하는 경우를 생각해보라. 그로부터 즐거움이나 보상을 얻게 된다면 그 행위는 습관이 되고, 더 나아가 후천적인 본능으로 자리를 잡는다. 운전이나 컴퓨터 타이핑을 떠올려보라. 오랜 시간 반복하다 보면 언제부터인가 구체적으로 생각하지 않아도 적절한 행동이 나오게 된다. 후천적 본능이 되어 자동적으로 대응 행동이 나오는 것이다.

그런데 이 책에서 말하는 습관은 이런 유형의 것이 아니다. 별다른 의식 없이도 습관화할 수 있는 단순한 행위를 소개하기 위해 책을 쓴 것은 아니다. 목표를 성취하고, 높은 곳에 오르고, 다른 사람들을 이끌기 위해서는 언제나 의식적인 행동을 해야 한다. 그리고 뛰어난 성과로 이끄는 습관 역시 의식적으로 반복해야 하는 성격의 것들이다. 게다가 우리가 살고 있는 세상은 점점 더 복잡해지고 있기 때문에 무의식적으로 반응할 수 있는 수준의 행동으로 커다란 성취를 계속해서 이뤄내는 것은 사실상 불가능하다. 더 높은 곳에 오를수록 더 신중하게 의식적인 걸음을 내디뎌야 한다.

뛰어난 성과를 만들어주는 습관은 습관 주체의 세심한 개입을 요구한다. 신중하게 선택하고, 의식적으로 행하고, 그 새로운 습관이 긍정적인 변화를 만들어내고 있는지 지속적으로 확인해야 한다.

당연히 이런 유형의 습관은 쉽게 자리 잡지 않는다. 습관 주체의 상당한 노력을 필요로 한다. 게다가 습관 주체에 변화가 생길 때면 습관에도 변화를 줘야 할 때가 있다. 전에 없던 난관에 부딪혔을 때, 새로운 프로젝트를 시작할 때, 전보다 더 높은 곳으로 올랐을 때, 새로운 사람들을 이끌게 되었을 때 등의 변화가 생긴다면 기존의 습관에 대해 다시 살펴볼 필요가 있다. 비행기 조종사가 이륙 시도를 할 때마다 항공기의 상태를 확인하듯, 우리도 변화를 맞을 때마다 기존의 습관을 살펴봐야 한다.

이와 같은 확인 과정은 중요하다. 뛰어난 성과를 내기 위한 습관은 무의식적으로, 임기응변식으로, 충동적으로 가질 수 있는 게 아니다. 목표를 분명히 하고, 강한 의지와 노력이 뒷받침되어야 이 습관들을 가질 수 있다. 뛰어난 성과를 내고자 한다면 자기 운명의 주인이 되겠다는 마음가짐을 가져야 한다. 충동의 노예가 되어서는 결코 뛰어난 성과를 낼 수 없다. 자신이 해야 할 일을 정하고, 의식적으로 그것을 행하고, 자신이 지금 무엇을 하고 있는지 살펴봐야 한다.

뛰어난 성과를 위한 습관을 갖기 위해서는 많은 노력이 필요하다. 특별한 노력 없이도 쉽게 이룰 수 있는 방법이란 결코 없다는 것을 명심해야 한다.

> 기회의 문을 두드릴 때 문을 열고 우리를 맞는 것은
> 바로 '우리가 수행해야 할 일'이다. 당연하다.

혹자들은 내가 좀 더 쉬운 길이 있다고 말하면 책이 더 많이 팔릴 거라고 말할지 모르겠다. 하지만 더 나은 인생을 바란다면 쉬운 길이

아닌 성장에 초점을 맞춰야 한다. 이 책에서 제시하는 식스 해빗을 갖기 위해서는 상당한 의지와 노력이 요구되지만, 이 습관들이 사람들의 삶을 크게 바꾼다는 점은 실제로 확인된 것이다. 뛰어난 성과를 기반으로 자신의 삶을 완전히 바꾸고자 한다면 이 식스 해빗을 자신의 것으로 만들어보라.

뛰어난 운동선수들은 훈련을 멈추지 않는다. 마찬가지로 인생에서 뛰어난 성과를 내고자 한다면 식스 해빗의 단련을 멈추면 안 된다.

진정한 성공, 즉 행복을 느끼면서도 계속해서 성공을 이어나가는 것은 타고난 재능, 확실한 것, 편한 것, 자동적으로 되는 것 등을 통해 이뤄낼 수 있는 것이 아니다. 진정한 성공은 편하고 확실한 것을 추구하려는 본능을 극복하고, 더 높은 목표의식을 실현하려는 의지를 갖는 것에서 시작된다.

타고난 재능이나 능력만으로 더 높은 수준의 성공에 오르는 것은 어려운 일이다. 더 높은 수준의 성공에 오르기 위해서는 부족한 점을 보완하고, 새로운 능력을 계발하고, 새로운 습관을 갖추고, 능력의 한계라고 생각하던 것을 넘어서려고 해야 한다. 다시 한 번 분명히 말하지만, 성공하기 위해서는 해야 할 일이 많다.

본문에 들어가기에 앞서

습관 문제 외에 사람들의 발전을 가로막는 것은 무엇일까? 내 경험에 의하면 상당히 많은 사람이 스스로에 대해 성공할 자격이 없거나 다음 단계로 올라서기에는 부족하다고 생각하고 있었다. 자신의 가치에 의문을 제기하거나 승진, 자격증, 표창 등 외부로부터의 확인을 기다리며 다음 단계로의 도전을 주저하는 것이다. 하지만 이는 잘못된 태도다. 우리도 다른 사람들이 이뤄낸 성공을 이룰 수 있다. 그리고 자신의 성공을 추구하는 데 다른 누구의 확인을 기다릴 필요가 없다. 우리에게 필요한 것은 계획이다. 그리고 나는 이 책에서 성공에 필요한 계획을 설명할 것이다.

"왜 너는 지금 가지고 있는 것들에서 행복을 찾지 못하니?" 이렇게 말하는 사람도 있다. 하지만 이는 하이퍼포머를 전혀 모르고 하는 소리다. 지금 가지고 있는 것들에서 행복을 찾으면서도 더 크게 성장하고 세상에 더 많이 기여하는 일도 얼마든지 가능하다. 더 나은 삶을 추구하는 노력을 평가절하하는 말은 받아들일 필요가 없다. 자신의 가능성과 꿈을 일부러 축소하지 마라. 더 많은 걸 원하는 것은 좋은 일이다. 자신의 새로운 야망을 두려워하지 마라. 지금까지 해왔던 것보다 더 집중력 있게, 더 간결하게, 더 만족스럽게 새로운 목표에 도달하는 방법을 찾아라. 그리고 이 책에서 제시하는 방법을 받아들여 보라.

이어지는 '타고난 재능을 뛰어넘어: 하이퍼포머의 초격차 성공 습관'에서는 뛰어난 성과를 만들어내는 식스 해빗을 정리하는 데 사용된 근거를 설명할 것이다. 이 설명 작업은 자신의 성공 습관을 만들어내고 이를 수용하는 데 도움이 될 것이다. 그런 다음에는 식스 해빗 각각에 대해 설명하고, 해당 습관을 만드는 구체적인 방법도 제시할 것이다. 그리고 책의 마지막 부분에서는 실패를 유발하는 요인과 성공을 계속해서 이어나가는 방법에 대해 다룰 것이다.

나는 이 책을 통해 새로운 사고방식과 도전의식, 그리고 인생에 있어 정말로 중요한 것이 무엇인지를 판단하는 방법을 제시할 것이다. 나의 논조가 지나치게 낙관적인 것처럼 보일 수도 있다. 하지만 성과 코치로 오랫동안 일해오면서 나는 누구나 엄청난 성공을 실현할 수 있다는 사실을 알게 되었다. 나는 쇼 프로그램 진행자도, 대학 교수도 아니다. 나는 오직 내가 만들어내는 성과 코칭의 결과에 의해서만 보수를 받는 사람이다. 지금까지 나는 전 세계 수많은 조직과 사람들이 뛰어난 성과를 낼 수 있도록 실질적인 도움을 제공해왔다. 나는 무엇이 가능하고 무엇이 가능하지 않은지 잘 알고 있다. 지금까지 나는 내가 제안하는 방법이 수많은 수강생들의 삶을 바꾸는 것을 보았고, 이는 구체적인 데이터로 남아 있다. 그래서 내 논조는 낙관적일 수밖에 없다. 한 마디로 수많은 사람들에 의해 검증됐기 때문이다. 앞으로 나는 본질적이지만 기분을 상하게 할 수 있는 질문들을 던질 것이고, 다소 까다로운 행동들을 계속해서 요구할 것이다. 나는 이 책의 독자들이 내 방법론을 믿고 따를 준비가 되어 있다고 생각하려 한다.

나는 지난 20년 동안 내가 알게 된 것들을 최대한 간결하면서도 구체적으로 사람들에게 전하고 싶었고, 그렇게 해서 나오게 된 최종본이 바로 이 책이다. 사실 이 책의 초고는 책으로 1,498쪽 분량이었다. 책의 분량을 줄이는 작업은 결코 쉽지 않았다. 하지만 많은 성공한 사람들로부터 나는 다음과 같은 교훈을 배운 바 있다.

성공하고자 한다면 항상 이것을 기억하라.
가장 주된 일을 가장 주되게 처리하는 게 가장 중요하다는 것을.

이 책을 쓴 주된 목적은 뛰어난 성과로 이끄는 습관을 사람들에게 알려주는 것이다. 즉 뛰어난 성과를 만들어내는 습관이 무엇인지 그 개념을 설명하고, 사람들이 그 습관들을 가질 수 있도록 돕고 싶었다.

그래서 나는 이 책을 사례연구나 학술보고서 모음집이 아니라 '사용 설명서'에 가깝게 만들려고 했다. 물론 하이퍼포머에 관한 이야기와 우리의 연구 결과도 어느 정도는 소개되겠지만, 책의 초점은 다음 단계의 성공으로 나아가기 위해 취해야 할 구체적인 행동에 맞춰질 것이다. 성공한 사람들의 이야기와 사례 연구를 더 많이 읽어보고 싶다면 나의 홈페이지 Brendon.com에서 블로그와 팟캐스트를 통해 확인할 수 있다. 그리고 내가 제시하는 방법론에 관해 학술적으로 알아보고 싶다면 HighPerformanceInstitute.com을 방문해보기 바란다.

나는 시대를 관통할 정도로 일반적이면서도 사람들에게 실질적으로 도움이 되는 내용을 이 책에 담으려고 했다. 인생의 어느 시점에서라도 이 책을 통해 도움을 얻을 수 있도록 말이다. 다시 한 번 강조하지만, 내가 이 책을 통해 전하고자 하는 것은 뛰어난 성과를 만들어내는 여섯 가지 습관, 즉 식스 해빗이다.

따라서 나는 성공한 사람들의 어린 시절, 식습관, 독서 행태, 아침 스케줄, 즐겨 사용하는 앱 같은 것은 이야기하지 않을 것이다. 이런 것들은 사람마다 다 다르며, 특히 이런 것들이 성공과 밀접한 관련이 있다는 근거는 아직 없다. 이 책은 성공한 사람들의 성격이나 기호에 관한 게 아니다. 성공을 위한 구체적이면서도 검증된 방법에 관한 책이다.[1] 그리고 우리 자신에 관한 책이다. 우리 삶을 더 나은 것으로 만들기 위해서는 어떻게 생각하고 어떤 습관을 가져야 하는지가 이 책의 핵심이다.

이제부터 무엇을 해야 하는가

우리는 모두 바쁘다. 오늘도 해야 할 일이 많다. 그래서 뛰어난 성과를 내는 습관이라는 주제에 대해 호기심을 갖게 되었고 자신의 삶을 더 나은 것으로 만들기를 바라지만, 이런 관심이 당장의 행동으로는 변환되지 않을 가능성이 상당히 크다. 그래서 나는 우리가 지금 당장 행할 수 있는 두 가지 제안을 하려고 한다. 오늘을 변화의 출발점으로 만들 수 있는 제안이다.

1. 하이퍼포먼스연구소 웹사이트(HighPerformanceIndicator.com)를 방문해 자신의 성공 가능성에 대해 진단을 받아보라.

진단은 무료이고, 5~7분이면 된다. 뛰어난 성과와 상관관계가 있는 여섯 가지의 항목에 대한 진단을 통해 자신이 어느 영역에서 잘하고 있고 어느 영역에서 부족한지 알게 될 것이다. 그리고 지금과 같은 상태로 나아간다면 자신의 목표나 꿈에 도달할 수 있는지도 가늠해볼 수 있을 것이다. 진단 점수가 나온 후에는 각자에게 적합한 강의 과정이나 무료 자료가 제안될 것이다. 주위의 동료들과 함께 진단을 받아보고 서로의 점수를 비교해보는 것도 좋은 방법이다. 진단을 받은 후에는 다시 이 책으로 돌아오기 바란다. 뛰어난 성과를 내는 방법이 이 책에 들어 있기 때문이다.

2. 적어도 이후 두 개의 장chapter은 오늘 하루에 다 읽어보라.

두 개의 장, 즉 'HABIT 1'까지 읽어보면, 우리가 장기적으로 이루고자 하는 목표의 달성 가능성을 높이고 성공을 지속적으로 이어나가기 위해 무엇을 해야 하는지 어느 정도 인지할 수 있을 것이다.

누구라도 뛰어난 성과를 이뤄낼 수 있다. 그리고 누구라도 자신이 꿈꾸는 삶을 실현할 수 있다. 이제부터 그 방법을 함께 알아보자.

타고난 재능을 뛰어넘어: 하이퍼포머의 초격차 성공 습관

HIGH PERFORMANCE HABITS

동시대의 사람들, 혹은 앞선 시대의 사람들보다
더 나은 사람이 되려고 노력하지 말라.
지금의 자기 자신보다 더 나은 사람이 되려고 노력하라.

–윌리엄 포크너 William Faulkner

내 인생을 바꾼 이메일 한 통

다음은 내 인생을 바꾼 이메일 한 통이다.

버처드 씨,
이제는 단도직입적으로 말씀을 드려야 할 때가 된 것 같습니다.

저는 MBTI 성격유형 검사에서 INTJ 유형으로 판정받았습니다. 하지만 이것은 나에 대해서, 그리고 나의 성공 가능성에 대해서 아무것도 말해주지 않습니다. 지금으로서도 그렇고, 향후 몇 년에 대해서도 그렇습니다.

스트렝스파인더StrengthsFinder 검사에서는 제가 '개발자'와 '성취자' 유형에 강점이 있다고 나왔죠. 하지만 이 역시 저의 능력이나 제가 이뤄낼 수 있는 성과에 대해서는 아무것도 말해주지 않습니다.

콜비Kolbe 검사에서는 '퀵 스타트Quick Start'에서 가장 높은 점수가 나왔습니다. 하지만 이것이 실제 인생에서 무슨 의미가 있을까요? 다른 여러 가지 검사들도 해봤지만, 그러한 평가 결과들이 무슨 의미가 있는지 모르겠습니다.

저는 초록색보다는 파란색을 더 좋아합니다.

저는 침팬지 유형보다는 사자 유형에 더 가깝다고 합니다.

저는 투지를 가지고 있지만, 게으를 때도 많습니다. 저는 네모 유형보다는 동그라미 유형에 더 가깝다고 합니다. 저는 주로 지중해식 식사를 하지만, 햄버거도 좋아합니다. 저는 사람들과 어울리는 것을 좋아하지만, 아무도 없는 곳에 가서 차를 마시며 책을 읽고 싶을 때도 있습니다. 저는 정기적으로 홀푸즈Whole Foods에서 식료품을 구입하지만, 점심은 대부분 패스트푸드점에서 먹습니다.

하지만 이런 것들 가운데 어느 것도 저의 역량이나 성공 가능성, 미래의 성과에 대해서 말해주지 않습니다.

이제는 제가 어느 유형에 속하고, 저의 강점이나 재능이 무엇인지 아는 것이 무의미하다는 생각이 듭니다. 지겹다는 느낌마저 들어요. 버처드 씨는 이런 검사들은 단지 자기 자신에 대해 알기 위한 것일 뿐, 앞으로의 진로를 결정하기 위한 것은 아니라고 하셨죠.

하지만 제 강점이나 재능에 대해 안다고 해서 그게 저의 성장에 도움이 되는 것은 아닙니다. 저의 재능이 일을 하는 건 아니니까요. 조직의 리더로서 저는 해야 할 일을 해야 합니다. 제가 누구이고, 무엇을 좋아하고, 저의 재능이 무엇인지와는 상관없는 일이죠. 제게 부여되는 일이 저의 재능이나 성향에 맞춰지는 것은 아니니까요.

버처드 씨는 사람의 성장배경에도 관심이 많으시죠. 저는 미국 중서부에서 태어났고, 지금은 캘리포니아에서 살고 있습니다. 여동생이 한 명 있고, 홀로 되신 어머니가 저희를 양육하셨습니다. 어머니는 낮에는 미용사로, 밤에는 음식점에서 일하며 돈을 벌었습니다. 아버지는 제가 열네 살 때 저희를 떠났습니다. 학창 시절의 저는, 성적은 평균 정도였고 괴롭힘은 거의 당하지 않았습니다. 대학에 다닐 때는 취미로 골프를 쳤습니다. 대학을 졸업하고 5년 동안 여자 친구를 두 명 사귀었는데, 둘 다 안 좋게 헤어졌습니다. 직장에서 해고된 적도 한 번 있고요. 하지만 좋은 친구들을 몇 명 알게 되었고, 그 후로는 인생에서 자신감을 갖기 시작했습니다. 지금의 직장에는 얼떨결에 취업하게 되었는데, 지금은 아주 만족하고 있습니다.

하지만 이런 저의 배경이 저의 가능성을 말해주는 것은 아닙니다. 제가 앞으로 더 성장할 수 있을지에 대한 어떤 단서도 되지 못합니다. 누구든 자신만의 성장배경을 가지고 있습니다. 그러나 그것이 그 사람의 잠재력을 말해주지는 않습니다.

여기까지 이야기하고 보니 제가 제 나름의 성공 방식을 알고 있는 것처럼 들릴 수도 있다는 생각이 듭니다. 하지만 제가 버처드 씨의 코칭 과정에 참여한 것은 다음 단계로 나아가기 위해서 무엇을 해야 할지 모르기 때문입니다.

버처드 씨, 제가 무엇을 해야 할까요? 성격 같은 것에 상관없이 발전할 수 있는 방법은 없을까요?

'누가' 뛰어난 성과를 냈는지는 별로 듣고 싶지 않습니다. 그들이 구체적으로 '어떻게' 행동했기에 일과 삶의 다양한 영역에서 성공할 수 있었는지를 말해주세요. 그들의 행동을 자세히 알고 싶습니다. 저는 거기에 핵심이 있다고 생각하거든요.

그것을 알려준다면 저는 계속해서 당신에게 도움을 받을 것입니다. 그렇지 않다면 이제는 제 갈 길을 가야 하겠지요.

이 이메일은 내가 성과 코치로 일한 지 얼마 되지 않았을 때 톰이라는 고객이 내게 보냈던 것이다. 이 이메일은 내게 큰 충격을 주었다. 그는 기업 임원으로서 이미 성공적인 인생을 살고 있었고, 상냥한 태도의 사람이었다. 나의 제안에 협력적이었고, 언제나 새로운 일을 시도해보려고 했다.[1] 그런데 자기에게 핵심적인 무언가를 알려주지 않는다면 그동안의 관계를 단절하겠다는 메일을 보낸 것이다. 그는 상당히 화가 나 있었다.

그가 원했던 것은 결과였지만, 나는 그가 원하는 결과를 어떻게 만들 수 있는지 알 수가 없었다.

벌써 10년 전의 일이다. 당시 나는 지극히 평범한 성과 코치였고, 의뢰인들의 성과 향상을 도와주는 방법을 찾기 위해 거쳐야 하는 네 단계의 과정을 충실하게 거쳤을 뿐이었다.

그 네 단계의 과정은 의뢰인의 목표와 그 목표를 달성하는 데 걸림돌이 되는 의뢰인의 사고방식이 무엇인지를 알아내는 것에서 시작된다. 목표 달성을 저해하는 의뢰인의 행동을 이해하기 위해 의뢰인의 성장배경이나 과거에 관한 심층 인터뷰를 진행하는 것은 종종 있는 일이었다.

두 번째 단계에서는 의뢰인의 성격이나 성향을 이해하기 위해 다양한 분석 도구들을 활용한다. 의뢰인이 자신과 자신의 행동을 더 잘 이해하도록 돕는 것도 이 단계의 중요한 목표다. MBTI 성격유형 검사, 스트렝스파인더 검사, 콜비 검사, 디스크DiSC 검사 같은 도구들이 주로 활용된다.

세 번째 단계에서 성과 코치는 의뢰인 주위 사람들로부터 의뢰인에 대한 평가를 수집한다. 흔히 말하는 360도 다면평가를 통해 다른 사람들은 의뢰인을 어떻게 생각하는지, 의뢰인에게 무엇을 바라는지를 파악하는 것이다. 이때 의뢰인 주위 사람들의 범주에는 함께 일하는 사람들만이 아니라 함께 생활하는 사람들까지도 포함될 수 있다.

마지막 네 번째 단계에서 성과 코치는 의뢰인의 기존 성과에 대해 파악한다. 가장 돋보이는 성과는 무엇인지, 어떤 프로세스를 사용했을 때 가장 좋은 성과가 나왔는지, 의뢰인 자신이 가장 좋게 생각하는 성과는 무엇인지 등을 파악하는 것이다.

나는 톰과 이 네 단계 과정을 차례로 거쳤다. 톰은 내게서 자세한 이야기를 듣기 원했고, 그래서 우리는 수집된 데이터와 그에 대한 분석 결과를 두고 많은 대화를 나누었다.

그렇게 2년 정도 지나면서 나는 그의 성격, 재능, 성장배경 등을 자세히 알게 되었다. 하지만 그 2년 동안 그는 계속해서 실패했다.

나는 좌절감에 빠졌다. 왜 그가 자신이 원하는 성과를 내지 못하는지, 나는 무엇을 해야 하는지 알 수가 없었다. 그가 내게 이메일을 보내온 것도 그 무렵이었다.

하이퍼포먼스연구소

톰에게서 이메일을 받은 지 10년이라는 세월이 흘렀다. 그사이 내가 설립한 연구소는 이 분야에서는 세계에서 가장 큰 규모로 성장했다. 이 글을 쓰고 있는 시점에서 내 연구소 페이스북의 팔로어 숫자는

1,000만 명이 넘으며, 연구소에서 발행하는 온라인 뉴스레터의 구독자 수는 200만 명이 넘는다. 지금까지 150만 명의 수강생들이 내가 만든 온라인 및 비디오 강좌를 이수했고, 많은 사람들이 내 연구소에서 진행하는 세미나에 직접 참석했다. 자기계발과 심리학에 관한 내 책을 읽거나 블로그에 접속하는 사람들도 수백만 명에 이르고, 유튜브 구독자 숫자도 50만 명이 넘는다. 이분들 덕분에 내가 만든 자기계발 비디오 자료는 흥미 위주의 짧은 영상이 아닌 제대로 된 강의자료임에도 조회수 1억 뷰를 넘겼다.

하이퍼포먼스연구소를 찾는 사람들은 자기계발을 위한 코칭이나 교육을 원하는 사람들이고, 이들로부터 얻는 데이터를 통해 우리는 오늘날 사람들이 무엇 때문에 힘들어하는지, 무엇을 바라는지, 사람들의 변화를 이끌어내기 위해서는 어떻게 해야 하는지 등을 상당히 정확하게 파악할 수 있었다. 우리는 그들을 대상으로 설문조사와 면접을 진행하고, 사람들의 행동이나 발언에서도 정보를 수집한다. 또한 우리의 교육이나 코칭 프로그램을 통해 사람들이 어떻게 변화하는지에 대해서도 철저히 분석한다. 이들 데이터는 어떤 행동이 뛰어난 성과로 이어지는지를 연구하는 데 매우 유용한 자료가 된다.

그런데 이 연구를 통해 알아낸 성공 비결의 상당 부분은 우리가 상식적으로 알고 있는 바와 같았다. 성실한 노력, 열정, 훈련, 긍정적 사고, 대인관계 같은 것들이 지능, 재능, 성장배경 같은 것들보다 성공에 훨씬 더 중요한 역할을 하고 있었다. 우리의 연구 조사만이 아니라, 성공에 대한 다른 많은 연구들도 비슷한 결론을 내고 있다. 요즘 발표되는 사회과학 연구논문들을 읽어 보면 인생의 성공을 결정하는 요소들은 개인의 노력으로 개선할 수 있는 것들이 대부분이다. 예를 들면 다음과 같은 것들 말이다.

- 개인의 마음가짐[2]
- 열정과 인내[3]
- 훈련 시간[4]
- 타인을 대하는 태도[5]
- 목표를 추구하는 끈기[6]
- 단기적인 실패를 받아들이는 방식[7]
- 신체의 건강 및 긍정적 사고[8]

지금까지 행해진 많은 연구에 따르면 성공은 개인의 특성에 의해서도 이뤄지지만, 일련의 특정한 행동에 의해서도 이뤄지는 것으로 나타났다. 그렇다면 성공을 가능하게 하는 일련의 특정 행동에는 어떤 것들이 있을까?

가장 중요한 습관 찾기

시작하도록 만들어주는 것은 욕구다.
그리고 계속 나아가도록 만들어주는 것은 습관이다.

-짐 론Jim Rohn

지난 몇 년 동안 우리는 성공을 계속 이어나갈 수 있는 방법을 찾으려 했고, 결국 그 방법을 정립하기에 이르렀다. 우리가 알아낸 바에 의하면 하이퍼포머는 일에 대해 다른 사람들과는 다른 방식으로 접근

했고, 그들의 방식은 일의 유형이나 환경, 개인의 성격이나 취향, 성장 배경에 상관없이 효과를 냈다. 우리가 찾아낸 이 성공 방식은 여섯 가지 습관으로 정리될 수 있는데, 이 식스 해빗이 갖춰져 있지 않은 경우에는 아무리 타고난 능력이 뛰어나도 별다른 성과를 내지 못했다.

뛰어난 성과를 가능하게 해주는 가장 중요한 식스 해빗을 정리하기 위해 우리는 3,000회 이상의 코칭 프로그램과 연구소 데이터를 토대로 자료를 수집했다. 그리고 이들 자료를 이용해 설문조사 질문지를 만들었다.

설문조사의 대상이 되는 하이퍼포머를 선별할 때는 표준적인 사회과학 기법을 활용했다. 우리는 그들에게 직접 질문함과 동시에 각 분야에서 객관적인 성과지수를 적용했다. 그들에게 제시했던 문항 몇 가지를 소개하면 다음과 같은데, 우리는 이 문항들에 대해 주관적인 척도로 답해줄 것을 주문했다.

- 내 동료들 대부분은 나를 하이퍼포머로 인식하고 있다.
- 지난 몇 년 동안 나는 높은 수준의 성공을 계속해서 이뤄왔다.
- '뛰어난 성과'를 '자신이 하고 있는 일에서 높은 수준의 성과를 장기간에 걸쳐 계속해서 이뤄내는 것'이라고 정의할 때 나는 하이퍼포머로 규정될 수 있다.
- 내가 일하는 분야에서 나는 대부분의 사람들보다 더 오랜 기간에 걸쳐 성공을 반복하고 있다.

이와 같은 문항들에 높은 점수를 주는 이들은 자기 자신을 하이퍼포머라고 생각하는 것이다. 우리는 이들을 대상으로 심층 인터뷰를 진행했고, 그들의 동료들을 대상으로 다면평가도 실시했다. 그리고 다음과 같은 질문들을 통한 설문조사도 진행했다.

- 새로운 프로젝트를 시작할 때마다 프로젝트의 성공 가능성을 높이기 위해 의식적으로 행하는 습관이 있습니까? 있다면 무엇입니까?
- 집중력, 활력, 창의력, 생산성, 효과성을 높은 수준으로 유지하기 위해 취하는 습관과 업무 방식은 무엇입니까? (실제로는 이 다섯 가지 항목 각각에 대해 질문을 제시했다.)
- 성과를 높이는 효과가 있어서 계속 유지하고 있는 습관은 무엇이고, 효과가 없어서 버린 습관은 무엇입니까?
- 새로운 상황에 처하게 될 때, 역경이나 실망스러운 상황에 처하게 될 때, 다른 사람들을 도와주어야 할 때, 최고의 성과를 만들어내기 위해 자기 자신에게 습관적으로 해주는 말이나 떠올리는 생각은 무엇입니까?
- 다음번 프로젝트에는 자신의 성공 요인 중 단 세 가지만 사용할 수 있다면 무엇을 꼽겠습니까?
- 정말로 중요한 회의에(혹은 시합, 공연, 전시회, 대화 등에) 참석해야 할 때 어떻게 준비하고, 어떻게 연습합니까?
- 내일부터 중요한 팀 프로젝트를 새롭게 시작하게 된다면 팀원들에게 무슨 말을 해주고 팀원들 앞에서 무슨 행동을 취하겠습니까?
- 자신의 어떤 습관이 계속해서 성공을 만들어준다고 생각합니까? 뛰어난 성과를 만들어주는 자기만의 방식은 무엇이라고 생각합니까?
- 마감 시한에 임박해 압박감을 느끼는 상황에서도 행복감을 유지하

는 방법은 무엇입니까?

- 자신감을 잃었을 때, 좌절감이 들 때, 실패하고 있다는 느낌이 들 때 자신에게 습관적으로 해주는 말은 무엇입니까?
- 자신감이 필요할 때 어떤 식으로 자신감을 높이고 있습니까?
- 자신을 도와주는 사람, 자신을 도와주지 않는 사람, 부탁을 했음에도 자신을 도와주지 않는 사람을 대할 때 어떤 태도를 취하고 있습니까?
- 중요한 목표를 추구하는 중에 행복감과 건강을 유지하는 방법은 무엇입니까?

이런 질문들을 통해 우리는 하이퍼포머가 자신의 성공을 가능하게 만들었다고 생각하는 요인과 습관이 무엇인지 알 수 있었다. 그리고 이를 토대로 뛰어난 성과를 만들어주는 습관들을 정리할 수 있었는데, 처음에는 습관의 유형이 스무 가지가 넘었다.

그런 다음에는 똑같은 질문을 보통의 사람들에게 제시하고 답을 구했다. 이 데이터를 분석함으로써 우리는 하이퍼포머만의 습관의 범위를 더욱 좁힐 수 있었다. 마지막으로 우리는 실행 가능하고, 성과를 눈으로 확인할 수 있고, 누구라도 받아들일 수 있으며, 습득할 수 있고, 어떤 영역에서도 효과적인 습관들을 추려냈다. 특정 영역, 특정 상황에서만 효과를 내는 게 아니라, 어떤 영역의 누구에게라도 효과를 낼 수 있는 습관이라야 의미 있다고 생각했기 때문이다. 우리가 원했던 것은 누구라도 습득할 수 있고, 다양한 상황에 적용할 수 있고, 습관의 변화로 인한 성과를 구체적으로 확인할 수 있는 습관이었다.

그렇게 해서 우리가 정리한 것이 바로 뛰어난 성과를 위한 여섯 가지 습관, 즉 식스 해빗이다.

식스 해빗을 정리한 후에 우리는 다양한 측면에서 이 습관들의 효과성을 검증했다. 이를 위해 일반적으로 인정되는 성공의 지표들을 토대로 HP지수High Performance indicator라는 개념을 만들었는데, 우리는 195개국 3만 명 이상의 사람들을 대상으로 식스 해빗이 HP지수를 어떻게 변화시키는지 확인해봤다. 식스 해빗의 유효성, 신뢰성, 유용성 등을 정량적으로 평가하려는 시도였다.[9] 그 결과 우리는 이 여섯 가지 습관이 서로 결합해 높은 성과로 이끈다는 것과 함께 각각의 습관도 그 자체로 높은 성과를 만들어낸다는 사실을 알게 되었다. 그뿐만 아니라 식스 해빗이 행복감, 건강, 인간관계 등을 긍정적으로 만들어준다는 점도 알게 되었다.

뛰어난 성과를 위한 여섯 가지 습관, 즉 식스 해빗은 사업가, 학생, 관리자, 운동선수, 부모 등 수행할 역할이 무엇이든 간에 높은 성과를 만들어냈다. 그리고 이미 성공한 사람이 다음 단계의 성공에 도달하는 데 도움이 되는 것으로 나타났다.

행운, 시의적절함, 사회적 지원, 갑작스럽게 떠오른 아이디어 등과 같이 성공을 계속 이어나갈 수 있게 하는 요인은 많지만 이 식스 해빗이 가지는 의미는 남다르다. 무엇보다 자기 자신이 직접 통제할 수 있고, 성공에 끼치는 영향력도 다른 요인들보다 더 크다. 성과를 위한 식스 해빗을 간략하게 소개하면 다음과 같다.

1. 자신이 원하는 것을 명확히 그린다. 어떤 사람이 되고 싶은지, 다른 사람과 어떤 식으로 상호작용을 하고 싶은지, 무엇을 갖고 싶은지, 무엇에 가장 큰 의미를 두는지를 명확히 한다. 새로운 일을 시

작하게 되면 스스로에게 이런 질문을 던져라. "이 일을 하면서 나는 어떤 사람이 되기를 바라는가?" "다른 사람들을 어떻게 대해야 할까?" "내가 의도하는 것은 무엇이고, 내가 목표로 하는 것은 무엇인가?" "존재감과 성취감을 얻기 위해서는 무엇에 나의 역량을 집중해야 하는가?" 하이퍼포머는 어떤 일을 시작할 때만이 아니라, 일이 진행되는 중에도, 그리고 상황이나 업무, 사회적 위치가 변하는 중에도 계속해서 이런 질문들을 염두에 둔다. 자신이 원하는 것을 명확히 하는 것은 하이퍼포머의 가장 두드러진 특징 가운데 하나다.

2. **건강한 활력 상태를 유지한다.** 집중력, 추진력, 행복감 등을 유지하기 위해서는 건강한 상태가 뒷받침돼야 한다. 하이퍼포머는 심리적, 육체적, 정서적 건강 상태에 대해 항상 관심을 갖는다.

3. **강력한 당위성을 찾는다.** 자신이 뛰어난 성과를 내야만 하는 이유를 적극적으로 찾는다. 뛰어난 성과를 내야만 하는 당위성은 자신의 정체성, 신념, 가치관, 결과에 대한 기대 같은 자신의 내적 기준과 사회적 의무, 경쟁 상황, 공공에 대한 봉사, 프로젝트의 마감 시한 같은 외부에서 제기되는 요구를 토대로 만들어져야 한다. 당위성은 지금 추구하는 목표를 반드시 이뤄야 한다는 압박으로 작용하며, 결국은 이것이 추진력으로 이어진다.

4. **중요한 일의 생산성을 높인다.** 자신이 인정받거나 큰 영향력을 갖게 되기를 바라는 분야에서 고품질의 결과물을 많이 만들어내야 한다. 이를 위해 시간과 노력을 집중할 필요가 있다.

5. **사람의 마음을 움직이는 영향력을 키운다.** 주위 사람들로부터 신뢰를 얻고, 자신의 목표를 추구하는 데 있어 주위 사람들의 지지와

도움을 끌어낼 수 있어야 한다. 지지와 도움을 받을 수 있는 인적 네트워크를 만들어내지 못하면 성공을 계속 이어나가는 일은 사실상 불가능해진다.

6. **의지적으로 용기를 보인다.** 두려움, 불확실성, 위협, 갑작스러운 상황 변화 앞에서도 과감하게 자신의 아이디어를 드러내고 행동할 수 있어야 한다. 그리고 자기 자신과 함께 일하는 사람들의 입장을 적극적으로 옹호하려고 해야 한다. 용기는 타고나는 것이 아니다. 용기는 선택과 의지의 문제다.

뛰어난 성과로 이끄는 식스 해빗

자신이 원하는 것을 명확히 그린다. 건강한 활력 상태를 유지한다. 강력한 당위성을 찾는다. 중요한 일의 생산성을 높인다. 사람의 마음을 움직이는 영향력을 키운다. 의지적으로 용기를 보인다. 이상이 바로 자신이 추구하는 분야에서 뛰어난 성과를 내는 데 필요한 식스 해빗이다. 수많은 사람들의 노력과 행동을 관찰하고 분석함으로써 우리는 이 습관들이 어떠한 분야에서든 사람들의 성과를 크게 개선해준다는 결론에 이르렀다.

타고난 자질만으로는 부족하다

식스 해빗은 타고난 재능이나 성장배경과는 전혀 상관이 없다. 아무리 뛰어난 재능이나 성격을 가지고 있다 하더라도, 아무리 많은 돈을 물려받았다 하더라도, 아무리 아름다운 외모를 가졌다 하더라도, 아무리 뛰어난 창의성을 지녔다 하더라도, 아무리 자기만의 뛰어난 능력을 찾아냈다 하더라도, 아무리 학교에서 뛰어난 성적을 받았다 하더라도, 이러한 것들 자체만으로는 그리 큰 의미가 없다. 자신이 무엇을 원하고 무엇을 해야 하는지를 모른다면, 너무 지쳐 있다면, 무언가를 해야 한다는 당위성을 찾지 못한다면, 중요한 결과물을 별로 만들어내지 못한다면, 자신을 믿고 지원해줄 인적 네트워크를 가지고 있지 못하다면, 행동해야 할 때 앞으로 나서 행동하지 못한다면, 타고난 재능이나 외모나 배경 같은 것들은 성과로 이어지지 않는다. 아무리 뛰어난 자질을 가졌다 하더라도 식스 해빗이 뒷받침되지 않으면 그런 자질은 큰 의미가 없다.

뛰어난 성과는 단순한 반복을 통해 저절로 얻어지는 습관이나 타고난 자질로 이룰 수 있는 게 아니다. 필요하다면 힘든 과제에도 도전하고, 편안함의 영역을 벗어나려 하고, 자신의 성향이나 기분을 극복하면서 계속해서 일을 해나가고, 다른 사람들을 이해하고, 사랑하고, 도와주고, 이끌어나감으로써 이뤄낼 수 있는 것이다.

내가 이런 이야기를 하면 사람들은 '강점운동strengths movement'의 사례를 들면서 내 의견을 반박하곤 한다. 개인적으로 나는 사람들의 성장을 도와주는 거라면 어떤 방법론도 좋게 생각한다. 그리고 강점운동을 본격적으로 확산시킨 갤럽Gallup을 매우 높이 평가한다. 하지만 나는 성공의 다음 단계로 나아가거나 리더가 되기 위해 자신의 강점을 토대로 하는 방법을 추천하지는 않는다. 강점운동은 말 그대로 우리에게는 '타고난' 강점이 있고, 그 강점에 초점을 맞춰 성공을 추구해야 한다는 접근법이다. 상당히 설득력 있는 접근법이다. 그리고 자신의 약한 부분에 대해 크게 신경 쓰지 않아도 된다는 점에서 많은 사람들의 호응을 얻고 있기도 하다.

하지만 강점운동에 대한 내 생각은 이렇다. 매우 복잡하면서도 빠르게 변화하고 있는 오늘날 세상에서는 더 높은 수준에 도달하기 위한 요구 조건이 나의 강점에만 맞춰지지 않는다. 그래서 태어날 때부터 가지고 있는 재능이나 십대 시절의 성장배경이 자신이 일하고 있는 분야에서의 성공에 별 도움이 되지 않을 가능성이 너무 크다. 타고난 강점에 초점을 맞추는 것은 뛰어난 성과를 내는 데 있어 그리 좋은 방식이 아닌 것이다. 뛰어난 성과를 만들어내고 성공을 계속 이어가기 위해서는 자기가 그전부터 잘하던 영역, 혹은 편하게 생각하는 영역에 머물러서는 안 된다. 세상은 불확실성으로 가득하고, 성장에 필요한 요구 조건은 계속해서 새로워지기 때문이다. 타고난 자질만으로는 부족하다. 그리고 톰 역시 이와 같은 사실을 잘 알고 있었던 것 같다. 그가 보내준 이메일에 다음과 같은 대목이 나오기 때문이다. "제가 누구이고, 무엇을 좋아하고, 저의 재능이 무엇인지와는 상관없는 일이죠. 제게 부여되는 일이 저의 재능이나 성향에 맞춰지는 것은 아니니까요."

뛰어난 성과를 내고자 하는 강한 야망이 있다면 자신이 잘하는 것이나 자신에게 편한 것을 넘어 성장하려고 해야 한다. 필요하다면 자신의 재능이나 선호도와는 거리가 먼 새로운 능력을 익히고, 자신의 강점이 아닌 약점에 초점을 맞춰야 한다. 다시 한 번 강조하지만 뛰어난 성과를 내기 위해서는 자신에게 편하고 자신이 잘하는 영역을 넘어서야 할 필요도 있으며, 당연히 이는 쉽게, 혹은 저절로 이뤄지는 일은 아니다.

나의 의견에 동의하지 않는다 하더라도, 어쨌든 자신의 성격유형이나 재능을 알게 된다고 해서 다음 단계의 성공에 도달하는 데 별 도움이 되는 것은 아니다. 주어진 환경에서 자신에게 요구되는 일을 해야 하는 상황에 자신의 강점을 찾아내고 '좀 더 자기다움'을 추구하는 것은 그리 의미 있는 일이 아니다. 이는 처음 가보는 절벽에서 힘들게 꿀을 채취하고 있는 곰에게 "좀 더 곰다운 모습을 추구해봐"라고 말하는 것과도 같다.

기업의 경영자는 직원의 재능이나 성격유형을 파악하는 무의미한 일에 비용과 시간을 투입하기보다는, 직원이 뛰어난 성과를 위한 습관을 가질 수 있도록 필요한 훈련 프로그램을 제공하는 편이 훨씬 더 낫다.

식스 해빗을 갖는 데는 타고난 재능이 필요하지 않다. 우리가 알고 있는 하이퍼포머는 타고난 재능이 뛰어난 사람이 아니라 뛰어난 성과를 내는 습관을 꾸준하게 실행하는 사람들이었다. 성공의 비결은 단순했지만, 그것이 큰 격차를 만들어냈다.

우리가 외향적인지 내향적인지, INTJ인지 ESFP인지, 기독교인인지 무신론자인지, 스페인 사람인지 싱가포르 사람인지, 화가인지 기술자인지, 관리자인지 경영자인지, 실행자 유형인지 분석자 유형인지, 심지어 지구인인지 화성인인지 등은 성공에 있어 아무런 의미도 없는 것들이다. 성공을 결정하는 것은 뛰어난 성과를 위한 식스 해빗이다. 이 습관들을 자신의 것으로 만든다면 삶의 거의 모든 중요한 영역에서 목표로 하는 수준 이상의 성과를 만들어낼 수 있다. 하지만 이 습관들은 저절로 쉽게 가질 수 있는 것이 아니다. 언제나 의식적으로 노력해야 한다. 새로 시작하는 프로젝트에서 성공하고 싶다면, 이루고자 하는 꿈이 있다면, 능력에 비해 낮은 성과를 내고 있다면, 식스 해빗을 시작하라. 어떤 분야에서 자꾸 실패하고 있다면 우선 우리가 제시하는 도구를 활용해 식스 해빗 가운데 어느 것이 부족한지 파악하라. 그리고 그 습관을 보완하라.

성공은 타고난 재능이나 성장배경에 의해 결정되기 때문에 어떤 이들은 처음부터 높은 성공 가능성을 가지고 있다는 것은 잘못된 믿음이다. 지난 10여 년 동안 성과 코치로 지내며 최고 수준의 성취를 이뤄내는 사람들을 가까이에서 지켜보고, 여러 전문가들과 함께 관련 주제에 관해 연구한 결과 우리는 성격, IQ, 타고난 능력, 창의력, 학력이나 경력, 성별, 인종, 문화, 소득 같은 것들이 뛰어난 성과와 높은 상관관계가 있음을 발견해내지 못했다.[10] 근래에 들어 신경과학과 긍정심리학 분야의 학자들 역시 이와 맥락을 같이하는 연구결과들을 발표하고 있는데, 이는 기존의 가설들을 완전히 뒤집는 것이다. 성공을 이루는 데 있어서는 타고난 재능이나 성장 과정에서 얻게 된 성향보다 현재 어떤 행동을 취하느냐가 훨씬 더 중요하다. 뛰어난 성과를 내기 위해서는 세상을 바람직하게 바라보고, 자신을 단련하고, 다른 사람들을 이끌고, 근면함을 유지해야 한다.

모든 것을 가지고 있으나—좋은 양육환경에서 성장하고, 좋은 품성을 가지고 있고, 창의력도 뛰어난 사람들—아무런 성과도 이뤄내지 못하는 사람들의 존재는 드문 게 아니다. 좋은 위치에 올라섰지만,

그 후로는 의미 있는 성과를 만들어내지 못하는 사람도 많다. 테스트를 통해 자신의 강점을 알아내고, 그 강점과 관련 있는 일을 하면서도 계속해서 실패하는 사람들을 주위에서 흔히 볼 수 있다. 유명 대기업에서 동일한 기준으로 인재를 가려 뽑아도 그 인재들 중에는 하이퍼포머가 있고 그렇지 못한 사람이 있다. 그 이유가 무엇일까? 뛰어난 성과는 우리 인간의 어떤 특성에 기인하는 것이 아니기 때문이다. 유전자, 경력, 피부 색깔, 출신 배경, 현재의 위치 같은 것들이 성과를 결정하는 게 아니다. 성과를 결정하는 것은 우리가 가지고 있는 습관이다. 이 책에서 제시하는 식스 해빗을 자신의 것으로 만드느냐가 성과를 결정한다.

너무나 많은 사람들이 부진한 성과의 원인을 잘못된 곳에서 찾고 있다. 다음과 같은 흔한 변명들을 생각해보라.

- 난 성격 때문에 승진하기 어려워. 나는 (외향적인, 판단력 있는, 카리스마 있는, 활발한, 신중한) 사람이 아니거든.
- 난 우리 부서에서 가장 똑똑한 사람은 아니니까.
- 난 원래 재능이 부족한 것 같아. 이렇게 태어난 걸 어쩌겠어. 나는 그 일을 해내는 데 필요한 능력들을 갖추지 못한 것 같아.
- 나는 우뇌형 인간은 아니니까.
- 그 일을 해내기에 적절한 경력을 갖지는 못했어.
- 나는 (흑인이니까, 라틴계니까, 이미 나이가 중년에 접어들었으니까, 이 사회의 이민자일 뿐이니까) 성공하기 어려워.
- 우리 회사의 조직문화가 나와 맞지 않아서 승진하기 어려워.
- 연봉부터 올려준다면 내가 일을 제대로 할 수 있을 텐데.

이런 것들은 부진한 성과의 진짜 원인이 아니다. 단지 근거 없는 변명일 뿐이다. 선천적인 요소들이 아무 의미가 없다는 뜻은 아니다. 성장기의 발달에는 타고난 요소들이 매우 중요하게 작용하며, 성인이 된 이후에도 사람의 사고방식, 동작, 선택, 건강, 인간관계 같은 것들은 타고난 요소들에 크게 영향을 받는다. (타고난 요소들이 중요하기는 해도, 사람들이 생각하는 것만큼 인생의 성공에 크게 작용하지는 않는다는 주장에 대한 학술적인 근거를 보고자 하는 분들은 우리 웹사이트를 방문해보기 바란다.)

자신이 이끄는 사람들의 성과 개선을 돕고 싶은 리더라면 이와 같은 인식은 더욱 중요하다. 게다가 선천적인 요소들은 명확하게 규정하기도 어렵고, 통제하거나 변화시키기도 어렵다. 팀원들과 함께 어떤 프로젝트를 추진하는데, 그 가운데 한 사람이 특히 성과가 떨어진다고 가정해보자. 이때 그 사람에게 다가가 다음과 같이 말한다는 것이 얼마나 부적절할지 상상해보라.

"자네의 성격유형을 조금 바꾼다면……."

"자네의 IQ를 조금 높인다면……."

"자네의 타고난 재능을 다른 것으로 바꾼다면……."

"자네가 우뇌형 인간으로 바뀐다면……."

"이 분야에서 자네의 경력이 지금보다 5년만 더 길었다면……."

"자네가 (아시아인이라면, 흑인이라면, 백인이라면, 남자라면, 여자라면) 더 좋았을 텐데……."

"자네가 이 조직의 문화를 확 바꾼다면……."

"자네 연봉이 자네가 원하는 수준으로 지금 당장 올라갈 수 있다면······."

이런 요소들은 한 개인의 의지나 노력으로 변화시킬 수 있는 성질의 것이 아니다. 하지만 습관이라는 것은 개인의 의지와 노력으로 얼마든지 새롭게 만들 수 있고, 식스 해빗 역시 마찬가지다.

식스 해빗은 모든 것을 좋게 만든다

식스 해빗은 그 파급력이 대단하다. 우리 인생의 모든 측면에 긍정적인 효과를 만들어낸다. 가령 자신이 원하는 것을 명확히 하는 과정에서 질문하는 습관, 깊게 고찰하는 습관, 자기 행동을 돌아보는 습관, 행동의 결과를 계속 파악하는 습관 등을 가지게 되는 식이다. 건강한 활력 상태를 유지하는 과정에서는 휴식, 섭식, 운동 등과 관련해 더 좋은 방식을 추구하게 된다.

그런가 하면 식스 해빗 가운데 어느 하나의 습관은 나머지 습관에 긍정적인 영향을 끼친다. 예를 들어 명확성을 높이면 활력, 당위성, 생산성, 용기, 인간관계에서의 영향력 등에서 좋은 효과가 나타난다. 이는 성과지수를 활용한 분석을 통해 알게 된 사실인데, 식스 해빗 가운데 어느 하나를 높이는 것만으로도 전반적인 성과 개선을 기대할 수 있다는 의미다.

또 한 가지, 더 높은 성과지수를 가질수록 삶의 행복도가 더 높아지는 것으로 나타났다. 이는 식스 해빗의 높은 성과지수는 더 높은 성과만이 아니라 더 높은 행복도 또한 의미하는 것이다.

뛰어난 성과를 내고 있을 때의 느낌

삶을 충만하게, 자신의 의지대로 살아가는 것에서 희열을 느낀다.

−존 러블John Lovell

많은 사람이 성공을 계속해서 이룰 수 있도록 해주는 특정한 '상태'라는 것이 있느냐고 묻는다. 모두가 알고 있듯이 감정적·심리적 상태는 그리 오래 유지되지 않는다. 끊임없이 변화한다. 그리고 사고방식은 상당히 오랫동안 변화하지 않고, 습관은 아주 오랫동안 유지될 수 있다. 우리가 습관에 주목하는 이유 중 하나다.

그런데 사람들이 정말 궁금해하는 것은 뛰어난 성과를 내고 있다는 것을 어떻게 자각할 수 있느냐다. 그래야 그런 상태에 이르게 된 과정을 복기하고, 성공을 계속해서 반복할 수 있을 테니 말이다.

이에 대한 대답 역시 실제 데이터를 통해 찾아낼 수 있다. 우리는 3만 명 이상의 하이퍼포머를 대상으로 한 설문조사와 키워드 분석을 통해서 그들이 뛰어난 성과를 내고 있을 때 어떤 느낌을 받는지를 알아냈다. 그들은 뛰어난 성과를 내고 있을 때 (순서대로) 일에 대한 완전한 몰입감, 즐거움, 자신감 같은 느낌을 받는다고 했다.

> 하이퍼포머는 자신이 하고 있는 일에 완전하게 몰입하고,
> 그 일을 즐기고, 자신의 판단력에 자신감을 가지고 있다.

이밖에도 뚜렷한 목표의식(4위)과 무아감(5위)을 느꼈다. (사실 응답자들이 뛰어난 성과를 내고 있을 때의 느낌을 설명하면서 가장 자주 사용했던 표현은 '무아지경'이었다.) 그리고 6위부터 10위까지는 결단력, 집중

력, 의지력, 신중함, 성실함 등이었다.

그렇다면 뛰어난 성과에 대한 도전을 이런 느낌을 갖는 것에서 시작하는 것도 한 가지 방법이다. 일에 완전하게 몰입하고, 즐거움과 자신감을 느끼려고 노력하는 식으로 말이다. 이런 느낌을 갖는 것은 그 자체로 좋은 일이며, 뛰어난 성과를 내는 데도 도움이 된다. 물론 그 느낌만 갖는다고 해서 저절로 뛰어난 성과가 나오는 것은 아니다. 식스 해빗이 뒷받침되어야 뛰어난 성과로 이어진다.

식스 해빗의 효과

나 역시 식스 해빗의 도움으로 성공을 이룰 수 있었다. 이는 지금도 마찬가지다.

이 책에서 소개하는 방법론은 내 인생만이 아니라 내 강의를 거쳐 간 수많은 수강생들의 인생까지도 바꾸었다. 우리는 수강생들을 대상으로 성과지수를 조사하는데, 성과지수가 높아질수록 목표 분야에서의 성과뿐만 아니라 삶의 전반적인 행복감도 함께 향상되는 것으로 나타났다. 이 방법론은 기업의 성과 개선에도 활용될 수 있다. 성과지수를 통해 기업의 어느 부문에 문제가 있는지를 파악하고, 문제 부문에 적절한 해법을 적용하는 식이다.

물론 식스 해빗이 인생의 모든 문제를 해결해주는 만능열쇠는 아니다. 그렇기에 나는 식스 해빗을 자신의 것으로 받아들였음에도 별다른 성과를 이뤄내지 못하는 사례들도 함께 찾으려고 했다. 이런 사례들을 통해 우리의 방법론을 보완할 수 있을 거라고 생각했기 때문이다. 그런데 자신이 원하는 것을 명확히 그리고, 건강한 활력 상태를 유지하고, 당위성을 찾고, 생산성을 높이고, 사람의 마음을 움직이는 영향력을 키우고, 용기를 나타내 보였음에도 불구하고 자신의 목표 분야에서 성과가 부진하거나, 심지어 실패하는 사람이 있었을까? 나는 그런 사례를 단 한 건도 발견하지 못했다. 물론 어딘가에는 예외적인 사례가 있으리라고 생각하는 게 상식에 부합할 테지만 말이다.

그렇다면 식스 해빗 가운데 어느 하나를 무시하더라도 성공하는 게 가능할까? 가령 자신이 원하는 것이 무엇인지 명확히 모르는 사람이 성공할 수 있을까? 성공할 수 있다. 용기를 나타내 보이지 못한 사람이 성공할 수 있을까? 성공할 수 있다. 하지만 이 책에서 이야기하려는 것은 단발성이 아닌 장기간에 걸쳐 성공을 계속해서 이어나가기 위한 방법론이다. 만약에 식스 해빗 가운데 어느 하나를 무시한다면 성공이 계속해서 이어질 가능성은 현저하게 줄어든다(그와 함께 행복의 가능성 역시 현저하게 줄어든다). 분명한 건 식스 해빗 가운데 어느 하나를 무시한다면 자신의 잠재력을 최대한으로 끌어내지는 못할 것이라는 점이다.

어떤 사람들은 식스 해빗이나 성과지수에 관한 우리의 설명이 지나치게 모호하고, 여러 가지 해석의 여지가 있다고 지적한다. 하지만 이러한 점은 인간의 행동을 설명할 때는 언제나 따라붙을 수 있는 문제라고 생각한다. 누군가에 대해 '투지가 있다', '창의적이다'. '외향적이다', '집중력을 유지하기 힘들어한다'고 설명할 때 이러한 설명은 모호하면서도 여러 가지 해석의 여지를 만들어낸다. 하지만 그렇다고 해서 인간의 행동을 규정하고, 평가하고, 바람직한 행동에 대해 알려주는 일을 그만둬야 하는 것은 아니다.

인간의 심리를 연구하고 분석하려는 시도 역시 상당한 모호성을 내재하고 있지만, 그것은 가치 있는 일이다. 더 나은 행동을 이끌어내는 데 도움이 되기 때문이다. 이런 상황에서 우리가 할 수 있는 일은 효과가 검증된 도구를 활용해 하이퍼포머의 행동을 찾고, 그런 행동을 습득할 수 있도록 설명하는 일이다. 그리고 이것이 바로 우리가 그동안 해온 일이다.

우리는 우리 가설에 반대되는 증거들이 나타나면 적극적으로 탐구한다. 그뿐만 아니라 가설에 부합하는 설문 결과도 그대로 받아들이지 않고, 설문 대상자들의 응답이 실제 성과를 반영하고 있는지 직접 확인하는 과정을 거쳤다. 이 과정은 설문에 참여한 사람들 가운데 일부를 무작위로 선정해 그들의 성과에 대해 객관적인 지수를 대입하고, 그들의 동료들에게서 평가를 받는 식으로 진행된다. 대부분의 경우 설문에 참여한 사람들은 자신의 성과에 대해 상당히 객관적으로 평가하는 것으로 나타났다. 그들 스스로가 자신의 현재 상황을 정확하게 파악하고, 앞으로 어디까지 나아갈 수 있는지를 가늠해보기를 바라고 있기 때문일 것이다. 또한 우리는 우리 가설에 반대되는 대답이 나오더라도 그것을 연구결과에 포함시킴으로써 우리가 제시하는 방법론의 신뢰도를 높이려고 했다.

여느 연구자들과 마찬가지로 나는 언제나 새로운 증거들에 대해 열린 태도를 취한다. 그리고 인간과 인간의 행동을 더 잘 이해하기 위해 작은 발견 하나도 허투루 넘기지 않는다. 나는 학자가 아니다. 나는 성과 코치이며, 담론이나 이론 제기가 아닌 실제 결과를 만들어내야 돈을 벌 수 있는 사람이다. 그리고 그 결과를 만들어낼 수 있는 방법을 정리한 것이 이 책이다.

감사하게도 나는 세계에서 가장 높은 수준의 소득을 올리고 있으며, 내 분야에서 가장 인정받는 사람 중 한 명이다. 하지만 나 역시 오류를 범할 수 있고, 아직 배워야 할 것들도 많다. 뛰어난 성과를 만들어내는 방법이라는 주제와 관련해 우리가 탐구해야 할 영역은 많이 남아 있다. 정신적인 충격, 성장기의 경험, 사회경제적 요인, 신경생물학적 요인 같은 것들이 인간의 성과에 끼치는 영향은 얼마나 될까? 각각의 산업, 직업, 교육 수준별로 가장 큰 영향을 끼치는 습관은 무엇일까?

나는 언제나 내 주장에 대한 이의나 의문에 대해 개방적인 태도를 가지고 있다. 그리고 사람들이 나의 주장을 계속해서 검증하고 의견을 제시해주기 바란다. 나와 우리 팀은 매일같이 더 많은 것을 배우기 위해 노력하고 있고, 뛰어난 성과를 만들어내는 더욱 효과적인 방법을 찾기를 바란다. 나는 이 주제에 관해 앞으로도 계속 탐구할 계획이다.

이제부터 직접 확인해보라

우리가 우리의 코칭, 강의, 연구 등에서 목격한 엄청난 성과 개선의 효과가 독자 여러분에게도 나타날 수 있을까? 우리가 제시하는 식스해빗이 정말로 효과가 있는지 이제부터 여러분이 직접 확인해보라. 앞에서 한 번 언급했지만, 책을 본격적으로 읽기에 앞서 하이퍼포먼스연구소 웹사이트에 방문해 현시점에서 자신의 성과지수 진단을 받아보기 바란다. 진단은 무료이고, 몇 분이면 마칠 수 있다. 이때 성과지수 진단에서 나오는 숫자가 가능성을 의미하는 것은 아니다. 단지 지금의 상태를 나타내는 것일 뿐이다. 그리고 7~10주 후에 다시 한 번 성과지수 진단을 받아보라. 성과지수 진단을 최초로 받을 때 기입한 이메일 주소로 추가적인 진단을 받아볼 수 있는 링크를 보내줄 것이다. (그 기간 동안 이 책을 읽고, 우리가 제공하는 강의자료를 통해 학습해보라.) 만약 두 번째 성과지수 진단에서 성과지수가 크게 향상됐다는 결과가 나온다면 이는 우리가 제시하는 방법론이 여러분의 삶을 크게 바꿔줄 수 있다는 것을 의미한다.

수많은 현장 경험과 연구를 통해 우리가 알아낸 것이 있다. 바로 '자원이나 능력의 부족'을 이유로 꿈을 추구하고 가치 창출에 도전하는 일을 뒤로 미룰 필요가 없다는 것이다. 다음 단계로 올라서겠다는 의지와 노력을 토대로 성공에 필요한 습관을 갖춘다면 뛰어난 성과가 뒤따른다. 그리고 여기에서 자신의 진정한 잠재력에 대한 믿음이 생기고, 인생의 다른 영역으로 활력이 전파된다.

내 고향 몬태나에는 이런 속담이 있다. "지도를 챙겨야 하는 때는 숲에 들어가기 전이다." 언제가 되었든, 우리에게는 지금보다 더 뛰어난 성과를 만들어내야 하는 상황에 처할 때가 온다. 그때가 오기 전에 이 책을 읽고 뛰어난 성과를 위한 식스 해빗을 자신의 것으로 만들어두라. 이 책은 새로운 영역에 들어섰을 때 우리를 성공으로 안내해줄 지도 역할을 할 것이다. 그리고 이어지는 각각의 장은 우리가 나아가야 할 방향을 알려주는 일종의 표지판이다.

우선은 자신이 누구이고, 무엇을 원하고, 어디로 나아가기를 바라는지를 명확히 하는 일부터 시작해보자.

6

**HIGH
PERFORMANCE
HABITS**

How Extraordinary People
Become That Way

SECTION 1

퍼스널 해빗

뛰어난 성과로 이끄는 식스 해빗

퍼스널 해빗

자신이 원하는 것을 명확히 그린다

건강한 활력 상태를 유지한다

강력한 당위성을 찾는다

소셜 해빗

중요한 일의 생산성을 높인다

사람의 마음을 움직이는 영향력을 키운다

의지적으로 용기를 보인다

HABIT 1

자신이 원하는 것을 명확히 그린다

생각을 명확히 하지 않은 상태에서의 의사 표현은

그냥 소리일 뿐입니다.

-요요마 YoYo Ma

미래의 모습을 구체적으로 상상하라
자신의 기분을 스스로 결정하라
나에게 의미 있는 것을 구분하라

케이트Kate는 내 앞에 앉아 눈물을 흘리고 있었다.

"다 가지고 있다고 생각했는데요."

케이트는 한 대기업에서 수천 명의 직원을 관리하는 사람이다. 그녀는 회사에서 존경받는 리더이며, 회사의 실적도 계속해서 좋았기 때문에 연봉도 업계 평균의 거의 두 배를 받고 있었다. 하지만 이런 성과를 의식하면서 살아온 적은 없다. 그녀가 자랑하는 것은 자신의 팀 정도였다. 자신의 팀이 얼마나 열심히, 협력적으로 업무를 수행하는지를 말이다.

케이트는 상대방에 대한 배려가 몸에 밴 사람이다. 누구에게나 상냥하게 대한다. 나는 그녀를 볼 때마다 이런 말이 떠오른다. "이 세상에는 두 가지 유형의 사람이 있다. 첫 번째는 어느 장소에 들어갈 때 '내가 왔노라!'라고 외치는 유형의 사람이고, 두 번째는 '어, 너 거기 있었네'라고 말을 건네는 사람이다."

케이트에게는 세 자녀가 있다. 케이트의 어머니는 그녀가 열다섯 살 때 암으로 세상을 떠나셨는데, 그 기억 때문인지 그녀는 자녀들과 함께 하는 시간을 매우 중요하게 생각한다.

얼마 전, 케이트가 고위직으로 승진하면서 남편 마이크Mike가 직장을 그만두고 자녀들을 돌보는 일을 맡기로 했다. 남편이 집안일을 맡아 하면서 케이트의 가족은 함께하는 시간을 더욱 늘릴 수 있었고, 그 덕분에 가정은 더욱 행복해졌다고 한다.

케이트가 나를 자신의 성과 코치로 고용한 것도 그 무렵이다. 그리고 집에서 바비큐 파티를 한다면서 나를 초대해주었다. 그날은 날씨가 아주 좋았고, 나는 와인을 마시며 케이트의 친구 네 명과 함께 이런저런 대화를 나누었다. 나는 그녀의 친구들에게 케이트가 어떤 사람인지, 그녀에 대해 어떻게 생각하는지를 물어보았다. 그들은 케이트에 대해 정말 멋진 사람, 주위 사람을 잘 챙기는 사람, 닮고 싶은 사람, 이 세상 누구보다 부지런한 사람이라는 평가를 해주었다. 한 친구는 케이트는 모든 것을 잘 해내는 사람이라고 했고, 다른 친구는 일과 가정 모두 잘 챙기면서 몸매까지 관리하는 모습에 감탄하게 된다고 했다. 또 다른 친구는 케이트가 어떻게 그 모든 일을 다 잘 해낼 수 있는지 이해되지 않는다고 했다. 그러자 다른 친구들 세 명은 모두 고개를 끄덕였다.

그렇게 대화를 나누던 중에 케이트는 자신의 서재에서 따로 이야기를 나누자고 했다. 홈 오피스로 사용되기도 하는 그녀의 서재는 한쪽 벽면이 전부 유리로 되어 있었고, 남편 마이크가 고기를 굽고 있는 모습이 유리 너머로 보였다.

케이트는 기분이 좋아 보였다. 나는 그녀에게 친구들이 그녀를 매우 존경하고 있는 것 같다고 말해주었다.

그런데 케이트의 목소리가 갑자기 경직되었다. 그녀는 친구들이 그렇게 생각해주니 고마울 따름이라면서 눈물을 보이기 시작했다. 그녀는 유리창 너머 친구들 쪽을 바라보았다.

나는 분위기를 바꾸기 위해 가벼운 농담을 건넸다.

"혹시 저기 친구들 가운데 누구 싫어하는 사람이라도 있나요?"

"네?"

케이트는 순간 당황했지만, 이내 내가 농담을 하고 있다는 사실을 알아차렸다. 그녀는 분위기를 바꾸고 웃음을 보이면서 말했다.

"아뇨, 아니에요. 조금 감정이 북받쳤네요."

"그런 것 같아요. 무슨 일이라도 있나요?"

케이트는 유리창 너머의 남편과 친구들을 바라보았다. 그러고는 자세를 고쳐 앉고 손으로 눈물을 닦아냈다. 마음을 다잡으려는 것처럼 보였다.

"제 친구들이 저에 대해 좋게 평가해주는 게 저에게는 매우 중요해요. 버처드 씨가 이 자리에 와주셔서 고마워요."

케이트의 목소리가 다시 떨리면서 눈물이 흘러내렸다. 그녀는 마당 쪽을 바라보고는 고개를 가로저었다.

"죄송해요. 지금 제 인생은 그냥 혼란 그 자체예요."

"혼란 그 자체요?"

그녀는 고개를 끄덕였다. 그러면서 다시 눈물을 닦아내고 자세를 고쳐 앉았다.

"무슨 바보 같은 소리냐고 하시겠죠. 좋은 직업에 화목한 가정까지 있는 여자가 행복하지 않다니, 삼류드라마와 혼동하는 게 아니냐고 하실지 모르겠네요. 오늘은 상담을 하러 저희 집에 오신 게 아니라는 점도 알고 있어요. 스스로 감사하는 삶을 살고 있고 다른 사람들에서 존경까지 받고 있다면 그런 삶에 불평해서는 안 되겠죠. 하지만 그런 이유에서 제가 버처드 씨의 도움을 필요로 하는 거예요. 저는 매우 힘든 시간을 보내고 있지만, 사람들은 그걸 몰라요. 그렇다고 해서 사람들의 동정을 기대하는 건 아니에요. 버처드 씨로부터 듣기 좋은 소리를 기대하는 것도 아니고요. 그런 말은 제 친구들도 많이 해주거든요. 저는 있는 그대로의 제 상황을 말씀드리려고 해요. 좋은 일도 많지만, 분명히 옳지 않은 일도 있거든요."

"말씀해보세요."

케이트는 숨을 크게 들이마셨다가 내뱉었다.

"해야만 하는 일을 영혼 없이 반복한다는 느낌을 가지신 적이 있나요? 아주 오랫동안 말이에요."

아주 오랫동안이라는 게 얼마를 의미하는 걸까 궁금한 마음도 들었지만, 일단 그것에 대해서는 언급하지 않기로 했다. 케이트가 물어본 것은 그게 아니었기 때문이다. 사람들은 괴로움을 느끼게 되면 다른 사람들도 같은 일로 괴로움을 느끼는지 알고 싶어 한다.

"지금 해야만 하는 일을 영혼 없이 반복하고 있다고 생각하세요?"

"예, 그래요."

나는 케이트 쪽으로 몸을 기울이며 물었다.

"영혼 없이, 해야만 하는 일을 반복하는 것과 혼란스럽다는 것이 무엇을 의미하는지 설명해주실 수 있나요?"

그녀는 잠시 뜸을 들이더니 이렇게 말했다.

"정확히는 저도 모르겠어요. 제가 버처드 씨에게 도움을 요청한 것도 이런 이유에서예요. 저는 해야 할 일이 너무 많아요. 뭔가 엄청난 일을 하는 것 같은데, 제가 무슨 일을 하는 건지 도통 모르겠어요. 인생이 혼란스럽다고 느끼는 것도 이 때문인 것 같아요. 그런데 저에게 주어지는 일은 전부 다 잘 해내고 있어요. 해야만 하는 일을 영혼 없이 반복하고는 있지만, 그런 것들을 잘 해내고 있는 거죠. 일에 파묻혀 허우적대지도 않고요. 다만 가끔 당혹스럽거나 불안할 때가 있어요. 이게 무슨 말인지 이해하시겠어요?"

"예, 알겠습니다. 그런데 그런 감정이 떠오를 때면 어떤 식으로 해소하나요?"

케이트는 불안해 보이는 표정을 내비치면서 창밖을 내다보고는 이렇게 말했다.

"바로 그게 문제예요. 그런 감정이 해소되고 있는지를 모르겠어요. 저는 사람들이 해보라는 방법은 다 해봤어요. 현재에 만족하고 가족을 사랑하라고 하지요? 그렇게 했어요. 매일같이 아이들과 남편에게 잘하려고 노력했어요. 효율적으로 일을 하라고 하지요? 저는 일의 우선순위를 정하고 미리 계획을 세워 일의 효율성을 높이려고 했어요. 실제 효과도 봤고요. 일에 열정을 가지라고 하지요? 저는 제 일에 열정을 가지고 있습니다. 끈기를 가지고 긍정적인 마음으로 일을 하라고 하지요? 이 또한 그렇게 해왔어요. 저는 그동안 온갖 유형의 성차별을 딛고 지금의 자리에 올랐어요. 힘들었지만, 행복해요. 스스로 불쌍했다고 생각하지도 않고요. 하지만 모르겠어요……."

"아니오, 모르지 않는 것 같은데요. 속에 있는 이야기를 해보세요."

케이트는 의자에 등을 기댔다. 어깨에는 힘이 빠져 보였고, 눈에서는 계속해서 눈물이 흘러내렸다. 그녀는 와인을 한 모금 마셨다.

"그렇게 열심히 그 모든 일을 해왔는데, 그 모든 것에 제가 없다는 느낌이 들어요. 상실감…… 같은 게 들기 시작했어요."

나는 그녀의 이야기를 계속해서 들어주었다. 그러다 마침내 그 말을 듣게 되었다.

"이제는 제가 원하는 게 무엇인지 모르겠어요."

● ● ●

우리 주위에는 케이트와 같은 사람이 많다. 성실하고, 똑똑하고, 유능하고, 가정생활도 소중히 여긴다. 여느 성공한 사람들과 마찬가지로 케이트는 자신이 이루고자 하는 목표들을 분명히 정해 두었고, 그목표들 가운데 상당수를 이미 이뤄냈다. 하지만 그녀는 의욕을 잃었다.

지금 당장 습관을 바꾸지 않는다면 그녀는 조만간 위기에 처하게될 것이다. 그렇다고 해서 그녀의 삶이 어느 날 갑자기 허물어진다는의미는 아니다. 뛰어난 성과를 내던 사람이 갑자기 모든 사업관계와인간관계를 중단하고, TV 드라마에서나 나올 법한 극적인 상황 변화를 맞는 일은 현실 세계에서는 거의 일어나지 않는다.

뛰어난 성과를 내던 사람이 위기에 처하는 경우, 특히 자신이 원하는 게 무엇인지 그 방향성을 상실하는 경우 그들의 삶은 잘 훈련된 군인이 행진하는 것처럼 진행된다. 그들은 자신의 일이 망쳐지는 걸 원하지 않는다. 그리고 자신의 삶이 객관적으로 봤을 때 꽤 괜찮다는 점을 알기 때문에 갑작스럽게 큰 변화가 생기는 것을 꺼린다. 그들은 지금까지 노력해서 이뤄온 그 모든 것을 지키고 싶어 한다. 자신의 삶이뒤로 후퇴하는 것, 추진력을 잃는 것, 동료나 경쟁자에 비해 뒤처지는것 등을 받아들일 수 없는 것이다.

그들은 자신이 살아온 것과는 다른 차원의 삶이 존재한다는 것도 잘 알고 있다. 그러나 지금까지의 만족스러운 삶을 만들어준 검증된 방식을 바꾸는 것은 무척이나 불안한 일이다. 뛰어난 성과를 내오던 사람들에게 있어 자기 인생의 나쁜 부분을 개선하는 것은 쉬운 일이다. 하지만 좋은 부분이 망가지는 것은 어떨까? 그건 참을 수 없다.

자신이 원하는 것이 무엇인지 모르게 됐을 때 뛰어난 성과를 내오던 사람들은 기존에 하던 일들을 그대로 반복하게 된다. 그러다가 상황이 심각해지고 상실감이 커지면 그때부터는 인생을 구성하던 것들이 조금씩 허물어지기 시작한다.

처음에 나타나는 성과 저하는 아주 미묘하다. 자신의 삶에서 무언가 빠졌다는 느낌이 들면서 일에 대한 집중력이 조금 떨어지고, 그로 인해 아주 조금 성과가 나빠진다. 아직은 상실감을 분명하게 느끼는 상황은 아니기에, 여전히 이렇게 말할 것이다. "내 삶에는 감사할 것들이 많아." 하지만 문제는 감사하는 삶의 외적인 부분이 아니라 내면에서 발생한다. 케이트가 그랬던 것처럼 스스로 감사할 만한 삶을 살고 있음에도 불구하고 좌절감이나 불안감을 갖게 된다.

그러다가 걱정이 구체화되기 시작한다. '어쩌면 내 삶에서 진정한 무언가를 찾지 못한 걸 수도 있어.' 무언가를 이루기 위해 그토록 오랜 시간 노력해왔지만 갑자기 이런 생각이 드는 것이다.

어느 날 밤늦게까지 일하고 퇴근하려는 순간에, 혹은 몇 주 동안 바쁘게 시간을 보내고 짧은 휴식을 가질 때 마음속에서 다음과 같은 생각들이 떠오를 수 있다.

- 인생을 이렇게까지 복잡하게 살 필요가 있는 걸까?
- 지금 나는 나와 가족을 위해 옳은 방향으로 나아가고 있는 걸까?

- 새로운 것을 배우거나 새로운 방향으로 나아가기 위해 몇 달 동안 일을 중단한다면 나는 사회에서 잊히고 말까?
- 이 정도의 것들을 누리고 있으면서도 새로운 것에 도전하기 위해 나선다면 사람들은 내가 미쳤다고 생각할까? 혹시 나는 현명하지 못하거나 감사할 줄 모르는 사람인 걸까?
- 이미 나는 충분히 많은 일을 하고 있는데, 여기서 더 새로운 일을 해도 되는 걸까?
- 다음 단계로 올라서더라도 높은 수준의 성과를 낼 수 있을까?
- 왜 자꾸만 지금 하는 일에 마음을 잡지 못하는 걸까?
- 기존의 인간관계가 무의미하게 느껴지는데, 그 이유가 뭘까?
- 삶에 대한 자신감을 점점 잃어 가는데, 그 이유가 뭘까?

이와 같은 질문들이 오랫동안 방치되면 성과 저하가 나타나기 시작한다. 사실 뛰어난 성과를 내오던 사람도 자신의 삶을 돌이켜보면 자신에게 주어지는 일이 전부 다 중요한 일은 아니라는 점을 알게 된다. 그러다 어느 시점부터는 의욕을 잃기 시작한다. 무엇을 하더라도 만족감을 얻지 못하고, 앞으로 나아가기보다는 기존의 성취를 지키는 쪽에 초점을 맞춘다. 더 이상 흥미를 주는 일을 찾을 수도 없다.

그러나 아직은 문제를 자각할 수 있는 수준은 아니다. 여전히 자신과 관련된 것들은 좋게 나타나기 때문이다. 일에 대한 열정이 예전 같지는 않지만, 가족들은 여전히 행복해하고 일과 관련된 자신의 위치도 여전하다(적어도 여전한 것으로 인식하고는 있다).

케이트와 내가 만난 것이 바로 이 시점이었다. 그녀가 혼란한 상태에 처했다는 것을 인식할 만한 표면적인 징후는 아직 없었다. 다만 그녀 자신이 그런 느낌에서 벗어날 수 없었을 뿐이다.

그러다 마침내 일터와 가정에서 부정적인 결과가 구체화되기 시작한다. 그리고 부정적인 결과가 만들어내는 스트레스로 인해 가족들과의, 그리고 함께 일하는 사람들과의 관계가 망가지기 시작한다. 그전까지 뛰어난 성과를 내오던 사람이 회의나 전화를 놓치고, 작업 기한을 맞추지 못한다. 업무 아이디어가 잘 떠오르지 않고, 업무 상대방으로부터 오는 전화 횟수가 현저하게 줄어든다. 이제부터는 아무 생각 없이 그전부터 해오던 일을 반복적으로 할 뿐이다. 열정, 즐거움, 기대감 같은 것은 사라지고, 성과는 점점 더 저하된다.

혹시 이 이야기가 여러분의 이야기인가? 그렇다면 이번 장을 통해 그와 같은 현상을 바꿀 수 있을 것이다. 이 이야기가 과장되어 있다고 생각하는가? 그렇다면 여러분은 아직은 벽에 부딪히지 않았다는 의미다. 이번 장을 통해 벽에 부딪히지 않는 길을 찾을 수 있을 것이다.

명확성에 관한 상식적인 이야기

그 느낌은 분명하고도 확실한 것이었다. 모든 본성을 깨우치고
"그래, 그거였구나"라고 스스로 외치게 되는 그런 느낌을 갖게 되었다.

—표도르 도스토옙스키 Fyodor Dostoyevsky

뛰어난 성과를 내기 위해서는 삶에서 자신이 원하는 것을 명확히 그려야 한다. 그리고 이는 자신의 미래에 대해 어떤 생각을 가지고 있는지, 오늘 해야 하는 중요한 일을 수행하기 위해 어떤 선택을 내려야 하는지와 관련 있다. 자신이 원하는 것을 명확하게 알고 있어야 일에

집중할 수 있고, 성장할 수 있고, 행복할 수 있다.

우리 연구에 의하면 하이퍼포머는 보통 사람들에 비해 자신이 어떤 사람인지, 원하는 것이 무엇인지, 어떻게 해야 그것을 이뤄낼 수 있는지, 자신에게 의미 있고 만족감을 주는 것은 무엇인지 등을 더 명확히 알고 있었다. 더불어 이러한 것들을 더 명확하게 알고 있을수록 더 높은 수준의 성과지수를 기록하는 것으로 나타났다.

자신이 아직은 높은 수준의 명확성을 가지고 있지 않다 하더라도 불안해할 필요는 없다. 이는 학습과 노력을 통해 얼마든지 높일 수 있기 때문이다. 명확성은 선천적으로 타고나는 것이 아니다. 발전소를 생각해보라. 발전소는 처음부터 에너지를 '가지고' 있는 것이 아니다. 전환을 통해 에너지를 만들어낸다. 이처럼 우리는 어떤 특정한 현실을 '가지고' 있는 것이 아니라 생성해낸다. 명확성도 마찬가지다. 처음부터 '가지고' 있는 것이 아니라 '만들어내는' 것이다.

그렇다고 해서 자신이 원하는 것을 단박에 알아낼 수 있는 것은 아니다. 질문하고, 탐구하고, 새로운 것을 시도하고, 인생의 기회들에 도전하고, 자신에게 맞는 것이 무엇인지 가려내야 한다. 명확성은 어느 날 길을 걷다 갑자기 악상이 떠오르듯 머릿속에 떠오르는 것이 아니라, 주의 깊은 사고와 세심한 실험을 통해 만들어진다. 스스로에게 끊임없이 질문하고 자신의 삶을 다양한 관점에서 바라봐야 얻어낼 수 있다.

우리가 조사한 바에 따르면, 성공하는 사람들은 근본적인 질문에 대한 답을 구해 놓고 있었다. '나는 누구인가?' '내가 중요하게 생각하는 것은 무엇인가?', '나의 강점과 약점은 무엇인가?', '내가 목표로 하는 것은 무엇인가?', '내가 수립한 계획은 어떤 것인가?'와 같은 간단한 질문들이지만, 이에 대한 답을 구해 놓았는지의 여부에 따라 인생은 크게 달라진다.

명확성은 자존감과도 연결된다. 자기 자신에 대해 더 잘 알고 있을수록 자기 자신에 대해 더 긍정적으로 생각하게 된다. 이러한 맥락에서 자기 자신에 대해 잘 모르면 신경질적이 되고 부정적인 기분에 사로잡히게 된다.[1] 명확성은 성공의 시작을 여는 열쇠와도 같다. 자기 자신이 누구이고, 무엇을 중요하게 여기고, 자신의 강점과 약점은 무엇이고, 무엇을 이뤄내고 싶은지를 알아야 성공에 이를 수 있다. 그리고 무엇보다 자신에 대해 잘 알고 있어야 자신과 자신의 삶에 대해 긍정적인 기분을 가질 수 있다.

그런 다음에는 분명하면서도 도전적인 목표를 가지고 있어야 한다. 우리가 연구한 바에 의하면 구체적이면서도 조금은 어려운 목표를 가지고 있어야 뛰어난 성과를 만들어내는 것으로 나타났다. 이때의 목표는 스스로 세운 것일 수도 있고, 아니면 주어진 것일 수도 있다. 구체적이면서도 조금은 어려운 목표를 가지고 있어야 의욕이 활성화되고, 일을 통해 얻게 되는 즐거움, 생산성, 수익성, 만족도 등이 높아진다.[2] 삶의 각 영역에서 수립해놓은 조금은 어려운 목표는 뛰어난 성과를 내기 위한 좋은 출발점이 된다.

목표 달성의 시한도 설정해둬야 한다. 그렇지 않으면 좀처럼 앞으로 나아갈 수 없다. 여러 연구에 따르면 도전적인 목표를 추구할 때 언제까지 어떤 일을 마칠 거라는 구체적인 계획을 수립해두면 목표 달성 가능성이 두 배 이상이 된다고 한다.[3] 구체적인 계획은 일에 대한 의욕이나 인내력만큼이나 중요하다. 구체적인 계획을 수립해놓는 다면 일정에서 벗어나는 일을 막을 수 있고, 피곤하거나 일하기 싫은 날에도 해야 하는 일만큼은 해낼 가능성이 커진다.[4] 해야 할 일이 구체적으로 눈앞에 드러나 있는 상황에서 이를 무시하기란 어려운 법이다.

우리가 행한 조사 역시 이런 내용을 뒷받침한다. 한 조사에서 우리는 2만 명이 넘는 사람들을 대상으로 다음 항목들을 제시하고 각 항목에 대해 1에서 5까지 주관적인 척도로 답해줄 것을 주문했다. 여기서 1은 '매우 그렇지 않다', 5는 '매우 그렇다'를 의미한다.

- 나는 내가 누구인지 알고 있다. 내가 중요하게 생각하는 것이 무엇인지, 나의 강점과 약점이 무엇인지 명확하게 알고 있다.
- 나는 내가 무엇을 원하는지 알고 있다. 목표와 열망이 무엇인지 명확하게 알고 있다.
- 나는 내가 원하는 것을 어떻게 이루어야 하는지 알고 있다. 나는 꿈을 이루기 위한 명확한 계획을 가지고 있다.

이들 항목에서 더 높은 점수가 나올수록 성과지수 역시 더 높게 나타나는 경향을 보였다. 그리고 여기서 얻은 데이터를 분석해보면 명확성이 높을수록 자신감, 전반적인 행복감, 추진력 등이 더 높게 나났다. 이들 항목에 대해 더 높은 점수를 기록한 조사 참여자들은 자신이 업계 평균에 비해 훨씬 더 뛰어난 성과를 내고 있으며, 사회에 더크게 기여하고 있다고 생각했다. 학생의 경우는 이들 항목에 대해 더높은 점수를 기록할수록 학교에서 더 높은 성적을 받는 것으로 나타났다.

이 말은 어찌 보면 상식적이다. '자신이 누구인지 알고, 자신이 원하는 것이 무엇인지 알아야 한다'는 것은 사실 특별할 게 없는 조언이다. 하지만 이러한 조언을 실행으로 옮기고 있는 사람이 얼마나 될까? 이를 실행으로 옮기고 있지 않다면 바로 여기에서 시작해야 한다. 어려운 일도 아니다.

그리고 이 책에 나오는 조언이나 제안을 실행으로 옮긴다면 분명히 우리의 성과는 전보다 훨씬 더 개선될 것이다. 그런데 케이트와 같은 사람에 대해서는 뭐라고 말해줘야 할까? 케이트는 자신이 누구인지 이미 알고 있었고, 지난 수십 년 동안 도전적인 목표들을 계획에 따라 달성해온 사람이다.

미래에 대한 명확성

> 나는 먼 곳을 바라보았고, 약속의 땅을 보게 되었습니다.
> —마틴 루터 킹 주니어 Martin Luther King, Jr.

얼마 전에 나는 하이퍼포머는 자기 자신, 자신의 목표, 목표를 위한 계획 등에 관한 특별한 세계관을 가지고 있는지 알고 싶어졌다. 즉 이들이 명확성에 있어 보통 사람들과 어떻게 다른지 확인하고 싶었던 것이다.

이를 알아내기 위해 나는 수강생들을 대상으로 설문조사를 하고, 성과 전문가들로부터 의견을 구하고, 우리의 공인 성과 코치들과 대화를 나누었다. 그리고 우리의 기준에 따라 하이퍼포머라고 여겨지는 사람 100명 정도를 대상으로 심층 인터뷰를 진행했다. 이 심층 인터뷰에서 나는 다음과 같은 질문들을 제시했다.

- 어떤 것들을 명확히 했기에 보통 사람들보다 더 뛰어난 성과를 내 왔다고 생각하십니까?
- 어떤 것들을 명확히 하는 것이 가장 중요하다고 생각하십니까?
- 자신이 명확히 하지 않은 것들은 무엇입니까? 그리고 그로 인해 성과에는 어떤 영향이 발생했다고 생각하십니까?
- 자신감이 없거나 방향성을 잃었다는 느낌이 들 때는 어떻게 하십니까?
- 무엇이 지금의 성공을 가능하게 했는지를 다른 사람들에게 설명해야 한다면 어떻게 말씀하시겠습니까?
- 가치관, 강점, 계획 이외에 자신의 성공을 가능하게 만든 다른 요소들이 있다면 무엇입니까?

하이퍼포머는 자신이 누구이고 자신이 원하는 것이 무엇인지를 명확히 하면서 항상 미래를 바라본다. 자신이 원하는 미래상을 이뤄낼 수 있는 방법을 모색하는 것이다. 그들은 자신이 누구인지를 명확히 할 때 현재 시점의 성격이나 선호도보다는 앞으로 자신이 어떤 사람이 되고 싶고 어떻게 해야 그런 사람이 될 수 있는지를 생각한다. 지금 가지고 있는 강점보다는 다음 단계로 올라섰을 때도 뛰어난 성과를 내기 위해서는 어떤 역량이 필요한지를 생각하고, 향후 수개월에서 수년 내에 그러한 역량을 갖추려고 한다. 그들은 이번 분기를 위한 계획만이 아니라 자신의 궁극적인 꿈을 위한 장기적인 계획을 명확하게 마련해둔다. 그들은 자신이 원하는 것을 이루는 방법뿐만 아니라 함께 일하는 사람들의 목표 달성을 돕는 방법까지도 함께 생각한다.

하이퍼포머가 지니고 있는 미래 지향적인 태도는 미래에 이루고자 하는 목표의 달성으로 이어진다. 또한 그들은 목표를 이루기 위해 노력할 때 어떤 기분을 지녀야 하는지, 자신들의 의욕이나 만족감이나 성장을 저해하는 환경이 무엇인지에 대해서도 명확히 알고 있다.

하이퍼포머에 대한 연구 조사를 통해 우리는 명확성을 만들어주는 구체적인 실행 습관들을 알게 되었다.

실행 1 ✓ 미래의 모습을 구체적으로 상상하라

> 큰 꿈을 꾸십시오. 꿈을 꾸다 보면 그 꿈을 이루게 될 것입니다.
> 당신의 미래상은 언젠가는 실현하게 될 당신의 미래 모습에 대한 약속입니다.
> 그리고 당신의 이상은 당신이 마침내 이루게 될 예언입니다.
>
> −제임스 앨런James Allen

하이퍼포머는 자기 자신, 자신이 사는 세상, 자신의 역량, 사회에 대한 기여 등에 관한 의지와 개념을 명확하게 세워두고 있다. 이와 관련해서는 자기 자신, 사회, 역량, 기여 등으로 구분해 하나씩 알아보자.

자기 자신

"너 자신을 알라"는 말은 2,400여 년 전의 그리스 델포이 신전에 새겨져 있었을 정도로 시대를 관통하는 금언이다. 그런데 하이퍼포머가 되기 위해서는 자기 자신을 아는 것에서 그치는 게 아니라 자신의 미래 모습을 상상할 수 있어야 한다.[5] 하이퍼포머는 자기 자신의 현재 모습에 얽매이는 게 아니라 자기 자신을 더 강하고 더 유능한 사람으로 만드는 데 관심을 가진다. 즉 자신을 분석하는 데서 머무는 게 아니라 자신에 대한 의지를 갖는 것이다.

우리가 연구한 바에 의하면 하이퍼포머는 보통 사람들에 비해 자신의 미래 모습을 훨씬 더 쉽게 구체화했다. 하이퍼포머는 "자신이 생각하는 미래의 이상적인 자신의 모습, 혹은 자신이 앞으로 되고자 하는 모습을 설명해주실 수 있겠습니까?"라는 질문을 받았을 때 보통 사람들보다 더 빠르고 자세하게, 확신을 가지고 대답했다.

이 주제에 대한 인터뷰 응답을 분석해보니 하이퍼포머는 자신의 미래상을 구체적으로 가지고 있다는 것을 알 수 있었다. 실제로 자신의 미래상을 설명해달라는 요구에 대해 하이퍼포머는 보통 사람들에 비해 7초에서 9초 정도 더 빠르게 설명을 시작했다. 생각을 정리하느라 머뭇거리는 시간이 확연히 짧았다. 또한 자신이 생각하는 이상적인 자신의 모습을 세 단어로 표현해달라는 주문에 대해서도 더 빠르고 자신감 있는 목소리로 대답했다.[6]

자신의 미래 모습을 명확하게 설명해달라는 것은 상당히 까다로운 주문이다. 대부분의 사람은 자신의 미래 모습을 구체적으로 그려보지 않기 때문이다. 자신의 미래 모습을 1년에 한 번 그려보는 사람조차 얼마 되지 않는다. 하지만 하이퍼포머는 자신의 미래 모습과 자신이 추구하는 이상적인 모습을 자주 생각한다. 나의 수강생들 가운데 성과지수가 가장 높았던 열 명과 가장 낮았던 열 명을 대상으로 인터뷰를 진행한 일이 있는데, 전자의 사람들은 후자의 사람들보다 자신이 추구하는 이상적인 미래 모습을 상상하고 그것을 이루기 위한 구체적인 활동을 하는 데 평균적으로 한 주에 60분가량을 더 사용하는 것으로 나타났다. 예를 들어 미래에 유능한 커뮤니케이터가 되기를 바라는 사람은 커뮤니케이터로 활동하는 자신의 모습을 상상하고 유능한 커뮤니케이터가 되는 데 필요한 활동에 시간을 더 많이 가져야 한다는 것이다. 하이퍼포머가 되고자 한다면 자신이 꿈꾸는 미래를 만들기 위한 행동을 더욱 적극적으로 행할 필요가 있다.

자기 성찰을 잘해야 뛰어난 성과를 낼 수 있다고 말하는 게 아니다. 자신의 행동이나 성과를 주 단위로 기록하고 자기 자신에 대해 잘 안다고 말하는 사람들 가운데 많은 이들이 뛰어난 성과를 내지 못하고 있다. 이는 자기 자신에 대한 생각이 잘못된 과거에 대한 반성 정도에서 그치기 때문이다. 하이퍼포머는 긍정적인 미래의 모습을 상상하고 그 모습을 이루기 위한 행동에 나선다. 자신이 꿈꾸는 미래의 모습을 만들기 위한 행동을 적극적으로 행하는 게 중요하다. 다음 주, 혹은 다음 달로 미루는 게 아니라, 자신의 미래 모습을 실현하는 일을 곧바로 진행해야 한다.

자신이 되고자 하는 모습을 실현하는 일에 적극적으로 임해야 한다. 이것이 이번 섹션의 주제다. 현재 상황을 넘어서는 미래상을 가지고 자신이 될 수 있는 최선의 모습을 상상하라. 그리고 지금 당장 그런 모습을 실현하기 위한 행동을 시작하라.

이는 복잡하거나 어려운 개념이 아니다. 나는 열아홉 살 때 매우 힘든 시기를 보내고 있었고, 설상가상으로 교통사고를 크게 당해 죽음의 위기까지 경험했다. 그 일을 겪으면서 나는 삶에 대한 새로운 애착을 가질 수 있었는데, 그 당시 내가 갖게 된 삶의 신조는 '살아가고, 사랑하고, 의미 있는 일을 해내자'는 것이었다.

나는 이 삶의 신조에 따라 생활하려고 했고, 매일 밤 침대에 누워 잠이 들기 전에 스스로에게 이렇게 물었다. "나는 오늘 충실한 하루를 살았는가? 누군가를 사랑했는가? 의미 있는 일을 했는가?" 나는 지금도 매일 밤 침대에 누워 스스로에게 똑같은 질문을 던진다. 물론 그에 대한 대답으로 항상 "그렇다"가 나오는 건 아니다. 부족한 날도 분명히 있다. 하지만 "그렇다"라는 대답이 나오는 날에는 내가 제대로 살고 있다는 느낌을 받으면서 평소보다 더 좋은 기분으로 잠든다. 매우 간단한 습관이지만, 이 습관은 내가 추구하는 바를 명확하게 해준다. 나는 '살아가고, 사랑하고, 의미 있는 일을 해내자'는 문구가 새겨진 팔찌도 차고 다닌다. 물론 팔찌가 없어도 되고, 이 신조를 매일 밤 되뇌지 않아도 된다. 하지만 내가 추구하는 바를 더욱 명확히 하기 위해 나는 지금도 매일같이 신조를 되뇐다.

케이트의 경우 자신이 추구하는 미래의 모습을 한동안 상상하지 않았는데, 그녀가 겪고 있던 문제를 해결하는 과정에서 내가 제일 먼저 제안했던 것이 바로 그녀가 추구하는 미래의 모습을 명확하게 상상해보라는 것이었다.

**케이트는 자신의 더 나은 모습을 오랫동안 상상하지 않았다.
이미 자신이 잘하고 있다고 생각했기 때문이다.**

코칭을 진행하면서 나는 케이트에게 지난 몇 주 동안 있었던 다양한 상황에서의 자신의 모습을 그려보라고 주문했다. 퇴근하고 집으로 들어올 때의 모습, 자녀들과 놀아줄 때의 모습, 직장에서 프레젠테이션을 하는 모습, 친구들과 어울리는 모습, 남편과 데이트하는 모습 같은 것들 말이다. 그리고 그런 상황이 미래에 발생했을 때 자신의 모습을 긍정적인 방향에서 그려보라고 주문했다. 이 과정을 거치면서 그녀는 지난 몇 주 동안의 자신은 자신이 바라는 모습이 아니었다는 사실을 인식하게 되었고, 자신에게 변화가 필요하다는 점을 절실히 느끼게 되었다.

그다음으로 나는 케이트에게 그녀가 바라는 자신의 이상적인 미래 모습을 표현하는 세 개의 단어를 떠올려보라고 했다. 그녀는 '활동적인', '즐거운', '감사하는'이라고 말했다.

케이트가 떠올린 자신의 미래 모습과 세 개의 단어는 '어떤 일을 영혼 없이 반복하는 것'과는 전혀 다른 것이었다. 이 단순한 작업을 통해 케이트는 자신이 어떤 마음가짐으로 어떤 미래상을 추구해야 하는지를 분명히 알게 되었다. 이와 같은 일은 우리에게도 일어날 수 있다. 케이트는 자신의 삶에 자신감을 가지고 있었지만, 문제는 자신이 나아가야 할 미래 모습에 대해서는 생각하지 않았다는 점이다. 다시 말해 비전의 부재가 의욕의 부재로 이어지고, 이것이 그녀의 삶을 힘들게 했던 것이다. 나는 그녀가 떠올린 세 단어를 휴대전화에 메모하고, 그 메시지가 하루에 세 번씩 떠오르도록 알람을 맞춰놓으라고 제안했다. 하루 세 번씩 자신의 이상적인 미래 모습을 표현하는 세 단어를 숙지할 수 있도록 말이다. 같은 맥락에서 나는 우리 모두에게 다음과 같은 제안을 하려고 한다.

1. 배우자나 연인과 시간을 보낼 때, 일터에서 일할 때, 자녀들이나 팀원들과 함께할 때, 처음 보는 사람들과 사회적 활동을 할 때 등의 상황에서 자기 자신의 모습을 떠올려보라.

2. 그런 다음 자신에게 이렇게 질문해보라. "그와 같은 모습은 내가 꿈꾸는 미래 모습과 닮아 있는가?" 지난 몇 주 동안의 모습은 자신이 생각하는 미래 모습과 어떻게 다른가?

3. 자신이 바라는 자신의 이상적인 미래 모습을 표현하는 세 개의 단어를 떠올려보라. 그 단어들이 의미 있는 이유는 무엇인가? 그 세개의 단어가 매일 여러 번 떠오르도록 휴대전화의 알람 메시지로만들어두라.

사회

하이퍼포머는 다른 이를 대할 때도 분명한 의지와 개념을 가지고있다. 하이퍼포머는 상황 인식력이 뛰어나며 사회지능도 높다.[7] 그들은 모든 의미 있는 상황에서 자신이 어떤 사람이 되어야 하는지, 다른사람과 어떤 식으로 상호작용을 할 것인지 미리 생각해둔다.

상식적인 이야기라고 생각할 수도 있으나, 이런 상식적 수준의 행동이 실제 삶에서는 좀처럼 이뤄지지 않는 게 현실이다. 다음 상황들을 생각해보라.

- 가장 최근의 회의에 참석하면서 회의에 참석하는 각각의 사람들과상호작용을 어떻게 할 것인지 미리 생각해두었는가?
- 가장 최근의 업무 전화에서 전화 상대방을 고려한 자신의 목소리톤을 미리 생각해두었는가?
- 가장 최근의 친구 모임 혹은 데이트에 나가면서 미리 그날의 자리를 어떻게 이끌어야 할지 생각했는가?
- 가장 최근의 갈등 상황을 처리할 때 미리 자신이 중요하게 생각하는 것들을 정리하고 상대방에 대해 어떤 태도를 취할 것인지를 생각해두고 상황에 임했는가?
- 다른 사람들이 의견을 말할 때 어떤 태도로 들을 것인지, 다른 사람

들과의 관계에서 어떤 식으로 긍정적인 분위기를 만들어낼 것인지, 다른 사람들 앞에서 어떤 역할모델이 될 것인지 등을 미리 생각해두고 상황에 임했는가?

이런 질문들에 대한 답을 미리 생각해두고 있는가? 하이퍼포머는 다른 이들과 상호작용을 해야 하는 경우 자신의 태도나 마음가짐을 미리 생각해둔다. 그리고 이때 다음과 같은 질문들을 활용한다.

- 이번 모임에서 나는 어떤 모습을 취해야 할까? 어떤 식으로 모임을 이끌어야 할까?
- 이번 모임에 참석하는 이들이 기대하는 것은 무엇일까?
- 이번 모임에서 어떤 분위기가 만들어지도록 유도해야 할까?

우리는 하이퍼포머에게 다른 이들과 상호작용을 할 때 어떤 태도를 가지고 임하는지 설명해달라고 주문했는데, 그 설명에서 가장 많이 인용된 단어는 '배려하는, 인정하는, 존경하는, 개방적인, 솔직한, 공감하는, 애정이 있는, 동정하는, 친절한, 참여하는, 공정한' 등이었다. 그리고 다른 이들이 어떤 태도를 보여주기를 바라는지 물어봤을 때 이들은 그들이 존중하고 인정하는 태도를 보여주기를 바란다고 대답했다.

하이퍼포머가 가장 중요하게 생각하는 것은 존중하고 존중받는 것이었다. 그들은 자기 삶의 모든 영역, 즉 일의 영역에서만이 아니라 가정에서도 존중하고 존중받기를 바란다. 40년 이상 결혼생활을 유지하고 있으며 결혼생활이 여전히 행복하다고 응답한 200쌍의 미국인 부부들을 대상으로 조사한 바에 의하면 그 부부들이 가장 중요하게 생각하고 오랜 부부관계를 가능하게 했던 요인으로 꼽은 것은 상호존중이었다.[8] 그런가 하면 이혼을 유발하는 최악의 태도 네 가지는 비판적 태도, 방어적 태도, 경멸, 무시 등이었다.[9] 결국 상대방을 존중하지 않는 태도가 이혼을 유발하는 가장 큰 요인인 것이다.

> 하이퍼포머는 긍정적인 사회적 상호작용을 기대하며,
> 이런 상호작용을 만들어내기 위해 끊임없이 노력한다.

하이퍼포머는 예외 없이 상호존중을 추구한다. 기분 내키는 대로 아무렇게나 하지 않는다. 그들은 자신이 원하는 결과를 만들어내기 위해 의지를 가지고 상호작용에 임하며, 그것이 좋은 결과를 만들어낸다.

하이퍼포머는 사회적 상호작용에 임할 때 멀리 내다보고 큰 그림을 그린다. 그들은 자신이 다른 이들에게 어떻게 기억되기를 원하는지 항상 염두에 둔다. 평판이나 명성에 대해 늘 생각하는 것이다. 하이퍼포머는 오늘의 회의나 단기적으로 수행해야 하는 임무 그 너머를 바라보며 항상 다음과 같은 생각을 한다. '내가 사랑하는 사람들, 혹은 내가 함께 일하는 사람들이 나에 대해 어떻게 기억할까?'

케이트에 대한 코칭을 진행하면서 느낀 건 그녀가 가족을 매우 중요하게 여기고 아주 사랑한다는 점이었다. 그녀는 바쁜 일 때문에 가족과 함께하는 시간을 충분히 갖지 못하는 상황을 안타까워하고 있었다. 한번은 이렇게 말하기도 했다. "제 가족이 저로부터 충분히 많은 것을 받아가지 못한다는 느낌이 들어요. 그런데 가족에게 무엇을 줄 수 있을지를 모르겠어요." 케이트가 겪고 있는 상황을 이해하겠는가? 정신없이 바쁘게 일하느라 에너지가 고갈되면 미래에 대해 생각할 수 없게 된다. 또한 가족이나 팀원들과의 상호작용에서도 자신의 의지를 개입시킬 수가 없다.

이는 성취 지향적인 사람들이 흔히 겪는 상황이다. 그들은 더 좋은 배우자, 더 좋은 부모가 되기를 바라지만, 하는 일이 너무 많고 정말 바쁘다. 케이트가 딱 그랬다. 그녀는 좋은 엄마이자 부인이 되고 싶었지만, 시간이 너무 부족했다. 그녀는 언젠가는 자신이 생각하는 좋은 엄마, 좋은 부인이 되리라고 생각했지만, 스스로 변하지 않는다면 그 '언젠가'는 영원히 오지 않는다. 케이트에게 변화가 필요하다고 생각했던 나는 그녀에게 자신이 바라는 가족과의 시간을 상상해보고 그 시간을 구체적인 단어로 표현해보라고 했다. 그녀가 바라는 가족과의 시간을 나중으로 미룰 필요는 없었다. 가족과 함께 보내는 시간의 길이가 아니라 성격에 초점을 맞추면 되는 일이었다.

1. 함께 잘 지내기를 바라는 가족이나 팀원들의 이름을 적는다.
2. 그들이 20년 후에 우리를 사랑하거나 존경한다고 말한다면 그 이유가 무엇일지 상상해 적는다. 그리고 각각의 이유를 세 단어로 요약 정리한다.
3. 앞으로 이 사람들과 상호작용을 할 때는 해당 사람과 관련 있는 세 단어를 떠올리며 그 단어에 부합하는 상호작용을 목표로 삼는다. 사랑하거나 함께 일하는 이들이 바라는 사람이 되기 위해 오래 기다릴 필요가 없다. 이런 방법을 통해 당장 내일부터라도 주위 사람들과 우리가 바라는 관계를 형성할 수 있다.

사랑하는 사람들과의 관계에 대한 자신의 의지와 개념을 명확하게 정립한다면 자신의 생활을 영혼 없이 반복하는 일은 지금이라도 당장 멈출 수 있다.

역량

하이퍼포머는 미래에도 성공을 이어나가기 위해 갖춰야 할 역량을 명확하게 파악하고 있다. "내년에 더 큰 성공을 이루기 위해 지금 계발하고 있는 역량 세 가지만 말해주세요." 하이퍼포머는 이 질문에 곧바로 대답한다.

〈포춘〉 500대 기업의 최고경영자CEO들을 대상으로 코칭하면서 그들의 일정 계획을 살펴본 일이 있다. 그랬더니 성과지수가 더 높게 나오는 사람일수록 자기계발에 시간을 더 많이 할애하는 것으로 나타났다. 온라인 강의 수강, CEO 코칭 과정, 독서 등은 기본이고, 음악이나 외국어, 요리 같은 취미 관련 자기계발에도 상당한 시간을 사용하고 있었다. 그들은 자기만의 커리큘럼을 짜고 그 계획에 따라 학습하고 있었으며, 거기에는 특정 영역의 역량을 키우겠다는 명확한 목표가 있었다. 그들은 코딩이나 회계 같은 과목을 온라인으로 수강하고 있었고, 대화법에 관한 코칭 과정에 참여했으며, 전략 수립이나 회의 진행, 스토리 개발 같은 주제의 책을 읽었다. 특히 흥미로웠던 점은 취미 관련 자기계발에 대해서도 재미 삼아 가볍게 하는 수준이 아니라 일정 수준 이상의 경지에 오르겠다는 목표를 세우고 적극적으로 임하고 있었다.

또한 하이퍼포머는 역량을 계발할 때 자신의 주된 관심 영역에서의 발전을 목표로 삼는다. 아무렇게나 막 배우는 게 아니다. 예를 들어 악기를 배울 때도 관심 있는 장르의 음악을 더 잘 즐기기 위한 악기를 선택한다. 즉 이들은 자신의 주된 관심 영역을 명확하게 설정해 두고 있다. "나는 음악을 좋아해"라며 기타를 배우고, 오케스트라 동호회에 가입하고, 밴드활동을 하는 식으로 접근하지 않는다. 그들은 베이스기타를 배우겠다는 목표를 세우면 그다음부터는 좋은 강사를 찾고, 세션 플레이가 가능해질 때까지 연주 연습에 집중한다. 하이퍼포머는 자신이 열정을 가지고 있는 분야를 찾고, 그 분야에서의 능숙함을 추구한다. **제너럴리스트가 아닌 스페셜리스트의 추구가 하이퍼포머의 특징이다.**

나는 한 대형 컨설팅회사의 변화 관리 분석가로 사회생활을 시작했다. 당시 나는 대학원을 마치고 곧바로 취업한 상태였고, 입사 후 6개월 정도는 일반적인 사무를 처리했다. 그 기간에 나는 내가 일하고 있는 회사와 고객들, 그리고 이 세상에 대해 최대한 많은 것을 배우려고 했다. 대학이나 대학원을 갓 졸업한 신입사원이라면 다들 이렇게 사회생활을 시작할 것이다.

그렇게 지내면서 보니 그 회사의 파트너들은 저마다 자신의 전문 분야라는 것을 가지고 있었다. 8만 명이 넘는 직원들 사이에서 두각을 드러내려면 나 역시 나만의 전문 분야를 가지고 있어야겠다는 생각이 들었다. 나는 내가 계발해야 할 전문분야로 리더십을 선택했다. 리더십은 대학원에서의 내 전공이기도 했고, 조직 리더들의 역량 강화를 위한 커리큘럼을 개발하고 소개하는 일에 특별한 관심이 있었기 때문이다. 나는 나의 주된 관심 영역을 리더십으로 정했고, 리더들을 위한 커리큘럼 개발 쪽으로 경력을 만들어나가기로 했다. 이후 적극적으로 프로젝트를 만들어 추진했고, 내가 생각하기에도 매우 성공적으로 경력을 쌓아나갔다.

회사생활을 접고 자기계발 분야의 전문 저술가이자 코치로 나섰을 때도 유사한 선택 과정을 거쳤다. 이 세상에는 헤아릴 수 없을 만큼 많은 수의 저술가, 블로거, 강사, 코치들이 이 분야에서 일하고 있다. 그런 사람들 사이에서 두각을 나타내려면 어떻게 해야 할까? 자기계발에 관한 지식만으로는 어렵겠다는 생각이 들었다. 그런데 지식에 관한 마케팅이라면 가능하겠다는 판단이 들었다. 나는 자기계발 분야에 열정을 가지고 있었기 때문에 이 분야의 다른 사람들이 그렇듯 심리학, 신경과학, 사회학, 행동경제학 같은 분야에 대해서도 많은 공부를 했고 지식도 많이 가지고 있었다. 하지만 내 이름을 브랜드화하고 내 지식을 마케팅하는 것은 다른 문제였다. 나는 다른 사람들과의 차별화를 시도했다. 바로 자기계발 분야의 전문 저술가이자 코치로서 지식에 대한 마케팅을 주된 관심 영역으로 삼기로 한 것이다.

사실 나는 마케팅을 따로 공부한 적도 없었고, 그렇다고 마케팅에 특별한 재능을 가지고 있던 것도 아니었다. 하지만 나는 마케팅이 내 새로운 직업에서 성공으로 가는 열쇠가 될 거라고 판단했다. 나는 마케팅 공부를 시작했다. 마케팅 일반론을 폭넓게 배울 필요는 없었다. 컨설팅회사에서 리더십 전문가가 되기로 결정했을 때 리더들을 위한 커리큘럼 개발에 초점을 맞췄던 것처럼 마케팅에 있어서는 이메일 마케팅과 비디오 제작에 초점을 맞추기로 했다. 나는 이들 분야에 관한 온라인 수업을 듣기 시작했고, 세미나에 참석했고, 코칭도 받았다. 그렇게 1년 반을 보낸 후부터는 비디오 강의를 제작해 내 블로그에 올려놓고, 잠재고객들의 이메일 주소를 구하고, 그들에게 비디오 강의가 링크되어 있는 뉴스레터를 보낼 수 있게 되었다. 그리고 내 비디오 강의를 한 사이트에 모아놓고 유료 온라인 강의를 제공하기 시작했다.

그렇게 1년 반이 더 지나자 나는 온라인 교육의 개척자가 되어 있었다. 수많은 사람이 내 온라인 강의에 유료 등록을 했고, 심지어 강의 중에는 수업료가 1,000달러가 넘는 것들도 있었다. 업계에서는 나를 특별한 재능의 소유자, 혹은 인터넷 천재로 보는 분위기까지 생겨났다. 그러나 전혀 그런 것이 아니다. 나는 단지 미래를 지향했을 뿐이다. 업계에서 두각을 나타내기 위해서는 앞으로 어떻게 해야 할지를 판단하고, 그 판단에 부합하는 행동을 실행했을 뿐이다. 이는 간단하지만 매우 효과적인 성공 방식이다.

미래를 바라보라.
미래에 필요한 역량이 무엇인지 판단하라.
그 역량에 초점을 맞추고 자기계발을 하라.

쉬운 이야기처럼 들릴 수 있지만, 주어지는 일을 수행하기에 급급해 미래를 준비하지 못하는 게 오늘을 사는 대부분 사람들의 현실이다. 우리는 인생의 커리큘럼을 짜는 법을 잊어버렸다. 가장 똑똑하다는 사람들도 마찬가지다. 나는 오프라 윈프리Oprah Winfrey와 그녀 회사의 임원들과 대화를 나눈 적이 있는데, 그 대화를 통해 확실히 하이퍼포머는 자기 자신의 인생 커리큘럼을 만들어 활용한다는 사실을 알게 되었다. 또 하나 그들로부터 깊은 인상을 받은 일이 있는데, 오프라 윈프리 회사의 임원들은 내 강의가 끝나자마자 강의 내용을 정리하고 그 가운데 가장 중요하다고 생각하는 문구를 뽑아냈다. "여러분의 성장을 외부 상황에만 맡긴다면 여러분은 평범함의 영역을 벗어날 수 없을 것입니다"라는 문구였다.

지금까지의 성과가 어떤 것이었든, 자신의 주된 관심 영역을 정하고 해당 분야에서 다음 단계의 성취로 올라서기 위해 갖춰야 하는 역량을 파악해야 한다. 어떤 일에 도전하든, 이 과정을 먼저 진행해야 한다.

자신이 열정을 가질 수 있는 분야를 찾고, 그 분야에서 두각을 드러내기 위해 갖춰야 하는 역량을 계발함으로써 우리의 인생은 그전과는 완전히 다른 것이 될 수 있다. 당시 상당한 무력감을 느끼고 있던 케이트에게도 이러한 접근법을 제안했다. 우리는 향후 10년 동안 그녀의 주된 관심 영역이 무엇이 될지에 대해 이야기를 나누었고, 해당 영역에서의 역량을 높이기 위해 무엇을 배워야 할지를 결정했다. 그녀는 몇 개의 강좌에 등록했고, 자신의 학습을 도와줄 멘토도 찾았다. 얼마 후 케이트는 나에게 다음과 같은 내용의 이메일을 보내왔다.

요즘은 놀라움의 연속입니다. 그동안 제 직업에서 좋은 성과를 내고 있었기 때문에 학습을 등한시했었는데, 제가 배우는 것을 이렇게나 좋아한다는 사실을 새삼 알게 되었습니다. 오늘은 온라인 강좌 하나를 마쳤습니다. 어찌 보면 별것 아닌 일이지만, 저는 설명할 수 없을 만큼 큰 성취감을 느꼈습니다. 고등학교를 졸업할 때의 기분이 살아나는 것 같습니다. 새로운 것을 배우기 시작한 이후 활력을 되찾은 기분이고, 미래에 대한 낙관주의가 다시 제 삶으로 들어온 것 같습니다. 무언가를 배우는 것만으로도 삶을 대하는 기분이 이토록 달라질 수 있다는 게 믿기 어려울 정도입니다.

내가 케이트에게 제안했던 방식을 정리하면 다음과 같다.

1. 자신의 주된 관심 영역을 명확하게 정하고, 해당 분야에서 성공하는 데 필요한 세 가지의 역량이 무엇인지를 판단한다.
2. 각 역량을 계발하기 위해 구체적으로 무엇을 어떻게 배워야 하는지를 정한다. 책을 읽어야 하는지, 훈련을 해야 하는지, 코치를 찾아야 하는지, 특정 기관에 등록해야 하는지 등을 정한다. 학습 방법을 정했으면 계획에 따라 꾸준히 배워나간다.
3. 자신의 주된 관심 영역에서 5~10년 후에도 성공을 이어나가기 위해서는 어떤 역량이 있어야 하는지를 판단한다. 미래를 상상해보라. 5~10년 후에는 어떤 역량이 요구될 것 같은가? 그러한 역량을 항상 염두에 두고, 필요하다고 판단되면 바로 계발을 시작한다.

기여

케이트가 세상에서의 자기 역할에 대해 생각해본 것은 아주 오래전의 일이었다. 타인에 대한 봉사, 혹은 세상에 대한 기여에 대해 명확하게 인식하는 바가 없었고, 그것은 자신의 일을 영혼 없이 반복하고 있다는 느낌을 갖게 만든 주요 원인이 되었다. 하는 일은 달라지지 않았지만 의미는 잃고 만 것이다. 케이트는 회사에서는 인정받는 리더였고, 분명히 팀원들도 잘 이끌고 있었다. 다만 그녀와 팀원들이 하는 일의 지향점에 있는 사람들, 즉 고객들에 대한 기여는 인식하지 못했다.

케이트가 마지막으로 고객들을 만나 이야기해본 것은 몇 년 전의 일이었다. 임원이 된 이후에는 고객들을 만나는 실무에서 벗어났기 때문이다. 하지만 그녀가 일할 수 있는 것은 고객들 덕분이었기에 한 달에 한 번씩 고객들을 직접 만나 그들의 이야기를 듣기로 했다. 특히 고객과의 대화를 통해 고객들의 미래 욕구가 무엇인지를 알아내는 일에 초점을 맞추기로 했다. 그렇게 하자 일에 대한 열정이 되살아나기 시작했다.

하이퍼포머는 미래 지향적이고 세상에 대한 기여를 중요하게 생각한다. 자신의 일이 사람들에게 어떤 긍정적인 영향을 만들어내는지를 항상 살펴보고, 자신으로 인해 세상에 긍정적인 변화가 만들어지기를 바란다. 너무 원대한 포부가 아닌가 생각할 수도 있으나, 하이퍼포머는 이렇게 생각하고 말한다. 그들은 자신이 오늘 행한 일이 먼 미래에까지 긍정적인 효과를 만들어낼 거라고 믿는다. 그래서 자기 일의 작은 부분까지 중요하게 생각한다. 뛰어난 성과를 내는 웨이터는 식탁보의 완벽한 대칭까지 세심하게 신경 쓴다. 그와 같은 세심함이 더 좋은 고객 경험으로 이어지고, 그런 고객 경험이 자신이 일하는 음식점의 좋은 평판과 미래 성장으로 이어진다고 생각하기 때문이다. 뛰어난 성과를 내는 제품개발자는 이번 시즌의 높은 매출만이 아니라, 회사 브랜드에 대한 충성고객을 만들어내기 위해 제품의 세세한 부분까지 고려하면서 제품을 개발한다. 그것이 회사의 미래 성장에 필요하다고 생각하기 때문이다. 하이퍼포머에게서 나타나는 공통점은 미래 지향적이라는 것이다. 그들은 이렇게 말한다. "어떻게 해야 최고 수준의 제품이나 서비스로 사람들에게 만족을 주고, 더 나아가 세상에 기여할 수 있을까?"

그 반대의 사고방식을 가진 사람들의 성과가 어떨지는 쉽게 예상할 수 있을 것이다.

**미래를 생각할 줄 모르고 세상에 대한 기여에 관심이 없는
사람들은 뛰어난 성과를 내지 못한다.**

이런 사람들은 내일에 대한 큰 기대감이 없기 때문에 오늘 일의 세
세한 부분까지 신경 쓰지 않는다. 이런 이유에서 조직을 이끄는 리더
는 조직의 성과를 높이고자 한다면 팀원들과 계속해서 미래에 대해
이야기를 나누어야 한다.

고객들에게 그들이 가장 중요하게 생각하는 것을 제공하기 위해서
는 무엇을 해야 할까? 이는 하이퍼포머가 강박관념처럼 항상 떠올리
는 물음이다. 나는 강박관념이라는 단어를 가볍게 사용하지 않는다.
하이퍼포머는 언제나 사회에 대한 기여를 생각한다. '어떻게 해야 가
치를 창출할 수 있을까?' '어떻게 해야 함께 일하는 사람들의 목표의
식을 강화할 수 있을까?' '어떻게 해야 긍정적인 방향으로 변화를 이
끌어낼 수 있을까?' 늘 이런 생각들을 하는 것이다. 하이퍼포머는 언
제나 최적의 해법, 차별화, 최고의 가치 등을 만들어내려고 한다.

하이퍼포머는 더 이상 작동하지 않는 해법은 과감하게 버릴 줄 안
다. 그들은 과거에 집착하지 않으며, 자기가 가장 애착을 갖던 프로젝
트라 하더라도 상황의 변화에 따라 중요도가 떨어지면 해당 프로젝트
를 후선으로 뺀다. '지금 상황에서 중요한 것이 무엇인가? 어떻게 해
야 그것을 이끌어낼 수 있는가?' 이것이 하이퍼포머의 사고방식이다.
그런가 하면 하이퍼포머는 자신이 속한 업종이나 직업군, 자신이 일
하는 조직 내에서 차별화된 특별한 사람이 되기를 추구한다. 차별화
된 역량을 갖춘 사람, 남들보다 더 큰 가치를 창출하는 사람이 되기를
바라는 것이다. 그리고 하이퍼포머는 언제나 일반적인 기대를 넘어서

는 최고의 결과를 만들어내려고 한다. '어떻게 해야 최고의 가치를 창출함으로써 이 세상에 기여하는 사람이 될 수 있을까?' 이것이 하이 퍼포머가 가장 관심을 갖는 목표다.

반대로 세상에 대한 기여에는 전혀 관심이 없고 자신의 성공에만 몰두하는 사람은 뛰어난 성과를 내지 못한다. 그들은 고객이 원하는 바에는 관심이 없고 자신의 욕구에만 관심을 둔다. 그들은 최고의 가치를 창출함으로써 세상에 기여하는 일에는 관심이 없고 최소의 노력으로 주어진 업무를 마치는 일에만 관심을 둔다. 하이퍼포머가 '어떻게 해야 차별화된 방식으로 고객들이 중요하게 생각하는 것들을 제공할 수 있을까?'를 생각한다면, 뛰어난 성과를 내지 못하는 사람은 '왜 사람들은 내가 가지고 있는 강점을 알아주지 않는 걸까?'라고 생각한다.

이번 섹션의 말미에는 이 네 가지 주제에 관해 자신의 상황을 확인해볼 수 있는 '명확성 차트Clarity Chart'라는 도구를 제시할 것이다. 그리고 자신이 뛰어난 성과를 내는 유형의 사람인지를 빠르게 확인해볼 수 있는 '하이 퍼포먼스 프롬프트High Performance Prompt'라는 도구도 소개할 것이다. 하이 퍼포먼스 프롬프트는 문장 완성형 도구인데, 각 항목은 상호연관 없이 개별적으로 완성하고 활용하는 게 좋다. 하이 퍼포먼스 프롬프트와 관련된 추가 자료들은 HighPerformanceHabits.com/tools에 있으니 관심 있는 이들은 방문해보기 바란다.

명확성 차트, 하이 퍼포먼스 프롬프트, 혹은 자기 자신만의 도구 등 무엇을 사용해도 좋다. 자기 자신이 미래에 무엇을 원하고 있는지 명확하게 파악해야 한다. 목표가 없으면 성장이 없고, 명확성이 없으면 변화가 없다.

하이 퍼포먼스 프롬프트

1. 자기 자신, 사회, 역량, 기여 등의 네 영역 가운데 나의 미래 모습을 구체적으로 떠올리지 못하는 영역은…

2. 내 고객들과 내가 이끌어야 하는 사람들에 관하여 생각해보지 못했던 부분은…

3. 내 일과 관련해 먼 미래에까지 긍정적인 영향을 만들어내기 위해 지금 할 수 있는 일은…

실행 2 자신의 기분을 스스로 결정하라

세상이 요구하는 게 무엇인지 따로 묻지 마라.

자신을 살아 숨 쉬게 하는 것이 무엇인지를 찾고 그것을 행하라.

세상이 요구하는 것은 살아 숨 쉬는 사람들이기 때문이다.

–하워드 서먼Howard Thurman

"이번 상황을 대할 때 내가 가지고자 하는 주된 기분은 무엇인가? 이번 상황으로부터 내가 갖고자 하는 주된 기분은 무엇인가?" 명확성과 관련해, 하이퍼포머의 두 번째 실행 습관은 이와 같은 질문을 스스로에게 지속적으로 제기하는 것이다.

이런 이야기를 들으면 대부분의 사람은 어리둥절해한다. 자신의 기분에 대해 미리 생각하는 사람은 거의 없기 때문이다. 대부분의 사람은 어떤 상황을 심리적 무방비 상태로 맞닥뜨리고, 그 상황이 만들어 내는 기분을 그대로 받아들이게 된다. 자신의 기분을 통제하지 못한다.

하지만 하이퍼포머는 매우 높은 수준의 감정지능을 가지고 있으며, 자신이 느끼게 되는 기분에 의지를 개입시킬 수 있다. 그들은 자신의 감정 상태를 정확하게 설명할 수 있고, 그 감정의 의미도 잘 안다. 그리고 더욱 중요하게는 자신이 지녀야 하는 기분을 유지할 수 있다.

유명한 국가대표 육상 단거리 선수의 자기계발 코칭을 했을 때다. 나에게 코칭을 의뢰했던 당시의 그는 계속해서 자신의 최고 성적을 내고 있었으나, 그 전 몇 년 동안은 성적이 들쭉날쭉했다. 우승을 할 때도 있었으나, 아예 예선에서 떨어지는 일도 있었다. 그가 나에게 전화를 걸어왔던 때는 거의 1년 내내 우승을 하던 때였다. 그와 첫 상담을 하면서 나는 이렇게 물었다. "요즘처럼 계속 우승할 수 있는 이유를 세 단어로 설명해야 한다면 뭐라고 답하시겠습니까?" 그는 이렇게 답했다. "기분, 기분, 기분입니다."

그게 무슨 뜻이냐고 묻자 그는 이렇게 설명했다. "저는 제가 어떤 기분을 지녀야 하는지를 명확하게 알고 있습니다. 경기장에 들어서기 전, 출발선에서 준비할 때, 결승선을 통과할 때, 심지어 경기를 마치고 라커룸으로 들어갈 때 어떤 기분을 지녀야 하는지를 잘 알고 있습니다."

그게 감정을 통제할 수 있고 성적에 대해 걱정하지 않는다는 것을 의미하느냐고 묻자 그는 웃으면서 이렇게 대답했다. "그건 아닙니다. 출발선에 서면 제 몸은 현장의 분위기를 모두 느낍니다. 압박감도 느끼고, 일종의 두려움도 생겨납니다. 하지만 두려움을 그대로 받아들이지는 않습니다. 저는 제가 갖게 되는 기분을 스스로 정의합니다. 내가 느끼는 것들은 시합에 대한 준비이자 희열이라고 스스로에게 말하는 겁니다."[10]

나는 하이퍼포머가 이렇게 말하는 것을 무수히 봐왔다. 그들은 어떤 상황에서 느끼는 감정을 스스로 해석하고 그것을 성과에 도움이 되는 기분으로 바꾼다.

이쯤에서 감정과 기분의 차이를 구분할 필요가 있다. 많은 학자들이 감정과 기분은 서로 다르다고 말한다.[11] 감정은 본능적인 것이다. 어떤 상황이 발생하면 그에 상응해 공포, 기쁨, 슬픔, 분노, 안심, 애정 같은 감정이 생겨난다. (여기서 말하는 상황이란 외부의 사건일 수도 있고 우리 뇌의 상상일 수도 있다.) 많은 경우 감정은 우리의 의지와는 상관없이 생겨난다. 우리의 뇌가 어떤 상황을 해석하고 그 상황에 대해 의미와 감정을 부여하는데, 이때 뇌의 해석은 기본적으로 과거의 경험을 토대로 한다. 물론 어떤 감정을 의식적으로 만들어내는 것도 가능하다. 예를 들어 어린 자녀가 부모에게 웃음을 지어주면 부모는 자동적으로 기쁨의 감정을 갖게 되는데, 부모는 자녀와 떨어져 있을 때도 자녀의 웃음을 떠올리면서 기쁨의 감정을 스스로 만들어낼 수 있다. 하지만 기본적으로 감정은 본능적인 것이다.

그런가 하면 기분은 마음에 나타난 감정의 초상이다. 감정이 반응적으로 생기는 것이라면 기분은 해석에 의해 만들어질 수 있는 것이다.[12] 앞서 소개한 육상 선수와 마찬가지로 우리에게도 어떤 상황에서 두려움의 감정이 생겨날 수 있다. 하지만 그렇다고 해서 무섭다거나 도망가고 싶다는 기분을 가질 필요는 없다. 두려움의 감정이 생겨나더라도 의지를 통해 상황에 집중하겠다는 기분을 가질 수 있다. 본능적으로 생겨나는 감정과 달리 자신에게 도움이 되는 기분을 선택할 수 있다는 것이다. 하이퍼포머는 어떤 상황에 들어가기에 앞서, 그리고 어떤 상황을 마쳤을 때 자신이 가져야 할 기분이 무엇인지를 명확하게 알고, 그 기분을 가지려고 한다.

또 다른 예를 들어보자. 회의에 참석했는데, 회의 참석자들이 서로에게 화를 내며 논쟁을 시작했다. 그럼 나에게는 두려움, 분노, 비애감 같은 감정이 생겨날 것이다. 또한 심장박동이 빨라지고, 손에 땀이 맺히고, 호흡이 가빠질 수도 있다. 그리고 자동적으로 회의 결과에 대한 걱정의 기분이 들 것이다. 이런 상황에서 나는 의식적으로 나 자신에게 이와 같은 감정은 회의에 집중하거나, 내 주장을 발표하거나, 다른 사람의 주장을 수용하라는 뜻에서 생겨나는 것이라고 말해줄 수도 있다. 두려움이나 분노의 감정에 사로잡혀 남들처럼 화를 내는 게 아니라 차분하게 필요한 행동을 취할 수 있는 것이다. 회의가 혼란에 빠진 중에도 자신의 기분을 통제함으로써 차분하게 상황을 파악하고 중요한 의견을 개진할 수 있다.

자동적으로 생겨나는 감정에 휘둘릴 필요는 없다.
선택을 통해 필요한 기분을 만들어낼 수 있기 때문이다.

감정에 휘둘리지 않고 필요한 기분을 선택하는 일이 반복되면 우리 뇌는 기분을 더 중시하게 된다. 두려움을 긍정의 기분으로 바꾸는 일이 습관화되면 이후부터는 두려움의 감정이 생겨나더라도 그렇게 부정적인 기분이 들지 않는다. 두려움의 감정이 결국에는 도움이 되는 기분으로 변한다는 것을 뇌가 인식했기 때문이다. 이런 수준에 이르면 그다음부터는 감정이 유발하는 기분이 전혀 다른 것이 된다.[13]

두려움의 감정이 생겨날 수는 있지만, 두려움 이후에 갖게 되었던 과거의 긍정적인 기분이 두려움에 대한 우리의 태도를 바꾸는 것이다.

감정은 수시로 변할 수 있다. 감정은 즉흥적이고 본능적이다. 하지만 기분은 상황에 대한 해석에 의해 만들어지며, 우리가 통제할 수 있다. 분노의 감정이 생겨날 수는 있지만, 분노가 유발하는 괴로운 기분에 사로잡힐 필요는 없다는 의미다.

꼭 짚고 싶은 것은, 감정과 기분에 대한 나의 설명이 완전하게 정확한 것은 아니다.[14] (우리의 심리와 신체의 작용을 정확하게 설명하고 규정할 수는 없다. 생각이나 감정은 독립적으로 작동하지 않으며 변수도 많기 때문이다. 우리의 감각과 의지는 상호작용을 하고, 방대한 신경망에서 교차되는 경우도 많다.) 그럼에도 이렇게 말하는 이유는 하이퍼포머는 자신에게 전달되는 감정에 휘둘리는 게 아니라 자신에게 필요하다고 생각하는 기분을 의식적으로 만들어내기 때문이다. 뛰어난 성과를 내는 운동선수들은 시합에 몰입하려고 노력한다는 말을 하는데, 이는 자신에게 생겨나는 여러 가지 감정에 휘둘리지 않고 승리에 도움이 되는 기분을 만들어내려고 노력한다는 의미다. 시합에 대한 몰입은 자연적으로 생겨나는 감정에 의해 우연히 이뤄지는 게 아니다. 감정의 개입을 최소화하고 해야 하는 일로 스스로를 이끌어야만 가능한 일이다. 뛰어난 운동선수들과 마찬가지로 인생의 다양한 영역에서 하이퍼포머는 자신의 의지로 일에 몰입할 수 있다. 어떤 일을 하려고 하는데 때마침 운이 좋아서 몰입의 기분이 생겨나는 게 아니다.

자신의 기분에 의지를 개입시키는 일을 중단하면 문제는 즉각적으로 표면화된다. 세상의 온갖 부정적인 요인들이 부정적인 감정을 유발하고, 그 감정이 유발하는 부정적인 기분에 휘둘리고, 그 기분에 휘둘리는 삶은 결국 엉망이 될 수밖에 없다. 하지만 살아가면서 겪게 되는 다양한 감정 속에서도 몰입, 행복, 의지, 애정 같은 기분을 유지할 수 있다면 삶의 결과는 완전히 다른 것이 된다. 자신의 기분에 의지를 개입시킬 수 있다는 것은 자신이 원하는 기분으로 일하고 살아갈 수 있다는 것을 의미한다.

하지만 케이트는 이 사실을 몰랐다. 그녀는 자신에게 필요한 기분을 선택하지 못하고 외부에서 주어지는 감정에 휘둘리고 있었다. 자신이 왜 그렇게 부정적인 감정으로 살아가고 있는지 인식하지 못하고 힘들어했다. 그녀는 주어진 일을 영혼 없이 반복하고 있을 뿐 아니라 자신에게 주어지는 감정을 그대로 다 받아들이고 있었다. 자신이 원하는 기분으로 살아가지 못하고 있었던 것이다.

나는 케이트에게 그녀가 처하게 되는 각각의 상황에서 자신의 기분을 선택하라고 조언했다. 그리고 자신의 기분에 의지를 개입시키는 것만으로도 그녀의 삶은 활력과 즐거움을 되찾게 되었다.

다음과 같은 질문을 스스로에게 해보라. "나는 오늘 어떤 기분을 가지고 싶은가? 그런 기분을 가지기 위해서는 오늘 일어나는 일들의 의미를 어떻게 해석해야 할까?" 만약 데이트 약속이 잡혀 있다면 데이트 때 가지고 싶은 기분을 먼저 결정하라. 자녀에게 수학 공부를 가르쳐주기로 했다면 가르치는 동안 가져야 할 기분을 미리 결정하라. "아이에게 수학을 가르치는 동안 나는 어떤 기분을 가져야 할까? 나는 우리의 아이가 나에 대해, 공부에 대해, 자신의 인생에 대해 어떤 기분을 갖기를 바라는가?" 자신이 가지고 싶은 기분을 명확히 하고 그 기분으로 삶을 대한다면 우리의 삶은 그전과는 크게 달라질 것이다.

하이 퍼포먼스 프롬프트

1. 최근에 내가 가장 많이 경험한 감정은…

2. 내 삶의 영역 가운데 내가 가지고 싶은 기분을 갖지 못하는 영역은…

3. 내 삶에서 더 많이 경험하고 싶은 기분은…

4. 부정적인 감정이 떠오를 때 나 자신에게 해주고 싶은 말은…

실행 3 ✓ 나에게 의미 있는 것을 구분하라

자신이 정말 원하는 것이 무엇인지도 모르면서

무언가를 갖기 위해 스스로를 소진하는 것이 바로 불행이다.

–돈 헤럴드Don Herold

하이퍼포머는 일단 목표로 정한 것은 무엇이든 열심히 한다. 그런데 모든 산을 다 정복할 필요는 없지 않은가. 하이퍼포머는 자기 삶에서 중요한 의미를 갖는 것이 무엇인지 가려내는 안목이 탁월하며, 이것이 보통 사람들과의 차이를 만들어낸다. 하이퍼포머는 자신에게 중요한 의미가 있는 일에 시간과 노력을 집중한다. 그래서 보통의 사람들보다 더 행복하다.

사람이 충만한 삶을 살지 못하는 이유는 역량이 부족해서가 아니다. 자신의 심장을 뜨겁게 하고 도전의식을 불러일으키는 의미 있는 목표를 못 찾았기 때문이다. 의미 있는 목표의 발견은 심리적 행복을 만들어내는 주요한 요인 가운데 하나다.[15]

그렇다면 의미 있는 목표란 구체적으로 어떤 것들을 의미하는 것일까? 사람들이 '일에서 의미를 찾는다'고 할 때는 일반적으로, '일이 즐겁다', '일을 통해 내 가치관을 구현할 수 있다', '일을 통해 얻게 되는 결과가 만족스럽다' 등을 의미한다.

그동안 학자들은 '의미 있는 일'이라는 것이 무엇인지에 대해 많은 연구를 해왔고, 다음과 같은 결론을 도출해냈다. 일반적으로 사람들이 중요하다고 생각하는 일, 가장 많은 시간을 투입하는 일, 헌신적으로 대하는 일, 애착을 갖는 일, 낮은 경제적 보상에도 불구하고 집중해서 하는 일 등이 의미 있는 일이라는 것이다. 일에서 어느 정도의 의미를 발견하느냐에 따라 일은 단순한 직업도, 중요한 임무도, 심지어 인생의 사명도 될 수 있다.[16] 또한 사람들은 목표의식이 분명한 일일수록 의미 있는 일이라고 여기는 경향을 보인다.[17]

그런데 하이퍼포머에게도 이런 결과는 마찬가지일까? 우리는 성과지수 상위 15퍼센트의 사람들 가운데 무작위로 1,300명을 선발해 다음과 같은 질문을 했다.

- 자신이 의미 있는 일을 하고 있다는 사실을 어떻게 알 수 있습니까?
- 의미 있는 일을 할 때는 어떤 기분을 갖게 됩니까?
- 좋은 프로젝트 두 개 가운데 하나를 선택해야 할 때 더 의미 있는 프로젝트를 가려내는 방법이나 기준은 무엇입니까?

- 자신의 삶에 있어 아무런 의미도 없는 일을 가려내는 방법이나 기준은 무엇입니까?
- 나중에 생을 마감할 때 의미 있는 삶을 살았다고 말할 수 있으려면 지금 어떻게 살아야 한다고 생각합니까?

이들 질문에 대한 답은 매우 다양하게 나타났는데, 그런 중에도 우리는 하이퍼포머가 의미 있는 일이라고 판단하는 기준을 네 가지로 정리할 수 있었다.

첫째, 열정이다. 두 개의 프로젝트 가운데 어느 하나를 선택하라고 하면 하이퍼포머는 자신이 열정을 가질 수 있는 프로젝트를 선택하는 경향을 보였다. 학자들의 연구에 따르면 자신이 하는 일에 열정을 가질수록 삶의 만족도가 커지고, 긍정적인 감정을 갖게 되고, 부정적인 감정을 덜 갖게 되고, 상황에 대한 높은 장악력을 갖게 되고, 더 큰 성취를 이뤄내고, 주위 사람들과 긍정적인 관계를 형성하고, 더 높은 자아 수용도를 나타내고, 삶의 목적의식이 분명해지고, 대인관계가 좋아지고, 삶의 의미를 찾게 되고, 목표를 이룰 가능성이 커진다고 한다.[18] 긍정적인 삶을 살고자 한다면 자신이 열정을 가질 수 있는 일을 찾아서 해야 한다. 나는 매일 아침 샤워를 하면서 스스로에게 이렇게 묻는다. "오늘 내가 열정을 가지고 할 수 있는 일은 무엇일까?" 이렇게 질문하는 것만으로도 출근길의 발걸음이 달라진다.

둘째, 인간관계다. 사회적으로 고립된 사람일수록 삶에서 의미를 잃었다고 말하는 경향을 보인다.[19] 사회관계, 특히 가장 가까운 사람들과의 관계는 의미 있는 삶을 살게 해주는 가장 주요한 요인이다.[20]

하이퍼포머 역시 인간관계를 중시하며, 자신이 하는 일과 관련해 좋은 인간관계가 형성되어 있을수록 일에서 의미를 찾을 수 있다고 답하는 비율이 더 높게 나타났다. 다만 하이퍼포머는 편안한 관계보다는 도전의식을 높여주는 관계를 더 중시한다. 일을 할 때는 경쟁할 수 있는 사람들과 함께 있는 것을 선호하고, 일상에서도 단순히 웃고 즐길 수 있는 사람보다는 자신에게 영감을 불어넣어주는 사람과 어울리는 것에 더 큰 가치를 부여한다.

셋째, 더 큰 만족감이다. 하이퍼포머는 자신이 하는 일을 통해 더 큰 만족감을 가질수록 자신의 삶이 의미 있다고 답하는 경향을 보였다. 여기서 말하는 '만족감'이나 '의미'가 무엇인지를 구체적으로 설명하기는 어렵다. 다만 자신이 열정을 가지고 있는 일을 하면서 개인적으로 성장하고 주위 사람들에게 기여하고 있다고 인식할수록 일이 만족스럽다고 답하는 경향이 두드러졌다. 이는 다음과 같은 공식으로 간략하게 나타낼 수도 있다.

열정 + 성장 + 기여 = 만족

그런가 하면 어떤 학자들은 안정적이고, 자율성 높고, 삶의 균형을 유지할 수 있는 일을 할수록 만족도가 높아진다고 한다.[21]

넷째, 가치 부여다. 하이퍼포머는 일의 일관성을 중시한다.[22] 자신의 일과 일상생활이 자신이 생각하는 포괄적인 가치 범주 안에 있기를 바란다. 자신이 하는 일이 중요한 것이기를 바라고, 자신이 만들어내는 결과가 가치 있는 것이기를 바라고, 자신의 삶이 더 넓은 범위에서 더 오래도록 가치를 인정받는 무언가를 남기기를 바란다.

하이퍼포머에게서는 가치 있는 일을 하고자 하는 욕구가 자율성이

나 삶의 균형에 대한 욕구보다 더 큰 경우가 많다. 그래서 가치 있는 일을 할 수 있는 기회를 발견하는 경우에는 자기 시간에 대한 통제권이나 삶의 균형은 잠시 뒤로 미루기도 한다.

하이퍼포머가 어디에서 의미를 찾는지는 더 많은 연구가 필요하다. 하지만 우리 연구는 그에 대한 중요한 실마리를 제공해준다. 그 결과를 간단한 공식으로 정리하면 다음과 같다.

열정 + 인간관계 + 만족감 + 가치(관) = 의미

이 네 가지 요소 가운데 어느 한두 가지만 작용해도 삶에서 의미를 찾을 수 있다. 자녀가 거실을 가로질러 가는 모습을 지켜보는 것만으로도, 중요한 과제 하나를 완성하는 것만으로도, 혹은 연인과 데이트를 하거나 자신을 존경하는 후배와 점심을 함께하는 것만으로도 삶의 의미를 찾을 수 있다.

자신이 의미를 부여할 수 있는 일들을 계속해서 찾고 추진하라. 나에게 의미 있는 것들은 무엇인가? 힘든 일과 의미 있는 일은 서로 분명히 다르며, 이를 구분하는 것이야말로 의미 찾기의 출발점이 된다.

하이 퍼포먼스 프롬프트

1. 지금 하고 있는 일 가운데 나에게 가장 의미 있는 일은…

2. 지금 하고 있는 일 가운데 아무런 의미가 없어서 당장 그만두어야 하는 일은…

명확성 차트의 활용

삶의 의미는 우리 자신이 정하는 것이다.

-조지프 캠벨Joseph Campbell

자신의 미래 모습을 구체적으로 그려놓고 있어야 한다. 그리고 어떤 상황에 임할 때는 어떤 기분을 가지고 싶은지를 미리 정하고, 자신에게 의미 있는 것이 무엇인지를 미리부터 구분해놓아야 한다. 이와 같은 습관을 가지고 있지 않다는 것은 자신이 추구하고자 하는 구체적인 꿈이 없다는 것, 매일의 삶을 행복하고 의미 있게 살 가능성이 크게 낮아진다는 것을 의미한다.

이번 장에서 우리는 꽤 많은 제안을 했다. 이런 것들을 잊지 않고 꾸준히 습관화하는 것이 가능할까?

자신의 일과 인간관계와 일상의 삶을 영혼 없이 반복하고 있을 뿐이라고 털어놓았던 케이트는 사실 자신의 삶에 매우 열심이었고 그만큼 높은 수준의 성과를 내고 있었다. 다만 자신의 미래를 구체적으로 그리지 못하고 자신의 삶에 자기 의지를 개입시키지 못하고 있었는데, 이 때문에 바쁘면서도 무력감을 지닌 채로 살고 있었던 것이다. 그녀의 삶에 다시 방향성을 주기 위해 나는 이번 장의 습관을 제안하면서 그녀가 활용할 수 있는 한 가지 도구도 함께 제시했다. 미리 언급했던 '명확성 차트'라는 도구였다. 나는 그녀에게 앞으로 12주 동안

명확성 차트

자기 자신

자신이 상상하는 자신의 최고의 모습을 나타내는 세 개의 단어를 고른다면?

이 단어들을 현실화하기 위해 이번 주에 할 수 있는 일에는 무엇이 있을까?

사회

주위 사람들을 어떻게 대하고 싶은지를 나타내는 세 개의 단어를 고른다면?

이번 주에는 누구와 관계를 개선할까?

역량

지금 시점에서 내가 계발하고자 하는 가장 중요한 역량 다섯 가지를 꼽자면?

이 역량을 계발하기 위해 이번 주에는 어떤 학습이나 훈련을 해야 할까?

기여

주위 사람들에게 가치를 더해주기 위해 이번 주에 내가 할 수 있는 일 세 가지를 꼽자면?

내 주위에서 내 도움을 절실하게 필요로 하는 사람은 누구이며, 그 사람을 위해 나는 무엇을 할 수 있을까?

자신의 기분을 스스로 결정하라

일을 하고, 인간관계를 맺고, 살아가는 데 있어 이번 주에 내가 가지고자 하는 기본적인 기분은 무엇인가? 그리고 어떻게 해야 그 기분을 유지할 수 있을까?

나에게 의미 있는 것을 구분하라

나에게 중요한 의미가 있는 것들 가운데 이번 주에는 무엇을 해야 할까?

매주 일요일마다 명확성 차트를 작성해보라고 했다. (이 책에서의 명확성 차트는 미래의 모습을 구체적으로 상상하는 습관 위주로 소개되어 있으며, 나머지 습관에 관한 부분은 HighPerformanceHabits.com/tools에 있으니 관심 있는 분들은 다운로드하여 사용해보기 바란다.)

물론 명확성 차트를 매주 작성하지 않을 수도, 이번 장의 모든 제안을 따르지 않을 수도 있다. 하지만 이 제안을 받아들인다면 분명히 변화가 나타날 거라고 약속할 수 있다. 변화를 바란다면 자신이 원하는 변화의 구체적인 모습을 의식의 가장 윗부분에 지니고 있어야 한다. 물론 내가 이번에 제안한 습관을 누군가는 가끔이지만 실제 행하고 있을 수도 있다. 하지만 중요한 것은 말 그대로 꾸준히 습관화하는 것이다. 그래야 변화로 이어진다. 자신이 꿈꾸는 바를 끊임없이 구체화해야 명확성을 가질 수 있고, 명확성이 있어야 꾸준한 행동으로 이어지고, 그래야 뛰어난 성과를 만들어낼 수 있다.

HABIT 2

건강한 활력 상태를
유지한다

`세상은 활력 있는 사람들의 것이다.

-랠프 월도 에머슨 Ralph Waldo Emerson

긴장감을 낮추고, 새로운 의지를 세워라

내 삶에 즐거움을 가져오라

운동으로 활력을 만들어라

"지금처럼 계속 일을 하다가는 결국 소진되고 말 겁니다. 아니면 그냥 죽게 될지도 모르겠어요. 도대체 왜 이렇게까지 일을 하고 있나 모르겠어요."

아르준Arjun은 불편해 보이는 자세로 앉아 말하고는 그저 웃기만 했다.

그는 몇 달 동안 잠을 제대로 못 잔 듯한 모습이었다. 얼굴은 푸석해 보였고, 충혈된 눈에는 생기라고는 하나도 찾을 수 없었다. 1년 전 한 경제지의 표지에서 봤던 모습과는 완전 딴판이었다.

나는 짐짓 놀란 표정을 지어 보이며 말했다.

"죽는다고요? 언제 그런 일이 일어날 것 같은가요? 다음 주? 몇 달 후? 아니면 내년?"

"모르겠어요. 하지만 다른 사람들에게는 말하지 말아주세요."

그렇게까지 솔직하게 이야기를 해주다니, 그는 용감한 사람이었다. 자기가 일을 너무 많이 하고 있다는 이야기는 좀처럼 하기 힘든 것이었고, 특히 이곳 실리콘밸리에서는 더더욱 그랬다. 수많은 똑똑한 젊은이들이 카페인을 계속해서 들이부으며 몇 년 안에 억만장자가 되겠다는 꿈을 꾸면서 쉬지 않고 일하는 곳이 바로 실리콘밸리였으니 말이다.

6시간 전에 내 친구가 연락을 해왔다. 아르준과 상담을 해줄 수 있느냐는 것이었다. 그 친구는 아르준을 연결해주었고, 아르준과 나는 간단히 인사를 나누었다. 그로부터 2시간 후에 아르준의 전용기가 나를 태우러 왔고, 나는 샌프란시스코 인근에 있는 그의 사무실에 도착했다. 그때가 새벽 3시였다. 그 빌딩에는 아르준과 나 두 사람 외에는 아무도 없었는데, 아르준은 그 시각에도 전혀 흐트러짐 없는 모습으로 나를 맞아주었다.

나는 그가 왜 그렇게까지 급하게 나를 불렀는지 궁금했다. 전화 통화에서 그는 지금 긴급하게 도와주면 좋겠다는 말을 했고, 나는 그게 며칠 후에 만나자는 의미인 줄 알았다.

나는 이렇게 대화를 시작했다. "무슨 일이지요? 그냥 충분한 휴식을 취하라는 정도의 말을 듣기 위해 나를 비행기까지 태워서 부른 것은 아닐 테고요."

그는 웃으면서 의자에 등을 기댔다. "그렇죠, 그건 아닙니다. 물론 휴식이 필요하기도 하지만요."

"그렇지만 휴식을 취할 수는 없고요?"

"언젠가는 좀 쉴 겁니다."

언젠가는 휴식도 취하면서 자신의 몸을 돌볼 거라는 이야기, 종종 듣는 이야기였다. 이런 이야기를 하는 사람들은 항상 이렇게 말한다.

"지금은 해야 할 일이 많습니다. 사업 기반을 마련해야 하고, 업계에서 최고가 되어야 하거든요."

나는 아르준에게 말했다.

"쉴 수 없을 겁니다. 그래도 문제는 없습니다. 지쳐서 소진되는 일은 일어나지 않을 테니까요. 지난 15년 동안 그래왔듯이 아르준 씨는 앞으로도 미친 듯이 열심히 일할 겁니다. 그래도 지쳐서 일을 중단하지는 않을 겁니다. 다만 참담할 정도로 불행하다는 느낌을 갖게 될 겁니다. 어느 날 자신을 돌아보면 지금보다 더 부자가 되어 있고 더 많은 것을 성취해놓았을 테지만, 자신이 원하는 인생이 아니라는 생각이 문득 들 겁니다. 그렇다 하더라도 지쳐서 쓰러지지는 않습니다. 다만 별안간 나쁜 선택을 하게 되죠. 갑자기 하던 일을 그만두는 겁니다. 몸과 마음이 지쳐서 쓰러지는 게 아닙니다. 스스로 선택하는 거죠. 그리고 아르준 씨는 제가 무슨 이야기를 하는지 이미 알고 있을 것 같은데요."

"그렇습니다."

그러더니 그는 셔츠의 왼쪽 소매를 걷어 올리고는 왼팔에 있는 주삿바늘 자국을 가리켰다.

"걱정 마세요. 마약은 아닙니다. 마이어스 칵테일Myers cocktail이라고, 비타민 주사죠. 그런데 그렇게 도움이 되는 건 아니네요."

나는 아무런 반응도 보이지 않았다. 이미 많이 봐온 광경이었다. 성취욕이 큰 사람들은 열심히 일하다 몸이 지치면 다시 기력을 찾기 위해 다양한 응급책을 강구한다. 이때 대부분은 외부에서 먼저 해법을 찾으려 한다.

"그래서 어떤 도움을 원하는 건가요? 아르준 씨는 똑똑한 사람이니까 이미 답을 알고 있지 않나요? 시간도 부족한 것 같으니 단도직입적으로 물어보겠습니다. 새벽 3시에 제가 왜 여기에 와 있는 거죠?"

"저는 다시 좋은 기분을 가지고 일하고 싶습니다. 더 이상 롤러코

스터 같은 감정에 휘둘리고 싶지 않아요. 지친 상태로 일하고 싶지도 않고요. 분명히 지금과는 다른 방식으로 행복하게 일할 수 있는 방법이 있을 텐데요. 사람들은 그게 가능하다고 하는데, 저는 지난 40년 동안 그런 방법에 대해 생각해본 적이 없어요. 그래서 도움을 요청하고 싶습니다."

"제가 도움이 될 거라고 생각하시는 것이고요?"

그는 셔츠의 오른쪽 소매를 걷어 올리고는 오른쪽 팔목에 있는 가죽팔찌를 나에게 보여주었다. 그 팔찌에는 내가 자주 하는 말 하나가 새겨져 있었다. 그는 팔찌를 톡톡 건드리며 이렇게 말했다. "저에게 필요한 말씀을 하셨더라고요."

"그걸 어디서 구하셨습니까?"

"제 아내가 줬습니다. 조금 부끄럽지만, 말씀 드리겠습니다. 우리 부부는 문제가 좀 있었어요. 그러다 제 아내가 버처드 씨의 프로그램에 참가했고, 지금은 완전히 다른 사람이 되었습니다. 아내는 제게 필요한 문구라면서 항상 지니고 다니라고 하더군요. 우리 부부에게 필요한 문구라고도 했고요."

"아내분의 말씀이 옳다고 생각하십니까?"

그는 한숨을 내쉬고는 사무실 창 쪽을 바라봤다. 그리고 이렇게 말했다. "지금 같은 기분으로는 우리 부부, 그리고 여기서 일하는 사람들을 더 나은 곳으로 이끌지 못할 것 같습니다. 제가 기운을 잃어가고 있고, 회사 사람들도 그걸 아는 것 같아요. 저는 지금 행복하지 않은데, 이런 기분을 계속 끌고 가고 싶지는 않습니다."

그 팔찌에 새겨져 있던 문구는 이랬다.

"내 인생에 즐거움을 가져오자."

뛰어난 성과와 활력

활력은 고갈되지 않는 즐거움의 원천이다.

-윌리엄 블레이크William Blake

통상적인 것을 넘어서는 성과를 장기간에 걸쳐 계속해서 이뤄내는 데에는 막대한 에너지가 요구되며, 하이퍼포머가 되기 위해서는 계속해서 높은 수준의 심리적, 신체적, 정서적 활력을 유지해야 한다. 어떤 영역이든 이는 마찬가지다.

뛰어난 성과를 내기 위해서는 높은 수준의 열정과 체력과 동기의식을 가지고 있어야 하는데, 이런 것들을 이끌어 낼 수 있다면 세상은 우리의 것이 될 수 있다.

우리는 한 설문조사에서 사람들에게 다음과 같은 항목들에 대해 5점 척도로 '매우 그렇다'는 5점, '전혀 그렇지 않다'는 1점으로 답해줄 것을 요청했다.

- 나는 내가 해야 하는 일에 대해 온종일 집중하고 적극적으로 행할 수 있는 의지력을 가지고 있다.
- 나는 내가 해야 하는 일을 수행하는 데 필요한 충분한 체력을 가지고 있다.
- 일반적으로 나는 활기차고 긍정적인 기분을 유지하고 있다.

또한 다음 항목들에 대해서도 5점 척도로 '매우 그렇다'는 1점, '전혀 그렇지 않다'는 5점으로 답해줄 것을 주문했다. (이 두 설문 모두 사람들의 활력에 관한 조사였다.)

- 요즘 나는 일을 빠르게 처리하지 못하고 있으며, 일에 집중하기도 어렵다.
- 요즘 나는 자주 체력이 고갈된다.
- 요즘 나는 부정적인 기분을 느끼는 일이 잦다.

육체적 활력만이 아니라 심리적, 정서적 활력도 중요하다. 뛰어난 성과를 내기 위해서는 이 세 영역이 함께 작용해야 한다. 이 책에서 별다른 구분 없이 활력이나 에너지라고 언급할 때는 이 세 영역에서의 활력과 에너지를 의미한다.

우리는 하이퍼포머에 대한 연구를 통해 낮은 수준의 활력은 낮은 성과지수로 이어진다는 점을 알게 됐다. 우리가 알아낸 바를 좀 더 자세히 소개하면 다음과 같다.

활력이 낮을수록…
- 전반적인 행복도가 낮게 나타났다.
- 도전의식이 낮게 나타났다.
- 다른 사람들의 성취에 비해 자신의 성취 수준을 낮게 인식하는 것으로 나타났다.
- 자신감이 낮게 나타났다.
- 다른 사람들에 대한 영향력이 낮게 나타났다.
- 균형 잡힌 식사를 못하고 운동도 적게 하는 것으로 나타났다.

낮은 수준의 활력은 성과를 저해할 뿐 아니라 우리 삶의 거의 모든 영역에서 부정적인 영향을 끼친다. 행복감을 잘 못 느끼고, 좀처럼 도전하지 못하고, 자꾸만 다른 사람들에게 뒤처지고 있다는 인식을 갖게 되고, 자신감이 떨어지고, 균형 잡힌 식사를 하지 못하고 살이 찐다. 또한 다른 사람들로부터 신뢰를 얻지 못하고, 다른 사람들을 설득하지 못하고, 다른 사람들의 지지를 이끌어 내지 못한다.

반면에 활력이 높아지면 정반대의 일이 일어난다. 삶의 거의 모든 영역에서 긍정적인 영향을 끼치게 된다. 또한 높은 수준의 활력은 높은 수준의 학업 성취, 창의력, 결단력 등으로 이어진다. 다시 말해 높은 수준의 활력을 지니고 있는 사람은 더 많이 공부하고, 창의적인 아이디어를 더 많이 내고, 꿈을 향해 과감하게 나아가는 경향을 보인다. 오늘날 점점 더 많은 기업들이 직원들의 신체적, 심리적 건강에 관심을 보이는 것도 이런 이유에서다.

기업 구성원들의 활력을 조사해보면 보통 CEO와 임원들의 활력이 중간관리자, 실무자, 인턴들의 그것보다 훨씬 더 높게 나타난다. 전자의 사람들이 나이가 훨씬 더 많은데도 말이다. 한 조사에서는 기업 CEO와 임원들의 활력이 프로 운동선수들과 비슷한 것으로 나타나기도 했는데, 이는 기업의 CEO가 되기 위해서는 NFL의 쿼터백만큼이나 철저하게 건강관리를 해야 한다는 것을 의미한다.

육체적 활력, 심리적 활력, 정서적 활력이 더 많을수록 행복할 가능성이 더 커지고, 자신의 주된 관심 영역에서 성공할 가능성도 더 커진다. 이것이 이번 장에서 내가 말하고자 하는 주제다.

우리가 조사한 바에 의하면 결혼한 사람들이 미혼인 사람들보다 더 높은 활력을 지니는 것으로 나타났다.[1] 그뿐만 아니라 기혼자들의 수명은 미혼자보다 더 길다. 혹시라도 결혼은 힘들고, 지겹고, 우울한 것이라고 생각하는 사람이 있다면 그런 생각을 고수할 필요는 없다고 말해주고 싶다.

활력은 생산성과도 연결된다.[2] 똑같은 시간에 더 많은 일을 해내고자 한다면 새로운 장비를 구입하거나 사무실 배치를 바꾸는 것보다는 활력을 높이는 데 관심을 갖는 편이 더 낫다.

성과 코치로 일해오면서 직접 경험한 바를 보더라도 이와 같은 조사나 연구 결과는 사실에 부합한다. 활력을 이끌어내지 못해 경력이 중간에 멈추고, 결혼생활을 망치고, 상냥하던 사람이 괴물로 변하는 일은 종종 보는 일이다. 여러 계열사를 경영하던 CEO가 활력이 소진되어 일을 놓아버리고, 그로부터 몇 달 후에 전체 계열사들이 막대한 손실을 입게 되는 경우도 목격했다.

웰빙이란 총체적인 활력을 높여주는 생활방식을 의미하며, 최근에 이뤄진 의료 관련 연구들을 보면 거의 예외 없이 웰빙의 중요성을 확인해주고 있다. 그런데 우리는 웰빙의 삶을 제대로 살고 있는 것 같지 않다. 30퍼센트가 넘는 미국인들이 비만 상태인데, 비만으로 인해 미국에서 지출되는 의료비용은 연간 1,470억 달러가 넘는다고 한다.[3] 겨우 20퍼센트 정도의 미국인들만이 질병통제예방센터CDC에서 권고하는 최소한의 기준을 넘어서는 운동을 하고 있을 뿐이다.[4] 스트레스 관리의 경우 미국 성인의 42퍼센트는 제대로 하고 있지 않으며, 20퍼센트는 아예 하고 있지 않다는 조사 결과도 있다. 그런가 하면 미국 성인의 20퍼센트는 주위에 정서적으로 도움을 받을 수 있는 사람이 한 명도 없다.[5]

미국 직장인 세 명 가운데 한 명은 직장에서 지속적인 스트레스를 받고 있지만, 직장에서 직원들의 스트레스를 체계적으로 관리해주고 있다고 응답한 사람은 절반이 안 된다.[6] 하지만 직원의 행복도를 높여주기 위한 프로그램을 운용하는 기업의 경우 생산성이 더 높았고, 직원 의료비와 이직률은 더 낮았다. 게다가 이런 기업일수록 직원들이 더 올바른 판단을 내렸다.[7]

스트레스는 활력과 행복도를 떨어뜨리는 가장 근본적인 요인이다. 스트레스는 뇌 세포의 생성을 가로막고, 세로토닌과 도파민의 분비를 낮춰 좋은 기분을 가지기 어렵게 하고, 편도체를 자극하고 해마의 기능을 저해해 기억력을 떨어뜨린다.[8]

사실 활력과 행복이라는 주제는 너무나 방대해서 이 책에서 본격적으로 논의하기는 어렵다. 그래서 이 책에서는 활력과 성과 사이의 상관관계에 초점을 맞춰 이야기하려고 한다.

미리 말해두지만, 몇 가지의 습관만으로도 활력을 높이고 그에 따라 자신의 주된 관심 영역에서의 성과를 높일 수 있다. 다시 한 번 발전소를 생각해보라. 발전소는 처음에는 전력을 가지고 있지 않지만, 에너지 전환을 통해 전력을 만들어낸다. 행복도 마찬가지다. 처음에는 행복감이 별로 없더라도 생각의 전환을 통해 행복감을 만들어낼 수 있다. 심지어는 슬픈 생각마저도 다른 차원의 감정으로 전환할 수 있다.

기쁨, 의욕, 사랑, 열정과 같은 긍정적인 감정이 생기기를 수동적으로 기다릴 필요가 없다. 생각의 전환과 새로운 습관을 통해 얼마든지 자의적으로 만들어내는 것이 가능하기 때문이다.

다른 영역의 기술이나 능력처럼 긍정적인 감정을 만드는 법도 학습하고 개선할 수 있다. 이번 장에서는 하이퍼포머가 자신의 활력을 높여 긍정적인 효과를 만들어내는 데 활용하는 습관들을 소개할 것이다.

긴장감을 낮추고, 새로운 의지를 세워라

> 인간의 탁월함은 마음가짐에서 나온다.
>
> ―소크라테스Socrates

성과 코치로 오래 일해오면서 나는 계속해서 높은 수준의 활력을 유지하는 가장 쉽고, 빠르고, 효과적인 방법은 '전환'이 이루어질 때 '긴장감을 낮추고, 새로운 의지를 세우는 것'이라는 결론에 이르렀다.

하루를 살아가는 동안 사람들은 수차례 전환을 겪게 되는데, 이 과정에서 집중력과 의지력이 크게 흐트러지고, 엄청난 크기의 정서적, 심리적, 신체적 에너지도 잃는다.

그렇다면 '전환'이란 무엇일까? 매일 아침 잠자리에서 일어나 세면을 하러 가는 사이 우리는 수면에서 활동으로의 전환을 겪는다. 하루의 시작부터가 전환이다.

자녀를 학교에 내려주고 회사로 운전 방향을 바꾸는 것도 가족의 시간에서 운전 시간으로의 전환이다. 회사 주차장에 도착해 차에서 내려 사무실로 걸어갈 때도 운전 시간에서 업무 시간으로의 전환을 겪는다.

사무실에서 프레젠테이션 자료를 다 만든 후에 이메일을 확인할 때도 전환을 겪는다. 창의적인 업무에서 이메일 확인 업무로의 전환이 이뤄진다. 회의가 끝나고 자리로 돌아와 거래처에 전화할 때도, 업무를 마친 후 주차장으로 걸어갈 때도, 차를 몰고 피트니스센터에 갈 때도, 운동을 마치고 집으로 돌아가 엄마와 아빠의 역할을 하게 될 때도 전환을 겪는다.

이제 전환이 무엇인지 이해되는가? 전환이란 하나의 행동에서 다른 행동으로 옮겨가는 시간적 공간을 의미하는데, 바로 이 공간에서 에너지의 회복과 증폭이 이뤄질 수 있다. 따라서 전환의 시간은 매우 중요한 의미를 갖는다.

우리가 하루 동안 얼마나 많은 전환을 겪는지 생각해보고, 아래에 그 전환의 내용들을 기록해보자.

_____

_____

_____

_____

_____

_____

이제 다음 질문들에 답을 해보라.

- 하나의 행동에서 다음 행동으로 전환할 때 부정적인 감정을 가지고 간 적이 있는가?
- 하나의 행동에서 완전히 지쳐서 다음 행동으로 전환할 때 휴식을 취해야 한다는 생각을 가지면서도 휴식 없이 다음 행동에 들어간 적이 있는가?
- 존재의 의미와 삶에 대한 인식 없이 하루의 일과를 진행한 적이 있는가?

대부분은 이 세 가지 질문에 모두 "그렇다"라고 답한다. 하지만 하나의 행동에서 다음 행동으로 전환할 때 긴장감을 낮추고, 새로운 의지를 세운다면 활력을 크게 높일 수 있다. 이제부터는 전환이 이뤄질 때 다음 과정으로 진행해보라.

1. 1~2분 정도 눈을 감는다.
2. 마음속으로 '긴장감을 낮추자'는 말을 되뇐다. 이런 방식을 통해 앞의 행동을 하면서 쌓였던 긴장을 풀어낼 수 있다. 어깨, 목, 안면, 등허리, 다리, 머리, 가슴에 쌓여 있던 긴장을 풀어내라. 긴장이 쌓여 있는 각 부분을 하나씩 떠올리면서 긴장을 풀어내는 것도 좋은 방법이다. 이 과정을 길게 가져갈 필요는 없다. 1~2분이면 충분하다.
3. 어느 정도 긴장을 덜어냈다고 생각한다면(모든 긴장을 단번에 다 털어내려 할 필요는 없다) 이번에는 의지를 새롭게 세울 차례다. 계속 눈을 감은 채로 이번에 해야 하는 일의 목표는 무엇이고 어떤 기분으로 일을 하고 싶은지를 생각한다. 그리고 자기 자신에게 다음과 같은 질문을 한다. "이번 일을 할 때 어떤 기분을 가져야 할까? 스스로 만족할 만한 결과를 내기 위해서는 어떻게 해야 할까? 어떻게 해야 일의 과정을 즐길 수 있을까?" 물론 개별 상황에 맞게 질문의 구체적인 내용은 조금씩 바꿀 수 있다. 중요한 것은 이번에 하려는 일을 자신의 의식에 집어넣는 것이다.

물론 짧고 단순한 과정이다. 하지만 제대로만 한다면 이 과정을 실행하는 것만으로도 충분히 긴장감을 낮추고 일에 대한 집중력을 더 높일 수 있다. 매우 효과적인 습관이다.

지금 내가 하는 말에 쉽게 믿음이 가지 않을 수도 있다. 그렇다면 지금 바로 한번 시험해보라. 지금 읽고 있는 이 책을 내려놓고, 60초 동안 눈을 감고 심호흡을 하면서 긴장을 풀어낸다. 그런 다음 스스로에게 이렇게 물어보라. "이 책을 다시 읽을 때는 어떤 기분으로 읽어야 할까? 이 책의 내용을 더 많이 기억하기 위해서는 어떻게 해야 할까? 이 책을 즐기면서 읽기 위해서는 어떻게 해야 할까?" 이런 과정을 마치고 나면 책에 더 집중하게 될 것이다. 어쩌면 책의 내용을 더 많이 기억하기 위해 중요한 내용에 밑줄을 그어가며 읽게 될 수도 있고, 자신이 좋아하는 공간으로 가서 커피를 마시며 책을 읽게 될 수도 있다.

이제부터는 우리가 일상에서 겪는 전환에 대해 생각해보자. 업무 상대방이 보낸 이메일에 답신한 다음 프레젠테이션 자료를 만들어야 하는 상황이다. 그럼 이메일에 답신한 후에 조금 편안한 자세를 잡고 눈을 감는다. 그리고 1~2분 동안 마음속으로 '긴장감을 낮추자'는 말을 되뇐다. 긴장이 풀어지고 편안해진 기분이 들었다면 다음에는 프레젠테이션 자료를 만들면서 어떤 기분을 가지고 싶은지, 해당 업무를 통해 어떤 결과물을 만들어내고 싶은지를 생각해본다.

나 역시 각각의 전환 과정마다 긴장감을 낮추고, 새로운 의지를 세우는 습관을 가지고 있다. 누군가에게 전화를 걸기 전에, 팀원에게 보낼 이메일을 작성하기 전에, 강의용 동영상 촬영을 시작하기 전에, 친구와의 점심 약속 장소에 도착해 차에서 내리기 전에, 2만 명의 청중이 기다리는 강연장에 들어가기 전에 눈을 감고 긴장감을 낮추고, 새로운 의지를 세운다.

나는 이 습관이 내가 겪을 수도 있었던 많은 긴장과 실수를 예방해줬다고 믿는다. 오프라 윈프리와 인터뷰를 할 때도, 미국 대통령과 저녁식사를 할 때도, 내 아내에게 청혼을 할 때도 나는 이 습관 덕분에 긴장을 줄이고 실수를 하지 않을 수 있었다. 이 습관을 알게 해주신 신께 감사를 드릴 따름이다!

누구나 전환의 시간에 이렇게 할 수 있다. 잠깐 눈을 감고, 긴장을 풀어내고, 새로운 의지를 세워보라.

이 과정을 본격적으로 높은 수준에서 행할 수도 있는데, 이를 위해 우리는 20분짜리 RMT(Release Meditation Technique, 긴장해소를 위한 명상 기법)를 개발했다. 지금까지 전 세계 200만 명이 넘는 사람들이 RMT 과정을 거쳤으며, 이 중 많은 사람들이 RMT를 습관화한 후 자신의 삶이 달라졌다고 했다. 바르게 앉아 눈을 감고 심호흡을 하며 '긴장감을 낮추자'는 말을 되뇌면서 몸 안의 긴장을 풀어낸다. 명상 중에 잡념이 떠오르더라도 애써 그것을 밀어내려 할 필요는 없다. 잡념은 잡념대로 흐르게 놓아두고, '긴장감을 낮추자'는 말을 되뇌며 몸 안의 긴장을 풀어내는 일에 집중한다. 이 명상의 목표는 몸과 마음에 쌓인 긴장을 풀어내는 것이다. 명상을 할 때 배경음악을 틀어놓는 것이 도움이 될 수도 있는데, 유튜브에서 나의 이름 'Brendon Burchard'나 'Release Meditation Technique'으로 검색하면 명상에 도움이 되는 배경음악을 찾을 수 있다.

스트레스를 낮추기 위해 어떤 방법을 선택하든, 중요한 것은 그것을 습관화하는 것이다. 스트레스와 긴장감을 낮추고, 집중력과 자신감과 창의력과 행복감을 높이는 다양한 종류의 명상 기법들이 활용되고 있다.[9] 신경과학자들의 연구에 따르면 명상을 많이 할수록 주의와 인지를 담당하는 뇌 영역이 활성화되면서 집중력이 높아진다고 한다.[10] 명상의 긍정적인 효과는 명상을 하는 동안은 물론이고 그 후에도 계속해서 이어질 수 있다.[11] 두세 달 동안 명상을 함으로써 얻게 되는 긍정적인 효과가 3년 이상 이어진다는 연구결과도 있을 정도다.[12]

앞서 소개한 아르준은 테크놀로지 분야에서 주목받는 창업자다. 그는 자신에게 번아웃이 일어날까봐 걱정하고 있었고, 즐거움을 더 자주 느끼면서 삶을 살고 싶어 했다. 그를 만났던 날 우리의 대화는 새벽 4시 30분까지 이어졌는데, 나는 그날 그에게 지금 이 책에서 이야기하고 있는 것들을 알려주었다. 그로부터 이틀 후 나는 아르준에게서 다음과 같은 이메일을 받았다.

안녕하세요,

멀리까지 날아와주셨던 것에 대해 감사의 말씀을 드리고 싶습니다. 급하게 도움을 요청했는데도 대화에 응해주셨던 것에도요. 앞으로도 계속 도움을 받고 싶습니다. 벌써부터 버처드 씨가 제안해준 방법이 효과를 보고 있습니다. 오늘 퇴근길에 버처드 씨가 알려준 전환 명상을 해봤습니다. 집에 도착했을 때 차에서 내리기 전에 명상을 하고 집으로 들어갔죠. 저는 차 안에서 눈을 감고 '긴장감을 낮추자'는 말을 되뇌었습니다. 거의 5분 동안 했던 것 같습니다. 명상을 하면서 스스로에게 다음과 같이 질문했죠. "어떻게 해야 회사에서의 일을 잊고 집으로 들어갈 수 있을까? 세상에서 제일 좋은 남편이라면 퇴근을 하면서 아내에게 뭐라고 인사를 건넬까? 아빠와의 시간을 소중하게 생각하는 딸과 함께 오늘은 어떻게 시간을 보낼까? 가족들에게 가장 좋은 모습을 보이려면 어떻게 행동해야 할까?" 이 외에도 몇 가지 질문들을 더 떠올렸죠. 저는 집으로 들어가서는 아내에게 사랑을 표현해주고 좋은 기분을 전해야겠다는 의지를 세웠습니다. 저는 거액의 복권에라도 당첨되어 완전히 새로운 사람이 되었다는 기분으로 집에 들어갔습니다. 그런데 가족들이 당황해할 수도 있다는 말은 왜 안 해주셨습니까? 제 아내는 처음에는 제가 미쳤다고 생각하는 것 같았습니다. 하지만 곧바로 저의 변한 모습을 받아들여주더군요. 제 딸도 마찬가지였고요. 우리는 정말로 멋진 저녁 시간을 보냈습니다. 오늘의 저녁을 어떻게 표현해야 할지 모르겠습니다만, 버처드 씨 덕분에 저는 가족을 되찾았습니다. 아내와 딸은 이제 잠자리에 들었습니다. 그리고 저는 너무나 기분이 좋아져서 이렇게 곧바로 이메일을 드립니다. 아주 오랜만에 살아 있다는 기분을 다시 느끼게 됐습니다. 제 아내는 버처드 씨가 제안하는 방법을 통해 변화한 사람이 많다고 했는데, 저도 그 사람들의 대열에 들게 됐네요. 다시 한 번 감사드립니다.

하이 퍼포먼스 프롬프트

1. 요즘 나에게 긴장감을 가장 많이 불러일으키는 것은…

2. 그러한 긴장감을 풀어내기 위해 내가 활용하고 있는 방법은…

3. 내가 더 큰 활력을 갖게 된다면 할 수 있을 것 같은 것은…

4. 전환 명상을 통해 활력을 높이게 된다면 그다음 일을 할 때 생길 것 같은 기분은…

내 삶에 즐거움을 가져오라

> 대부분의 사람은 자기가 행복해지겠다고 생각하는 만큼 행복해진다.
>
> -에이브러햄 링컨 Abraham Lincoln

뛰어난 성과를 이루는 데 있어 즐거움은 큰 역할을 한다. 하이퍼포 머 3만 명 이상을 대상으로 그들이 뛰어난 성과를 내고 있을 때 어떤 느낌을 가졌는지를 설문했을 때 가장 많이 나온 응답은 몰입감, 즐거 움, 자신감이었다.

자신의 삶에서 더 많은 활력을 이끌어내고 그 활력을 기반으로 더 나은 삶을 추구하고자 한다면 자신의 삶에 더 많은 즐거움을 가져오 려고 해야 한다. 즐거움은 일의 성과를 높일 뿐만 아니라 우리 삶 전 반에 걸쳐 긍정적인 효과를 만들어낸다. 나는 인간이 가질 수 있는 가 장 중요한 감정은 사랑이라고 믿는다. 그런데 사랑이라는 감정에 즐 거움이나 기쁨이 수반되지 않는다면 그 의미는 크게 퇴색될 것이다.

일반적으로 긍정적인 감정은 앞으로 더 좋은 삶이 전개될 것이라 는 가장 분명한 징후 가운데 하나다. 긍정적인 감정은 높은 수준의 활 력과 성과로 이어지기 때문이다. 긍정적인 감정으로 삶을 대하는 사 람일수록 더 만족스러운 결혼생활을 유지하고, 더 높은 수준의 소득 을 올리고, 신체적으로 더 건강한 것으로 나타났다.[13] 긍정적인 감정 을 지닌 학생이 더 좋은 성적을 냈고,[14] 긍정적인 감정을 지닌 리더들 이 더 정확한 의사결정을 하고 올바른 리더십을 발휘했으며,[15] 긍정적 인 감정을 지닌 의사들의 오진률이 더 낮았고,[16] 긍정적인 감정을 지 닌 사람들이 타인에게 더 우호적이고 타인을 더 잘 도왔다.[17] 심지어 상처를 입었을 때도 긍정적인 감정을 지니면 새로운 세포가 더 빠르게 생성되고, 부정적인 감정을 지니면 상처가 덧날 가능성이 크다.[18]

또한 성과지수가 높은 사람일수록 자신의 삶에서 더 큰 즐거움을 느끼고 더 긍정적인 감정을 지녔으며, 부정적인 기분이나 감정은 더 적게 느끼는 것으로 나타났다.

인터뷰를 해보더라도 하이퍼포머는 자신의 기술이나 경력, 그리고 인간관계에 대해 이야기할 때 보통 사람들보다 더 큰 즐거움을 나타내 보였다. 물론 힘들게 일해야 했던 것에 대해 항상 기쁘게 생각하는 것은 아니지만, 그들은 자신에게 주어진 능력과 기회에 항상 감사하고 긍정적인 감정을 가지고 있었다. 하이퍼포머가 항상 활력을 가질 수 있는 것은 즐거운 기분으로 일을 하기 때문이다. 즐거운 기분은 우리의 몸과 마음과 정서에 활력을 만들어주는 가장 큰 원동력이다.

그런데 좀처럼 긍정적인 감정을 가질 수 없을 때는 어떻게 해야 할까? 인생이 즐겁지 않을 때는 어떻게 해야 할까? 주위 사람들 대부분이 부정적인 기분을 가지고 있는 경우에는 어떻게 해야 할까?

이럴 때는 상황을 변화시키는 것 외에는 달리 뾰족한 방법이 없다. 긍정적인 기분은 뛰어난 성과의 필수적인 전제조건이다. 지난 장에서 이야기했듯이 자신의 기분은 스스로 선택할 수 있으며(자신이 느끼는 감정을 어떻게 해석하느냐에 따라 얼마든지 다른 기분을 가질 수 있다), 여기에 능숙해진다면 부정적인 감정을 곧바로 긍정적인 기분으로 바꿀 수 있다. 누구라도 자신의 기분을 선택할 수 있다. 그리고 이것은 우리 인간이 가지고 있는 가장 중요한 재능 가운데 하나다.

그렇다고 해서 하이퍼포머가 항상 행복해하고 자신의 기분을 완벽하게 통제한다는 말은 아니다. 하이퍼포머도 여느 사람들처럼 부정적인 감정을 경험한다. 다만 그들은 부정적인 감정을 긍정적인 기분으로 바꿀 줄 알고, 더욱 중요하게는 긍정적인 감정을 경험하도록 사고와 행동을 의식적으로 이끌어나간다. 뛰어난 운동선수는 시합에 몰입하는 자신만의 방법을 가지고 있는데, 이와 마찬가지로 하이퍼포머는 즐거운 기분을 갖는 자기만의 방법을 가지고 있다.

나는 높은 성과지수를 나타내 보인 사람들을 무작위로 선발해 그들이 어떤 식으로 긍정적인 감정과 기분을 만들어내는지를 조사했다. 무엇이 그들의 삶에 즐거움을 가져다주는가? 즐거움의 상태를 계속해서 유지하기 위한 그들만의 습관은 무엇인가? 우리는 그들에게서 다음과 같은 경향을 발견했다.

1. 성과지수가 높은 사람들은 중요한 상황을 앞두고 (그리고 일상에 있어서도) 자신이 어떤 기분을 가져야 하는지를 미리 생각해둔다. 자신이 가지고 싶은 기분은 무엇인지, 그러한 기분을 갖기 위해서는 어떻게 해야 하는지를 생각하고, 그런 기분을 갖기 위해 상상력을 동원한다(이 내용은 'HABIT 1'의 두 번째 실행 습관 '자신의 기분을 스스로 결정하라'와 맥을 같이한다).

2. 성과지수가 높은 사람들은 자신의 행동으로 인한 긍정적인 결과를 기대한다. 그들은 낙관적인 성향을 가지고 있으며, 자신의 행동이 적절한 보상으로 이어질 거라고 믿는다.

3. 성과지수가 높은 사람들은 문제 상황의 발생과 그에 대한 대응까지도 미리 생각해둔다. 그들은 긍정적인 결과를 기대하지만, 부정적인 결과의 발생 가능성을 부인하지 않는다. 그들은 어려움에 대해서도 항상 준비한다.

4. 성과지수가 높은 사람들은 자신의 삶에 고마움, 놀라움, 경이로움, 도전 등을 불어넣으려고 한다.

5. 성과지수가 높은 사람들은 사회적 관계에서 긍정적인 감정과 경험을 추구한다. 이런 모습에 대해 '의식적으로 선의를 확산시키는 사람들'이라고 설명한 사람도 있다.

6. 성과지수가 높은 사람들은 자신이 감사할 만한 모든 것을 염두에 두고 살아간다.

우리가 이 여섯 가지 항목들을 꾸준히 실천한다면 분명히 우리의 삶에서 즐거운 기분을 만들어낼 수 있다. 나 역시 이 항목들을 꾸준히 실천하고 있으며, 그 덕분에 즐거운 기분을 가지고 살아가고 있다.

내가 겪었던 삶의 위기

2011년에 나는 친구들과 함께 사막여행을 갔다. 여행 중에 바닷가에서 ATV를 타게 되었는데, 약 시속 65킬로미터로 달리던 중에 내 ATV가 전복되면서 손목이 부러지고 갈비뼈에 금이 가는 큰 부상을 당했다. 나중에 미국으로 돌아와 정밀검사를 받은 후에는 뇌진탕 진단까지 받았다(이 사고에 대한 자세한 이야기가 알고 싶다면 나의 책《충전The Charge》도입부를 참고하기 바란다). 그 사고 직후 나는 인생에서 무척이나 힘든 시기를 겪었다. 사고로 인한 트라우마 때문에 좀처럼 일에 집중할 수가 없었고, 감정도 통제하기 어려웠다. 논리적으로 생각하는 능력도 크게 떨어졌고, 기억력이나 신체 능력도 많이 나빠졌다. 사고 이후 몇 주 동안이나 기분 내키는 대로 살면서 일상적으로 겪게 되는 좌절감도 제대로 관리하지 못했다. 솔직히 다친 몸을 치료 하는 게 가장 우선이라고 생각해서 감정이나 기분을 다스리는 일에는 거의 관심을 갖지 않았다. 팀원들에게 쉽게 화를 냈고, 아내와도 잘 지내지 못했고, 미래에 대해 생각하지도 않았다. 나는 무력감을 느끼고 있었다.

그러던 어느 날, 일을 하던 중에 문득 내가 요즘 항상 하던 아침 습관을 하고 있지 않다는 사실, 그리고 긍정적인 감정과 경험을 갖는 일에도 관심을 갖고 있지 않다는 사실을 자각하게 되었다. 계속해서 그러한 상황을 방치한다면 사고 트라우마가 내 생각을 지배하게 되고, 결국 나는 부정적인 사고방식에 매몰된 수동적인 사람이 될 거라는 생각이 들었다. 나는 성과지수가 높은 사람들의 여섯 가지 경향을 토대로 새로운 아침 습관을 시작하기로 했다.

나는 매일 아침 샤워를 하면서 다음 세 가지 질문을 하기로 했다. 긍정적인 하루를 보내기 위한 마음의 준비운동인 셈이었다.

- 오늘 나는 무엇으로부터 큰 기쁨을 얻을 수 있을까?
- 오늘은 누가 나에게 딴죽을 걸고 무엇이 나에게 스트레스를 주게 될까? 그리고 정말로 그러한 일이 일어난다면 어떻게 해야 내가 추구하는 나의 자아상에 걸맞은 긍정적인 방식으로 대응할 수 있을까?
- 오늘은 누구에게 고맙다고 말하고, 선물을 주고, 칭찬을 해줄까?

하이퍼포머는 실제로 일어나는 일만이 아니라 좋은 일에 대한 상상을 통해서도 즐거움을 얻는다고 말한다. 내가 위의 첫 번째 질문을 선택한 이유도 이 때문이다. 실제로 신경과학자들이 알아낸 바에 의하면 우리 인간은 상상을 통해서도 도파민과 같은 '행복 호르몬'을 생성해낼 수 있다.[19]

물론 큰 기쁨을 얻을 수 있는 일이 예정되어 있지 않은 날도 있다. 그런 날에는 스스로에게 이렇게 물어본다. "큰 기쁨을 얻을 수 있는 일을 내가 만들어낼 수는 없을까?"

하이퍼포머는 발생 가능한 스트레스 상황과 그에 대한 대응까지도 미리 생각해두는 경향을 보인다. 내가 두 번째 질문을 선택한 이유다. 나는 두 번째 질문을 할 때는 큰 소리로 질문을 하고 대답 역시 큰 소리로 한다. 샤워를 하면서 이렇게 말하는 것이다. "이봐, 브렌든, 오늘은 무엇이 너에게 스트레스를 줄 것 같아? 네가 추구하는 자아상을 고려한다면 그 일에 대해 어떻게 대응해야 하지?" 혹은 이렇게 말한다. "이봐, 브렌든, X라는 일이 일어나면 Y에 대해 생각을 해봐. 그런 다음에 Z라는 행동을 하는 거야." 나는 스트레스 상황을 대하는 내 모습과 그때의 내 기분도 상상해본다. "회의에 참석하고 있는데, 논쟁이 격화되고 있어. 너 역시 다소 흥분하여 심장박동이 빨라지고, 부정적인 감정에 휩쓸리게 되겠지. 그럴 때는 심호흡을 하고 회의의 본질에 집중하는 거야. 회의 참석자들의 의견을 묻고 합의를 이끌어내는 데 기여하는 것이 네가 해야 할 일이야."

샤워실에서 매일 아침 스트레스 상황을 상상하고, 스스로에게 큰 소리로 말하는 모습은 확실히 별나 보일 것이다. 하지만 자신을 상대로 큰 소리로 말하는 것은 속으로 혼잣말을 하는 것보다 해답을 찾아내는 데 훨씬 더 효과적인 방법이 될 수 있다.[20] 그전과는 다른 관점에서 생각할 수 있게 도와주기 때문이다. 나는 이를 '셀프 코칭'이라고 부르며, 하이퍼포머가 이 방법을 사용한다.

이 방식은 심리학자들이 '인지적 탈융합'이라고 부르는 과정과 비슷하다. 자신이 겪고 있는 감정이나 상황을 자신으로부터 분리해내는 과정을 인지적 탈융합이라고 부르는데, 가령 자신이 겪고 있는 심각한 불안감에 대해 '골치덩어리 데이브'라는 이름을 붙이고 그 불안감을 자신의 내면이 아닌 외부에 있는 나쁜 객체로 보려는 시도가 인지적 탈융합의 한 방식이다. 이렇게 하면 우리는 나쁜 감정이나 상황을 우리 자신과 분리시킬 수 있고, 그때부터는 나쁜 감정이나 상황을 객관적으로 파악하고 좀 더 능동적으로 대응할 수 있다.

내가 세 번째 질문을 선택한 이유는 내 행동을 통해 긍정적인 일이 일어나기를 바랐기 때문이다. 고마움을 표하거나 칭찬할 만한 다른 사람의 행동에 대해 생각하는 것은 즐거움을 주고, 고마움을 표하거나 칭찬하는 행위 자체도 즐거운 일이다. 그리고 다른 사람들의 긍정적인 행동에 대해 생각하는 것은 내 삶에 고마움, 놀라움, 경이로움, 도전 등을 불어넣는 데에도 도움이 된다.

매일 아침 나 자신에게 이 세 가지 질문을 함으로써 나는 기대감과 도전의식을 지니고 감사하는 마음으로 하루를 시작할 수 있게 됐다. 그리고 이런 긍정적인 감정과 기분은 행복감과 건강으로 이어지게 된다. 긍정적인 감정과 기분은 코르티솔 수치를 낮추고, 그에 따라 스트레스가 줄고, 결국은 신체적으로 더 건강해지기 때문이다.[21]

긍정적인 심리 상태를 만들어내는 장치

하이퍼포머들은 인터뷰에서 자신은 생각을 통제할 수 있으며, 긍정적인 심리 상태로 스스로를 이끌 수 있다고 했다. 여기에 예외는 없었다. 그들은 즐거움이 찾아오기를 기다리는 게 아니라 즐거움을 자신에게로 가져온다.

뇌진탕을 일으켰던 사고 이후 우울한 시기를 극복하는 과정에서 나는 일상에 긍정적인 심리 상태를 만들어내기 위한 여러 장치들을 설치했다. 내가 활용했던 장치들을 소개하면 다음과 같다.

1. '휴대전화 알람'이다. 나는 하루 세 번 적당한 간격을 두고 '인생에 즐거움을 가져오자!'는 문구가 휴대전화 화면에 뜨도록 알람을 설정했다. 회의 중에든, 누군가와 통화할 때든, 이메일을 작성 중일 때든 언제라도 내 휴대전화에는 진동과 함께 '인생에 즐거움을 가져오자!'는 문구가 뜬다. 휴대전화 진동이 울리면 누구라도 자신의 화면을 들여다보게 마련이다. 사고 이후의 우울한 시기에 다소 부정적인 감정으로 일을 하다가도 알람이 울리고 '인생에 즐거움을 가져오자!'는 문구가 뜨면 마음을 다잡을 수 있었다. 그렇게 몇 년 동안 습관을 들이자 이제는 내 일상에 즐거움을 가져오자는 사고방식은 무의식의 영역에서도 작동하는 수준이 되었다.

2. '문틀의 다짐'이다. 나는 어느 공간으로 들어가기 위해 문틀을 넘어설 때마다 '나는 이 장소에서 반드시 선의를 발견할 것이다. 그리고 나는 이 장소에서 행복한 사람으로서 행동할 것이다'라는 다짐을 하기로 했다. 이 다짐을 통해 나는 어떤 장소에 들어가게 되면 그곳에 있는 사람들에게서 선의를 찾으려 했고, 다른 사람들에게 도움이 되려고 했다. 그럼으로써 해당 장소에서 내가 해야 할 일을 더욱 적극적으로 하게 됐다.

3. '대기줄에서의 물음'이다. 무언가를 구입하기 위해 줄을 서게 되는

경우 나는 스스로에게 이렇게 묻기로 했다. "1부터 10까지의 척도로 평가했을 때 나는 지금 얼마나 현재에 충실하고 즐거움을 느끼고 있는가?" 이는 내가 바라는 기분으로 내가 바라는 수준의 삶을 살고 있는지를 수시로 평가하기 위함인데, 5점 이하의 점수가 나오는 경우에는 나 자신에게 이렇게 말해준다. "이봐, 지금과 같은 삶 자체가 행운이야. 더 즐거운 기분으로 삶을 즐겨보라고!" 부정적인 기분이 들 때는 자신의 현재 삶이 얼마나 괜찮은 것인지를 스스로에게 확인시켜줌으로써 긍정적인 기분을 만들어낼 수 있다.

4. '포옹'이다. 나는 처음 만나는 사람에게는 가급적이면 포옹을 하면서 인사하기로 결심했다. 사실 나는 포옹 인사를 좋아하는 사람은 아니었지만, 사람과 사람이 서로 신체적으로 접촉할수록 행복감이 높아진다는 연구 결과들을 보게 되면서 포옹 인사를 하기로 결심했다.[22]

5. '감사하는 마음'이다. 내 주위에서 무언가 좋은 일이 일어나면 나는 감사하는 마음을 갖기로 결심했다. 하이퍼포머 중에는 자신이 축복받았다고 생각하는 이들이 많다. 종교활동을 하면서 신의 축복을 느끼고 기쁨을 가지기도 하고, 멋진 풍경을 바라보며 초월적 존재에 대한 경외감을 느끼기도 하고, 신께서 자신에게 훌륭한 재능과 기회를 주셨기 때문에 자신은 항상 감사하는 마음으로 세상에 베풀면서 살아야 한다고 생각하기도 한다. 학자들 중에는 자신의 삶이나 인간관계에서 축복의 요소들을 발견하는 능력도 인간 지능의 한 가지 유형이라고 주장하는 이들이 있다. 이를 '영적 지능'이라고 부른다.[23] 나는 거래가 잘 성사되었다는 소식을 듣거나, 함께 일하는 누군가가 자기 가족에 관한 좋은 소식을 전해오거나,

그 밖에 긍정적인 일이 일어났다는 이야기를 듣게 되면 "그거 정말 감사할 일이네요!"라고 말하기 시작했다.

6. '스트레스의 무력화'다. 심한 부상을 당한 이후 나는 항상 무언가에 쫓기는 기분으로 일했고, 그로 인해 스트레스가 상당했다. 하지만 우울한 시기를 극복하기로 결심한 후에는 더 이상 스트레스를 느끼지 말아야겠다고 생각했다. 스트레스란 자기 자신이 만들어내는 것이라고 생각했고, 그렇다면 스스로 스트레스의 생산을 중단하기로 결심했다. 주위 상황이 아무리 혼란스러워도 자신이 선택하기에 따라 얼마든지 내면의 평온함과 즐거움을 느낄 수 있다는 게 평소 내 생각이었다. 나는 주위의 복잡한 상황 때문에 스트레스를 받는 것 같다는 느낌이 들면 곧바로 자리에서 일어나 심호흡을 열 번 하고 스스로에게 이렇게 질문했다. "내가 지금 생각할 수 있는 긍정적인 것은 무엇인가? 내가 지금 해야 할 일은 무엇인가?" 스트레스를 무력화하는 습관을 가진 이후에는 무언가에 쫓기는 듯한 기분과 그로 인한 스트레스가 사라졌다.

긍정적인 심리 상태를 만들어내기 위한 이런 장치들을 보완하기 위해 나는 매일 저녁 일기를 쓰기 시작했다. 일기에는 그날 내 기분을 좋게 만들었던 세 가지를 적었고, 일기를 쓴 다음에는 눈을 감고 좋았던 기분을 다시 한 번 느껴보는 시간도 가졌다. 그날 있었던 좋았던 상황을 다시 느껴보는 과정에서 더 큰 즐거움을 느끼는 경우도 있었다. 더 크게 웃고, 더 크게 감동하고, 더 크게 울었다. 그리고 경이로움, 만족감, 고마움, 삶의 의미 등을 더 깊이 느끼기도 했다.

일요일 저녁에는 한 주 동안 기록한 일기를 다시 읽어보고, 좋았던 기분을 또 한 번 느껴보는 시간을 가졌다. 그런 다음 5분 동안 눈을 감고 명상을 하면 내가 감사해야 할 일들이 머리에 떠오르면서 지난 한 주 동안 꽤 잘 지냈다는 생각을 갖게 된다.

감사하는 마음은 모든 긍정적인 감정의 아버지이자, 긍정적인 심리 작용의 원천이다. 행복한 삶을 사는 데 있어 감사하는 마음을 갖는 것보다 더 좋은 방법은 아마도 없을 것이다.[24]

감사하는 마음으로 삶의 의미를 바라본다면
우리의 삶은 황금처럼 빛날 것이다.

이런 장치와 습관은 내 삶에 즐거움을 가져다주었고, 심한 부상 이후의 시기를 극복하는 과정에 큰 도움이 되었다. 나는 신체적, 정신적 건강을 상실하고 회복하는 과정을 거친 후부터는 내게 코칭을 의뢰하는 사람들에게 이 방식을 권유하고 있고, 그들 가운데 많은 이들이 효과를 봤다고 했다. 나는 좀처럼 긍정적인 기분을 갖지 못하고 있던 아르준에게도 이 방식을 권했다. 그는 분명히 열심히 사는 사람이었으나, 그 결과가 부정적인 감정에 휩싸인 삶이었다. 자신의 삶에서 기쁨을 느끼고자 한다면 자기 삶에 적극적으로 즐거움을 가져와야 한다.

아르준은 내 제안을 받아들여 자신의 삶에 즐거움을 가져다줄 수 있는 몇 가지 장치들을 설치했고, 그 이후 그의 삶은 완전히 달라졌다. 그는 특히 두 가지 장치를 좋아했다. 하나는 '스트레스의 무력화'였다. 그는 스트레스를 느끼는 상황에 처하면 자리에서 일어나 심호흡을 열 번 하고 스스로에게 이렇게 물었다. "내가 지금 생각할 수 있는 긍정적인 것은 무엇인가?" 그리고 다른 하나는 '아내가 이름을 불러줄 때의 다짐'이었다. 그는 아내가 자신의 이름을 부를 때마다 이렇게 다짐했다고 한다. '내가 이 행성에 와 있는 것은 이 사람을 위해서야. 아내의 삶에 즐거움을 가져다주자.'

함께 지내는 사람을 위해 긍정적인 기분을 가지려 하는 아르준의 태도는 정말 본받을 만하다. 삶에서 유발되는 스트레스와 그로 인한 부정적인 기분의 발산을 방치할 때 함께 지내는 주위 사람에게 어떤 영향을 미치게 될지 생각해보라. 나 자신만이 아니라 함께 지내는 사람들을 위해서라도 내 삶에 즐거움을 가져와야 한다. 내게서 생겨나는 부정적인 기분은 주위 사람들에게 해를 끼칠 수 있기 때문이다.

하이퍼포머들은 자신이 가지고 싶은 기분을 가지려 노력한다. 하루를 살아가는 중에도, 하루를 돌아보면서도 즐거움을 느끼려 한다. 즐거움은 선택의 문제다. 하이퍼포머는 자신의 의지와 행동으로 즐거움을 가져온다. 즐거움은 나 자신에게도 활력을 만들어주지만, 주위 다른 사람들에게도 긍정적인 영향을 끼친다. 즐거움이 만들어내는 활력으로 세상에 나아간다면 분명히 그전보다 더 나은 성과를 만들어낼 수 있다.

하이 퍼포먼스 프롬프트

1. 하루를 긍정적인 기분으로 살아가기 위해 매일 아침 내가 나 자신에게 할 수 있는 질문 세 가지는…

2. 즐거운 기분을 만들어내기 위해 내가 설치한 장치들은(휴대전화 알람, 문틀의 다짐, 대기줄에서의 물음 등등)…

실행 3 · 운동으로 활력을 만들어라

당신이 평균 체격의 성인이라면 당신의 몸은 7×10^{18}줄$_{joule}$의
잠재 에너지를 담고 있을 것이다. 만약 당신이 그 잠재력을
발산시킬 수 있는 방법을 알고 그렇게 할 의지가 있다면
당신은 대형 수소폭탄 서른 개의 폭발력을 만들어낼 수 있다.

-빌 브라이슨$_{Bill\ Bryson}$

　이번 장을 집필하기에 앞서 나는 서재 책상에서 일어나 주방으로
가 물을 한 컵 마셨다. 그런 다음 1층으로 내려가 실내용 자전거를 전
속력으로 3분 동안 탔다. 그다음 2분 동안은 빈야사 요가를 했다. 그
러고 나서 책상으로 다시 돌아왔다. 의자에 앉아서는 눈을 감은 채 긴
장감을 낮추고 새로이 시작하려는 일에 대한 의지를 세우는 습관을
실행했다. 다른 사람들 앞에서 강연을 할 때도 나는 강연장에 들어가
기에 앞서 내 몸에 활력을 불어넣고, 긴장감을 낮추고, 의지를 세우는
과정을 거친다. 내가 알고 있는 하이퍼포머 중에는 어떤 일을 하기에
앞서 언제나 신체 운동으로 활력을 높이고 심호흡으로 마음을 가다듬
는 과정을 먼저 거치는 이들이 있었다. 그들은 남들보다 더 건강한 식
습관을 가지고 있고 더 많은 운동을 했는데, 그들을 보면서 나도 그들
과 같은 습관을 가지기로 마음먹었다.

젊었을 때의 나는 그런 모습과는 사뭇 달랐다. 20대 후반까지만 하더라도 내 건강 상태는 매우 엉망이었다. 컨설턴트로서 하루에 12~16시간 동안 업무를 해야 했는데, 그 업무라는 게 거의 다 컴퓨터 앞에 앉아 자료를 만드는 일이었다. 그렇게 오래 앉아서 일하다 보니 허리가 나빠졌고, 허리가 아프다 보니 운동을 기피하게 됐다. 컨설턴트로서 일하던 시절의 내 생활은 건강과는 거리가 멀었다. 잠도 제대로 못 잤고, 식사는 아무렇게나 대충 때웠고, 운동은 거의 하지 않았다. 그렇게 생활도 엉망이 됐고, 덩달아 업무 성과도 나빠졌다. 하지만 그것을 제대로 돌려놓는 것은 무척이나 힘들었다. 나는 그저 변명만 늘어놓고 있을 뿐이었다.

사람들이 건강을 잃는 것은 건강하게 사는 법을 모르기 때문이 아니다. 우리 모두 건강하게 사는 법을 잘 알고 있다. 운동을 하고, 좋은 음식을 잘 먹고, 하루 7~8시간의 수면을 하면 건강하게 살 수 있다. 상식이지 않은가?

하지만 대부분의 사람은 이 상식을 실행으로 옮기지 못한다. 그리고 여기에는 그럴듯한 이유도 있다. '선천적으로 체력이 약하다', '업계 특성상 운동시간을 내기가 어렵다', '우리 회사의 조직문화 때문이다', '집안일 때문에 시간을 낼 수가 없다' 같은 이유를 생각해보라.

나 역시 그랬다. 다음과 같은 그럴듯한 이유를 대면서 건강 챙기기를 뒤로 미루고 있었다.

"우리 업계 사람들은 다들 이렇게 열심히 일하는 걸. 나도 이 업계에서 일을 하려면 다른 것들은 포기해야 해."

나는 건강 챙기는 일을 포기했다. 그런데 내가 여기서 말하는 '우리

업계 사람들'이란 우리팀 선배 다섯 명을 말한다. 그들은 건강관리와
가족과의 시간 모두를 포기한 채 오직 일만 했다. 하지만 팀 밖의 다
른 사람들을 보니 그들은 건강관리를 하고 있었다. 시간을 내 운동도
하고 삶도 즐기면서 뛰어난 성과까지 내는 사람들이 많았다.

"지금까지 하루 5시간씩 자면서도 잘해왔으니 더 이상 잠자는 시
간을 늘릴 필요는 없을 거야."

나는 충분한 수면의 필요성을 제대로 알지 못한 채 이렇게 생각하
고 있었다. 잠을 줄여서까지 일을 한다고 해서 더 성공하는 것은 아니
다. 별 유익이 되지 못한다. 하지만 나는 젊었고, 어리석었다. 잠을 줄
여가며 일하는 게 좋을 거라고 믿었던 것이다. 그렇지만 수면에 관해
쏟아지는 연구 결과들을 끝까지 부인할 수는 없었다. 충분한 수면(성
인의 경우 하루 7~8시간)을 취해야 인지능력이 높아지고, 스트레스가
줄어들고, 삶에 대한 만족도가 높아지고, 건강해지고, 생산성과 업무
성과가 높아지고, 타인과의 갈등이 줄어든다는 것이다. 반면에 충분
한 수면을 취하지 못하면 정신적으로 문제가 생길 수 있고, 지방이 증
가하고, 심장질환이나 뇌졸중의 위험이 증가한다. 부족한 수면은 이
밖에도 수많은 문제를 불러온다.[25]

"지금은 너무 바쁘니까, 이번 프로젝트가 끝나는 90일 뒤에나 건강
과 행복을 챙겨야겠어."

이렇게 말하는 사람들은 평생 동안 같은 말을 하게 된다. 그 90일
후에는 다시 90일 후에나 시간 여유가 생길 것이고, 이러한 상황은
계속해서 이어진다. 내가 바로 그랬다. 그런데 일하는 방식 역시 습관

의 일부이고, 바쁘게 일할수록 계속해서 바쁠 뿐이다. 바쁜 중에도 건강 챙기는 시간을 내지 않는다면 평생 건강을 챙기지 못하게 될 수 있다.

"나는 원래부터 건강과는 거리가 멀게끔 태어났어."

나는 태어났을 때부터 허리가 좋지 않았던 데다가, 열아홉 살 때는 거의 죽음에 이르렀던 심각한 교통사고까지 겪었다. 그래서 생물학적으로, 혹은 유전적으로 건강과는 거리가 있다고 생각했다. 하지만 그건 잘못된 생각이었다. 물론 가족병력이라는 것도 있고, 유전적 요인에 의해 질병을 앓는 사람들도 있다. 본인의 노력 여부와 상관없이 유전적 요인에 의해 암, 심혈관질환, 당뇨병, 자가면역질환, 정신질환 등의 질병을 앓게 되는 경우도 분명히 있다. 하지만 대부분의 경우는 노력을 통해 건강 상태를 크게 개선하는 게 가능하다. 심지어 습관이나 환경적 요인에 의해 유전적 질환이 억제되기도 한다.[26] 어쨌든 나쁜 건강 상태의 주요 요인 가운데 하나는 운동 부족이라는 것이 수많은 연구들이 공통적으로 지적하는 바다.

"'그것'을 할 수 있는 시간은 없어."

여기서 말하는 '그것'은 운동, 건강한 식사, 명상 같은 것들을 의미한다. 그런데 사실 건강 관리에 쓰는 시간은 소비되는 게 아니다. 활력과 생산성을 높여주면서 결국에는 시간을 더 절약해준다. 운동과 건강한 식사에 시간을 쓰더라도 그 덕분에 더 건강해지고, 더 높은 생산성으로 일하게 되고, 더 뛰어난 성과를 내게 된다면 전체적으로 봤을 때 오히려 시간을 절약하는 셈이다.

나쁜 변명의 피해자가 너무 많다. 이런 변명들을 해본 적이 없는가? 건강 문제를 방치하는 또 다른 변명을 만들어낸 적은 없는가? 현재 건강 상태는 어느 정도인가? 사실상 신체적으로 죽어 있는 상태를 1점으로 보고, 항상 활력이 넘치고 자신이 원하는 만큼의 힘을 낼 수 있는 상태를 10점으로 본다면, 스스로에게 몇 점을 주겠는가?

자신이 느끼는 신체 건상 상태에 대해 7점 이상을 줄 수 없다면 이제부터 이어지는 조언은 정말로 중요한 것이 될 수 있다. 긍정적인 심리와 정서를 갖기 위해서는 건강한 신체가 뒷받침되어야 한다. 이는 뛰어난 성과를 위한 필수 조건이기도 하다. 세상을 어떤 식으로 인식하느냐는 상당 부분 심리적, 신체적 건강에 달려 있다. 심리적, 신체적 건강 상태가 나쁘면 세상을 부정적으로 인식할 가능성이 크다. 반대로 건강 상태가 좋으면 세상을 긍정적으로 인식하게 된다.

운동의 효과

적정 수준의 운동을 해야 한다. 이는 건강에 관한 거의 모든 연구 결과들이 지적하는 바다. 머리 쓰는 일을 하는 사람일수록 운동은 더욱 중요한 의미를 갖는다. 운동은 뇌유래신경영양인자BDNF의 생성을 촉진하는데, BDNF는 뇌에서 뉴런의 생성을 돕는다. 그리고 이는 적응력, 학습능력, 기억력 등 거의 모든 뇌 활동을 개선하는 결과를 만들어낸다.[27] 운동이 학습능력을 높여준다는 것은 매우 중요한 사실임에도 대부분의 사람들이 별로 신경 쓰지 않는 것 같다. 게다가 운동은 성과를 떨어뜨리는 가장 큰 요인인 스트레스를 줄여준다.[28] 스트레스가 높아질수록 BDNF 생성이 줄어들게 되는데, 이는 우리 인간의 전반적인 인지능력을 떨어뜨리는 결과로 이어진다.

게다가 운동을 할수록 신체 활력이 커지는데, 이는 똑같은 일을 하더라도 더 빠르게 마칠 수 있다는 것을 의미한다. 운동은 기억력을 높여주고, 기분을 좋게 하고, 집중력을 끌어올리고, 반응속도를 높여준다. 전부 뛰어난 성과의 밑바탕이 되는 효과들이다.[29]

인생이 우리에게 더 빠르게 배우고, 스트레스에 더 잘 대응하고,
빠르게 반응하고, 집중력을 더 높이고,
중요한 것을 더 오래 기억하고, 긍정적인 기분을 오래 유지하기를
요구한다면 우리는 운동을 더욱 진지하게 생각해야 한다.

그렇다고 지쳐 쓰러질 때까지 달리라는 뜻은 아니다. 운동은 적정 수준일 때 좋은 효과를 낸다. 매일 할 필요도 없다. 한 주에 2~3일 정도씩 6주간 지속하면 그때부터 운동의 효과가 나타나기 시작한다고 한다. 우선은 도파민의 분비가 늘어나고 감수성이 높아지는데, 이를 통해 긍정적인 기분이 들게 되고 인지능력이 높아진다. 또한 노르에피네프린의 분비가 증가하면서 집중력이 높아진다.[30] 앞에서도 지적했듯이 뛰어난 성과를 내기 위해서는 심리적, 신체적, 정서적 활력이 모두 중요한데, 운동은 이 세 영역의 활력을 모두 높여준다.

하이퍼포머 2만여 명을 대상으로 조사한 결과, 그들 중 상위 5퍼센트는 나머지 95퍼센트의 사람들보다 주당 운동시간이 평균 40퍼센트 더 길었다. 큰 성공을 원하는 사람이라면 삶에서 운동을 빼놓으면 안 된다고 말할 수 있는 부분이다.

어린 자녀를 둔 사람은 이 결과를 더욱 진지하게 받아들여야 한다. 성장기에 규칙적인 운동을 하는 아이들이 그렇지 않은 아이들보다 더

높은 학습집중력을 보이고, 지능지수도 더 높게 나타난다. 학교 성적도 더 좋다.[31]

그런가 하면 성장기를 벗어난 어른에게도 운동은 그야말로 모든 긍정적인 효과의 원천이 된다. 운동은 우울증을 완화하는 데 있어 항우울제만큼이나 효과가 있다(물론 운동이 모든 우울증을 치료한다는 의미는 아니다). 규칙적으로 운동하는 사람은 우울증을 경험할 확률이 크게 낮아지는데, 이는 운동할 때 생성되는 도파민의 영향인 것으로 추정된다.[32] 또한 운동은 세로토닌의 분비를 촉진하는데, 이는 수면의 질을 높여주고 높아진 수면의 질은 세로토닌의 분비를 더욱 촉진하게 된다.[33] (대부분의 항우울제는 세로토닌의 분비를 촉진하는 기능을 한다. 그리고 우울증 환자들에게 의사들이 제안하는 치료법은 운동이다.[34] 운동은 통증과 불안감도 줄여준다. 마약성 진통제만큼의 효과가 있다고 한다.) 통증과 불안감은 중년 이상의 사람들을 가장 힘들게 만드는 것들이다.[35]

오늘날 사람들이 느끼는 스트레스 수준은 점점 더 높아지고 있는데, 이러한 문제를 줄이기 위해서는 운동을 통해 긴장을 해소하고 긍정적인 감정을 가질 필요가 있다. 의지를 가지고 자신의 삶에 즐거움을 가져오려고 해야 한다. 한 주에 2~3일 정도씩 꾸준히 적정 수준의 운동을 한다면 우리 삶의 수많은 구성요소들이 마법처럼 좋아질 거라고 장담할 수 있다.

운동습관이 정착되었다면 그다음에는 식습관을 개선할 차례다. 미국 성인의 60퍼센트는 비만이거나 과체중인데, 그 원인이 운동 부족에만 있는 건 아니다. 과체중이나 비만의 원인은 상당 부분 과도한 음식 섭취에 있다.[36] 오늘날 사람들은 너무 많이 먹는다. 그리고 이는 나쁜 건강 상태와 나쁜 성과로 연결된다. 학자들에 따르면 과식은 상당

부분 습관의 문제이자 뇌 작용과 잘못된 의사결정의 결과라고 한다. 즉 미래의 건강보다는 당장의 즐거움을 위해 스스로 과식을 선택한다는 것이다.[37]

식습관과 관련해 건강 전문가들이 이구동성으로 경고하는 게 있다. 바로 부정적인 기분을 위로하기 위해 먹는 일만큼은 피하라는 것이다. 부정적인 기분이 들면 운동이나 산책을 해보라. 물론 쉬운 일은 아니다. 나도 잘 알고 있다. 하지만 이 정도의 수고는 할 만한 가치가 있다. 필요한 영양을 섭취하기 위한 게 아니라 부정적인 기분을 위로하기 위한 식사는 건강한 식사가 되기 어렵다. 높은 수준의 건강과 업무 생산성을 유지하는 데 운동만큼 중요한 것이 건강한 식사다. 잘 먹어야 기분이 좋아지고 성과도 올라간다. 너무나 자명한 이치다. 사실 건강한 식사는 개인만이 아니라 국가 전체의 경제적 성과에도 큰 영향을 끼치는 문제다.[38] 그리고 성장기 아이들의 능력 계발과 학업 성취도는 아이들의 식사의 질과 직접적인 상관관계가 있다.[39]

건강하게 먹어야 한다는 것은 누구나 알고 있을 것이다. 그렇다면 이제는 실행할 차례다. 자신에게 가장 어울리는 식습관에 관해 전문 영양사의 조언도 구해보기 바란다. 그리고 자신에게 알레르기를 유발하는 식품에 대해서도 검사를 받아보기 바란다. 알레르기는 우리의 활력과 성과를 크게 떨어뜨린다.

무엇부터 시작할 것인가

현재 건강한 상태에 있는 사람이라면 자신의 일정표에 운동 계획을 집어넣는 것으로부터 건강 관리를 시작하면 된다. 일단 운동을 시작하면 식습관과 수면습관에 대해서도 관심을 갖게 된다.

현재 건강이 안 좋은 상태라면 식습관의 개선부터 시작하는 게 좋다. 체중 관리에는 한 주에 세 번 헬스클럽에 가는 것보다는 식사량을 조절하는 편이 훨씬 더 효과적이다. 게다가 헬스클럽에 가는 것은 새로운 일이 되지만, 먹는 것은 새로운 게 아니다. 현재 건강이 안 좋은 상태인 사람이 효과적인 건강 관리를 빠르게 시작하고자 한다면 식습관부터 건강하게 바꾸는 편이 성공 가능성을 높이는 방법이다.

운동습관이든 식습관이든, 건강습관을 바꾸기 전에는 언제나 의사와의 상담부터 거쳐야 한다. 자신의 현재 건강 상태와 미래 건강 목표를 고려한 가장 적합한 수면, 식사, 운동 방식을 권유해줄 것이다.

좋은 건강 상태를 유지하기 위해서는 환경도 중요하다. 지금 다니는 직장이 임직원의 안전, 건강, 행복, 만족 등을 높이는 데 별 관심이 없는 곳이라면 그건 우려할 만한 상황이다. 게다가 임직원의 건강과 행복에 별 관심이 없는 기업이라면 시장경쟁에서 뒤처지고 있을 가능성이 크다.[40]

미국의 직장인들 가운데 직장에서 임직원의 건강과 행복을 높이기 위한 조치들을 시행하고 있다고 응답한 비율은 절반이 되지 않았다.[41] 그리고 3분의 1가량의 직장인들은 직장에서 지속적으로 스트레스를 받고 있다고 응답했다. 물론 건강 유지와 행복의 일차적 책임은 우리 자신에게 있다. 그건 다른 누가 해줄 수 있는 게 아니다.

나는 내게 코칭을 의뢰하는 임원급의 사람들에게는 좀 더 강하게 이야기한다. 만약 지금 회사에서 임직원의 건강 유지 활동을 지원하고 있지 않다면 직접 그런 프로그램을 만들어 시행하거나, 그게 어려운 상황이라면 이직을 고려하라고 말이다. 하이퍼포머와 함께 일하고 싶고, 자기 자신도 하이퍼포머가 되고자 한다면 더욱 그렇게 해야 한다.

나는 세미나에서 사람들에게 앞으로 열두 달 내로 자신의 인생에서 가장 건강한 몸을 한번 만들어보라는, 꽤 도전적인 주문을 하곤 한다. 아마도 이런 목표에 도전해본 사람은 별로 없을 것이다. 혹시 이 목표에 관심이 있다면 다음과 같은 방법을 참고하기 바란다.

- 우선은 자신이 알고 있는 건강습관을 먼저 시작한다. 운동을 하고, 채소를 더 많이 먹고, 충분히 잔다. 누구나 건강습관에 관한 지식을 가지고 있을 것이다. 이제는 실행에 옮길 차례다.

- 건강검진을 통해 자신의 건강 상태에 관한 정보를 최대한으로 알아본다. 체질량지수, 콜레스테롤 수치, 그 외 건강 상태를 나타내는 다양한 수치들을 알아본다. 단순한 신체검사 수준이 아닌 제대로 된 건강검진을 받는다. 그리고 건강과 관련된 수치들을 최적의 상태로 만드는 것을 향후 1년 동안의 가장 중요한 목표로 정한다. 엑스레이 촬영, 면역력 검사, 암 진단, CT 촬영 등 가능한 검사는 다 받아본다.

- 가능하다면 스포츠 전문의에게도 상담을 받아본다. 실제로 프로 운동선수들의 건강을 관리해주는 의사라면 더욱 좋다. 스포츠 전문의는 우리가 알지 못했던 건강 관리에 관한 새로운 방향의 접근법을 제시해줄 수도 있다.

- 영양상담사로부터 최적의 식습관에 관해 조언을 받는다. 알레르기 유발 식품들에 대한 검사도 받아보고, 건강해지기 위해서는 어떤 식품을 언제 얼마큼씩 먹어야 하는지도 함께 결정한다. 전문가가 제안해주는 식습관은 우리의 인생을 전혀 새로운 것으로 변화시켜 줄 수도 있다.

- 밤에 8시간씩 죽 자는 것을 훈련한다. 여기서 '훈련'이라는 표현을 쓴 이유는 8시간 연속 수면을 할 수 있는 사람이 별로 없는 현실 때문이다. 이는 생리학적 문제가 아니다. 단지 수면의 조건이 부적절하기 때문이다. 이제부터 잠자리에 들기 1시간 전부터는 어떤 종류의 스크린도 바라보지 말고, 실내 온도를 섭씨 20도로 낮추고, 실내의 모든 전등을 끄고 소음을 없앤다. 잠을 자다가 깼는데 바깥이 여전히 깜깜하면 시간 확인도 하지 말고 다시 잠을 청한다. 잠들기 전에는 8시간 동안 깨지 말고 자자고 자신에게 말을 해준다. 하루 8시간 숙면에 대해 본격적으로 배워보고자 하는 이들에게는 내 친구이기도 한 아리아나 허핑턴Arianna Huffington의 책《수면 혁명The Sleep Revolution》을 읽어볼 것을 추천한다.

- 퍼스널 트레이너를 정한다. 인생에서 가장 건강한 몸 상태 만들기를 진지하게 목표로 정했다면 퍼스널 트레이너를 둘 필요가 있다. 물론 자기 의지만으로 목표를 이룰 수도 있다. 그러나 퍼스널 트레이너의 관리를 받는 편이 훨씬 더 효율적이다. 퍼스널 트레이너에게 지불해야 하는 비용이 문제라면 그 역할을 해줄 수 있는 친구를 찾아 부탁하는 것도 방법이다. 인생에서 가장 건강한 몸 상태 만들기는 결코 쉬운 일이 아니며, 중간에 멈추고 싶은 유혹이 자꾸만 들 것이다. 그때 퍼스널 트레이너의 존재가 큰 역할을 할 수 있다. 자신의 목표를 더 많은 사람에게 알리는 것은 목표를 이루는 효과적인 방법 가운데 하나다.

- 구체적인 운동법이 잘 떠오르지 않는 사람들에게는 내가 '투바이투two by two'라고 부르는 방식을 추천한다. 한 주에 20분짜리 근력운동 2회와 20분짜리 유산소운동 2회를 하는데, 이때 힘은 최대치

의 75퍼센트 정도를 주면 된다. 75퍼센트의 힘이라고 하면 가볍게 하는 운동보다 힘을 어느 정도 더 쓰는 수준이라고 생각하면 된다. 이렇게 한 주에 4일 운동을 하고, 나머지 3일은 하루 20~45분 정도 경쾌하게 걷는다. 물론 이 정도의 운동이 자신에게 적합한 수준인지는 의사에게 먼저 물어봐야 한다. 그리고 운동을 할 때는 시작부터 갑자기 75퍼센트의 힘을 쓰는 게 아니라 힘의 수준을 서서히 올려가야 한다. 의자에 앉아 있다가 갑자기 일어나 75퍼센트의 힘을 쓰면 몸에 무리가 가거나 근육이 다칠 수도 있다.

● 스트레칭을 자주 한다. 매일 아침과 밤에 5분 정도씩 시간을 내어 가벼운 스트레칭이나 요가를 하면 몸이 유연해지고 혈액순환도 잘될 것이다. 그리고 스트레칭과 요가는 몸의 긴장을 풀어주는 효과도 있다.

하이 퍼포먼스 프롬프트

1. 나는 내 건강 상태를 내가 할 수 있는 한 최고 수준으로 만들고 싶다. 왜냐하면…

2. 건강 상태를 최고 수준으로 만들기 위해서 지금 당장 중단해야 할 세 가지는…

3. 건강을 위해 내가 지금 시작해야 할 것들은…

4. 건강 수준을 높이기 위해 내가 짤 일정표는…

건강과 활력을 위해 최선을 다하라

부패를 근절하고 도시에 활력을 되살리기 위해서는

엄청난 노력이 요구된다.

-호라티우스Horace

뛰어난 성과를 내기 위해서는 활력이 있어야 한다. 뛰어난 성과를 내는 데 필요한 모든 습관을 가지고 있다 하더라도 신체적, 정신적으로 활력이 없으면 뛰어난 성과를 내기가 어렵다. 심리적으로 우울하고, 정서적으로 부정적이고, 신체적으로 무력한 상태를 원하는 사람은 아무도 없다. 이런 부정적인 상태에 놓인 누군가가 있다면 그건 선천적인 유전적 특성이 아니라 잘못된 선택 때문이다. 같은 맥락에서 자신이 선택하기에 따라 심리적, 정서적, 신체적으로 긍정적인 상태에 이를 수 있고, 높은 수준의 활력을 가질 수 있다. 어쩌면 우리가 가장 관심을 가져야 하는 것은 높은 수준의 활력을 갖는 일일 것이다. 일, 사랑, 사회활동, 종교활동, 인간관계, 리더십 등을 결정하는 가장 중요한 요인이 활력이기 때문이다.

활력을 높이는 일에 최선을 다하라. 하루 중에도 틈틈이 몸과 마음의 긴장을 풀어내고, 자신의 일상에 즐거움을 가져오고, 앞으로 12개월 안에는 인생에서 가장 건강한 상태의 몸을 만들어보라. 결코 쉬운 일이 아니다. 하지만 그전과는 다른 삶을 살고 싶다면 그만큼의 노력은 필요하다. 앞으로 12개월 후에 이 책의 독자로부터 "버처드 씨, 이 책에 나오는 다른 습관은 다 실행하지 못했지만, 건강과 활력을 위한 습관만큼은 갖게 되었습니다"는 내용의 이메일을 받게 된다면 나는 정말 기쁠 것이다.

HABIT 3

강력한 당위성을
찾는다

어떤 대의에 자신의 힘과 영혼을 온전히 바쳐
헌신하는 사람만이 진정한 의미에서의 최고가 될 수 있다.
그러므로 어떤 분야에서 최고가 되기 위해서는
한 사람의 모든 걸 바쳐야 한다.

-알베르트 아인슈타인 Albert Einstein

나의 성과로 누가 도움을 받을지 생각하라
목표의 이유를 공개하라
나보다 더 뛰어난 사람들과 교류하라

"제가 무엇을 할 수 있을까요?"

아이작 Isaac은 자신의 컵에 커피를 따라주는 종업원에게 고개를 끄덕이며 고맙다는 뜻을 보였고, 그의 옆에는 해병대원 세 명이 앉아 있었다. 내가 물었다. "아직 선택하지 못했나요?"

아이작은 그냥 헛웃음을 보일 뿐이었다. "선택이야 항상 할 수 있죠. 그 당시에도 저는 여러 선택을 할 수 있었습니다. 그냥 바지에 오줌을 지리거나, 도망가거나, 해병대원이 되거나 말입니다."

나는 웃음을 터뜨릴 수밖에 없었다. 그런데 아이작 옆에 앉아 있던 해병대원들은 그냥 일상적인 표현이라는 듯 덤덤한 표정들이었다.

나는 아이작에게 물었다. "그 폭발 현장으로 달려가면서 스스로에게 뭐라고 말했나요?"

아이작의 소대가 경계작전을 수행하고 있을 때 폭발물이 터지면서 아이작의 몸이 튕겨 나간 일이 있었다. 땅바닥에 떨어진 아이작이 정신을 차렸을 때 그의 눈에는 연기가 피어오르는 소대의 작전차량이 보였다. 작전차량은 폭발 피해를 당한 후에 적으로부터 총격을 받고 있었는데, 그는 그 모습을 보자마자 작전차량 쪽으로 달려갔다.

나는 그에게 말했다. "전우들이 죽지 않기를 바라는 마음으로 그랬던 것이겠죠. 그 순간에는 전우들의 목숨만을 생각했을 겁니다."

아이작은 카페 창밖을 응시했다. 우리 가운데 누구도 입을 열지 않았다. 다들 아이작이 무언가를 말해주기만 기다리고 있었다.

그가 다시 이야기를 시작했다. "때로는 자신의 진짜 모습이 순식간에 나타나기도 하죠. 그건 짧은 순간의 일이었지만, 돌이켜보면 제 인생을 담은 장편 영화라는 생각도 듭니다. 자신의 삶과 평소 신념이 그당시의 요구에 부합될 때 행동에 나서게 됩니다. 그래서 저는 그렇게 움직였던 것 같습니다."

그러면서 그는 자신이 앉아 있던 휠체어를 내려다보며 이렇게 말했다. "하지만 제 생각과는 전혀 다른 일이 일어나기도 합니다. 저는 이제 쓸모없는 인간이 되어버렸어요. 다 끝난 거죠."

어쩌면 아이작은 다시는 자신의 두 발로 걸을 수 없게 될지도 모른다. 경계작전 당시 그는 몸이 튕겨나가는 충격을 받았음에도 불구하고, 정신을 차리자마자 적을 향해 응사하며 달려가 공격을 받고 있던 작전차량의 생존자들을 지키려고 했다. 그가 엄호하는 동안 다른 대원들이 작전차량의 생존자 한 명을 구해올 수 있었고, 그는 부대의 영웅이 됐다. 아이작 덕분에 살게 된 대원은 그의 친한 친구이기도 했다.

그와 함께 있던 해병대원들 가운데 한 명이 웃으며 말했다. "끝나지 않았어, 이 친구야. 너는 회복될 거야. 다 좋아질 거라고."

하지만 아이작은 화가 난 목소리로 말했다. "지금 이 모습을 보고도 그런 소리가 나와? 나는 혼자서 어디를 갈 수도 없어. 더 이상 복무를 할 수도 없고. 그런데 그게 무슨 소리야?"

그와 함께 있던 대원들은 나를 쳐다봤다.

이제는 내가 말할 차례였다. "그렇죠. 아무것도 할 수 없겠죠. 그렇게 선택한다면 말입니다. 당신은 당신이 포기했다는 것을 이 세상에 보여줄 수도 있습니다. 하지만 당신은 당신 자신과, 당신의 전우들과, 이 세상에 그 무엇도 당신을 멈춰 세울 수 없고 당신의 정신은 여전히 굳건히 살아 있다는 것을 보여줄 수도 있습니다."

나는 단호하게 말했다. 내 말을 들은 아이작은 팔짱을 끼면서 이렇게 말했다. "무슨 말씀인지 아직도 모르겠습니다."

그때 해병대원 한 명이 끼어들었다. "너는 이대로 끝나지 않을 거야. 일어서야 하는 이유를 찾지 못한다면 그대로 끝나는 것이기는 하지. 그 선택은 전부 네가 하는 거야. 자신이 선택하기에 따라서는 그대로 멈출 수도 있어. 하지만 나아가는 것을 선택할 수도 있지. 전부 너에게 달려 있어. 어떤 선택은 잘못된 것이고, 너의 인생을 영원히 초라한 것으로 만들 수도 있어. 하지만 어떤 선택은 너를 일어서게 해줄 거야."

아이작은 작은 목소리로 중얼거리듯이 말했다. "왜 그렇게 애를 쓰라는 거지?" 인생의 좌절을 겪으면서 이제 그만 포기할지, 아니면 앞으로 나아갈지 고민하는 사람을 지켜보는 건 쉽지 않은 일이다.

아이작은 무기력하게 가만히 있을 뿐이었다. 그런 모습을 지켜보는 동료들 역시 마음이 편치 않아 보였다. 그러다 한 대원이 아이작의 얼굴 바로 앞으로 얼굴을 들이밀며 오직 군인만이 할 수 있는 말투로 이야기했다.

"그러니까, 젠장, 아이작, 너에게는 다른 선택이 없어. 네가 후임병을 해병으로 만들기 위해 교육시킬 때의 태도로 너는 앞으로 자신의 치료에 임하도록 해. 너에게 의지하고 있는 가족들을 생각해! 그리고 우리도 좀 생각하고! 우리는 변명 따위는 받아들이지 않을 거야. 전사의 운명은 그깟 부상보다 훨씬 더 위대하다고."

●●●

이번에는 우리 자신에 대해 생각해보자. 우리는 꼭 무언가를 해야 하는 건 아니다. 직장에 출근하지 않아도 되고, 가족과 함께 시간을 보내지 않아도 된다. 기를 쓰면서 어려운 일을 하지 않아도 된다. 최선을 다하지 않아도 되고, 자신이 꿈꾸는 삶을 추구하지 않아도 된다. 하지만 우리가 이렇게 사는 동안 다른 누군가는 자신이 해야만 한다고 생각하는 일을 할 것이다. 왜 그럴까?

그 일을 해야 한다는, 즉 당위성을 느끼기 때문이다. 당위성에 대한 인식은 우리 인간의 가장 강력한 동기부여 요인이다.

아이작의 몸은 회복될 수 있을까? 그건 그에게 달려 있다. 의사들은 그가 다시 걸을 수도 있을 거라고 말했다. 그가 열심히 재활 치료를 받는다면 말이다. 그의 감정이 회복될 수 있을까? 이 역시 그에게 달려 있다. 여기서 중요한 것은 자신이 더 나아져야 한다는 당위성을 인식하느냐다. 당위성을 인식하지 못하면 지속적인 노력이 불가능하다.

당위성은 단순히 좋아서 하는 게 아니라 반드시 해야 하기 때문에 하게 되는 것과 관련 있다. 약한 수준의 욕망이 무언가를 하고 싶게끔 만든다면, 당위성에 대한 인식은 실제 행동을 유발한다. 그건 반드시 해야만 하는 일이기 때문이다. 자신의 심장과 영혼이 이끌리고, 주위 상황이 요구하는 일에 대해서는 행동에 나서는 것 외에는 다른 선택의 여지가 없다. 행동에 나서는 것이 옳은 일이다. 당위성을 인식한 일을 하지 않게 되면 큰 자책감을 느끼게 된다. 자신의 원칙을 어기고, 자신의 의무를 방치하고, 자신의 운명을 회피한다는 생각을 하게 되는 것이다. 당위성은 자신의 정체성과 연결되며, 그렇기에 당위성을 인식하는 일에 대해서는 높은 수준의 동기를 부여받는다.

지금까지의 표현이 지나치게 서사적이라고 생각하는 이들도 있겠으나, 하이퍼포머는 자신이 당위성을 인식하는 일을 설명할 때 '심장과 영혼', '운명' 같은 표현을 사용한다. 실제로 하이퍼포머와 인터뷰를 하면서 어떻게 그토록 열심히 목표를 추구할 수 있느냐고 물으면 그들은 다음과 같이 대답한다.

- 그 일은 저의 정체성 그 자체입니다.
- 다른 일을 하는 제 모습은 잘 상상이 가지 않습니다.
- 그 일은 제게 사명과 같은 겁니다.

의무감이나 절박함을 표현하는 이들도 있었다.

- 사람들이 지금 저를 필요로 합니다. 제가 그들 곁에서 함께 일을 해야 해요.
- 이 기회는 저로서는 놓칠 수가 없는 겁니다.
- 이걸 지금 하지 않으면 저는 평생 후회하게 될 겁니다.

앞에서 아이작은 "자신의 삶과 평소 신념이 그 당시의 요구에 부합될 때 행동에 나서게 됩니다"라고 말했는데, 하이퍼포머 중에도 이와 같은 맥락의 이야기를 하는 사람이 많았다.

어떤 일에 대한 당위성을 인식해본 경험이 있는 사람은 다음의 말을 잘 이해할 것이다.

"어떤 일을 반드시 해내야 한다는 생각을 절실하게 갖게 되면 그 일을 이루기 위한 최대치로 노력을 지속할 수 있게 됩니다."

조사 결과 이 말에 더 강하게 동의하는 사람일수록 더 높은 성과지수를 나타냈다. 또한 더 높은 수준의 자신감과 행복감을 나타냈고, 장기적인 성과 역시 더 높게 나타났다. 그런가 하면 당위성을 인식하지 못하는 경우에는 전략, 전술, 도구 같은 것들이 별 도움이 되지 않는 것으로 나타났다.

10년이 넘는 성과 코치로서의 경험, 그리고 우리가 직접 행한 연구조사 결과를 통해서 보건대, 어떤 일에 당위성을 인식하지 못하면 뛰어난 성과를 낼 수가 없다. 지금 일하고 있는 분야에서 뛰어난 성과를 내고자 한다면 성공하면 좋다는 수준이 아니라 반드시 성공해야만 한다는 생각이 밑바탕에 깔려 있어야 한다. 이번 장에서는 바로 이 당위성에 관한 습관에 대해 이야기할 것이다.

당위성이란 무엇인가

당위성은 이 세상 만물의 지배자이자 인도자다.

당위성은 이 세상 만물의 중심 흐름이자 창안자다.

이 세상 만물은 당위성에 의해 움직이며, 당위성은 불멸의 법칙이다.

-레오나르도 다빈치 Leonardo da Vinci

뛰어난 성과에 필요한 당위성은 네 가지 요소를 가지고 있어야 한다. 높은 기준, 강박관념, 사회적 의무감, 시급성 등이 그것이며, 나는 이를 '당위성의 4요소'라고 부른다. 당위성의 4요소 가운데 처음 두 가지는 내적 성격이고, 나중 두 가지는 외적 성격이다. 이 각각의 요소는 개별적으로도 동기부여 요인이 되지만, 가장 높은 수준의 동기부여를 위한 당위성을 만들어내기 위해서는 네 가지 요소가 동시에 작용해야 한다.

사실 당위성이 무엇인지 단번에 규정해내는 것은 상당히 까다롭기 때문에 당위성의 4요소에 대해 먼저 이야기해보자. 다시 한 번 말하지만, 뛰어난 성과를 내기 위해서는 당위성을 인식해야 한다. 따라서 이번 장의 습관은 특히 더 중요하다.

당위성의 4요소-내적 성격

> 나는 무엇을 하더라도 그것을 잘 해내기 위해 온 마음을 바쳐 노력했다.
> 그리고 무엇에 투신하더라도 그것에 내 모든 것을 바치려 했다.
>
> -찰스 디킨스Charles Dickens

자신의 기준에 맞는 삶을 살지 못할 때, 혹은 최선을 다해 살지 못할 때 자책감 같은 것을 느껴본 적 있는가? 스스로를 정직한 사람이라 믿고 있는데 거짓말을 너무 자주 한다는 느낌이 들 때, 중요한 목표를 세웠는데 이를 제대로 추구하지 않는다는 느낌이 들 때 우리는 자책감을 갖게 된다. 반면에 자신이 수립한 기준이나 목표를 제대로 추구한다는 생각이 들어 기분이 좋았던 적은 없는가? 당위성의 4요소 가운데 스스로 정한 높은 수준의 목표와 강박관념은 자신의 내면

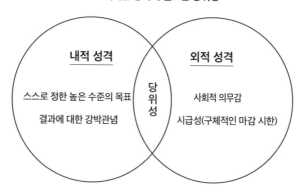

뛰어난 성과에 필요한 당위성

내적 성격

스스로 정한 높은 수준의 목표

결과에 대한 강박관념

당위성

외적 성격

사회적 의무감

시급성(구체적인 마감 시한)

과 관련 있기 때문에 나는 이 두 요소에 대해 '내적 성격'을 지니고 있다고 규정했다.

가치관, 기대, 꿈, 목표, 그리고 안전이나 소속, 인정에 대한 욕구 등 우리 내면에는 어떤 행동을 유발하는 수많은 요인들이 작용하고 있다. 이런 내면의 작용들이 우리의 행동을 유발하면서 자신이 누구인지가 표면화되고, 자신이 추구하는 최상의 모습으로 나아갈 수 있는 것이다. 살아가는 동안 우리의 정체성은 정립과 재정립을 반복하는데, 이 역시 내면에서 일어나는 작용의 결과다.

우리는 내면의 작용을 유발하는 두 가지 주요 요인, 즉 '스스로 정한 높은 수준의 목표'와 '결과에 대한 강박관념'에 주목했다. 그리고 성공을 계속 이어가는 데 있어 이 두 가지 요인이 특히 중요하다는 게 우리가 내린 결론이다.

스스로 정한 높은 수준의 목표와 목표에 대한 추구

어떤 분야를 선택했든, 한 개인의 인생은 최고를 추구하는
그 사람의 노력에 직접적으로 비례하여 그 만족도가 결정된다.

-빈스 롬바르디 Vince Lombardi

하이퍼포머는 스스로 정한 높은 수준의 목표를 가지고 있다. 특히 자신의 정체성에 비추어 보았을 때 중요하다고 판단되는 일이나 활동에 대해서는 더 많은 신경을 쓰고 노력한다. 스스로 선택한 일인지, 혹은 일에서 즐거움을 얻는지 여부도 중요하지만, 높은 수준의 노력을 이끌어내는 데 있어 더 중요한 것은 그 일이 자신의 정체성에 맞는지 여부다.[1]

일례로 훈련이 그리 즐겁지 않은 운동선수라 하더라도 그는 코치가 할당해준 훈련량을 소화해내려고 한다. 그가 스스로를 경쟁에서 승리하는 선수로 인식하고 있다면 말이다. 조직행동을 연구하는 학자들에 따르면, 사람은 단순히 자신이 만족하는 일을 발견했을 때보다는 일에서 의미 있는 목표를 발견했을 때 더 열심히 노력하게 된다고 한다.[2] 일에서 얻는 만족감은 성공의 요인이라기보다 결과에 더 가깝다는 것이다. 우리는 자신의 정체성에 부합하는 일을 할 때 더 큰 동기의식을 갖게 되고, 더 큰 성과를 만들어낸다. 사실 자기 자신에게 중요한 의미가 있는 일을 더 잘 해낼 수 있기를 바라는 것은 상식에 가깝다고도 할 수 있다.

하지만 하이퍼포머는 최상의 결과를 더 중요하게 생각한다.
그래서 보통 사람들보다 더 많이 노력하게 된다.

하이퍼포머는 최상의 결과를 위해 자신의 현재 행동과 성과의 진행 상황을 지속적으로 살핀다. 자신이 수립한 높은 수준의 목표에 부합하는 행동을 하고, 또 그에 맞는 성과를 내고 있는지 하루에도 몇 번씩 확인하는 것이다. 이런 습관이 그들을 앞서도록 만든다. 반면에 낮은 수준의 성과를 내는 사람은 목표가 불명확하고, 자신의 현재 행동과 성과의 진행 상황에 대해 별로 신경 쓰지 않는다.

많은 연구 결과가 이런 내용을 뒷받침한다. 한 연구에 따르면 목표를 수립하고, 자신의 행동과 성과의 진행 상황을 지속적으로 살피는 사람이 그렇지 않은 사람에 비해 목표를 달성할 가능성이 2.5배나 높다.[3] 그리고 이들은 계획을 더 구체적으로 수립하고, 계획을 따르고자 하는 의식도 더 높았다.[4] 한 연구에서는 기존의 138개 연구 논문을 종합한 결과 성과의 진행 상황을 지속적으로 파악하는 것은 목표를 명확하게 수립하는 것만큼이나 목표 달성에 중요한 의미를 갖는다는 결론에 이르기도 했다.[5] 다시 말해 성과의 진행 상황을 살피지 않는 것은 처음부터 아예 목표를 세워놓지 않는 것만큼이나 잘못된 행태라는 것이다. 이는 일상적인 것을 포함한 우리 삶의 모든 영역에 적용되는 원리다. 가령 체중 몇 킬로그램을 빼겠다는 목표를 수립했더라도, 현재 어느 정도나 체중이 줄었는지 계속해서 확인하지 않는다면 목표는 달성되지 않는다. 실제로 한 메타 분석에서는 매일 여러 차례 체중을 재는 것이 체중을 줄이는 가장 효과적인 방법 가운데 하나라는 결론이 나오기도 했다.[6]

뛰어난 성과를 내기 위해서는 자신이 수립해놓은 기준이나 목표에 부합하는 생활을 하고 있는지 지속적으로 확인하는 습관이 필요하다. 이 같은 말이 복잡하게 들릴지 모르겠으나, 방법은 간단하다. 매일 밤

일기를 쓰거나, 아니면 다음과 같은 질문에 답하는 식으로 자신의 현재 상황을 지속적으로 확인하면 된다. '나는 오늘 최고의 성과를 냈는가? 나는 오늘 나의 가치관과 목표에 부합하는 수준으로 최선을 다했고, 그에 따른 결과를 냈는가?'

이러한 질문에 매일 답하다 보면 자신의 정체성이나 기준에 부합하지 않는 날이 의외로 많다는 사실을 알게 될 수도 있는데, 이런 사실을 아는 것 자체가 긍정적인 일이다. 성과의 진행 상황을 자주 확인하지 않는다면 막연히 잘 진행되고 있을 거라고 믿게 되고, 목표 달성은 그만큼 멀어진다.

하이퍼포머는 일이 목표보다 늦어지거나 기준 이하의 수준으로 진행되고 있다는 사실을 인식하면 상당한 자책감을 갖는다. 그렇다고 해서 이들이 자신의 실패를 생각하거나, 우울함을 느낀다는 의미는 아니다. 앞에서도 언급했지만, 하이퍼포머는 보통 사람들보다 더 행복하고, 스트레스도 적게 느끼고, 삶에 대한 만족감도 더 크다. 자신에 대한 지속적인 확인을 통해 자신이 옳은 길로 가고 있다는 점을 자각하기 때문이다.

하이퍼포머와 대화를 해보면 그들은 자신의 잘못이나 약점에 대해서도 거리낌 없이 이야기하는 경향을 가지고 있다는 것을 알 수 있다. 그들은 애써 완벽한 것처럼 치장하지 않고, 자신의 잘못이나 약점을 직시한다. 그들이 정말로 중요하게 생각하는 것은 발전하는 것이다. 그들의 정체성과 삶의 즐거움이 발전에 있기 때문이다.

하이퍼포머는 자신의 행동과 성과의 진행 상황을 지속적으로 살피기 때문에 부정적인 평가가 나오더라도 좌절하지 않는다. 또한 그들은 자신의 잘못이나 약점을 직시하는 것을 두려워하지 않는다. 그렇게 하는 일에 익숙하기 때문이다.

하지만 하이퍼포머는 실패했을 때 스스로를 엄하게 꾸짖는다. 최고의 결과를 내는 것을 매우 중요하게 생각하기 때문이다. "나는 내가 정한 목표를 최고 수준으로 이뤄내는 사람이다." "나는 결과를 매우 중시하며, 내가 원하는 결과를 만들어내고 싶다." 자기 자신에게 이렇게 말하는 사람은 목표하는 대로 일이 진행되지 않는 상황을 적당히 넘기지 않는다. 하이퍼포머에게 이 같은 사고방식은 자기 자신의 정체성이며, 스스로를 몰아붙이는 압박으로 작용한다.

물론 조심하지 않으면 스스로 수립한 높은 목표나 기준이 역효과를 낼 수도 있다. 자신에 대한 평가가 지나치게 부정적으로 흐를 수 있기 때문이다. 만약 역효과가 나면 우리는 성과의 진행 상황을 지속적으로 살펴보는 일을 기피하거나 아예 포기하게 된다. 살피는 것 자체가 너무나 고통스럽기 때문이다. 혹은 단기적인 성과 부진을 지나치게 우려하다가 오히려 장기 성과를 저해할 수도 있다.[7] 스타 골프선수가 갑자기 18번 홀에서 실수를 범하는 것은 승리에 대한 당위성을 인식하지 못해서가 아니다. 높은 목표의 압박감이 너무 커서 실수를 범하는 것이다.

다만 하이퍼포머가 지나친 압박감 때문에 실수하는 일은 매우 드문 일이다. 그들은 목표의 압박감을 잘 감당해내기 때문이다.[8]

우리 조사 결과에 따르면 낮은 성과를 내는 사람은 하이퍼포머에 비해 자신의 행동과 성과 진행 상황을 살펴보는 횟수가 3분의 1에서 절반 정도에 그치는 것으로 나타났다. 또한 "나는 내가 하는 일에서 최고를 추구하며, 이러한 나의 정체성은 매일의 행동을 통해 드러난다"는 문장에 대해 '매우 그렇다'라고 답하는 경우도 거의 없었다. 물론 최고를 추구하는 것이 무조건 좋은 것은 아니다. 스스로를 평가할 때 언제나 목표보다 낮은 성과를 내고 있다는 평가가 나오는 것은 매우 고통스러운 일이며, 이렇게 되면 아예 성과에 대한 평가 자체를 회피하게 될 수도 있다. 이런 맥락에서 낮은 성과를 내는 사람은 진퇴양난의 상황에 빠질 수 있다. 분명 성과를 개선하려면 자신의 행동과 성과의 진행 상황을 지속적으로 살펴야 하는데, 이를 지속적으로 살피자니 매일같이 실망하고 자책하게 되는 것이다.

낮은 성과를 내는 사람은 목표나 기준을 새롭게 설정해야 한다.
더 자주 자신의 행동과 성과의 진행 상황을 살펴보면서
자기 자신에 대한 평가에 익숙해져야 한다.
이것이 성과를 개선하는 가장 좋은 방법이다.

물론 결코 쉬운 일은 아니다. 부정적 감정을 유발하는 것은 처음부터 회피하고자 하는 것이 우리 인간의 본능이다. 당위성에 대한 강한 인식이 언제나 긍정적인 결과에 대한 기대로부터 만들어지는 것은 아니다. 높은 수준의 목표를 추구하다 보면 실망하는 경우도 많고, 자기 능력의 한계치까지 계속해서 밀어붙여야 하는 일은 두렵기까지하다. 기대하는 성과를 계속해서 내지 못할 수도 있고, 최종적으로는 목표 달성에 실패할 수도 있다. 그리고 이는 좌절감, 죄책감, 당혹감, 슬픔, 부끄러움 등으로 이어질 수 있다. 어떤 목표를 추구한다는 것은 편안함과는 거리가 먼 일이다.

하지만 하이퍼포머가 되기 위해서는 이 과정을 받아들여야 한다. 하이퍼포머는 높은 수준의 목표와 기준을 추구하고, 실패로부터 부정적인 감정을 얻기도 하지만, 이런 상황을 회피하지 않는다. 그리고 지금보다 더 발전해야 한다는 당위성을 통해 높은 수준의 노력을 매우 값지게 생각한다. 힘들고 어려운 길이지만, 기꺼이 받아들인다.

내가 이런 이야기를 하면 많은 사람들이 경계부터 한다. 높은 수준의 목표를 정하고 추구하는 일이 수반하는 어려움과 부정적인 감정을 걱정하는 것이다. 하지만 언제나 나쁜 결과와 부정적인 감정이 뒤따르는 것은 아니다. 그리고 나쁜 결과와 부정적인 감정이 생기더라도 견뎌낼 수 없을 정도로 힘든 것은 아니다.

나는 낮은 성과를 내는 사람들에게 항상 다음과 같은 말을 해준다. **"때로는, 인생의 경쟁에 임하는 가장 좋은 방법은 자기 자신으로부터 해답을 찾는 것이다."**

뛰어난 성과를 내기 위한 방법을 자신이 정체성에서 찾아보라. 그리고 다소 높은 수준의 목표를 수립하라. 다소 높은 수준의 목표를 구체적으로 수립하는 사람이 모호하면서도 쉬운 수준의 목표를 수립하는 사람보다 더 뛰어난 성과를 낸다는 것은 수많은 연구 결과들이 공통적으로 지적하는 바다.[9]

스스로를 도전을 좋아하고 큰 꿈을 추구하는 사람으로 인식하라. 우리는 우리가 생각하는 것보다 더 강한 사람이며, 우리 미래는 우리가 생각하는 것보다 더 큰 것이 될 수 있다. 물론 실패할 수도 있다. 그리고 어려운 길이 될 수도 있다. 하지만 그렇게 하지 않는다면 어떻게 할 수 있을까? 그냥 뒤로 물러날 텐가? 아니면 자신의 능력을 충분히 발휘하지 못했다는 아쉬움을 가진 채 적당히 편안한 수준의 목표만을 추구할 텐가? 그건 너무 따분하고 시시한 삶 아닌가? 자신의 운명을 그 정도 수준에 머물게 하지 마라.

하이퍼포머가 그렇게 할 수 있는 것은 과감하게 큰 꿈을 추구하기 때문이다. 그들은 큰 꿈을 추구하는 것이 자신의 정체성에 부합한다고 믿고, 그렇게 해야 한다고 스스로에게 끊임없이 말해준다.

하이퍼포머에게 큰 꿈을 추구하는 것은 단순한 바람이나 희망이 아니다. 그들은 그것을 당위로 인식한다. 그들의 미래 정체성은 그들이 추구하는 큰 꿈과 연결되어 있으며, 큰 꿈을 이뤄낼 수 있다고 믿는다. 그리고 그것을 해낸다.

결과에 대한 강박관념

스포츠팀 감독이든, 아니면 다른 위치에 있든,
리더로서 성공하기 위해서는 어느 정도의 강박관념은 필요하다.
−팻 라일리 Pat Riley

하이퍼포머에게 높은 수준의 목표는 뛰어난 성과를 당위적인 것으로 인식하게 해주고, 호기심이라는 내면의 작용은 목표 추구 과정을 즐길 수 있게 만들어준다.

하이퍼포머는 호기심이 매우 강하다. 사실 자신의 주된 관심 영역에 대한 호기심은 하이퍼포머의 징표 같은 것이다. 예외적인 경우는 거의 없다. 그들은 자신의 주된 관심 영역에 아주 오랜 시간 집중할 수 있고, 그 결과 해당 영역에서 높은 수준의 역량을 지니게 된다. 하이퍼포머가 자신의 분야에서 성공할 수 있는 것은 자신의 분야로부터 흥미와 만족을 얻기 때문이다.[10] 그래서 그들은 경제적인 보상과 주위의 칭찬이 없어도 자기 분야에 계속 집중할 수 있다.

성공한 사람들에 대해 조사해보면 자기 분야에 대한 높은 수준의 열정을 오랫동안 지녀왔다는 것을 알 수 있다. 단순한 열정이 아니라 오래 지속되는 열정이다. 한 분야에서 열심히 오랫동안 일하는 것은 상당히 중요하다. 이는 주위만 둘러봐도 쉽게 알 수 있는 개념이다. 어떤 분야가 되었든 세계적인 명성을 얻고 있는 사람들을 보면 해당 분야에서 오랫동안 열심히 일해오거나 훈련해온 사람들이다.[11]

그런데 진정으로 하이퍼포머가 되기 위해서는 오래 지속되는 열정 그 이상의 것을 가지고 있어야 한다. 열정은 많은 사람들이 사용하는 개념이다. 열정적으로 일하라, 열정을 지니고 살아가라, 열정적으로 사랑하라……. 사실 열정은 성공으로 들어가는 입구 같은 개념이다. 하지만 동기나 열정이 부침을 겪는 상황에도, 다른 사람들이 자신의 성과를 비난하는 상황에도(심지어 그런 비난이 합리적이라는 인식이 들 때도), 실패를 거듭하게 되는 상황에도, 어쩔 수 없이 다른 분야에도 신경을 써야 하는 상황에도, 오래도록 합당한 보상이나 인정을 못 받는 상황에도, 함께 일하던 다른 모든 이가 다 포기하는 상황에도, 자신에게 보이는 모든 징후가 포기해야 한다는 것을 말해주는 상황에도 오랜 세월 자신의 일에 몰입할 수 있으려면 '강박관념'이 필요하다.

과감한 행동과 빠른 진보에는 위험하고 무모하다고 평가할 만한 측면이 있지만, 지금의 세상에서는 그 반대로 생각해야 하는 경우도 있다. 어느 정도의 위험과 무모함은 발전이나 혁신에 필수적이고, 또한 새로운 것을 만들거나 의미 있고 가치 있는 기여를 할 때도 꼭 필요하다. 이 세상의 위대한 것들 가운데 무모함 없이 이뤄진 것은 무엇인가? 전에 없던 엄청난 무언가를 이뤄내기 위해서는 무모함이 필요하다. 대서양을 건너는 것, 노예제도를 끝내는 것, 인간을 우주로 보내는 것, 초고층 건물을 짓는 것, 생명체의 게놈을 해석하는 것, 새로운 사업을 시작하는 것, 기존 산업을 혁신하는 것은 모두 무모한 도전에 의해 이뤄졌다. 무모함이란 한 번도 이뤄진 적 없던 무언가를 시도하는 것, 관습에 반하여 움직이는 것, 모든 조건이 갖춰지고 준비가 완벽해지기 전에 무언가를 시작하는 것을 의미한다. 무언가를 이루기 위해서는 우선 시작해야 한다. 그리고 진정한 의미의 보상을 얻기 위해서는 어느 정도의 리스크는 피할 수 없고 오히려 필요한 것이기도 하다. 그렇다, 미지의 장소로 몸을 던지는 것이 바로 무모함이다. 보물을 얻고자 한다면 그렇게 할 수 있어야 한다.

다소 서사적이라는 느낌이 드는가? 하지만 이는 하이퍼포머가 말하는 방식이다. 나는 그들의 언어를 사용했을 뿐이다.

우리가 열정을 보인다면 사람들은 이해해줄 것이다.
그러나 우리가 강박관념을 보인다면
사람들은 우리가 미쳤다고 생각할 것이다. 그런 차이가 있다.

반드시 더 높은 수준의 성과를 내야만 한다는 절박함, 이것을 만들어내는 것이 바로 강박관념이다. 강박관념이 없는 사람은 쉽게 알아볼 수 있다. 그들은 책을 읽어도 대충 읽고, 누구를 사랑하더라도 적당히 사랑하고, 팀을 이끌 때도 높은 수준의 관심을 보이지 않는다. 관심, 열정, 야망 같은 것들을 잔뜩 가지고 있더라도 강박관념이 없는 사람들은 티가 난다. 상대방이 강박관념을 가지고 있는지 여부는 조금만 대화해봐도 알 수 있다. 강박관념을 가지고 있는 사람은 호기심을 내보이고, 대화에 깊이 참여하며, 계속해서 새로운 것을 알아내려고 한다. 그들은 자신에게 중요한 것에 대해 구체적이고 깊게 대화하기를 바란다. 그들은 이런 식으로 말한다. "나는 지금 내가 하는 일을 무척이나 사랑합니다. 때로는 집착 아닌가 하는 생각이 들 때도 있어요." "나는 일상 중에도, 먹을 때도, 숨 쉴 때도 항상 이 일을 생각합니다. 다른 일을 한다는 건 상상할 수도 없어요. 이 일은 나 자신입니다." 강박관념을 가진 사람들은 자기 분야에서 최고의 실력과 성과를 추구한다고 분명하게 힘주어 말한다. 그리고 그 목표에 도달하기 위해 끊임없이 공부하고, 훈련하고, 준비한다. 강박관념을 가진 이들은 일하는 매 순간 최고를 추구한다.

그렇다면 자신이 강박관념을 가지고 있다는 것을 어떻게 인식할 수 있을까? 어떤 목표가 자신의 정체성과 연결됐을 때 그 목표에 대한 강박관념이 생길 가능성이 크다.

열정을 갖고자 하는 욕구에서
특정 유형의 사람이 되겠다는 목표로 옮겨간다.
그러다 그 목표를 다른 것보다 더 중요하게 여기면서
목표 추구는 자신의 일부가 된다.
그리고 그것은 자신이 꼭 해내야만 하는 일이 된다.

높은 수준의 목표를 두려워하는 사람이 있듯이, 강박관념을 두려워하는 사람도 있다. 관심과 열정을 갖는 정도에서 멈추고 싶어 한다. 사실 정체성이 목표와 연결되면서 강박관념을 갖게 되는 것은 그리 간단한 상황은 아니다.

하지만 하이퍼포머는 강박관념의 압박감을 잘 견뎌낸다. 그들에게 있어 강박관념은 두려움이 아닌 자부심의 대상이다. 무언가에 강박관념을 갖게 되면 일하는 것 자체를 즐기게 되고, 자신이 주위 사람들에게 어떻게 보일지는 신경 쓰지 않는다. 또한 일을 하고 역량을 계발하는 모든 과정이 당연한 것이 되고, 그 과정을 사랑하게 된다.

'건강하지 않은' 강박관념도 있을까? 보기에 따라서는 그럴 수 있다. 통제하지 못하는 수준으로 무언가에 중독되고 자신의 모든 생각이 그것에 잠식되어 있다면 그건 건강하지 않은 강박관념이다. 《메리엄 웹스터 사전》에서 '강박관념obsession'을 찾아보면 여러 뜻풀이가 나오는데, 그 중 "불안감을 만들어내는 지속적인 몰입감"이라고 한 부분이 바로 강박관념의 건강하지 못한 측면이다. 그러나 강박관념에 대한 다른 뜻풀이를 보면 다음과 같이 나온다.

- 어떤 사람, 혹은 어떤 것에 대해 끊임없이, 혹은 잦은 빈도로 통상적이지 않은 방식으로 생각하는 상태.
- 끊임없이, 혹은 잦은 빈도로 생각하는 대상.
- 어떤 사람이 매우 높은 관심을 가지고 있는 활동, 혹은 행하는 데 많은 시간을 투입하는 활동.
- 어떤 사람, 혹은 어떤 것에 대해 과도하면서도 지속적으로 갖는 관심이나 걱정.

사실 나는 여기에 나열된 뜻풀이 가운데 특별히 건강하지 않은 뜻풀이는 없다고 생각한다. 통상적이지 않다거나 과도하다는 것이 어느 정도 수준을 의미하느냐에 따라 해석은 달라질 수 있겠지만 말이다. 내가 관찰하고 연구한 바에 의하면 하이퍼포머는 자신의 관심 분야에 대해 생각하고 그 분야의 일을 하는 데 엄청난 시간을 할애하고 있었다. 분명 통상적이지 않고 과도하다고 할 수 있는 수준이었다.

통상적이라는 것이 항상 건강한 것은 아니다.

너무나 많은 정보가 쏟아져 나오는 오늘날 상황에서 사람들이 어떤 주제에 관심을 집중하는 시간은 통상 2분 정도다. 그렇다면 하이퍼포머가 자신의 주된 관심 분야에 집중하는 시간은 지나치게 과도할 정도로 긴 것이 된다. 하지만 하이퍼포머가 건강하지 않은 방식으로 살아가는 것은 아니다. 내 경우만 하더라도 사람들의 성과를 올려주기 위한 방법을 연구하는 일에 수십 년의 시간을 투입해오고 있다. 자신이 가지고 있는 강박관념이 건강하지 않은 것인지는 쉽게 판단할 수 있다. 자기가 강박관념을 끌고 가는 게 아니라 강박관념이 자기를 끌고 가는 상황이라면, 강박관념이 자신의 생활과 인간관계를 망쳐놓고 불행을 유발하는 상황이라면 그건 건강하지 않은 강박관념이다.

하지만 하이퍼포머는 이런 문제를 겪지 않는다. 이런 문제를 가지고 있었다면 처음부터 하이퍼포머가 될 수 없었을 것이다. 이는 데이터를 통해서도 확인된다.[12] 하이퍼포머는 더 행복하고, 더 큰 자신감을 가지고 있고, 더 건강하게 먹고, 더 많이 운동한다. 보통 사람들보다 스트레스 대응도 더 잘한다. 그들은 도전을 사랑하고, 자신이 분명한 변화를 만들어내고 있음을 자각한다. 그들은 자신의 모든 것을 통제할 수 있는 사람들이다.

나는 사람들에게 매우 높은 수준의 관심을 갖게 되는 일을 찾을 때까지 다양한 시도를 해보라고 말한다. 그러다 자신의 가치관과 정체성에 맞는 일을 찾게 되면 그 일에 본격적으로 뛰어드는 것이다. 그 이후에는 무언가에 대해 강박관념을 갖고 최고 수준의 성과를 내고자 하는 자신의 새로운 모습을 발견하게 될 것이다.

높은 수준의 목표와 강박관념이 만나면 당위성이 생겨난다. 그리고 당위성에 의해 뛰어난 성과가 만들어진다. 이것이 당위성의 4요소 가운데 내적 성격의 요소들이 만들어내는 작용이다. 지금까지 이야기한 내용을 토대로 다음 문장들을 완성해보자.

- 내 삶의 중요한 가치관은…

  _____

- 내 가치관에 걸맞게 살지 않았던 최근의 사례는…

  _____

- 그 당시 내 가치관에 따라 살지 않았던 이유는…

  _____

- 내 가치관에 맞게 살았던 최근의 사례들, 혹은 특정 유형의 사람으로 행동했던 최근의 사례들 가운데 가장 자랑스러웠던 것은…

  _____

- 그 당시 그와 같이 행동했던 이유는…

  _____

- 일과 생활 가운데 내가 강박관념을 갖고 있거나 집착하는 분야가 있다면…

  _____

- 일과 생활 가운데 내가 강박관념을 갖고 있지 않은 분야는…

  _____

당위성의 4요소 - 외적 성격

강해지는 것 외에 다른 선택은 없는 상황에 내몰리기 전까지는
자기 자신이 얼마나 강한 사람인지 결코 알 수 없다.

−밥 말리Bob Marley

당위성의 4요소 가운데 외적 성격의 요소들을 설명할 때 일부 심리
학자들은 '압박감'이라는 특성으로 그것을 설명하려 할 것이다.[13] 하
지만 나는 압박감이라는 표현은 잘 쓰지 않는다. 다분히 부정적인 의
미를 내포하고 있기 때문이다. 게다가 하이퍼포머의 원동력은 압박
감과는 거리가 있다. 물론 그들에게도 보통 사람과 마찬가지로 의무
감을 느끼고 지켜야 할 마감 시한이 있다. 하지만 그들은 자신이 해야
할 의무를 스스로 선택하며, 그렇기에 의무감이 압박감을 수반하지
않는다. 외부의 힘에 이끌려가는 것이 아니라 스스로 나아가는 것이다.

나도 오래전에는 외부로부터의 압박감을 성공의 중요 요인으로 생
각했다. 그러나 성과지수 모델을 개발하기 위해 설문조사를 하는 과
정에서 그게 그렇지 않다는 것을 알게 됐다. 사람들에게 '나는 높은
단계에서 성공해야 한다는 외부(동료, 가족, 직장 상사, 멘토, 사회문화
등)로부터의 요구를 느낀다'라는 질문을 제시하고, 이에 대해 '매우
그렇다'부터 '전혀 아니다'까지 점수 척도로 답해달라고 주문했는데,
놀랍게도 성과지수와 자신이 느끼는 외부로부터의 요구는 아무런 상
관관계가 없는 것으로 나타났다.[14] 그리고 추가 조사를 통해 하이퍼포
머의 성공에 대한 의지는 외부의 압박이나 요구에 의해 만들어지는
게 아니라는 점을 알게 됐다. 다만 하이퍼포머도 외부의 압박을 느끼
기는 하는데, 그건 성공의 크기를 전보다 더 키워야 한다는 유형의 압

박이었다.

하이퍼포머는 자신에게 일어날 수 있는 손상이나 위협에 의해 움직이지 않는다. 사회 시스템이나 다른 사람에게 부정적으로 대응해야 할 필요성에 의해 크게 동기부여가 되지도 않는다. 물론 그들에게 있어서도 이와 같은 부정적인 동기부여 요인이 어느 정도는 작용하지만, 그 요인 자체는 오래 지속되지도, 큰 영향을 끼치지도 않는다.

하이퍼포머는 주로 긍정적인 요인에 영향을 받는다. 그들은 긍정적인 차원에서의 의미를 발견했을 때 강하게 동기부여되며, 그런 의미가 있는 목표를 추구하는 과정에서는 여느 사람들과 마찬가지로 의무감도 느끼고 마감 시한의 압박도 받는다.

바로 이 의무감과 마감 시한에 대한 압박은 당위성으로 작용하며, 뛰어난 성과를 내는 데 동력이 된다.

사회적 의무감

의무감은 무언가를 잘할 수 있게 해주고,
사랑은 무언가를 아름답게 할 수 있게 해준다.
-필립스 브룩스Phillips Brooks

하이퍼포머는 다른 사람이나 다른 무엇을 위해 뛰어난 성과를 내야 한다는 당위성을 갖기도 한다. 자신을 필요로 하는 사람들, 혹은 약속이나 사회적인 책임을 위해 반드시 어떤 목표를 달성해야 한다는 생각을 갖는 식이다.

하이퍼포머는 자신의 의무를 폭넓게 인식하는 경향을 보인다. 다른 누군가가 구체적으로 부탁하지 않더라도, 사회가 책임을 지우지 않더라도 자신의 의무라고 생각하는 경우가 종종 있다. 심지어 다른 사람의 기대나 요구에 부응하는 것에 대해 의무감을 느끼기도 한다. 자신이 속한 집단의 규범이나 가치관을 준수하고, 옳고 그름에 관한 도덕률을 따르는 것도 그들에게는 의무가 된다.[15]

이런 경향은 우리 인간의 이타성을 통해 설명될 수 있다. 아무리 피곤해도 한밤중에 아이가 깨어나서 울면 우리는 아이를 달래기 위해 잠에서 깨어난다. 그렇게 하는 게 당연하다고 생각하기 때문이다. 이처럼 이타성에 기인하는 당위성은 매우 강력한 동기 요인이 된다. 만약 최근 들어 성과가 부진하다면 '내 일이 누구에게 도움을 줄까?'와 같은 생각을 해보는 것도 좋은 방법이다.

우리의 노력에 도움을 받는 사람들이 그 노력을 인정해준다면 우리는 뛰어난 성과를 계속해서 내야 한다는 당위성을 더욱 강하게 느끼게 된다. 사람은 자신의 지식을 더 많이 전파하고, 자신의 성과에 좋은 평가를 받고, 자신에게 도움을 받은 사람들로부터 존경을 받을 때 더 큰 동기의식을 느끼고, 일을 더 열심히 하고, 더 큰 성과를 낸다. 수많은 연구 결과들이 이런 사실을 말해준다.[16] 다시 말해 다른 사람들을 위해 무언가를 하고, 그들에게 실질적인 도움과 지식을 전해주고, 그들에게서 인정을 받는다면 더 뛰어난 성과를 내야 한다는 더 큰 당위성을 인식하게 된다는 것이다. 실제로도 좋은 평가를 받고 인정을 받으면 더 열심히 일하게 되고 더 좋은 성과가 나오게 마련이다.[17]

그런데 타인에 대한 의무감은 순간적으로 부정적인 것으로 느껴질수도 있다. 사실 한밤중에 우는 아이의 기저귀를 갈아주기 위해 잠에서 깨어나야 하는 걸 좋아하는 부모는 거의 없을 것이다. 그래도 한밤

중에 깨어나 기저귀를 가는 것은 사랑의 표현이라기보다는 오히려 의무감 때문이다. 그러나 자녀에 대한 의무를 계속 이행하다 보면 스스로를 좋은 부모로 여기게 되고, 그런 긍정적인 생각은 더 좋은 부모가 되어야겠다는 동기부여로 이어진다. 다른 분야에서도 마찬가지다. 단기적으로는 부정적인 기분을 만들어내는 타인에 대한 의무가 결과적으로는 뛰어난 성과로 이어질 수 있다.

하지만 낮은 성과를 내는 사람들은 이러한 흐름에 관한 큰 그림을 인식하지 못하고, 그래서 일과 생활에 불평을 제기하는 경우가 많다. 물론 거의 모든 사람이 불평을 제기하는 유형의 의무도 있다. 가족에 대한 의무가 대표적인데, 부모의 생활을 돕거나 부양해야 하는 경우 대다수 사람은 이를 부담스러워할 것이다. 그러나 이런 의무를 이행하는 것도 행복감을 더해주는 긍정적인 결과로 이어진다.[18]

직장에서도 '남들에게 필요한 일을 한다'는 인식은 긍정적인 기분을 만들어주고, 이는 뛰어난 성과로 이어진다. 조직 행동을 연구하는 학자들에 따르면 자기가 없으면 회사에 큰 손실이 발생한다고 생각하는 직원들의 이직률이 현저히 낮다고 한다.[19] 이런 직원은 자신의 상사를 돕기 위해 기꺼이 초과 근무도 불사한다. 당장에는 몸이 힘들지만 조직에 기여해야 한다는 의무감으로 이를 극복하는 것이다.

하이퍼포머는 자신에게 주어지는 의무 이행의 필요성을 잘 이해하기 때문에 의무 이행에 대해 불평을 제기하는 경우가 거의 없다. 그들은 자신의 역할을 수행하고 다른 사람들을 위해 무언가를 하는 것이 전체 성공 프로세스를 구성하는 일부분이라는 점을 알고 있다. 의무의 이행은 지금은 힘들어도 미래의 긍정적인 일로 되돌아온다. 나 역시 나에게 주어지는 의무가 결국은 좋은 기회일 거라고 믿으며, 의무를 행할 때 불평을 제기하지 않으려고 한다.

나는 타인에게 봉사해야 하는 기회가 생겼을 때
그에 따르는 노력에 불평하지 말아야 한다는 것을 알게 되었다.

하이퍼포머가 그렇게 할 수 있는 것은 목표의식이 확고하기 때문인데, 높은 차원의 목표나 사명을 반드시 이행해야 한다는 의무감이 높은 수준의 지속적인 노력을 가능하게 만든다. 그들과 대화해보면 그들은 "뛰어난 성과를 내는 것 외에 다른 선택지는 없었다"고 말한다. 다른 누군가가 강제로 시켰기 때문이 아니라 스스로 그렇게 해야 한다고 절감했기 때문이다. 그들은 자신에게 숭고한 기회가 주어졌다고 생각한다. 자신의 성과가 자기 자신만이 아니라 다른 많은 사람의 미래에 긍정적인 영향을 끼친다고 생각하기 때문이다.

하이퍼포머 중에서도 상위 15퍼센트는 거의 예외 없이 이런 높은 차원의 의무감을 가지고 있었다. 그들은 미래 세대를 위해 훌륭한 유산을 남겨주는 것을 자신의 사명으로 인식하는 경향을 보였다. 그렇기 때문에 자신은 반드시 뛰어난 성과를 내야 한다는 것이다.

구체적인 마감 시한

시급성이 없다면 욕망은 그 가치를 잃는다.

-짐 론

왜 운동선수는 시합 몇 주 전부터는 평소보다 더 열심히 훈련하게 되는 걸까? 왜 영업사원은 분기 말이 다가올 때 평소보다 더 나은 실적을 내는 걸까? 왜 부모는 개학을 앞두고 더 규칙적으로 생활하게 되는 걸까? 바로 마감 시한이 만들어내는 동기부여 효과 때문이다.

사실 마감 시한은 성과관리 측면에서 상당히 평가절하되고 있는 도구다. 우리는 성과를 높이기 위해 목표와 계획에 주목하지만, 구체적인 마감 시한이야말로 가장 효과적인 성과 촉진제 중 하나다.

그렇다면 마감 시한의 효과는 언제부터 나타나는 것일까? 마감 시한을 지키지 못하는 경우 부정적인 결과가 진짜로 나타날 거라고 인식하는 시점부터 효과가 나타난다.

사실 우리는 모두 마감 시한을 가지고 인생을 살아간다. 이때 하이 퍼포머는 중요한 마감 시한과 그렇지 않은 시한을 구분할 줄 안다. 그리고 중요하지 않은 마감 시한에 시간과 에너지를 낭비하지 않는다.

나 역시 마감 시한들 사이에서 그 중요도를 늘 구분하려고 한다. 누군가가 나에게 무언가를 부탁하는 이메일을 보내오면 나는 다음과 같은 답신을 보낸다.

연락해주셔서 감사드립니다. 그런데 말씀해주신 그 일의 '진짜 마감 시한'을 알려주실 수 있나요? 정말로 심각한 문제가 발생하기 전의 시간 말입니다. 많은 분들이 저에게 부탁을 해오시기 때문에 부득이하게 일의 경중을 따진 후에 도움을 드리고 있습니다. 귀하가 생각하시는 그 일의 진짜 마감 시한은 언제인지, 그리고 그렇게 말씀하시는 이유는 무엇인지 알려주시면 감사하겠습니다. 그런 후에 일정을 잡고 함께 문제를 풀어나가도록 하지요. 일단 문제해결 과정에 들어가면 언제나 그렇듯이 저는 최선을 다해 도움을 드리도록 하겠습니다.

감사합니다!

정말로 중요하지 않은 일까지 전부 챙기다 보면 성과는 떨어지게 마련이다. 나는 사람들에게 친절하게 대해주고 싶지만, 그렇다고 해서 중요하지 않은 마감 시한에까지 얽매일 생각은 없다. 중요한 마감 시한을 가려내는 것은 나의 성과를 높이는 데 매우 효과적인 방법이며, 이는 하이퍼포머도 마찬가지다.

하이퍼포머 1,100명을 대상으로 진행한 최근의 한 설문조사에서는 보통 사람들은 하이퍼포머에 비해 중요하지 않은 마감 시한에 얽매이는 빈도가 3.5배나 되는 것으로 나타났다.[20] 하이퍼포머는 정말로 중요한 마감 시한에 집중했다.

그런데 하이퍼포머가 중요한 마감 시한에 대해 언제나 선택권을 가지는 것은 아니다. 중요한 마감 시한이 외부에서 주어지는 경우도 상당히 많다. 올림픽에 출전하는 국가대표 선수는 시합 날짜를 스스로 선택할 수 없다. 기업 경영자들 역시 시장의 요구를 스스로 선택할 수 없다.

나 같은 경우도 이 책의 마감 시한이 외부에서 주어지지 않았다면 아마 영원히 탈고하지 못했을 것이다. 그리고 계속해서 원고를 붙잡고 있었다면 내 가족들은 나에게 화를 냈을 것이고, 출판사는 앞으로 나와 함께 일을 하려 하지 않았을 것이다. 하지만 이 책과 관련해 출판사가 유통사들과 약속한 날짜가 있었고, 아내가 기대하는 휴가 스케줄도 있었다. 나는 그렇게 외부로부터 원고 마감 시한을 부여받았고, 그건 중요한 마감 시한이었다.

그렇다고 해서 하이퍼포머가 부정적인 결과에 대한 우려 때문에 마감 시한을 지킨다는 의미는 아니다. 그들이 마감 시한을 지키는 이유는 자신의 노력이 적절한 때에 세상에서 긍정적인 결과를 만드는 것을 보고 싶기 때문이다. 그리고 가치 있는 새로운 일을 시작하고 싶기 때문이다.

많은 경우 중요한 마감 시한은 사회적 마감 시한이다. 하이퍼포머는 마감 시한을 지켜야 다른 많은 사람들에게 긍정적인 영향을 끼칠 수 있다는 생각 때문에 마감 시한을 지키려 한다.

**다른 사람을 돕고 세상의 큰 변화를 도모하는 사람에게는
더 많은 수의 마감 시한이 다가올 것이다.**

마감 시한의 압박을 자주 받으면 삶이 우울해질 거라고 생각하는 이들이 있을지 모르겠다. 하지만 마감 시한의 존재는 지금의 일에 대한 집중력을 높여주고, 다음 일에 대한 기회를 만들어준다.[21] 마감 시한이 있기 때문에 더 높은 성과를 낼 수 있고, 가치 있는 일을 더 많이 할 수 있는 것이다.

불길을 되살려라

정체성, 강박관념, 의무감, 마감 시한. 우리 행동에 상당한 영향력을 행사하는 요인들이다. 이런 요인들이 복합적으로 작용한다면 매우 강력한 당위성이 만들어질 거라는 점은 누구나 쉽게 짐작할 수 있다.

그런데 대부분의 사람들은 강력한 당위성을 정말 싫어한다. 그것이 강력한 압박감을 만들어내기 때문이다. 내적 당위성의 압박감은 상당한 스트레스를 유발하고, 외적 당위성은 스트레스에 더해 사회적 실

패에 대한 걱정까지 만들어낸다. 하지만 우리 조사 결과에 따르면 하이퍼포머는 당위성을 좋아했다. 그들에게는 당위성이 반드시 있어야 했다.

"예전처럼 일을 할 수가 없습니다. 자꾸만 무력감이 들어요." 최고의 성과를 내던 사람이 갑자기 이런 말을 한다면 그에게 뭐라고 말해주겠는가? 성격검사를 받아보거나 자신의 새로운 강점을 찾아보라고 하겠는가? 아니면 어디 휴양림에라도 다녀오라고 하겠는가?

나는 그에게 자신이 가지고 있던 당위성을 되돌아보라고 말해준다. 예전에 활력을 가지고 열심히 일하던 때를 돌아보고, 그 당시 당위성의 4요소가 어땠는지를 떠올려보라고 제안하는 것이다. 예전에 활력을 가지고 열심히 일하면서 뛰어난 성과를 냈다면 그에 상응하는 당위성을 가지고 있었을 것이다. 그 자신의 정체성, 강박관념, 의무감, 마감 시한 등이 만들어내는 성취욕이 뛰어난 성과의 원동력이었을 것이기 때문이다. 나는 예전에는 뛰어난 성과를 냈지만 지금은 무력감을 느끼는 사람들에게 당위성의 4요소에 관해 새로운 개념을 정립해보라고 말해준다.

내가 아이작에게 해주었던 말이 바로 이것이었다. 당시 아이작은 자기 자신이 아무것도 할 수 없는 사람이 됐다는 무력감에 빠져 있었는데, 그런 그에게 나는 부상을 당하기 전에 가졌던 당위성을 떠올려보라고 말했다. 그런 다음 가족과 그가 앞으로 해야 할 일을 생각하며 재활운동에 임할 것을 제안했다. 물론 말처럼 쉬운 일은 아니었을 것이다. 하지만 그는 자신이 가졌던 당위성을 되살리는 데 성공했고, 삶에 대한 열의를 가질 수 있게 됐다.

변화와 발전은 그에 대한 당위성을 인식할 때만 가능하다. 당위성을 충분히 강력하게 인식하면 우리는 위로 올라갈 수 있다. 그 과정에서 어려움을 겪더라도 당위성을 떠올리면 계속 나아갈 수 있다. 당위성에 대한 인식은 성공을 계속 이어나가는 데 필수적인 요소다.

실행 1 ☑ 나의 성과로 누가 도움을 받을지 생각하라

그냥 잘하는 것도 좋지만, 무언가를 위해 잘해야 한다.

–헨리 데이비드 소로Henry David Thoreau

일할 때마다 내적, 외적 당위성을 분명하게 인식할 수 있는 간단한 습관이 있다. 일하기 위해 책상 앞에 앉을 때마다 자기 자신에게 이렇게 묻는 것이다.

"지금부터 내가 만들어낼 수 있는 최고의 성과는
누구에게 가장 도움이 될 것인가?"

자리를 잡으면 곧바로 이 질문부터 하고 그에 대한 답을 내본다. 간단한 습관이지만, 나는 다음의 이유에서 이 습관을 매우 좋아한다.

- 간단해서 누구라도 할 수 있는 방법이다.
- 일반적 업무행태에 연계된 방법이다. 재택근무를 하든, 고층빌딩에서 근무하든, 책상 앞에 앉을 때마다 이 질문만 떠올리면 된다.
- 이 질문은 연상작용을 만들어낸다. '내가 만들어낼 수 있는 최고의 성과라는 게 뭐지? 나는 오늘 그것을 해낼 수 있는 상황인가?

한두 시간 후에 나는 어느 정도의 성과를 내고 있을까?'와 같은 질문들이 연달아 떠오르게 된다.

- 이 질문은 사회적 의무감을 자극한다. 사람은 자신의 성과에 의해 도움을 받을 수 있는 다른 이들을 떠올리면 더 좋은 성과를 내는 경향을 보인다.
- 나는 '지금부터 만들어낼 수 있는 최고의 성과'라는 문구를 좋아하는데, 이 문구는 일을 할 때 집중력을 높여준다. 일의 시급성이나 우선순위를 한 번 더 생각하게 만들기 때문이다.

적어도 내가 아는 한 하이퍼포머는 자신이 최고의 성과를 추구하고 있는지 끊임없이 숙고했다. 그들은 자신이 어느 정도의 성과를 내고 있는지 계속해서 살핀다. 일하기 위해 책상 앞에 앉을 때마다 자기 자신에게 앞의 질문을 한다면 자신이 어느 정도의 성과를 내고 있는지 자주 돌아보면서 동시에 다른 사람들에 대한 자신의 기여에 대해서도 생각하게 된다. 전부 하이퍼포머에게서 찾아볼 수 있는 행동이다. 그들은 자신의 삶에 대해 감사하는 마음을 가지고 있으며, 그래서 기회가 되는 한 다른 사람들에게도 도움이 되려고 한다.

많은 사람들이 나에게 '한 사람이 낼 수 있는 최고의 결과'를 만드는 방법을 묻는다. 그럼 나는 최고의 성과를 내야 하는 당위성을 명확하게 인식하고, 자신이 하는 일에 몰입해야 한다고 말해준다. 자신의 정체성을 하이퍼포머로 인식하고, 지금 하는 일에 최대한 집중해야 하는 것이다.

우리는 살아가면서 자신의 정체성을 선택하게 된다. 어떤 사람이 될 것인지, 어떤 모습으로 세상에 나설 것인지는 스스로 선택하는 것이다. 그리고 어떤 유형의 정체성을 선택하느냐에 따라 우리가 만들어내는 성과는 크게 달라진다. 다음의 여러 정체성들에 대해 한번 생각해보자.

- **취미활동가:** 어떤 일에 대해 스쳐 지나가는 수준의 흥미만 보인다. 이들은 많은 일에 관심을 갖고 시도해보지만, 어떤 일에도 몰입하는 경우는 없다.
- **연습생:** 자신이 관심을 갖는 분야에서는 어느 정도의 역량을 계발하려고 한다. 자신이 선택한 분야에 취미활동가보다는 더 큰 관심을 보이지만, 좌절감을 겪으면 쉽게 포기한다. 역경을 이겨내고 높이 올라서는 모습은 연습생의 정체성에는 아직 존재하지 않는다.
- **아마추어:** 자신이 선택한 분야에 관심 이상의 열정을 보인다. 이들은 높은 수준의 역량을 계발하고 역경도 이겨내려 하지만, 다른 사람들로부터 칭찬이나 인정을 받지 못하는 일에는 더 이상 열정을 갖지 못한다. 이들은 외부로부터 주어지는 확신이 있어야만 앞으로 나아갈 수 있다.
- **주전선수:** 자신이 선택한 분야에 열정을 보이고 몰입한다. 그리고 자기 분야에서 최고가 되려고 한다. 이들은 훈련의 성과가 나오고 성과에 대한 보상이 뒤따르는 한 행복하다. 그러나 게임의 양상이 바뀌고 성과가 부진해지면 금세 좌절하게 된다. 이들은 자신이 익숙해진 게임의 규칙이 영원히 유지되기를 바라고, 혼란이나 부정적인 평가를 기피한다. 이들은 자신이 철저히 공정하게 대우받기를 바란다. 자신과 비슷한 성과를 내는 동료가 자

신보다 높은 보상을 받으면 견디지 못하고 팀을 떠나려 한다. 이들은 자신이 선택한 분야에서는 매우 큰 성공을 이뤄낼 수 있지만, 그 성공이 삶의 다른 분야에까지 연결되는 것은 아니다. 자신이 선택한 분야에서는 반드시 승리하려 하지만, 그 외의 분야에는 별로 관심이 없기 때문이다.

- **하이퍼포머:** 이들은 여러 면에서 주전선수와 같다. 그리고 거기에 더해 다방면의 요소에서 높은 당위성을 인식하고 있고, 삶의 여러 분야에서도 인정을 받으며, 동료들과의 관계성도 좋다. 이들은 자신이 선택한 분야에 진정으로 몰입한다. 인정이나 보상이 뒤따르지 않더라도 자기 일에 몰입하는데, 이들에게는 자기 분야에서 일하는 것 자체가 보상이자 세상 속에서 자신이 인식하는 정체성이기 때문이다. 이들의 정체성은 자신의 일, 함께 일하는 동료, 그 일로부터 도움을 받는 사람들과 연계돼 있다. 이들은 자신이 선택한 분야에서 최고가 되는 것만이 아니라 삶의 전반적인 분야에서 성공을 추구한다. 그리고 주전선수와는 달리 남들의 인정을 그리 중요하게 생각하지 않는다. 이들은 팀을 중시하고 좋은 인간성을 지니고 있기 때문에 팀원들 사이에서 존중받는다. 이들은 개인적인 성공만이 아니라 함께 일하는 팀원들의 성장과 성공도 중요하게 생각한다.

정체성에 대한 상당히 개괄적인 설명이지만, 나는 실제로 이 분류를 코칭에 활용한다. 만약 누군가가 자신이 낼 수 있는 최고의 결과를 추구한다면 그 사람의 정체성은 취미활동가, 연습생, 아마추어, 주전선수 같은 것이 되어서는 안 된다. 그는 자신의 정체성을 '하이퍼포머'로 인식하고 있어야 한다. 뛰어난 성과를 내는 자신의 모습을 그리면서 정체성에 부합하는 삶을 살아야 하고, 매일 조금씩이라도 정체성에 다가서려고 해야 한다.

하이퍼포머에 부합하는 정체성을 선택했다면 그다음에는 자신이 선택한 일에 몰입할 차례다. 단순히 자기 자신을 하이퍼포머로 인식하는 것만으로는 아무런 일도 일어나지 않는다. 실제 행동이 뒤따라야 한다. 미하이 칙센트미하이 Mihaly Csikszentmihalyi 교수의 책 《몰입 Flow》을 보면 다음과 같은 조건들이 갖춰질 때 일에 몰입할 가능성이 커진다고 한다.

1. 구체적이면서도, 도전적이지만 충분히 달성 가능한 목표를 추구한다.
2. 강한 집중력과 인내력을 가지고 있다.
3. 일하는 과정 자체에서 만족감을 느낀다.
4. 약간 무의식 상태에 들어가면서 마음이 고요해진다.
5. 시간이 멈춘 듯한 느낌을 갖는다. 현재에 몰입하여 시간의 흐름을 인식하지 않게 된다.
6. 자신의 성과에 대한 즉각적인 피드백을 받는다.
7. 자신의 역량과 자신에게 주어진 도전 사이에 균형이 유지된다. 앞에 놓인 도전이 다소 어렵기는 하지만, 자기 역량으로 충분히 이뤄낼 수 있다.
8. 현재의 상황과 앞으로 일어날 결과를 스스로 통제할 수 있다.
9. 자기 신체의 물리적 욕구에 대해서는 신경 쓰지 않게 된다.
10. 지금 하고 있는 일에 온전히 정신을 집중할 수 있다.[22]

타인에게 도움이 될 수 있는 최고의 성과를 추구하려면 이와 같은 몰입의 조건을 기억해둘 필요가 있다. 그리고 자신이 만들어내는 성과가 타인에게 도움이 된다는 인식은 몰입의 가능성을 더욱 높여준다. 앞에서도 비슷한 맥락의 이야기를 한 바 있지만, 뛰어난 성과를 내고자 한다면 자기 일을 다른 사람들을 도울 수 있는 기회로 여겨라. 최고의 성과를 내야 하는 이유를 개인의 이익이나 기분을 넘어 다른 사람들의 이익과 연계시키는 것이다. 뛰어난 성과를 내야 하는 이유를 외부에서 찾아보라. 다른 사람이나 다른 무엇을 위해 뛰어난 성과를 내야 한다는 당위성을 찾는다면 뛰어난 성과를 내고 그것을 오래도록 이끌어갈 가능성이 더욱 커지게 된다.

하이 퍼포먼스 프롬프트

1. 지금 시점에서 내가 만들어낼 수 있는 최고의 성과로 도움을 받을 것 같은 사람은…

2. 앞의 사람들이 내 도움을 필요로 하는 이유는…

3. 내가 최고의 성과를 내고 다른 사람들에게 도움이 되고자 하는 이유는…

4. 최고의 성과를 낼 때 내가 인식하는 조건은…

5. 내가 최고의 성과를 내지 못하게 되는 이유는…

6. 최고의 성과를 내지 못하게 만드는 요인을 해결할 수 있는 방법은…

7. 다른 사람들에게 도움이 되기 위해 최선을 다해야 한다는 것을 잊지 않으려면…

실행 2   목표의 이유를 공개하라

어떤 일에 자신의 모든 것을 바치는 순간 하늘도 움직인다.

-괴테 Goethe

하이퍼포머는 자신의 목표와 그 목표를 추구하는 이유를 숨기지 않는다. 그들은 목표와 목표 추구의 이유를 구체화하고, 그것을 다른 사람들 앞에서 드러낸다. 하이퍼포머와 그렇지 않은 사람 사이의 극명한 차이점 가운데 하나가 바로 이것이다. 낮은 성과를 내는 사람은 목표 추구의 이유를 구체화하지도 못하고, 그것을 다른 사람들 앞에서 드러내는 것을 꺼린다.

하이퍼포머는 자신의 목표와 목표 추구의 이유를 다른 사람들 앞에서 자신 있게 드러낸다. 그들은 자신이 그렇게 열심히 일하는 이유를 숨기지 않으며, 오히려 그 이유를 사람들에게 말하고 싶어 한다. 일례로 뛰어난 성과를 내는 운동선수들은 자신의 훈련 내용과 그 훈련의 이유를 전부 공개한다. "밸런스가 조금 흔들리는 것 같아서 오늘은 75퍼센트의 힘으로 스쿼트를 3세트 했습니다"와 같은 식으로 말하는 것이다.

처음 성과 코치로 일을 시작했을 때 나는 하이퍼포머는 외향적이기 때문에 자신에 관해 말하기를 좋아하는 게 아닐까 하는 생각을 했다. 아니면 그들의 카리스마 때문에 그들의 목표 추구 이유가 더욱 도드라지게 드러나는 게 아닐까 하는 생각도 했다. 하지만 둘 다 틀린 생각이었다. 뛰어난 성과는 개인의 성격과는 아무런 상관관계가 없었다. 내향적인 사람도 외향적인 사람만큼이나 하이퍼포머가 될 수 있다는 게 내가 알게 된 사실이었다.[23]

어쨌거나 하이퍼포머는 자신의 목표와 목표 추구 이유를 다른 사람들 앞에서 자신 있게 드러내지만, 자신이 활용하는 접근법이 항상 옳다는 식으로 이야기하지는 않는다. 오히려 그들은 자신이 활용하는 접근법이 최선의 것인지에 대해 항상 의문을 제기한다. 그들은 더 나은 방식에 대해 언제나 열린 태도를 취한다. 다시 말해 하이퍼포머는 자신의 목표에 대해서는 자신감을 가지지만, 목표 추구 방식에 대해서는 늘 더 나은 방법이 존재할 수 있다는 가능성을 염두에 둔다.

자신의 목표를 사람들 앞에서 밝히는 것은 목표에 대한 더 강한 확신과 사회적 의무감을 만들어낸다. 사람들 앞에서 앞으로 추구할 목표와 그 이유, 목표 달성에 대한 확고한 마음가짐을 밝히는 순간부터 나의 자아는 해당 목표를 더욱 진지하게 인식하게 된다. 목표 달성에 실패하는 경우 나는 일종의 사회적 약속을 어긴 셈이기 때문이다. 사회적 약속을 지키지 못하고 사람들 사이에서 성실하지 못하다는 평판을 받는 것은 결코 하이퍼포머가 원하는 상황이 아니다. 그래서 자신의 목표와 그 이유를 자기 자신과 다른 사람들 앞에서 지속적으로 밝히는 것은 뛰어난 성과를 내는 좋은 방법이 된다.

목표를 자기 자신에게 밝히라는 것은 말 그대로 스스로에게 목소리로 들려주라는 의미다. 내 경우는 지금으로부터 11년 전에 동기부여, 자기계발, 경력계발 분야의 코치로서 최대한 많은 사람에게 도움을 주는 것을 목표로 정했다. 그 당시는 온라인 교육과 온라인 마케팅, 그리고 유튜브 같은 매체들이 이제 막 주목을 받던 시기였는데, 나는 동영상 강의를 찍어서 온라인으로 공급해야겠다는 생각을 했다. 그런데 카메라 앞에서 강의하는 게 여간 어려운 일이 아니었다. 말을 자꾸 더듬거렸고, 동작이나 시선 처리도 어색했다. 결국 첫 동영상 강의는 완전 엉망이 되었다.

하지만 나는 습관적으로 나 자신에게 내 목표와 목표 추구의 이유를 들려주고 있었다. 강의 촬영에 앞서 나 자신에게 이렇게 소리 내어 말해주었다.

"브렌든, 네가 이 일을 하는 이유는 이 일이 중요하기 때문이야. 네 강의를 들을 수강생들을 떠올려봐. 너는 그들에게 동기를 부여하고 그들이 목표를 이루도록 도와줄 수 있어. 그게 네가 이 일을 하는 이유잖아. 수강생들에게 필요한 일을 하는 거야. 너는 앞으로도 이 일을 사랑할 것이고, 계속해서 많은 사람들을 도와주게 될 거야."

나는 나 자신에게 카메라 앞에서 멋있게 강의해야 한다고 말하지 않았다. 그보다는 내가 카메라 앞에서 강의해야 하는 이유를 말해주었다. 그리고 그렇게 말해주는 순간부터 카메라 앞에서 강의하는 일은 더 큰 당위성을 갖게 되었다.

여기서 나 자신에게 목표와 목표 추구의 이유를 들려줄 때 나 자신을 객체화했다는 점과, 목표 추구의 이유가 본질적인 것이었다는 점에 주목해주기 바란다. (내가 동영상 강의자료를 만드는 건 다른 사람을 도와주고 내가 앞으로도 그 일을 사랑할 것이기 때문이라는 게 본질적인 이유라면, 돈을 벌고 찬사를 듣고 상을 받기 위해서라는 건 비본질적인 이유가 된다.) 목표 추구의 이유를 정할 때는 본질적인 것으로 정할 필요가 있다. 본질적인 이유가 훨씬 더 큰 당위성을 만들어주기 때문이다.[24]

지금 하는 이야기가 너무 감상적이고 진부하다는 느낌이 든다면 그건 하이퍼포머와 대화를 나누어본 적이 별로 없기 때문일 것이다. 그들은 자기 자신이 들을 수 있는 크기로 말을 하면서 중요한 것들을 잊지 않으려고 한다. 기회가 된다면 올림픽에 출전한 국가대표 선수들이 경기장에 들어가기 전에 무엇을 하는지 지켜보라. 아마도 자기 자신에게 뭐라고 중얼거리는 모습을 발견하게 될 것이다. 그들은 시합에 몰입해야 하는 이유와 시합에서 이겨야 하는 이유를 스스로에게 분명하게 들려준다. 유명한 강사가 연단에 오르기 전에 대기실에서 무엇을 하는지 지켜보라. 강의 내용을 되뇜과 동시에 자신이 왜 그 장소에 초빙되어 왔는지를 자기 자신에게 들려주는 모습을 발견하게 될 것이다.

이는 불안장애를 겪는 사람들에게 심리학자들이 제안하는 치료법이기도 하다. 자신이 살아가야 하는 이유와 자신이 추구하는 목표의 가치를 스스로에게 들려주는 것은 불안장애를 극복하는 효과적인 방법이라는 것이다.[25]

나는 나의 목표와 목표 추구의 이유를 내가 아는 사람들에게 기회가 생길 때마다 알려주었다. 우선은 가족과 친구들에게 나는 앞으로 온라인 강의자료를 만들 계획이고, 그 일이 왜 중요한지를 말해주었다. 나의 웹사이트를 알려주었고, 곧바로 피드백을 줄 것을 요청했다. 내 이야기를 들은 사람들 가운데 많은 이들은 그냥 웃어넘기면서 진지하게 받아들이지 않았다. 물론 내가 나의 목표와 목표 추구의 이유를 주위 사람들에게 이야기할 때 그들의 지지까지 바란 건 아니었다. 단지 주위 사람들에게 이야기함으로써 내가 추구하는 목표에 대한 더 강한 확신과 사회적 의무감을 만들어내는 것으로 충분했다. 실제로 그렇게 다른 사람들에게 이야기를 하고 나자 온라인 강의자료를 제대로 만들어야겠다는 더 강한 동기의식이 생겨났다. 만약에 내가 이런 사회적 의무감을 만들어내지 않았다면 최대한 많은 사람에게 도움을 주겠다는 11년 전의 나의 목표는 이뤄지지 않았을지 모른다. 목표와 목표 추구의 이유를 나 자신과 주위 사람에게 이야기해주는 습관은 내가 이뤄온 뛰어난 성과의 비결이다.

어떤 목표를 목소리를 내어 말하면 그 목표는 우리에게 더욱 중요하고 간절한 것으로 인식된다. 또한 목표를 반드시 이뤄야 한다는 당위성을 더 강하게 인식하게 된다. 중요한 목표가 있고 그 목표를 이뤄야 한다는 강한 당위성을 갖고자 한다면 자신이 이루고자 하는 목표와 목표 추구의 이유를 자기 자신과 주위 사람들에게 분명한 목소리로 들려주라.

하이 퍼포먼스 프롬프트

1. 내가 매우 잘하고 싶어 하는 세 가지의 일은…

2. 앞의 세 가지 일을 잘하고 싶은 각각의 이유는…

3. 나의 목표와 목표 추구의 이유를 말해주고 싶은 사람은…

4. 나 자신에게 큰 소리로 들려주고 싶은 나의 목표와 목표 추구의 이유는…

5. 나의 목표와 목표 추구의 이유를 기억하기 위해 내가 사용하는 방법은…

실행 3 ⏱ 나보다 더 뛰어난 사람들과 교류하라

> 우리에게 도전하고 우리에게 영감을 주는 사람들과
> 많은 시간을 보내도록 하라. 그럼 우리의 인생이 바뀔 것이다.
>
> —에이미 폴러Amy Poehler

하이퍼포머가 되는 가장 빠르면서도 효과적인 방법 가운데 하나는 자신의 인적 네트워크 중 가장 긍정적이고 성공한 사람들과 더 많은 시간을 보내는 것이다. 한 사람의 인적 네트워크는 가족, 친구, 업무 관계로 만나는 사람, 지역사회 이웃들로 구성되는데, 이들 가운데 최고라는 평가를 받는 사람들과 더 많이 만나고 대화하는 게 뛰어난 성과를 내는 좋은 방법이다. 같은 맥락에서 부정적인 사람들과는 적게 접할수록 좋다. 다만 여기서 설명한 게 전부는 아니다.

자기 분야에서 뛰어난 성과를 내고자 한다면 뛰어난 성과를 내는 새로운 사람들을 계속해서 인적 네트워크에 추가할 필요가 있다. 우리보다 더 높은 수준의 지식을 가지고 있고 더 뛰어난 성과를 내는 새로운 사람들과 더 많이 만나고 더 많이 대화하라. 기존의 인적 네트워크를 단순히 유지하는 게 아니라 더욱 확장해야 한다.

성공하려면 성공한 사람들과 어울려야 한다는 개념은 이미 가지고 있을 것이다. 하지만 인적 네트워크가 자신에게 어느 정도나 영향을 끼치는지에 대해 얼마나 진지하게 생각해봤을지는 의문이다.

근래 들어 학자들은 '클러스터링clustering'이라는 현상에 관한 놀라운 발견들을 해오고 있다. 함께 어울리는 집단 내에서 사람들의 행동 양식, 태도, 건강 등에 동조화가 일어난다는 것이다. 학자들에 따르면 사람은 자신이 자주 어울리는 집단의 사람들에 의해 얼마나 자고, 무엇을 먹고, 어디에 돈을 쓰는지 등에 영향을 받는다고 한다.[26] 이와 같은 작용은 '사회적 전염'이라고 불리는데, 사회적 전염은 좋은 습관뿐만 아니라 나쁜 습관도 전파한다.

나쁜 습관의 측면에서 보면 한 집단 내에서 흡연, 과체중, 외로움, 우울증, 이혼, 마약중독 등이 확산되는 경향이 나타난다.[27] 흡연하는 친구를 두면 같이 담배를 피우게 될 가능성이 커진다. 또한 과체중이거나 이혼한 친구를 두면 같이 과체중이 되거나 이혼하게 될 가능성이 커진다.

그런가 하면 행복감이나 친사회적 행동 같은 좋은 습관의 결과 역시 한 집단 내에서 확산되는 경향이 나타난다.[28] 가령 행복한 삶을 사는 친구를 둔 사람은 그 역시 행복한 삶을 살 가능성이 25퍼센트 더 높아진다고 한다. 그리고 음악, 축구, 미술, 야구, 테니스 등의 분야에서 세계 최고의 기량을 가지고 있는 사람들은 함께 성장한 동일 집단에서 나오는 경우가 많다고 한다.[29]

사회적 전염은 일반적으로 세 단계까지 확산된다. 긍정적인 습관이든 부정적인 습관이든 우리 '친구의 친구의 친구'까지 전염될 수 있다는 것이다. 다만 하나의 단계를 거칠 때마다 전염의 강도는 약해지고,

세 단계를 넘어서면 전파력을 거의 상실한다.[30] 이와 같은 사회적 전염의 효과를 생각해보면 어떤 사람들과 사회적 관계를 맺느냐는 뛰어난 성과를 내고자 하는 사람들에게 있어 매우 중요한 의미를 갖는다고 하겠다.

물론 인적 네트워크에 누가 들어오는지는 우리가 항상 결정권을 가지는 것이 아니다. 특히 나이가 어릴수록 더 그렇다. 부모가 이혼했거나, 약물 남용이나 정신병의 문제를 겪고 있거나, 방임이나 학대가 이뤄지는 가정의 자녀들은 신체적, 심리적으로 부정적인 영향을 받을 가능성이 크다.[31] 그리고 방임이나 학대를 당하는 경우에는 인지능력 및 정서 발달에도 문제가 생길 가능성이 크다. 방임이나 학대를 당하는 아이는 뇌에서 판단을 담당하는 전전두엽 피질과 기억을 담당하는 측두엽의 해마가 작고, 외부 스트레스에 과민 반응을 나타낸다고 한다.[32] 그런가 하면 빈민가에서 성장하는 아이들은 각종 범죄에 노출되거나, 부모에 의해 방치되거나, 약물중독에 빠지게 될 가능성이 크게 높아진다.[33]

좋은 환경에서 양육되는 행운을 갖지 못했던 사람들에게는 상당히 암울한 이야기다. '그렇다면 나는 계속해서 내 이웃들 수준으로 살게 될 운명이란 말인가?'라는 질문이 나올 법도 하다.

하지만 단언컨대, 이 질문에 대한 답은 '아니오'다. 뛰어난 성과는 성장환경이나 지역문화에 연계되는 게 아니다. 우리의 삶은 단판승부가 아닌 장기전이며, 자신에게 주어진 삶이 만들어내는 부정적인 효과를 서서히 차단해나가고 마음가짐과 사회적 환경을 뛰어난 성과에 적합한 것으로 바꾸어나간다면 하이퍼포머가 될 수 있다. 무책임하게 듣기 좋은 소리를 하는 게 아니다. 그동안의 많은 연구 결과에 따르면 올바른 신념과 삶의 방식을 갖고 있는 경우, 그전까지 자신에게 주어졌던 삶의 부정적인 효과를 극복하고 자신이 추구하는 더 높은 단계로 올라서는 일이 가능하다. 좋지 않은 성장환경에서 자라고 있음에도 열심히 공부하면 자신의 미래가 달라질 수 있다는 신념을 가지고 있는 학생들의 경우는 학년이 오를수록 성적이 계속해서 상승하는 모습을 보인다.[34]

최근 미국의 10학년 고등학생 16만 8,000명을 대상으로 한 연구 결과 역시 이와 맥락을 같이한다. 이 연구를 진행한 연구원들은 학생들의 학업성취도, 가정의 사회경제적 지위, 노력으로 미래를 바꿀 수 있다는 믿음의 정도 등에 관한 데이터를 수집했다.[35] 데이터 분석 결과 가정의 사회경제적 지위가 높은 학생들이 가정의 사회경제적 지위가 낮은 학생들에 비해 훨씬 더 높은 학업성취도를 나타냈다. 그런데 노력으로 미래를 바꿀 수 있다는 믿음은 가정의 사회경제적 지위가 만들어내는 차이를 상쇄하는 것으로 나타났다.

가정의 사회경제적 지위가 하위 10퍼센트에 있음에도 자신의 노력으로 미래를 바꿀 수 있다고 믿는 학생들은 가정의 사회경제적 지위가 상위 20퍼센트에 있으면서 자신의 노력으로 미래를 바꿀 수 있다는 것을 믿지 않는 학생들과 비슷한 학업성취도를 나타낸 것이다. 이는 올바른 신념이 성장환경이 만들어내는 부정적인 영향(높은 스트레스, 나쁜 학군, 부족한 영양 상태 등)을 대부분 차단한다는 것을 의미한다.

주위 환경이나 문화가 별로 좋지 않음에도 하이퍼포머가 된 경우는 어렵지 않게 찾아볼 수 있다.[36] 그리고 이런 결과를 만들어내는 것은 사람의 사고방식이다. 좋은 사회적 배경이 없더라도 어떻게 생각하느냐에 따라 심리 상태와 기분을 긍정적으로 만들 수 있고, 인지능력을 좋게 할 수 있으며, 행복과 뛰어난 성과를 성취할 수 있다는 것이다.[37]

과거나 성장환경에 얽매이는 것은 필연이 아니다. 우리는 우리의 삶과 성과를 개선할 수 있는 많은 요인들에 대해 직접적인 통제력을 행사할 수 있다. 정말 많은 사람들이 자신의 과거나 성장환경은 극복하지 못할 거라고 생각하는데, 내가 지금까지 이 책에서 언급했고 앞으로도 언급하게 될 성공의 많은 요인은 우리의 힘으로 바꿀 수 있는 것들이다.

물론 어떤 환경에서 살아가고 어떤 인적 네트워크를 가지고 있느냐에 따라 더 쉽고, 더 빠르고, 더 즐겁게 뛰어난 성과를 낼 수 있다. 그래서 하이퍼포머는 부정적인 사람들보다는 긍정적인 사람들과 더 많은 시간을 보내려고 한다.

> 하이퍼포머는 언제나 능력, 경험, 성과 등에서 자신과 비슷하거나
> 자신보다 높은 수준에 있는 사람들과 함께 일하려고 하며,
> 이렇게 하기 위해 전략적으로 판단하고 행동한다.

이들은 자기보다 더 성공한 사람과 교류하고 함께 일하려고 한다. 직장에서는 자기보다 더 높은 직급에 있거나 더 높은 수준의 역량을 지닌 사람들과 함께 일할 기회를 찾고, 일상 생활에서도 긍정적이면서 협력적인 사람과 어울리고 성공한 사람과 함께 활동하려고 한다.[38]

그렇다고 해서 부정적이거나 실패한 사람들과는 관계를 전부 단절

하라는 말은 아니다. 실제로 어떤 사람들은 다 단절해야 한다고 조언하기도 한다. 하지만 다음 발언들을 생각해보라. "당신의 꿈을 이루는 데 도움이 되지 않는 친구들과는 관계를 끊으십시오.""당신의 배우자가 당신을 응원하지도 않고 당신의 부탁을 들어주지도 않습니까? 당장 이혼하십시오!""자녀 학교의 다른 아이들이 자녀를 좋아해주지 않습니까? 자녀의 학교를 바꾸세요."

대단히 어설픈 조언들이다. 자신의 꿈을 이루는 데 도움이 되지 않고 자신의 기대와는 다른 사람들이라 하더라도 그런 이들과 어울리며 함께 살아가는 것이 성숙한 인간의 삶이다. 게다가 긍정적인 모습을 보이지 않고 도움이 되지 않는다고 해서 관계를 다 단절하다 보면 결국에는 주위에 아무도 없는 자신을 발견하게 될지 모른다.

누구에게나 우울한 시기가 올 수 있다. 누구든 힘든 일을 겪게 마련이다. 그리고 우리 주위의 모든 사람이 우리를 응원하고 지지해줘야 하는 것도 아니다. 이는 우리가 받아들여야만 하는 상황이고, 항상 긍정적인 모습을 보이지 않는다고 해서 그 사람을 인적 네트워크에서 배제시킬 필요도 없다.

우리의 가족과 친구들, 동료들은 저마다의 상황에서 많은 어려움을 겪을 것이고, 그들이 가끔 부정적인 태도를 보인다고 해서 그것이 우리에게 곧바로 부정적으로 작용하는 것도 아니다. 사실 우리 주위 사람들도 각자의 세상이 있고, 그들은 그 세상에서 상당한 스트레스를 받고 있을 것이다. 또한 어떤 친구들은 우리에게 새로이 다가올 것이고, 어떤 친구들은 우리를 떠나갈 것이다. 부정적인 모습을 보이거나 실패한 사람들을 전부 다 우리의 삶에서 배제하겠다는 식의 태도는 성숙한 것도 아니고 합당한 것도 아니다. 때로는 동정심이나 인내가 매우 중요한 가치를 가질 때도 있다.

긍정적인 인적 네트워크 만들기

항상 의식적으로 희망을 품고, 발전을 추구하고,
긍정적인 사람들과 함께하려 하라. 우리를 믿어주고, 우리의 꿈을
응원해주고, 우리의 승리를 축하해주는 사람들과 함께하려 하라.

−잭 캔필드Jack Canfield

하지만 부정적인 사람들을 위해 일부러 많은 시간과 관심을 들일 필요는 없다. 우리에겐 목표를 추구할 시간도 부족하다. 그래서 나는 다음과 같은 방법을 제안한다. 우리 삶에서 부정적인 사람들을 전부 배제하려 하기보다는(특히 그들이 가족이나 친구, 우호적인 동료, 절실히 누군가의 도움을 필요로 하는 사람이라면 일방적으로 배제할 수도 없는 일이다) 첫째, 긍정적이면서 뛰어난 성과를 내고 있는 동료나 친구들과 더 많이 어울리려 하고, 둘째, 긍정적인 사람들의 모임을 우리 스스로가 만드는 것이다. 부정적인 사람을 상대하면서 그들에게 싫은 소리를 하는 데 시간을 쓰기보다는 긍정적인 사람들과 새로운 관계를 형성하는 데 시간을 사용하는 게 훨씬 더 낫다.

그런데 젊은 사람들 가운데 이렇게 말하는 이들이 있다. "어디에 가야 성공한 사람을 만날 수 있습니까? 저는 그런 사람들과의 접점이 없습니다." 하지만 오늘날과 같은 네트워크 사회에서 이 같은 생각은 잘못된 믿음일 뿐이다. 무언가를 배우고, 서로 협력하고, 조언을 받을 수 있는 사람들과의 접점은 어렵지 않게 찾을 수 있다. 그들은 어디에

나 있다. 우리는 그들을 찾아내기만 하면 된다. 그리고 우리가 노력을 통해 더 높은 단계로 올라설수록 그들을 더 많이 발견하게 될 것이다.

긍정적이면서 뛰어난 성과를 내는 사람들을 찾아내고, 그들과 모임을 구성할 수 있는 몇 가지 방법을 소개하면 다음과 같다.

1. **기존의 친구로부터 한 명의 친구를 소개받는다.** 모임을 구성할 수 있는 열 명의 긍정적인 친구를 단번에 모으려 할 필요는 없다. 한 번에 한 명씩 긍정적인 친구를 늘려나가는 것으로도 충분하다. 기존 친구들 가운데 가장 긍정적이고 뛰어난 성과를 내고 있는 친구에게 다음에 만날 때는 그의 친구 한두 명을 같이 데려올 것을 제안하라. 그리고 그 새로운 친구들과 신뢰를 쌓을 수 있도록 자주 만나라. 이런 식으로 긍정적이고 뛰어난 성과를 내는 친구들을 더 많이 만들수록 우리 삶은 그만큼 긍정적인 방향으로 나아가게 된다.

2. **자원봉사를 한다.** 자신이 부정적인 사람들에 의해 둘러싸여 있다고 느끼는 사람들에게 내가 제일 먼저 제안하는 게 바로 자원봉사다. 자원봉사자는 다른 누군가를 위해 무언가를 하는 사람들이며, 이들은 건강한 정신을 가진 긍정적인 사람들이다. 그래서 자신의 정신을 긍정적이고 건강한 것으로 만들고자 하는 사람에게 자원봉사는 매우 효과적인 방법이다. 게다가 자원봉사를 하는 사람은 교육 수준이 높고 자신의 분야에서 성공한 사람일 가능성이 크다. 실제로 조사해보니 교육 수준이 높을수록 자원봉사를 하고자 하는 의욕이 큰 것으로 나타난다. 미국의 경우 학사 이상의 학위를 가진 26세 이상 성인의 40퍼센트가 자원봉사 경험이

있었다. 자원봉사 경험 여부에 대한 응답률은 최종학력이 전문대학이나 단기대학인 경우에는 26.5퍼센트, 고등학교인 경우에는 15.6퍼센트, 중학교 이하에서는 8.1퍼센트로 계속 떨어졌다.[39] 그런가 하면 비영리조직에 주도적으로 참여하는 사람들은 지역사회 내에서 가장 부유한 사람들인 경우가 많다.

물론 자원봉사에 참여하는 주된 이유가 부유하거나 성공한 사람을 만나는 것이어서는 안 된다. 자원봉사는 말 그대로 나의 도움을 필요로 하는 사람들에게 도움을 주는 것이 참여의 주된 이유가 되어야 하고, 그 과정에서 공감 능력과 이타성을 높일 수 있어야 한다. 우리 주위의 부정적인 사람들은 세상을 바라보는 우리의 관점을 부정적인 것으로 만들 수 있지만, 자원봉사를 통해 갖게 되는 긍정적인 인적 네트워크와 사고방식은 세상을 바라보는 관점을 균형 있게 만들어줄 것이다.

어디에서 자원봉사를 해야 할지 잘 모르겠다면 주위 친구들에게 물어보라. 얼마나 많은 사람이 이미 자원봉사를 하고 있는지를 알면 깜짝 놀라게 될 것이다. 아니면 지금 살고 있는 지역의 이름과 '자원봉사'라는 검색어로 인터넷 검색을 해보면 많은 자원봉사 단체들을 찾아볼 수 있을 것이다. 나중으로 미룰 필요 없이 당장 이번 주부터 자원봉사를 시작해보라. 이 세상을 더욱 나은 곳으로 만들기 위해 노력하는 사람들과 함께 무언가를 함으로써 우리 삶 역시 더욱 나아질 것이다.

3. 스포츠 모임에 참여한다. 지역사회의 스포츠 모임에 참여해보라. 우리가 살고 있는 지역사회에는 다양한 스포츠 모임이 활성화되어 있을 것이다. 스포츠 모임을 통해 인적 네트워크를 만들 수도

있지만, 스포츠 활동에 적극적으로 참여하는 것 자체가 우리의 성과를 높여주기도 한다. 최선을 다하는 자신의 모습을 새롭게 발견할 수 있고, 팀에 대한 기여를 배울 수도 있기 때문이다. 물론 승패나 순위에 몰두하게 되면 오히려 부정적인 결과를 초래할 수 있다는 점도 염두에 두기 바란다.[40]

4. **멘토를 찾는다.** 나는 뛰어난 성과를 내고자 하는 사람들에게 일생의 멘토 한두 명을 찾으라고 말하곤 한다. 연배가 있고, 현명하고, 존경받고, 자기 분야에서 성공한 사람을 떠올려보라. 일생의 멘토를 찾았다면 한 달에 한 번 정도는 그와 만나거나 통화를 해야 한다. 그리고 3년에 한 명 정도는 자기 분야에서 새로운 전문 멘토를 찾아야 한다. 이 새로운 전문 멘토는 성공에 필요한 새로운 지식을 알려줄 수 있는 사람이어야 하며, 이 멘토 역시 한 달에 한 번 정도는 만나거나 통화해야 한다. 일생의 멘토와 전문 멘토는 삶과 일을 바라보는 우리의 관점을 크게 넓혀줄 것이다. 멘토를 찾기 어렵다면 가족이나 친구들에게 물어보라. "직접적으로 아는 사람들 가운데 지혜롭고 자기 분야에서 성공한 사람이 있어?" 일생의 멘토와 전문 멘토는 우리가 일하는 곳에 있을 수도 있고, 아니면 봉사단체나 스포츠 모임에 있을 수도 있다. 그리고 내가 유튜브에 '멘토 찾는 법How to find a mentor'이라는 제목으로 동영상을 올려놓았으니 관심 있다면 참고하기 바란다.

5. **직접 문을 연다.** 많은 수의 성공한 사람과 교류하고 싶은가? 그렇다면 그들이 모여 있는 곳의 문을 직접 여는 것밖에는 방법이 없다. 뛰어난 성과를 내는 습관을 몸에 익히고, 성실하게 열심히 일하고, 절대로 포기하지 말고, 세상을 위해 큰 가치를 창출하고,

자기 분야에서 정상에 오르려고 노력하라. 자기 분야에서 정상에 오르면 성공한 사람들이 모인 곳의 문이 열리게 되고, 그때부터 우리는 많은 수의 성공한 사람들과 교류할 수 있게 된다.

우리의 사회적 네트워크에 성공한 사람들이 많이 편입된다면 그때부터 우리 삶이 얼마나 더 멋져질지 상상해보라. SNS 친구들을 말하는 게 아니다. 현실 세계에서 실제로 만나고, 대화하고, 함께 일하고, 함께 어울리고, 함께 운동하고, 함께 여행을 떠날 수 있는 그런 관계를 말하는 것이다. 우리 삶에 기쁨과 성장을 가져다줄 수 있는 사람들과 교류하라. 그리고 잠시 침체를 겪더라도 그들이 우리를 응원해줄 수 있을 정도로 상호 신뢰를 구축하라.

인적 네트워크의 수준을 높여라. 하이퍼포머와 함께 해야 나 역시 그런 사람이 될 가능성이 커진다.

하이 퍼포먼스 프롬프트

1. 나의 기존 인적 네트워크 가운데 내가 어울려야 하는 가장 긍정적인 사람들은…

2. 내 인적 네트워크에 하이퍼포머를 더 많이 포함시키기 위해 내가 할 일은…

3. 내 인적 네트워크에 나를 지지해줄 수 있는 긍정적인 사람을 포함시키기 위해 내가 앞으로 새롭게 시작할 활동은…

강력한 당위성이 만들어내는 것

우선은 무엇이 되고 싶은지를 자기 자신에게 말해주라.

그런 다음 해야 할 일을 하라.

−에픽테토스Epictetus

학창 시절에는 그리 똑똑하지 않았고, 사회인이 될 준비가 잘 되어 있는 것 같지도 않았고, 강점보다는 약점이 많아 보였던 친구가 나중에 사회인이 되어서는 모두가 놀랄 정도로 성공해 있는 경우를 가끔 보게 된다. 어떻게 해서 성공에 유리한 자질과 배경을 가지고 있던 다른 친구들보다 더 큰 성공을 이뤄낼 수 있었느냐고 물으면 다음과 같은 대답이 나오는 경우가 많다. "난 배가 고팠으니까. 꼭 성공해야만 했어. 다른 선택의 여지는 없었어." 그들은 성공의 당위성을 강하게 인식하고 있었던 셈이다. 뒤집어 생각하면 성공의 당위성을 강하게 인식하지 못하는 사람들은 자신의 잠재력을 최대한으로 이끌어내기가 어렵다는 말이 된다. 당위성을 인식하지 못하면 추진력을 낼 수가 없고, 자신의 잠재력을 제대로 활용하지 못한다.

당위성을 인식하기 위한 습관은 매우 중요하다. 항상 다음과 같은 점들을 머리에 떠올려라. '오늘 나는 나의 정체성에 부합하는 일, 내가 반드시 해야만 하는 일을 했는가? 지금의 꿈을 추구하는 일이 왜 나에게는 그토록 중요한 일인가? 왜 나는 이 일을 해야만 하고, 언제 해야 하는가? 내가 발전하는 데 견인차가 되고 다음 단계로 올라설 수 있도록 도와주는 긍정적인 사람들과 더 많이 교류하기 위해서는 어떻게 해야 할까?' 이 질문에 대한 답은 당위성을 더욱 강력하게 인식할 수 있도록 도와주며, 이는 높은 수준의 집중력과 추진력으로 이어진다.

사람은 스스로에게 강해져야 하는 합당한 이유를 제시해야 강한 힘을 발휘할 수 있다. 반드시 목표를 이뤄야만 하는 당위성을 구체적으로 인식하라. 세상은 우리가 우리의 잠재력을 제대로 발휘해주기를 기다리고 있다.

HIGH
PERFORMANCE
HABITS

How Extraordinary People
Become That Way

SECTION 2

소셜 해빗

뛰어난 성과로 이끄는 식스 해빗

퍼스널 해빗

자신이 원하는 것을 명확히 그린다

건강한 활력 상태를 유지한다

강력한 당위성을 찾는다

소셜 해빗

중요한 일의 생산성을 높인다

사람의 마음을 움직이는 영향력을 키운다

의지적으로 용기를 보인다

HABIT 4

중요한 일의
생산성을 높인다

예술작품을 만들겠다고 고민하지 마라.
그냥 만들어지는 대로 만들어라.
만들어진 작품에 대해 사람들은 좋은 평가를 내릴 수도 있고
나쁜 평가를 내릴 수도 있고,
좋아할 수도 있고 싫어할 수도 있다.
사람들이 뭐라고 하건, 당신은 그다음 작품을 만들어라.

–앤디 워홀 Andy Warhol

중요한 일에 더 집중하라
가장 중요한 다섯 가지 행동을 결정하라
끝내주는 실력을 갖춰라

"그냥…… 속도가 나지 않아요."

지역 교육청에서 책임자로 일하고 있는 어시나Athena는 풀 죽은 목소리로 이렇게 말했다.

우리는 그녀의 사무실에서 일에 대해 이야기하는 중이었다. 책장에는 두꺼운 서류철들이 잔뜩 꽂혀 있었고, 책상 옆으로는 작은 창문이 나 있었다. 단조로운 흰색의 사무실 벽에는 아무런 그림이나 사진도 걸려 있지 않았다. 그 흰색 페인트는 누렇게 색이 바래 있었다. 그녀의 사무실이 있는 건물은 전체적으로 1970년대에 지어진 듯한 느낌이었다. 어시나는 그곳에서 14년째 일하고 있었다.

"여기에서 일을 시작한 이후 요즘처럼 바빴던 적이 없습니다. 제가 관할하는 지역의 학교 두 곳을 폐교하기로 해서 갑자기 일이 많아졌거든요. 점심 먹으러 나갈 시간조차 없어요." 실제로 사무실 한쪽에는 포장 음식 상자 두 개가 놓여 있었다. "교사들, 교장들, 학부모들, 지역 인사들, 이런 분들과 끝도 없이 회의를 해야 해요. 회의 사이사이에는 급하게 이메일을 처리해야 하고, 저녁부터는 쏟아져 들어오는 제안서들을 검토해야 하고요. 깨어 있는 시간은 계속해서 일만 합니다. 벌써 몇 년째 이런 생활이죠. 그런데 계속해서 많은 일들을 처리하고는 있지만, 정작 일이 진행되는 것 같지는 않아요."

나는 일의 속도나 생산성을 걱정하는 사람들이 가장 곤란해하는 질문 하나를 어시나에게 해보기로 했다. "지금 행복한가요?"

어시나의 표정이 약간 일그러졌다. "제가 불행하다고 생각하지는 않는데요. 제 인생이 끔찍하다거나 제 일이 지긋지긋하다는 뜻으로 이런 말을 하는 건 아닙니다. 저는 그냥 제가 원하는 만큼, 그리고 다른 사람들이 저에게 바라는 만큼 성과가 나오지 않아서 걱정하는 겁니다. 그래서 제가 버처드 씨에게 도움을 요청한 것이고요. 저는 효과적으로 일하는 방법을 알고 싶은 거예요."

아주 바쁜 사람하고 이야기를 해보면 그런 사람들은 행복이라는 주제가 나오면 바로 다른 주제로 넘어가려는 경향을 보인다.

"좋아요. 그럼 이렇게 물어볼게요. 어시나 씨는 효과적으로 행복을 추구하고 있습니까?"

그녀는 웃음을 보였다. "저는 충분히 행복하다고 생각합니다. 하루하루가 꿈같은 시간은 아니지만, 저는 제 일을 사랑해요. 다만 지금보다는 더 나은 방법이 있을 거라고 생각하는 것뿐이죠."

"더 나은 방법이요?"

"많은 일을 하고 있는데도 아무런 진척이 없는 것 같은 지금보다는 나은 상황을 만들고 싶습니다. 처음 일을 시작했을 때 20년 후에는 은퇴할 생각이었어요. 이제 6년 남았네요. 그런데 지금처럼 계속 일하다가는 2년도 못 버틸 것 같아요. 게다가 6년을 버텨내고 은퇴할 수 있다 하더라도 지금과 같아서는 아무런 결과도 만들어내지 못한 채 시간만 허비했다고 후회할 것 같기도 하고요."

"지금처럼 열심히 일하는 이유는 뭔가요?"

"학교에 도움이 되고 싶기 때문입니다. 그건 확실해요. 제가 이 직업을 선택했던 이유도 그것이고요. 우리 지역사회의 학교들을 더 건강하게 만드는 일은 결과적으로 다음 세대의 아이들이 더 나은 삶을 살 수 있도록 도와주는 일이라고 믿고 있습니다."

"그렇군요. 정말 훌륭한 사명입니다. 그럼 은퇴 시점까지 어떤 성과를 낼 수 있기를 바라나요?"

"제가 생각하는 몇 가지 중요한 프로젝트들이 있어요. 앞으로 몇 세대에 걸쳐서까지 학생들에게 긍정적인 효과를 만들어낼 수도 있는 사업들이죠. 하지만 그 사업들을 시작할 엄두도 내지 못하고 있어요. 제게 주어지는 일들을 처리하는 것만으로도 너무 바쁘거든요. 일은 열심히 하는데 원하는 만큼의 진척은 없어요. 그러다 보니 무언가를 특별히 할 수도 없고요. 일과 삶의 균형은 오래전에 망가졌습니다. 그냥 허덕이면서 정신없이 무언가를 하고 있을 뿐, 프로젝트 하나를 진행하는 것도 너무 어려워요." 그녀는 잠시 말을 멈추고 아무것도 없는 벽을 바라보았다. 그리고 다시 말을 이었다. "제가 어떻게 하더라도 중요한 프로젝트들을 완수할 수는 없을 것 같다는 생각이 듭니다. 어떻게 하더라도 일이 진척되지가 않아요……."

나는 그녀에게서 강한 에너지를 느낄 수가 있었다. 그동안 어시나와 같은 사람들을 많이 만나봤고, 그녀에게 해주고 싶은 말들이 잔뜩 떠올랐다. 원대한 비전을 가진 사람이 무언가에 묶여서 앞으로 나아가지 못하는 모습을 지켜보는 건 나로서도 괴로운 일이었다. "그래서 지금 어떤 생각이 드나요?"

"제가 하는 모든 일이 그렇게 많이 앞으로 나아가지는 못할 것 같다는 생각이 들어요……." 그녀의 눈에 눈물이 맺혔다.

● ● ●

한계에 다다를 정도로 바쁘게 일을 하는데 아무 진척도 없다는 느낌은 우리가 가질 수 있는 최악의 느낌 중 하나일 것이다. 중요하면서도 꼭 필요한 일을 하고 있기는 하지만, 건강과 여가를 포기하면서까지 일을 하는데도 프로젝트는 좀처럼 앞으로 나아가지 못하고 영원히 끝나지 않을 것 같다는 느낌마저 든다. 그리고 행복이나 만족은 저 멀리 닿지 않는 곳에 있는 것만 같다. 이것이 어시나가 가지고 있던 느낌이다. 그리고 대부분의 사람이 인생의 어느 시점에서는 몇 번이고 겪게 되는 느낌이다.

주위 사람들이 보는 어시나는 특별히 유능한 사람이었다. 그녀는 다른 사람들에 비해 훨씬 더 많은 양의 업무를 처리해내고 있었다. 다만 일과 삶의 균형을 유지하면서도 중요한 프로젝트를 빠르게 진척시킬 수 있는 길이 있다는 것을 모르고 있을 뿐이다. 또한 자신이 행하는 그 모든 일이 전부 다 중요한 일은 아니라는 생각을 하지 못하고 있다. 자신이 정말 이뤄내고 싶은 목표와 자신의 역량을 생각하지 않고 능률만 높이려는 것은 올바른 접근법이 아니다. 어시나는 업무를 많이 처리하는 것과 진정한 의미의 생산성이 어떻게 다른 것인지를 먼저 생각해봐야 했다.

하이퍼포머는 자신이 수행하는 업무와 프로젝트의 우선순위를 판단하는 데 능숙하다. '나는 일의 우선순위에 대한 판단을 잘 내리고, 중요한 일을 먼저 행한다', '나는 중요한 일에 집중할 수 있고, 중요하지 않은 일 때문에 집중력이 흐트러지지 않는다' 같은 항목에 점수 척도로 답하라고 주문하면 하이퍼포머일수록 높은 점수를 나타낸다. 이들은 낮은 성과를 내는 사람들보다 더 생산적이고, 더 행복하고, 스트레스를 적게 받고, 장기적으로 더 큰 결과를 만들어낸다.

많은 사람들이 일과 삶의 균형이나 행복을 포기하지 않고서는 더 큰 결과를 만들어낼 수 없다고 믿지만, 그런 믿음이 항상 옳은 건 아니다. 하이퍼포머는 더 건강하게 먹고, 운동도 하고, 새로운 관심 분야에 도전하면서도 보통 사람들보다 더 큰 결과를 만들어낼 줄 안다. 그들은 단순히 더 많은 일을 하기보다는 중요한 일을 완전하고 높은 수준으로 마치는 데 집중한다.

초인적인 능력을 가지고 있거나, 고카페인 음료를 마시면서 밤늦게까지 일하는 사람들이 뛰어난 성과를 내는 게 아니다. 남들과는 다른 특별한 철학 때문에 뛰어난 성과를 내는 것도 아니다. 물론 좋은 철학을 가지고 있으면 더 높은 수준의 동기의식이나 만족감을 갖게 되기는 하지만, 이것이 항상 높은 수준의 생산성으로 연결되는 것은 아니다.[1] 동기의식을 갖는 것과 일의 우선순위를 판단하는 것은 서로 다른 차원의 문제이기 때문이다.

그렇다면 하이퍼포머는 일과 삶의 균형이나 행복을 지키면서도 어떻게 더 큰 결과를 만들어내는 걸까? 이번 장에서 논하려는 주제가 바로 이것이다.

이번 장을 본격적으로 시작하기에 앞서 일과 삶의 균형이나 성과 추구에 관한 기존의 관념은 전부 다 내려놓고, 열린 마음으로 이 주제에 임하기를 제안한다. 그리고 이번 장에서 논하는 습관은 우리 삶의 모든 영역에서 아주 오랫동안 긍정적인 효과를 만들어낼 수 있다는 점을 미리 말해두고자 한다. 우리가 조사한 바에 의하면 사람들은 자신의 생산성이 높다는 기분을 갖게 되면 더 큰 행복감과 자신감을 갖게 되고, 성공 가능성 역시 커지는 것으로 나타났다. 또한 자신의 건강을 더 잘 관리하고, 더 빠르게 승진하고, 소득이 더 높아지는 것으로 나타났다. 지금 말하고 있는 것은 내 생각이 아니다. 다수의 조사와 연구를 통해 정량적으로 얻어낸 결론을 말하고 있는 것이다.

하이퍼포머는 조직에서 그 가치를 인정받고 높은 연봉을 받는다. 성과 코치로 일을 하면서 내가 지켜본 바에 의하면 그렇다. 기업은 일의 우선순위를 효과적으로 관리하고, 중요한 일에 집중하고, 시장에서 중요한 의미를 갖는 프로젝트를 훌륭하게 완수해내는 리더를 원한다. 이런 리더는 무의미한 일로 스트레스를 받는 일이 없고, 자신의 목표를 장기적인 관점에서 진행해나가고, 일을 하면서도 동료애와 즐거움을 함께 추구한다. 높은 생산성은 우리 삶에서 매우 중요한 의미를 갖는다. 우선은 우리 삶의 생산성이 무엇인지를 생각해본 후에 생산성을 높이는 습관들을 알아보자.

생산성을 높이기 위한 조건들

오늘 하루는 원대한 목표를 마음에 두고 몰입해 일하는 사람들의 것이다.
항상 그렇다.
-랠프 월도 에머슨

높은 생산성을 이끌어내기 위해서는 목표를 구체적으로 수립하고, 목표에 역량을 꾸준히 집중해야 한다. 목표가 없고 역량을 집중하지 못하면 낮은 생산성의 늪에서 허우적댈 뿐이다.

생산성은 목표와 함께 시작된다. 분명하면서도 도전적인 목표를 가지고 있을 때 집중력이 생기며, 이 집중력이 몰입과 즐거움으로 연결될 때 생산성이 극대화될 수 있다.[2] 일할 때의 즐거움은 가장 큰 동기부여 요인이다. 사람은 자신에게 즐거움을 주는 일을 할 때 가장 큰 결과를 만들어낸다.[3] 이런 개념은 조직 단위로 올라가더라도 그대로 적용된다. 분명하면서도 도전적인 목표를 가지고 있는 팀이 그렇지 않은 팀보다 거의 언제나 더 좋은 성과를 내며, 생산성에 관한 연구를 보더라도 거의 다 이와 맥락을 같이하는 결론을 내고 있다. 팀이 분명한 목표를 가지고 있을 때 팀원들이 더 효율적으로 더 오랜 시간 일을 하고, 중요한 작업에 더 집중하고, 불필요한 업무에 시간을 빼앗기지 않고, 더 좋은 성과를 낸다는 것이다.[4]

활력도 생산성을 결정하는 주요 요인이다. 앞에서 이야기했듯이 뛰어난 성과를 내기 위해서는 건강부터 관리해야 한다. 건강하게 자고, 건강하게 먹고, 운동을 하는 것은 생산성을 높이는 기본 조건이다.[5] 개인의 건강은 그 사람의 생산성에만 영향을 미치는 것이 아니다. 한 사회 전체의 생산성은 해당 사회를 구성하는 시민들의 건강과 밀접하게 연계된다.[6]

활력을 이끌어내기 위해서는 수면, 식사, 운동 외에 감정에도 신경을 써야 한다. 더 행복한 사람이 더 높은 수준의 생산성을 이끌어낼 수 있다는 것은 이론의 여지가 없다. 행복과 생산성 사이의 상관관계에 관한 200개 이상의 연구에 대한 한 메타 분석에 따르면 행복한 사람들은 생산성뿐만 아니라 조직 내에서의 평가와 신뢰도, 창의성도 높게 나타났다.[7] 또한 대학 재학 시절을 즐겁게 보낸 사람일수록 졸업

후에 경제적으로 성공해 있을 가능성이 더 커진다는 연구 결과도 있다. 대학 졸업생들을 10년 동안 추적해서 얻은 결론이라고 한다.[8] "웃는 사람이 더 많은 것을 이루어낸다"는 속담이 떠오르는 대목이다. 심지어 어떤 연구에서는 까다로운 일을 시작하기 전에 짧은 코미디 동영상을 보면 생산성이 더 높아진다는 결론이 나오기도 했다.[9]

높은 수준의 생산성을 내기 위해서는 중요한 목표에 집중하는 것이 필요하다. 정보가 넘쳐나는 오늘날은 무언가에 집중하기가 어려운 시대다. 서로 상충하거나 거짓된 정보도 많기 때문에 우리의 건강이나 생산성을 해치는 결과로 이어지기 쉽다. 또한 잘못된 정보로 인해 혼란을 겪고 일을 망치는 경우도 자주 일어난다.[10] 끊임없이 쏟아져 들어오는 정보를 처리하고, 너무나 방대한 정보의 바다에서 우리에게 필요한 정보를 찾아내는 것은 여간 힘든 일이 아니다. 그래서 나는 아침에 일을 시작하면서 이메일부터 확인하지는 말라고 조언한다. 분명히 수많은 이메일들이 밤사이에 도착해 있을 텐데, 그 많은 이메일들을 확인하려다가는 업무 시작 시점부터 큰 부담을 떠안게 된다. 이런 부담감을 떠안고 하루를 시작하고 싶은 사람은 아마 없을 것이다. 아침에 일을 시작할 때는 두 번째 장인 'HABIT 2'의 내용을 참고하길 바란다.

산만함은 생산성을 저해하는 주요 요인이다. 한 연구에 의하면 산만하면 생산성이 20퍼센트가량 떨어진다고 한다.[11] 특히 정신노동의 경우에는 거의 50퍼센트까지 떨어트릴 수 있다고 한다.[12] 여러 연구에 따르면 멀티태스킹도 산만함을 유발하는 주요 요인이다. 뛰어난 성과를 위해서는 고도의 집중력이 필수적인데, 멀티태스킹과 집중력은 양립할 수 없는 개념이다.[13] 우리의 뇌는 하다 만 일을 계속해서 떠올리

고 생각하게 되는데, 이 때문에 멀티태스킹을 하는 사람은 높은 수준의 집중력을 끌어내지 못한다.[14]

외부의 직접적인 방해나 개입도 생산성을 떨어뜨리는 주요 요인이다. 큰 조직에서 일하는 사람들은 하루 중에도 끊임없이 외부의 방해나 개입을 경험한다. 그리고 외부의 방해나 개입을 받은 후 다시 일에 복귀하는 것은 그리 간단한 문제가 아니다. 한동안은 원래 하던 일과 개입된 일 두 가지 사이에서 산만한 시간을 보내다가 원래 일로 복귀하기 때문이다.[15] 내가 성과 코치를 하며 만났던 사람들 가운데 글로벌 기준에서 보더라도 최고 수준의 성과를 내는 사람들조차 외부의 방해나 개입을 받으면 원래 수준으로 일에 복귀하기까지 두세 시간을 보내야 하는 경우가 많았다.

뛰어난 성과를 내고자 한다면 도전적인 목표를 수립하고, 목표에 역량을 집중할 수 있어야 한다. 물론 쉬운 일은 아니다. 심지어 어떤 사람들은 도전적인 목표를 수립하고 그 목표에 역량을 집중한다면 일과 삶의 균형이 필연적으로 망가질 거라는 잘못된 가정 때문에 처음부터 시도조차 하지 않는다. 하지만 이런 가정은 완전히 틀린 것이다.

일과 삶의 균형

자기기만의 상태를 유지하는 가장 일반적인 방법은
항상 바쁘게 시간을 보내는 것이다.
—대니얼 푸트넘Daniel Putnam

오늘날 너무나 많은 사람들이 일과 삶의 균형을 포기하고 있다. 하지만 누구든지 일과 삶의 균형을 지킬 수 있으며, 그렇게 할 수 없을 거라고 믿는 것은 정말 잘못된 생각이다. 성과 코치로서 수백만 명의 사람들에게 생산성을 높이는 방법을 가르쳐온 지난 경험에 의하면 사람들이 일과 삶의 균형을 지키는 것이 불가능하다고 생각하는 이유는 첫째, 일과 삶의 균형이 무엇이고 어떻게 해야 그것을 지킬 수 있는지에 대해 진지하게 생각해본 적이 없거나 둘째, 일과 삶의 균형에 관한 기준을 너무 높게 설정해놓았기 때문이다.

사실 사람들 사이에서 불가능하다는 평가가 내려졌던 것들은 거의 다 잘못된 평가였다는 것이 역사적으로 판명되고 있다. 그동안 인간은 대양을 건넜고, 가장 높은 산에 올랐고, 초고층 건물을 지었고, 달에 착륙했고, 태양계 바깥으로 탐사선을 보냈다. 전부 다 한때는 절대로 불가능하다고 여겨졌던 일들이다. 인간의 능력은 생각보다 훨씬 더 뛰어나고, 인간 능력의 범위는 스스로의 믿음에 의해 규정된다. 일과 삶의 균형은 얼마든지 가능하다. 하지만 불가능하다고 생각하는 순간 그것은 정말로 불가능한 것이 된다.

나는 일과 삶의 균형이 불가능하다고 말하는 사람들에게 그 균형을 지키기 위해 어느 정도나 관심을 가졌는지 물어본다. 프로젝트 계획을 세우는 데는 열 달을 쓰면서도 일과 삶의 균형을 지키기 위한 생각에는 단 하루도 쓰지 않는다. 일과 삶의 균형을 지키는 일에 관심을 갖지 않으니 불가능해 보이는 것뿐이다. 일과 삶의 균형을 지키는 일은 불가능한 게 아니다. 문제는 일과 삶의 균형이 중요하다고 말하면서도 실제로는 관심을 갖지 않는 자기 자신에게 있다.

좀 더 심층적으로 생각해보면 일과 삶의 균형에 대한 우리의 인식에도 문제가 있다.

사람들은 일과 삶의 균형이라고 하면
똑같은 시간 배분을 떠올리지만, 이는 완전히 잘못된 생각이다.

양과 질을 동일하게 인식하는 것은 명백히 잘못된 일이다. 그러나 너무나 많은 사람들이 일과 삶의 균형을 따질 때 시간의 양과 질을 동일하게 인식하는 오류를 범한다. 대부분의 사람은 (주 40시간 노동 기준으로) 일하는 데 인생의 30퍼센트, 잠자는 데 30퍼센트, 가족과 시간을 보내고, 취미활동을 하고, 운동을 하고, 다양한 관심사를 행하는 데 나머지 30퍼센트를 쓴다. 대부분의 경우 사람들이 휴식을 취하거나 가족과의 여가에 사용하는 시간은 자신이 인식하고 있는 것보다 훨씬 더 길다. 다만 휴식이나 여가에 쓰는 시간에 자신의 의지를 개입시키지 않기 때문에 그 시간을 즐기지도 인식하지도 못하는 것이다. 미국인들의 평균 TV 시청 시간은 하루 네 시간 반에 달하는데, 그런 미국인들이 시간이 부족하다거나 일과 삶의 균형이 맞지 않는다고 말하는 것은 적절치 않다.[16]

물론 한 주에 40시간을 초과해 일하는 사람들도 많고, SNS의 영향으로 퇴근 후 밤늦은 시간에도 업무와 관련된 연락이 오는 경우도 있기 때문에 사람들이 일과 삶의 균형이 붕괴되었다고 인식할 여지는 많다.

그래서 나는 일과 삶의 균형을 새로운 관점에서 바라볼 것을 제안한다. 균형을 시간의 길이가 아니라, 행복감이나 주된 관심 분야에서의 발전 정도를 기준으로 바라보는 것이다.

사람들이 자신의 인생에서 일과 삶의 균형이 무너졌다고 생각하는 이유는 인생의 어느 한 분야만 앞서나가고 다른 분야는 뒤처지기 때문이다. 직장에서는 뛰어난 성과를 내는데, 결혼생활이나 건강이 망가지는 경우를 생각해보라. 아니면 가족들과의 관계는 매우 좋은데, 직장에서는 부진한 성과를 내는 경우를 생각해보라.

이제부터는 단순한 시간 배분이 아닌, 인생의 주요 분야들의 발전 정도나 만족감을 기준으로 일과 삶의 균형을 평가해보자. 자신이 생각하는 인생의 주요 분야들을 구분하고, 각 분야에서 어떤 변화가 일어났는지를 한 주에 한 번씩 기록하고, 새로운 관점에서 일과 삶의 균형을 추구해보자.

나는 인생의 주요 분야들을 다음의 열 가지로 구분해볼 것을 제안한다. 건강, 가족, 친구, 부부관계(혹은 연인관계), 일, 가계 재정, 모험, 취미, 신앙생활, 감정 등이 그것이다. 그리고 매주 일요일 밤에 자신이 느끼는 행복감을 1에서 10까지의 척도 가운데 하나로 평가하고, 인생의 주요 열 가지 분야에 대한 단기적인 목표들을 적어보라. 아마도 이와 같은 작업을 해본 사람은 거의 없을 것이다. 하지만 구체적으로 구분하고 평가해야 무언가의 균형이 유지되고 있는지, 아니면 무너졌는지를 판단할 수 있지 않겠는가?

자신이 생각하는 인생의 주요 분야들을 구분하고
각 분야에서 어떤 변화가 일어나는지 지속적으로 파악하지 않으면
자기 인생이 균형 있게 나아가고 있는지를 판단할 수 없다.

이는 매우 간단한 방법이지만, 그 효과는 매우 크다. 한번은 열여섯 명으로 구성된 한 기업의 최고경영진에게 매주 일요일 밤에 자신이 느끼는 행복감을 평가하고, 인생의 주요 열 가지 분야에 대한 단기 목

표들을 적고 그 진행 상황을 기록해보라고 제안했던 일이 있다. 그들은 6주 만에 행복감이 크게 높아졌고, 일과 삶의 균형을 되찾게 되었다고 했다. 열여섯 명에게서 공통적으로 그와 같은 긍정적인 변화가 나타났다는 점은 상당히 고무적인 일이다.[17] 자신이 겪고 있는 상황을 파악하고 필요한 조정을 하는 것은 인생의 균형을 유지하는 기본적인 방법이다.

앞에서 소개한 어시나에게 필요한 것도 바로 이런 과정이었다. 나는 그녀에게 인생의 주요 분야들을 열 가지로 구분하고 각 분야의 상황을 평가해보라고 제안했다. 그녀는 자기 자신이 지난 몇 년 동안 일 이외의 분야에 대해서는 거의 관심이 없었다는 점을 인식하고는 크게 놀랐다. 무엇이 잘못되었던 것일까? 상사 잘못일까? 아니면 이 사회가 문제일까? 사실 인생의 주요 분야들에 관심을 갖지 못했던 것은 우리 자신의 잘못이다. 어시나는 자기 인생의 주요 분야들을 결정했고, 매주 한 번씩 각 분야에 대해 평가를 내리기로 했다. 그리고 여기서 얻게 된 결과를 토대로 일과 삶의 균형을 추구해나가기로 했다.

사람들이 일과 삶의 균형이 깨졌다고 생각하게 되는 또 하나의 주요 요인은 감정이다. 불균등하게 배분되는 시간이 아니라 불균등하게 느껴지는 감정 때문에 균형이 깨졌다고 인식하는 것이다. 많은 경우 사람들은 일에 대해 행복하지 않다는 감정을 갖거나, 일을 자신의 인생과 분리해 생각한다. 자신의 일을 좋아하지 않는데 하루 대부분을 그 일에 써야 한다면 당연히 일과 삶의 균형이 깨졌다고 생각하게 된다. 하기도 싫고 자기 정체성과도 맞지 않는 일을 해야만 하는 현실은 괴로움만 줄 뿐이다. 자신이 진정으로 원하는 일을 해야 하는 이유가 바로 여기에 있다.

자기 정체성과도 맞지 않고 의미도 없는 일을 하게 된다면
언제나 일과 삶의 균형이 깨졌다고 생각하게 될 것이다.

　자신의 정체성과도 맞고 좋아하는 일이라 하더라도 과도하게 많은 시간 일을 한다면 그 역시 문제가 된다. 그냥 바쁜 것과 번아웃은 분명히 다르며, 바쁜 수준을 넘어 번아웃에 이르면 아무리 자신이 원하는 멋진 삶을 산다 하더라도 삶의 균형이 깨졌다고 생각하게 된다. 인생의 어느 한 분야에서 번아웃이 일어나면 그 영향은 금세 인생 전체로 번진다. 번아웃을 막기 위해서는 전환의 과정에서 긴장감을 낮추고, 충분히 잠을 자고, 운동을 하고, 건강하게 먹어야 한다.

　육체적인 고단함보다는 심리적인 요인에 기인한 번아웃이라면 간단한 예방법이 있다. 일을 하면서 한 시간에 한 번씩 짧은 휴식을 취하는 것이다. 이렇게만 해도 기분이 훨씬 더 좋아지면서 일과 삶의 균형이 망가졌다는 느낌을 크게 덜어낼 수 있고, 이를 통해 일을 그만두는 상황에 이르지 않을 수 있다. 틈틈이 갖는 짧은 휴식은 정신적인 활력을 크게 높여준다. 그렇게 복잡하거나 어려운 방법도 아니다.

최선을 다하되, 중간중간 휴식을 취하라

일에도 가치가 있고, 휴식에도 가치가 있다.
둘 다 중시하고, 어느 하나라도 등한시하지 말라.
-앨런 코헨Alan Cohen

　우리의 뇌는 우리가 생각하는 것보다 더 자주 휴식을 취해주어야

한다. 정보를 처리하고, 스트레스를 극복하고, 일상의 일을 감당해내면서 높은 생산성을 내기 위해서는 이렇게 해야 한다.[18] 긴 휴가만 필요한 게 아니다. 물론 휴가는 반드시 챙겨야 한다! 하지만 높은 수준의 생산성을 내기 위해서는 하루 중에도 자주 쉬어주어야 한다.[19]

지금까지 이뤄진 많은 연구에서 업무시간 중의 짧은 휴식이 근로자에게 긍정적인 기분을 만들어주고 더 높은 생산성을 이끌어낸다는 결론이 나오고 있다.[20] 점심식사는 근무지 바깥에서 먹고 업무에 복귀하는 게 생산성을 높인다거나,[21] 업무시간 중에 잠깐 시간을 내 근처 공원에 다녀오면 기분전환이 되고 업무 집중력이 높아진다거나,[22] 바깥에 나갔다 올 시간이 없는 경우에는 간헐적으로 자리에서 일어나 일하는 방식이 온종일 앉아서 일하는 것보다 생산성이 45퍼센트 더 높다는 식이다.[23]

어떤 학자들은 우리 인간의 인식 역량에는 한계가 있기 때문에 간헐적인 휴식을 통해 뇌 부하량을 줄여주어야 뇌가 제대로 작동한다고 주장한다. 이와 같은 주장에는, 인식 역량에 한계가 있는 게 아니라 동기의식이 줄어드는 거라는 식의 반론이 있지만, 한 가지는 분명하다.[24] 하루 종일 휴식 없이 일을 하면 불행하다는 기분이 들고 생산성이 떨어진다는 것이다.

아무리 좋아하는 일을 하더라도 집중력을 유지하는 데에는 한계가 있다. 좋아하는 일을 하더라도 피로감은 찾아온다. 책상에 앉아 있어도 더 이상 아이디어가 나오지 않는 경우도 있다. 그렇다면 휴식을 취해야 한다. 사무실 냉장고 앞에서 동료와 짧은 잡담을 나누거나, 화장실에 가서 세수를 하고 오거나, 점심시간에 잠깐 다른 상상을 하면 기분전환이 되고 집중력이 높아진다. 이와 같은 변화가 일어나는 것은 신경화학물질의 작용 때문인데, 이는 집중력을 높이기 위해서는 짧은 휴식을 자주 취해줘야 한다는 증거이기도 하다.[25]

짧은 휴식의 효과는 과학적으로 거의 확실하게 검증되었기 때문에 거의 모든 조직행동 전문가들은 90~120분에 한 번씩은 책상을 떠나 잠깐 휴식을 취하라고 조언한다. 그래야 근로자들의 만족도와 업무 성과가 높아진다는 것이다.[26] 하지만 상당수의 학자들은 휴식 주기를 더 짧게 가져가야 한다고 지적하고 있으며, 나 역시 마찬가지 생각이다.[27]

> 일을 할 때 계속해서 활력과 창의력을 유지하고,
> 업무 성과를 최대한으로 내고,
> 활력을 유지한 채로 퇴근해 '삶'의 영역도 잘 즐기기 위해서는
> 업무시간 중에 45~60분에 한 번씩은
> 일을 멈추고 몸과 마음에 휴식의 시간을 줄 필요가 있다.

휴식은 한 번에 2~5분 정도면 충분하다. 이렇게 휴식을 취하면 일하는 중에도 기분전환이 되고, 몸과 마음에 새로운 활력이 생기고, 일과 삶 양쪽에서 자신이 원하는 성과를 내는 데 훨씬 더 도움이 된다.

예를 들어 2시간 정도 소요되는 이메일 관리, 혹은 프레젠테이션 자료 작성을 하게 되는 경우 50분 정도 작업을 한 다음에는 자리에서 일어나 사무실을 빠르게 한 바퀴 돌고, 물을 한 컵 따라서 자리로 돌아온 다음, 앞에서 소개한 60초짜리 전환 명상을 한다. 눈을 감고 심호흡을 하면서 마음속으로 '긴장감을 낮추자'는 말을 되뇌고, 이어지는 작업을 위한 의지를 다시 세우는 것이다. 작업에 대한 집중력을 더

욱 높이고자 한다면 책상에 '지금부터 내가 만들어낼 수 있는 최고의 성과는 누구에게 가장 도움이 될 것인가?'와 같은 문구를 붙여놓음으로써 자신의 일에 대한 당위성을 높이는 장치를 활용하는 것도 좋은 방법이다.

업무 중간중간에 짧은 휴식을 취할 때 SNS는 하지 말아야 한다. SNS는 기분전환을 하고 활력을 재충전하는 일과는 정반대의 효과를 만들어내기가 쉽다.

뛰어난 성과를 내오던 사람들 중에는 이 같은 조언을 무시하는 경우가 종종 있다. 작업이든 회의든, 일단 한번 시작했다면 결말을 볼 때까지 단번에 밀어붙여야 한다고 생각하기 때문이다. 하지만 이렇게 일하기 때문에 그들은 완전히 지친 채로 집으로 돌아가게 되고, 일과 삶의 균형이 심각하게 망가져 있다고 여기게 된다. 다시 한 번 강조하지만, 일터에서 보내는 시간과 집에서 보내는 시간의 길이 자체가 중요한 게 아니다. 중요한 것은 일과 삶에 임할 때 어떤 기분으로, 어느 정도의 활력으로 임하느냐다. 쉬지 말고 끝까지 해내라는 것은 좋은 조언이 아니다. 다양한 분야에서 세계적인 수준의 성과를 내는 사람들을 조사해보면 그들의 훈련시간이나 업무시간이 다른 사람들보다 반드시 긴 것은 아니다. 그들이 세계적인 수준의 성과를 내는 것은 긍정적인 기분과 높은 수준의 활력을 지닌 채 일을 하기 때문이다.[28] 일과 삶의 균형을 지키고, 행복한 기분으로 일하며, 뛰어난 성과를 내고자 한다면 오랜 시간 쉬지 않고 일하면 안 된다. 일반적인 관념에 상반되는 것이기는 하지만, 사실이 그렇다. 일하는 중에 자주 휴식을 취하는 것이 생산성을 높이고, 삶의 다른 부분들에서도 활력을 유지할 수 있는 방법이다.

나에게 코칭을 받은 고객들은 45~60분에 한 번씩 휴식을 취하는 것이 습관화되어 있다. 나는 나에게 코칭을 의뢰하는 사람들에게 가장 먼저 45~60분마다 휴식을 취하라는 조언부터 한다. "의자에 앉아 일하는 분이라면 휴대폰이나 컴퓨터에 50분마다 켜지는 알람을 세팅하십시오. 알람이 울리면 무엇을 하고 있었든 자리에서 일어나 움직이고, 심호흡을 하고, 이어지는 작업을 위한 의지를 세우고, 다시 업무를 시작하십시오." 자리에서 일어나 움직이는 게 핵심이다. 휴식이라고 해서 계속 자리에 앉은 채 쉬는 식으로는 기분전환의 효과를 낼 수 없다. 기분전환의 효과를 내기 위해서는 자세 변화를 통해 자신의 몸에 분명한 휴식의 신호를 보내야 하는데, 가장 좋은 방법이 바로 자리에서 일어나 몸을 움직이는 것이다. 잠시 몸을 움직인 후에는 다시 자리로 돌아와 눈을 감고 10회 정도 심호흡을 하라. 그럼 완전히 새로워진 집중력을 느낄 수 있을 것이고, 생산성도 높아지게 된다.

내 경우는 어디에 앉아 있든, 50분이 지나면 반드시 자리에서 일어난다. 그리고 2분 동안 스트레칭, 기공체조, 요가 등을 한다. 나는 이 휴식이라는 습관을 절대로 어기지 않으려고 하는데, 다른 사람들과 회의를 할 때도 50분이 지나면 자리에서 일어난다. 다른 사람들과 회의를 할 때는 다 함께 일어나서 스트레칭이라도 하자고 하며, 이렇게 하는 게 여의치 않을 때는 잠깐 양해를 구하고 나 혼자라도 다른 방으로 가서 2분 정도 기분전환을 하고 회의실로 돌아온다. 이와 같은 짧은 휴식은 매우 높은 수준의 집중력을 만들어주며, 이는 그대로 높은 수준의 성과로 이어진다.

여기까지의 내용을 실천한다면 일과 삶의 균형을 유지하면서 높은 수준의 생산성과 성과를 만들어낼 수 있다. 인생의 열 가지 분야에서 구체적인 목표를 설정하고, 각각의 목표가 어느 정도 진척되고 있는지 매주 확인하라. 어떤 일을 하더라도 45~60분에 한 번씩은 2~5분씩 휴식을 취하라. 여기까지가 생산성을 높이는 기본적인 방법이다. 이제부터는 생산성을 높이는 세 가지 실행 습관에 대해 알아보자.

실행 1 중요한 일에 더 집중하라

> 하지 않아도 되는 일에서 효율성을 추구하는 것만큼
>
> 비생산적인 일도 없다.
>
> -피터 드러커 Peter Drucker

하이퍼포머가 되고자 한다면 자신의 분야에서 중요한 일에 집중하고, 그 일에서 높은 생산성을 추구해야 한다. 세계적으로 인정받는 과학자들은 중요한 분야에서 의미 있는 연구 성과를 많이 냈기 때문에 인정받게 된 것이다.[29] 모차르트나 베토벤이 지금과 같은 평가를 받는 것은 단순히 그들의 천재성 때문이 아니라 그들이 훌륭한 작품을 많이 만들어냈기 때문이다. 밥 딜런, 루이 암스트롱, 비틀즈도 마찬가지다. 한창 초고속 성장을 하던 시기의 애플은 사람들이 좋아하는 새로운 제품들을 연이어 개발해냈다. 베이브 루스는 다른 선수들보다 더 많이 스윙을 했고, 마이클 조던은 더 많은 슛을 던졌고, 톰 브래디(Tom Brady, 전 미식축구 선수)는 더 많은 패스를 던졌다. 세스 고딘은 자신의 블로그를 계속해서 발전시키고 있고, 말콤 글래드웰은 계속해서 책과 논설을 내놓고 있고, 유명 유튜버 케이시 네이스탯은 끊임없이 새로운 동영상을 유튜브에 올리고 있고, 샤넬은 해마다 신선한 디자인을 소개하고 있고, 비욘세는 계속해서 훌륭한 음반을 내놓고 있다.

내가 PQO(Prolific Quality Output. 우수한 결과의 대량생산)라고 부르는 개념이 있다. 하이퍼포머는 이 PQO를 잘한다. 그들은 PQO를 장기간 지속할 수 있고, 그런 이유에서 좋게 평가받고 많은 사람들에게 기억된다. 그들은 PQO를 방해할 수 있는 외부의 개입이나 분산을 차단하려 하고, PQO를 방해할 것 같다는 판단이 들면 새로운 기회라 하더라도 일단은 무시한다.

하지만 오늘날 우리는 평균적으로 업무시간의 28퍼센트를 이메일 관리에 사용하고, 20퍼센트는 정보검색에 사용한다.[30] 이메일 관리와 정보검색에 업무시간의 절반을 사용하면서 어떻게 중요한 일로부터 높은 생산성을 만들어낼 수 있을지 나는 잘 모르겠다. (이 대목에서 기분 나빠할 독자들이 있을 수도 있겠지만, 이메일 관리에 그렇게 많은 시간을 쓸 필요는 없다. 지난 2011년에 345명의 이메일 사용자들을 대상으로 실시된 한 연구에 따르면 이메일의 폴더를 다양하고 정교하게 관리하는 사람들보다 폴더를 적은 숫자로 단순하게 관리하는 사람들이 이메일을 활용할 때 더 효율적인 것으로 나타났다.[31])

내가 여기서 이메일을 거론하는 이유는 많은 사람들이 생산성 저해의 주요 요인으로 이메일을 지목하고 있기 때문이다. 그러나 이메일 자체는 문제가 아니다. 문제는 업무에 임하는 우리 자신의 태도에 있다. 뛰어난 성과는 긴급하지 않은 부탁에 일일이 응하거나, 서류를 보기 좋게 정리하거나, 불필요한 이메일을 매일같이 찾아서 지우거나, 근무지의 외관을 보기 좋게 꾸미거나, 모든 회의에 참석하려고 하는 것에서 나오는 게 아니다. 뛰어난 성과를 내려면, 중요한 일에서 PQO를 이뤄내야 한다.

그래서 자기 자신이 추구해야 하는 PQO의 내용을 정확하게 판단하는 게 중요하다. 블로거라면 양질의 콘텐츠를 다른 경쟁자들보다 더 빠르게 포스팅해야 하고, 컵케이크집 주인이라면 가장 많이 팔리는 두 종류의 컵케이크를 선택해 충분히 많이 구워내야 한다. 부모라면 자녀들과의 즐거운 시간을 더 자주 갖는 것을, 영업사원이라면 잠재력 높은 고객들과 더 자주 만나는 것을, 그래픽 디자이너라면 요즘 유행하는 스타일의 이미지를 더 많이 만들어내는 것을, 대학 교수라면 학생들의 수업만족도를 높이는 것, 혹은 논문이나 저술을 몇 개 이상 발표하겠다는 것을 PQO의 내용으로 정할 수 있다.

어느 분야에서 어떤 특성의 결과물을 얼마만큼
만들어낼 것인지를 결정하는 것은 우리의 경력 경로에서
가장 큰 전환점들 가운데 하나가 될 것이다.

가장 성공적인 비즈니스 리더들을 보면 어느 순간 인생의 큰 전환점을 맞게 되는데, 자신이 추구해야 하는 PQO를 발견함으로써 그 계기를 만드는 경우가 많다. 스티브 잡스는 애플 제품군을 크게 줄이고 핵심 제품들에 기업 역량을 집중하기로 결정하면서 애플의 폭발적인 성장을 이끌어낼 수 있었고, 그 결정은 세상을 뒤바꾸었다. 월트 디즈니는 영화산업에 집중하기로 결정하면서 사업의 대전환점을 만들어냈다. 디지털 시대에 이르러서는 다양한 콘텐츠를 온라인으로 공유하는 매체를 만들기로 한 사람들이 큰 성공을 이뤄냈는데, 페이스북(현 메타), 인스타그램, 스냅챗 같은 서비스의 창업자들을 예로 들 수 있다. 이렇듯 자신이 추구해야 하는 PQO를 정확하게 판단하는 것은 큰 성공과 부의 토대가 된다.

나는 지난 2006년에 그때까지 일하고 있던 컨설팅회사를 그만두었다. 회사로부터는 좋은 평가를 받고 있었지만, 내가 만들어내는 결과로부터 아무런 만족감을 느낄 수 없었기 때문이다. 내가 일하던 컨설팅회사에서는 파트너와 컨설턴트들에게 대형 고객 유치에 관한 PQO를 요구하고 있었는데, 나는 고객유치나 영업이 나의 정체성에 부합한다는 생각을 가질 수가 없었다. 그리고 당시의 나처럼 연차가 낮은 컨설턴트들은 여러 다양한 프로젝트들에 배치되어 선배 컨설턴트들의 업무를 도와주도록 돼 있었는데, 이를 통해 경험을 쌓고 인적 네트워크를 확장하고 추가 수당도 받을 수 있었지만, 그 역시 내 인생의 일이라는 생각은 들지 않았다.

자신에게 소득을 만들어주는 일의 결과물로부터 아무런 만족감이나 즐거움을 느낄 수 없다면 그때는 삶의 전환을 진지하게 고민할 때다. 현실을 직시하고, 새로운 변화를 추구해야 한다.

나는 컨설팅회사를 그만두고 저술가, 강연자, 온라인 코치로서 새로운 경력을 쌓아가기 시작했다. 다른 사람들에게 성공을 위한 영감과 용기를 불어넣어주는 콘텐츠를 만들고 소개하는 일은 나에게 큰 의미가 있었다. 다만 새로운 일을 시작했던 처음에는 무엇을 어떻게 시작해야 하는지 알 수가 없었다. 코칭 분야에 처음 들어온 다른 사람들과 마찬가지로 나는 출판산업, 강의산업, 온라인 교육산업 등에 대해 많은 것을 배우려고 했다. 이 세 분야의 업무 성격이 매우 다르리라 생각한 나는 각 분야의 행사나 회의에 되도록 많이 참가했다. 하지만 세 분야 모두 사람들의 성공에 필요한 콘텐츠를 제공한다는 비슷한 업무 성격을 지니고 있다는 사실을 알게 됐다.[32]

어쨌든 나는 컨설팅회사를 그만둔 이후 거의 1년 동안 무엇에 관한 PQO를 만들어내야 하는지 판단하지 못한 채 허둥대기만 했다. 잡지에 글을 기고하고, 블로그에 글을 올리고, 기업이나 단체를 찾아다니며 강연 기회를 달라고 요청하고, 다양한 온라인 마케팅 기법들을 검색하고 학습했다. 그러던 어느 날 카페에 앉아 있다가 내가 온종일 무언가를 하고는 있지만 성과가 나오지 않는다는 자각이 들었다. 그러면서 '내가 지금 하고 있는 일들은 내 경력을 발전시키지도 않고, 앞으로 10년 후에는 누구도 기억하지 못할 텐데'라는 생각이 떠올랐다. 그날 카페에서 내가 나 자신에게 했던 말은 아직도 생생히 기억난다. "내가 원하는 것은 의미 있는 무언가를 만들어내는 거야. 일을 하면 가치 있고, 다른 사람들과 세상에 도움이 되고, 스스로 만족감을 느낄 수 있는 성과가 나와야 해."

물론 세상에 큰 영향을 끼치는 중요한 일만 하며 살 수는 없다. 반드시 해야만 하는 사소한 일이라는 것도 있다. 쓰레기를 내다 버리는 일은 특별히 운동이 되는 것도 아니고 경력에 도움이 되는 것도 아니지만, 반드시 해야 한다.

카페에 앉아 이런저런 생각을 하던 중에 나는 내가 추구해야 하는 PQO의 내용을 결정하게 됐고, 그날의 결정으로 나의 경력 경로는 큰 전환점을 맞게 됐다. 저술가가 될 거라면 나는 저술의 PQO를 높여야 했다. 지금 이 책은 나의 여섯 번째 저술이다. 그날 나는 끊임없이 누군가에게 이메일을 보내고, 블로그에 포스팅을 하고, 우편물을 작성해 보내고, SNS를 관리하는 게 아니라, 실제로 책을 내는 데 노력을 집중하기로 결정했다. 나의 멘토이자 좋은 친구였던, 지금은 작고한 웨인 다이어Wayne Dyer는 생전에 서른 권 이상의 책을 출간했다.

내 경우는 저술가로서 이제 시작인 셈이지만, 생전의 웨인 다이어가 말했듯이 의지를 세웠으니 저술의 PQO를 높일 수 있을 거라고 믿는다.

그리고 강연자가 될 거라면 나는 일정 액수 이상의 강연료를 받는 식으로 강연의 PQO를 높여야 했다. 나는 기업이나 단체를 찾아다니며 강연을 영업하는 일을 중단하기로 했다. 그건 시간낭비일 뿐이었다. 대신에 나는 강연자로서의 나를 소개하는 마케팅 자료와 동영상을 만들어 나의 개인 웹사이트에 올려놓았다. 내가 지향하는 수준에 이미 도달해 있는 다른 강연자들처럼 말이다.

그다음에 온라인 코치가 될 거라면 온라인 교육과정을 수립하고 그에 맞는 동영상 교육자료를 만드는 것의 PQO를 높여야 했다. 나는 다양한 온라인 마케팅 기법들을 학습하는 일을 멈추고, 온라인 교육과정을 위한 동영상을 제작하고 그것을 홍보하는 일에 집중하기 시작했다. 그리고 그 뒤에 일어난 일은 정말로 놀라웠다. 200만 명에 달하는 사람들이 내 온라인 교육과정이나 동영상 강의를 듣기 위해 등록했고, 내가 무료로 올린 동영상 강의들은 1억 뷰를 넘겼다. 만약 내가 PQO의 내용을 제대로 결정하지 못했더라면 나는 이렇게 많은 사람들에게 다가가지 못했을 것이다. 아울러 오프라닷컴Oprah.com이 나를 '역사상 가장 성공한 온라인 트레이너 중 한 명'이라고 칭하지도 않았을 것이고, 〈석세스success〉지가 '최고의 자기계발 전문가 중 한 명'이라고 지목하지도 않았을 것이다.

내가 이런 이야기를 하는 것은 PQO의 내용을 제대로 결정하고 그것을 추구하는 것이 얼마나 큰 성공을 가져다줄 수 있는지를 전하기 위해서다. 내가 지금과 같은 성취를 이뤄낼 수 있었던 것은 내게 특별한 재능이 있어서가 아니다. 이뤄야 할 중요한 일들을 결정하고, 그 일들을 이루기 위해 역량을 집중하고 끊임없이 노력한 덕분이다.

이것은 정말로 중요한 성공방식이다. 나는 누가 나에게 성과 관련 코칭을 의뢰해오면 그들이 어떤 결과물을 추구해야 하는지를 최대한 빠르게 정할 수 있도록 도와준다. 그리고 PQO의 내용을 결정하면 그들이 어떤 분야에서 일하고 있든 업무시간의 60퍼센트, 혹은 그 이상을 자신이 결정한 PQO를 추구하는 데 사용하라는 조언한다. 성과 코치로서 내 경험에 의하면 업무시간의 60퍼센트라는 숫자는 진정한 의미의 성과를 만들어내는 최소한의 집중도다. 뛰어난 성과를 내기 위해서는 전략 수립, 조직 관리, 일상 업무 처리 등은 업무시간의 40퍼센트 이내에서 마쳐야 한다.

내 경우는 업무시간의 60퍼센트를 저술 작업, 온라인 교육과정 기획, 동영상 촬영에 사용한다. 그리고 나머지 40퍼센트의 시간에 전략 수립, 조직 관리, 인적 네트워크 관리, 고객 관리, 소셜 미디어 관리, 커뮤니케이션 등을 행한다. 이 40퍼센트의 업무도 중요하다. 핵심 분야의 PQO를 높이는 일을 지원하기 때문이다.

물론 60/40의 시간 배분이 처음부터 불가능한 직업도 있을 것이다. 그런 경우에는 60/40의 배분에 얽매일 필요는 없다. 중요한 것은 자신의 상황에서 최선의 성과를 낼 수 있는 시간 배분이다. 다만 내 경우는 60/40의 배분을 항상 지키려고 한다. 핵심 업무에 60퍼센트 보다 적은 시간을 투입하는 경우에는 곧바로 성과가 떨어지는 상황이 감지되기 때문이다.

60/40의 시간 배분이 너무 극단적이라고 생각하는가? 하지만 "모든 시간과 열정을 목표에 집중하라"는 조언을 떠올려보라. 모든 시간

과 열정을 하나의 목표에만 집중한다는 것은 명백히 불가능한 일이지만 많은 이들이 이 조언을 받아들이고 있다. 우리는 일정 시간은 다른 사람들을 위해서, 혹은 무언가를 관리하기 위해서 반드시 사용하게 된다. 당장 쏟아져 들어오는 이메일만 하더라도 관리가 필요하다. 하지만 이런 비핵심적인 일에 사용되는 시간은 최소화하고, 인생의 중요한 목표와 관련된 PQO를 높이는 일에 사용되는 시간은 최대화해야 한다. 그래야 자신이 중요하게 생각하는 분야에서 영향력 높은 사람이 될 수 있다.

하지만 중요한 분야의 PQO를 높이기 위해 애를 쓰거나 실제로 PQO를 높이는 사람은 그리 많지 않은 게 현실이다. 왜 그럴까? 바로 일을 뒤로 미루려는 성향과 완벽주의 때문이다. (하지만 나는 이런 이유를 대는 것도 자기기만이라고 생각한다.)

많은 이들이 우리 인간에게는 뒤로 미루려는 성향이 있다고 말한다. 그러나 이는 우리 인간 심리의 일부분도 아니고, 인간의 성격적 특성도 아니다. 시간관리 능력의 부재 때문에 중요한 일을 자꾸 뒤로 미루게 되는 것도 아니다. 여러 연구들에 따르면 중요한 일을 뒤로 미루는 것은 동기의식의 문제 때문이라고 한다.[33] 일에서 의미를 찾지 못했기 때문에 일을 자꾸만 뒤로 미루는 것이다. 걱정이나 불안 때문에 일을 미루는 경우도 있지만, 중요하다고 판단한 일의 실행을 자꾸만 뒤로 미루는 것은 거의 다 동기의식이나 의미를 발견하지 못했기 때문이다. 따라서 PQO를 추구하려는 일은 자신이 좋아하는 일, 혹은 의미를 발견할 수 있는 일로 결정해야 한다. 그래야 일을 미루는 성향을 예방할 수 있다.

그런가 하면 사람들에게 PQO, 즉 우수한 결과의 대량생산을 추구하라고 말하면 완벽주의 성향을 보이는 경우와 자주 맞닥뜨리게 된다. 그들은 이렇게 말한다. "더 많이 만들어낼 수는 없습니다. 완벽하게 제대로 해야 하니까요. 나는 절대적으로 옳은 것, 그리고 절대적으로 사람들에게 사랑받는 것만을 만들고 싶어요." 그런데 엄밀히 말해 이것은 완벽주의가 아니다. 그냥 두려움이나 회의감 때문에 앞으로 더 나아가지 못하는 것일 뿐이다. 진짜 완벽주의자들은 일단 무언가를 만들어 세상으로 내보낸다. 그래야 만들어진 것을 다듬어 완벽을 추구할 수 있기 때문이다.

우리는 우수한 결과를 더 많이 만들어내지 못하는 갖은 이유를 찾는다. 하지만 그런 이유를 찾는 데 에너지를 쓰기보다는 그냥 우수한 결과의 대량생산을 추구하는 게 더 나은 선택이다. 자신에게 있어 가장 중요한 것이 무엇인지를 판단하고 그것의 대량생산에 역량을 집중하라. 그 선택이 세상을 변화시킬 수도 있다.

하이 퍼포먼스 프롬프트

1. 나의 경력 경로에서 내가 만들어낼 수 있는 가장 중요한 결과물은⋯

2. PQO를 높이기 위해 내가 중단할 수 있는 일들은⋯

3. PQO를 높이기 위해 나는 내 업무시간의 _____퍼센트를 핵심적인 일에 배분할 것이다. 그리고 PQO를 높이기 위해 내가 구체적으로 취할 수 있는 행동들은⋯

실행 2 ｜ 가장 중요한 다섯 가지 행동을 결정하라

> 나는 불행의 절반은 무언가를 향해
> 곧장 나아가지 못하는 사람들로부터 나온다고 믿는다.
> ─윌리엄 로크William Locke

우리 인간은 저글링의 달인들이다. 동시에 여러 개의 프로젝트나 업무를 진행할 수 있고, 회식 자리에서는 여러 명의 사람과 서로 다른 주제로 대화할 수도 있다. 이런 능력은 인류 발전에 큰 역할을 했다고 할 수 있다. 그러나 이제는 이런 능력이 오히려 우리의 발전을 가로막고 있는 상황이다.

대부분의 경우 최초의 성공은 뛰어난 멀티태스킹 능력에 의해 이뤄진다. 예를 들어 컵케이크 가게를 창업한 사람은 자신이 직접 재료 주문도 넣고, 컵케이크도 굽고, 손님 응대도 하고, 가게 홍보도 하고, 친구들과 이웃들을 대상으로 하는 네트워크도 관리한다. 혼자서 여러 역할을 수행한다. 열심히 일하면 가게가 번창하고 성공한다. 그리고 그 성공을 몇 차례 더 이어나갈 수도 있다.

성공이 이어지다 보면 여러 가지 새로운 기회가 찾아오게 마련이다. 성공한 컵케이크 가게 창업자는 다른 창업자들에게 조언을 해주기도 하고, 여러 가지 지역사회의 일도 맡는다. 아직 세계적인 수준의 컵케이크 브랜드를 일궈낸 것은 아니지만, 성공한 창업자는 기분이 좋다. 그는 주위 사람들에게 자신에게 가장 중요한 일은 여전히 컵케이크 사업이라고 말하지만, 그의 스케줄을 보면 대부분의 업무시간이 사업 이외의 일에 배분되고 있다. 게다가 하는 일들이 서로 연관 있는 것도 아니다. 매일같이 바쁘게 무언가를 하지만, 분명한 지향점을 가지고 발전하는 상황은 아니다.

그렇다면 이 컵케이크 가게 창업자는 어떻게 해야 할까? 중요한 것은 자신의 본업에 집중하는 것이다. 그리고 이를 위해서는 계획이 필요하다.

매우 유능한 사람들 중에는 자신에게는 정밀한 계획이 필요하지 않다고 생각하는 이들이 많다. 뛰어난 능력으로 언제든지 성과를 낼 수 있다고 자신하기 때문이다. 무언가를 이제 막 시작하는 단계라서 경쟁자들도 거의 다 정보가 부족한 상태라면 정밀한 계획 없이 능력만으로 경쟁에서 승리하는 게 가능하다. 하지만 어느 정도 성공을 이뤄내면 개인의 능력이 주는 이점은 빠르게 소멸된다. 어느 정도 성공한 상태에서 경쟁자들은 하나같이 경험과 정보가 많기 때문이다.

하이퍼포머 중에는 성공 이후 산만하게 목표를 추구하면서 자신의 궤도에서 이탈하는 경우가 꽤 있다. 게을러서가 아니다. 하이퍼포머는 무언가를 계속해서 만들어내는 유형들이기 때문이다.

**통일된 흐름 없이 한꺼번에 여러 가지를 이루려 할 때,
그때부터 목표달성에 필요한 힘을 잃기 시작한다.**

나중에는 일에 대한 열정까지 잃는다. 그리고 이러한 상태가 지속되면 의미 있는 큰 성과는 더 이상 내지 못한다.

하는 일이 단순한 상황이라면 정해진 절차에 따라 작업을 수행해 나가면 된다. 그러나 수행해야 하는 일과 목표가 더 이상 단순한 상황이 아니라면 정밀한 계획을 반드시 세워야 한다. 이때부터는 목표를

위한 전략이 중요해지기 때문이다.[34] 게다가 목표가 커질수록 관리해야 할 사항도 많아지고 다른 사람들과의 상호작용도 증가하게 된다. 하이퍼포머가 되기 위해서는 행동하기에 앞서 생각을 할 필요가 있다.

물론 모든 행동에 앞서 생각을 먼저 해야 한다는 말은 아니다. 어떤 경우에는 행동과 생각이 동시에 진행돼야 할 때도 있다. 하지만 수행해야 하는 일과 목표가 복잡할수록 정밀한 계획을 수립해야 성과가 높아진다는 것만큼은 분명하다.[35]

정밀한 계획을 수립하고 계획에 따라 단계적으로 일을 진행해나가는 것은 매우 중요하다. 계획이 생각의 분산을 막아주기 때문이다. 그리고 중요한 일을 하나씩 완수할 때마다 우리의 뇌에서는 도파민이 생성되면서 좋은 기분을 느끼게 되고, 그런 기분을 더 느끼고자 하는 동기의식을 갖게 된다. 정밀한 계획은 목표 달성의 가능성을 높일 뿐 아니라 일을 진행하는 과정에서 더 큰 즐거움을 느낄 수 있게 해주고, 그다음 목표로 나아가기 위한 동기의식도 이끌어내준다.[36]

우수한 결과의 대량생산, 즉 PQO를 추구할 일을 결정했다면 그다음에는 정밀한 계획을 수립할 차례. 자신이 가장 열망하는 꿈, 가장 원하는 목표를 떠올려보라. 그런 다음 스스로에게 물어보라.

**내가 가장 열망하는 목표를 이뤄내기 위해
내가 취해야 할 다섯 가지 행동을 꼽는다면 무엇이 있을까?**

그리고 그 다섯 가지 행동을 완수 가능성, 마감 시한, 구체적인 내용 등의 관점에서 생각해보라. 그런 다음 이 행동들을 추진하기 위한 구체적인 계획을 수립하라. 한 번에 하나의 행동을 추진하는 게 기본

원칙이다. 행동을 추진하기에 앞서 다른 사람에게 보여줄 수 있을 정도의 구체적인 계획표를 마련해야 한다. 만약에 주 단위와 월 단위로 구체적인 성과가 만들어지지 않는다면 시간관리, 혹은 행동의 내용에 문제가 있다는 뜻이다. 이런 상태가 방치되면 다른 사람들이 몇 달 안에 해내는 일을 몇 년씩 해도 해내지 못할 수 있다.

하이퍼포머는 운동, 학습, 회의, 휴가 등 자신이 하는 거의 모든 일에 대해 행동에 앞서 계획을 세우려고 한다.[37] 그런데 여기서 주의할 점이 있다. 과도한 계획은 오히려 부정적으로 작용할 수 있다. 실제로 계획을 과도하게 세워서 혼란을 겪는 사람들이 많다. 따라서 나는 중요한 일에 대해서만 정밀한 계획을 수립할 것을 제안한다. 자신의 **목표 달성에 있어 가장 중요하다고 판단되는 다섯 가지 행동을 고르고, 그 행동들에 대해서만 정밀한 계획을 수립하는 것이다.** 그리고 PQO를 추구할 때도 이 다섯 가지 행동을 중심으로 한다. 이것이 남들을 앞서가는 방법이다.

지난 2006년 저술가가 되겠다는 목표를 세웠을 때 나는 여기저기 글을 쓰고 다녔지만, 아무런 성과를 내지 못하고 있었다. 그러다 저술가가 될 거라면 저술의 PQO를 높여야 한다는 생각을 하게 되었고, 그날 이후 나의 경력 경로는 큰 전환점을 맞았다. 저술의 PQO를 높이기 위해 나는 다른 행동들은 모두 그만두었다. 그리고 책을 내기 위해 해야 할 다섯 가지 행동을 찾기 시작했다.

특히 내가 원했던 것은 〈뉴욕타임스〉 베스트셀러 작가가 되는 것이었다. 유명해지는 게 목적은 아니었다. 단지 내 책이 많이 팔려서 많은 사람들에게 도움이 되기를 바랐다. 그런데 나의 첫 책은 베스트셀러가 되지 못했다. 나는 너무나 실망했고, 유명하지 않은 사람은 베스트셀러를 낼 수 없는 게 출판시장의 시스템일 거라는 잘못된 생각을 하기도 했다. 실망스러운 결과 앞에서 다른 사람들을 원망하는 마음이 들기도 했지만, 나는 곧 진실을 받아들이기로 했다. 정밀한 계획을 수립하지 않았기 때문에 첫 책이 실패했다는 사실을 말이다. 책을 쓰고 홍보를 하는 일련의 과정을 임기응변식으로 대했던 것이 실패의 원인이었다.

나는 두 번째 책을 쓰면서는 체계적으로 접근하기로 했다. 하루 중 아무 때나 시간이 되는 대로 글을 쓰고, 내키는 대로 저술가 모임에 참석하고, 글쓰기에 관한 책이 눈에 띄면 그 책을 사서 읽어보는 식으로 했던 첫 번째 방식은 버리기로 했다. 시간 나는 대로 내키는 대로 이것저것 해보는 식으로는 시간과 에너지만 소비할 뿐이고, 그런 식으로는 두 번째 책도 실패할 터였다.

이번에는 베스트셀러 저자들을 만나 그들이 어떻게 책을 쓰고 홍보하는지를 직접 물어보는 것부터 시작했다. "책을 쓰고 그 책을 베스트셀러로 만들기까지 어떻게 하고 계신지 알려주십시오." 나는 이런 질문을 통해 베스트셀러 저자들이 성공을 이끌어내는 다섯 가지 주요 행동들을 파악하려고 했다. 누구나 이런 접근법을 활용할 수 있다. 자신이 추구하는 분야에서 이미 성공한 사람들을 만나 그들이 어떻게 일을 하는지 물어보라. 그리고 그들의 성공을 가능하게 만든 다섯 가지 주요 행동들을 파악하라.

베스트셀러 저자들로부터 들은 이야기는 내가 예상했던 것과는 사뭇 달랐다.

- 베스트셀러 저자들은 '저술가가 된다'는 것에 대해 낭만적으로 이

야기하지 않았다. 그들은 일이 매우 힘들고, 글을 쓰고 싶은 기분이 들지 않더라도 어떻게든 원고지를 채워나가야 한다고 말했다.

- 저자 모임에 나가는 것이 성공의 중요 요소라고 말하는 사람은 아무도 없었다.
- 특정 독자 집단을 상정하고 책을 쓰지는 않는다고 말했다.
- 책을 쓰기 위해 관련 주제에 대해 몇 년씩 취재해야 한다고 말하는 사람도 없었다(물론 심층 취재 이후에 책을 쓰는 사람이 있기는 했다).
- 홍보를 위해 언론에 책을 노출시켜야 한다거나, 북투어 같은 행사를 해야 한다고 말하는 사람은 거의 없었다.
- 북클럽에 대해 말하는 사람도 없었다.
- 유명인사의 추천사를 받는 것이 책의 성공에 중요 요소라고 말하는 사람도 없었다.

충격적이었다. 전부 다 내가 중요하다고 생각했던 것들이기 때문이다.

- 저자 워크숍에 참가하고, 내 글에 대한 다른 작가들의 피드백을 토대로 '내 목소리'를 찾는다.
- 내 책의 예상 독자 집단을 철저히 조사한다.
- 언론에서 관심을 가질 만한 내용을 추가해 언론 노출을 꾀한다.
- 유명인사의 추천사를 받는다.

물론 이 가운데 일부는 실제 책 판매에 도움이 된다. 하지만 내가 만났던 베스트셀러 저자들 가운데 이런 행동들을 책의 성공 요인으로 지목한 사람은 아무도 없었다. 좋은 글을 쓰는 데도, 책 판매를 이끌어내는 데도 별 도움이 안 된다는 것이다. 그들과의 대화를 통해 나는 베스트셀러 저자가 되기 위해서는 다음의 다섯 가지 행동이 중요하다는 결론을 내리게 되었다.

1. 좋은 내용의 책을 쓴다. 이것을 마치기 전까지는 저술과 관련해 다른 중요한 것은 아무것도 없다.
2. 출판사를 찾고자 한다면 출판 에이전트를 활용한다. 하지만 1인 출판의 길도 있다.
3. 블로그를 비롯한 소셜 미디어를 시작하고, 구독자들의 이메일 주소를 수집한다. 이메일 주소는 홍보의 기본이자 모든 것이다.
4. 책의 홍보를 위한 웹페이지를 개설하고, 사람들의 책 구매를 유도할 수 있는 보너스를 제시한다. 보너스의 제시를 잊으면 안 된다.
5. 책 홍보를 위해 이메일 주소를 많이 가지고 있는 사람들과 협력한다. 협력자들에게 내 책의 홍보를 부탁하고, 나는 내가 가지고 있는 이메일 주소록을 활용해 협력자들의 상품을 홍보해준다.

'세상의 진실을 발견하고, 엄청난 열정과 독자들에 대한 애정으로 심혈을 기울여 글을 쓰고, 독자들의 가슴과 영혼에 영원한 메시지를 남긴다'와 같은 개념과 비교하면 앞의 다섯 가지 행동은 매우 평범하다. 하지만 이는 실제 베스트셀러 저자들이 꼽은, 베스트셀러를 만들어내는 가장 중요한 행동들이다. 이 다섯 가지 행동을 정리하고 나자 충격과 두려움이 밀려왔다. 베스트셀러 저자를 지향하고 있었음에도 그전까지 한 번도 생각해보지 않았던 행동들이었기 때문이다.

하지만 자신감을 갖게 되는 계기가 된 것도 사실이다. 진정한 자신감은 목표를 이뤄내는 방법을 알게 됨으로써 만들어지는 것이다. 나에게는 꿈이 있었고, 꿈을 이뤄주는 다섯 가지 행동도 알게 되었다.

이후 나는 이 다섯 가지 행동을 실행에 옮기는 데 역량을 집중했다. 그 외의 다른 행동은 거의 다 그만두었다. 나는 다섯 가지 행동을 완수하기 위한 계획표를 만들었고, 계획표에 따라 일하기 시작했다. 맨 처음에 실행한 행동은 좋은 내용의 책을 쓰는 것이었다. 나는 이 행동에 집중했고, 어떤 시기에는 한 주 동안 일하는 시간의 90퍼센트를 책을 쓰는 데 투입했다. 책을 다 쓴 다음에는 다른 네 가지 행동을 순차적으로 진행해나갔다. 나에게 있어 이외의 행동은 핵심적이지 않은 것, 혹은 불필요한 것이었다.

중요한 다섯 가지 행동을 결정하고, 그것에 집중하겠다는 마음을 갖지 않는다면 어떤 상황이 전개될지 생각해보라. 그야말로 수백 가지 불필요한 행동이 목표 달성을 방해할 것이다. 계속해서 자료만 찾고, 글쓰기에 관한 책을 읽고, 저자 워크숍에 참가하고, 취재하고, 홍보를 위해 다른 미디어에 글을 기고하는 일에 신경을 쓰는 식으로 말이다.

그러나 실제 베스트셀러 저자들은 좋은 내용의 책을 쓰는 일에 집중하라고 알려주었다. "그 행동이 완수되지 않으면 다른 일들은 일어나지 않아요." 베스트셀러 저자들이 해주었던 말이다.

자신이 가장 열망하는 목표를 이루기 위해 취해야 하는 다섯 가지 행동을 결정하면 그다음부터는 마법과도 같은 일이 일어난다. 가장 큰 비중을 두고 수행해야 하는 첫 번째 행동, 두 번째 행동, 세 번째 행동, 네 번째 행동, 다섯 번째 행동 등과 같이 구체적인 계획이 수립되고, 해야 할 일이 분명해지면서 불필요하거나 부수적인 행동에 의해 목표가 교란되는 상황을 차단할 수 있다.

나는 다른 모든 일을 그만두고 글쓰기에 집중했다. 그리고 글쓰기를 마친 다음에는 순차적으로 나머지 네 가지 중요한 행동을 진행했다. 나는 기본적으로는 1인 출판을 진행하기로 하면서 나를 도와줄 출판사 한 곳을 선택했다. 그 출판사에서는 내 원고에 대해 편집과 디자인을 맡아서 해주었고, 표지 디자인은 파워포인트로 내가 직접 했다. 홍보를 위한 이메일 주소록은 나도 수집해놓았던 게 있었고, 이메일 주소록을 가지고 있는 다른 열 명의 친구들에게 협력을 부탁했다. 친구들에게 협력을 부탁하는 과정에는 2주가 소요되었다. 그다음에는 사흘 동안 책 홍보 영상을 촬영했고, 나흘에 걸쳐 홍보 동영상을 소셜 미디어에 업로드하고 홍보 이메일을 보냈다. 책을 쓰고, 출간을 하고, 홍보를 하기까지 총 60일이 소요된 나의 책《백만장자 메신저The Millionaire Messenger》는 〈뉴욕타임스〉, 〈USA투데이〉, 〈월스트리트저널〉, 반즈앤드노블 등에서 모두 베스트셀러 1위가 됐다. 원고를 쓰는 데 30일, 책을 제작하는 데 30일이 소요됐고, 책이 제작되는 그 30일 동안 나는 책 홍보를 위해 웹페이지를 만들고, 보너스를 제시하고, 홍보 동영상을 만들었다. 그리고 열 명의 친구들에게 홍보 협력에 대한 동의를 얻어냈다. 베스트셀러 저자들이 말해준 다섯 가지 행동을 60일 만에 전부 이행했던 것이다. 그리고 나 역시 베스트셀러 저자가 됐다.

어떤 사람은 내가 운이 좋았던 거라고 말할지도 모르겠다. 홍보에 도움을 줄 수 있는 열 명의 친구를 두고 있었고, 홍보를 위한 웹페이지와 동영상을 만들 수 있었다는 점들을 들면서 말이다. 맞는 말이기는 하다. 그러나 이런 이점들 역시 그전까지 해왔던 내 노력의 결실이다. 어느 날 태어나 보니 내 옆에 홍보를 도와줄 친구들이 있고, 홍보를 위한 웹사이트가 만들어져 있던 게 아니다. 사실 홍보를 도와줄 친구들의 경우는 베스트셀러 저자들과의 대화 이후부터 찾기 시작했다. 다음의 사실을 꼭 기억하기 바란다.

**다섯 가지 행동은 한번 정했다고 계속 유지되는 게 아니다.
목표마다 그에 적합한 다섯 가지 행동을 새롭게 판단해야 한다.
그 다섯 가지 행동을 제대로 파악하지 못한다면
경쟁에서 이길 수 없다.**

내가 말하고자 하는 것은 속도가 아니다. 60일 안에 무언가를 할 수 있고 없고가 중요한 게 아니다. 중요한 것은 목표 달성에 필요한 다섯 가지 핵심 행동을 파악하고 이행하는 것이다. 60일이 아니라 2년이 걸려도 괜찮다. 이루고자 했던 것을 이룰 수만 있다면 말이다.

다섯 가지 행동을 결정하고 그에 관한 정밀한 계획을 수립하는 방식으로 나는 많은 것들을 이뤄낼 수 있었다. 내가 좋아하는 사업을 할 수 있게 되었고, 미국 대통령을 만날 수 있었고, 많은 사람에게 도움을 준 온라인 강좌를 만들 수 있었고, 강연자로서 성공할 수 있었고, 다수의 비영리단체와 시민활동가들을 위해 수백만 달러를 모금할 수 있었다.

그리고 이는 나에게 코칭을 의뢰해온 수많은 고객들에 의해 검증된 방식이기도 하다. 어떤 목표를 이뤄내고자 한다면 다음의 방식을 기억하기 바란다.

- 자신이 원하는 것을 결정한다.
- 목표 달성에 중요한 다섯 가지 행동을 결정한다.
- 적어도 주당 업무시간의 60퍼센트 이상을 투입해 다섯 가지 행동을 완수한다.
- 중요한 다섯 가지 이외의 행동은 불필요하거나 부수적인 것으로 간주하고, 나머지 40퍼센트 이내의 업무시간에 해결한다.

정말 간단하지 않은가? 하지만 "자신의 목표를 이루기 위해 지금 하고 있거나 앞으로 순차적으로 하고자 하는 다섯 가지 주요 행동은 무엇입니까?"라고 묻는 질문에 빠르게 준비된 대답을 하는 사람은 별로 없다. 그리고 한참 생각한 후에 내는 대답이라 하더라도 불필요하거나 부수적인 행동을 언급하는 경우가 대부분이다. 하지만 하이퍼포머는 자신이 해야 하는 다섯 가지 중요 행동을 잘 알고 있다. 그들은 어떤 행동을 어떤 순서로 해야 하는지에 관해 구체적인 계획을 마련해둔다.

여러분의 경우를 생각해보라. 만약 내가 여러분의 집을 방문해 목표를 이루기 위해 해야 하는 다섯 가지 행동을 어떻게 진행할지 그 계획표를 보여달라고 하면 즉시 나에게 그것을 보여줄 수 있는가? 보여줄 수 없는 상황이라면 여러분이 지금부터 해야 할 일은 분명하다.

어떤 사람은 이렇게 말할지 모르겠다. "구체적인 계획 같은 거 없이도 성공하는 사람들이 있습니다. 상황에 따라 적절히 대응하는 식으로 지속적인 성공을 이끌어내는 사람들 말입니다. 그런 사람들은 장기적인 계획이라는 걸 수립하지 않습니다." 물론 예외는 어디에나 있다. 하지만 계획 없이 상황에 따라 적절히 대응하던 사람이 구체적인 계획에 따라 움직인다면 아마 그는 전보다 훨씬 더 큰 성과를 이뤄낼 것이다. 규칙이 없는 상황에서 우리의 꿈은 망상으로 그칠 뿐이다.

구체적인 계획에 따라 시간과 역량을 집중한다면 남들은 몇 년씩 걸리는 일을 몇 달 만에 해낼 수도 있다. 자신의 목표를 이루기 위해 해야 하는 다섯 가지 행동이 무엇인지 파악하라. 이 다섯 가지의 행동은 순차적으로 진행하되, 한 번에 하나씩 진행하는 게 바람직하다. 이것이 중요하면서도 자신을 더 높은 단계로 올려줄 결과물을 만들어내는 방법이다.

하이 퍼포먼스 프롬프트

1. 나의 가장 큰 목표, 혹은 꿈 가운데 지금 당장 계획을 수립해야 하는 것은…

2. 이 목표를 향해 빠르게 나아가기 위해 필요한 다섯 가지의 행동은…

3. 다섯 가지 행동 각각의 마감 시한은…

4. 이 목표를 이미 이뤄낸 사람들 가운데 내가 궁금해하는 것들을 물어보고 나에게 성공 방식을 가르쳐줄 수 있는 다섯 명의 사람은…

5. 향후 3개월 동안 다섯 가지 중요 행동에 더욱 집중하기 위해 배제해야 하는 불필요한 행동, 혹은 부수적인 행동은…

실행 3 ⏱ 끝내주는 실력을 갖춰라

내가 생각하기에, 어떤 분야에서 일하든 해당 분야에서 탁월한 성공을
이뤄내기 위한 진정한 길은 그 분야의 최고 실력자가 되는 것이다.
–앤드루 카네기 Andrew Carnegie

더 높은 생산성을 내기 위해서는 더 뛰어난 실력을 지녀야 한다. 자
신의 주된 관심 영역에서 성공하기 위해서도 해당 영역에서 필요로
하는 실력을 높은 수준으로 지니고 있어야 한다.

조직 수준에서든 개인 수준에서든 높은 생산성과 뛰어난 성과를
내기 위해서는 뛰어난 실력이 뒷받침돼야 한다. 국가에서 추진하는
교육정책과 경제정책의 목표 역시 사람들의 실력을 높이는 데 초점이
맞춰져 있다. 이것이 빠른 경제성장의 근간이기 때문이다. 실력이 뛰
어난 근로자들이 임금 수준도, 직업 만족도도 모두 높다. 물론 근로자
가 뛰어난 실력을 지니고 있어도 회사의 전략, 리더십, 직무 설계, 인
사 관행 등에 문제가 있다면 직업 만족도와 임금은 낮게 나타날 수 있
다.[38] 능력은 뛰어난데 좀처럼 좋은 평가를 받지 못하고 승진하지 못
하는 직원도 어렵지 않게 찾아볼 수 있다.

어쨌든 이것 하나는 분명하다. 자신이 일하는 분야에서 필요로 하
는 실력을 높은 수준으로 갖추지 못하면 성공 가능성은 크게 떨어진
다. 커뮤니케이션, 문제해결, 체계적인 사고, 프로젝트 관리, 팀워크,
갈등조정 등의 일반적인 실력도 중요하지만, 특정 분야에서 요구되는
실력도 매우 중요하다. 코딩, 영상물 제작, 회계 처리, 컴퓨터 사용 등
에서의 실력을 생각해보라. 그런가 하면 자신의 감정을 통제하고 항

상 긍정적인 기분을 만들어낼 줄 아는 능력도 중요하다.

자신이 지향하는 사람이 되고자 한다면 향후 3년 안에 자신의 주된 관심 영역에서 필요로 하는 다섯 가지 분야의 실력을 높은 수준으로 갖춰야 한다.

어떤 분야든 학습이나 훈련을 통해 실력을 향상시킬 수 있다. 의지와 집중력만 있다면 뛰어난 실력자가 될 수 있다. 이 말을 믿지 못한다면 하이퍼포머가 되고자 하는 여정은 여기서 멈추게 된다. 최근의 한 연구에 따르면 자신의 성장 가능성을 믿고, 열심히 노력하고, 목표를 꾸준히 추구하면 어떤 분야에서든 더 높은 실력을 지닐 수 있다.[39]

엄밀히 말해 사람들이 "나는 그걸 할 수 없어"라고 말하는 것은 오래도록 훈련하거나 학습하기가 싫다는 의미다. 다시 한 번 강조하지만, 어떤 분야든 학습이나 훈련을 통해 실력을 높일 수 있다. 내 인생이 바뀐 것도 이 같은 자각이 있었기 때문이다.

교통사고 치료 후 다시 대학교에 복학했던 아주 오래전의 일이다. 나는 친한 친구들에게 그 사고 이야기를 해주면서, '나는 충만한 삶을 살았는가?' '사랑하면서 살았는가?' '의미 있는 일을 했는가?' 같은 인생의 마지막 질문 앞에서 만족스러운 대답을 할 수 있을 만큼 열심히 살아야겠다는 생각을 갖게 되었다는 말도 해주었다. 물론 내 이야기에 모든 친구들이 공감을 표했던 것은 아니지만, 몇몇 친구는 자신의 다른 친구들에게도 들려주고 싶은 이야기라고 말해줬다. "많은 것을 생각하게 해주는 이야기네." 친구들의 말이었다.

사실 대학 시절의 나는 그렇게 외향적인 사람은 아니었다. 오히려 혼자 있는 것을 좋아하는 편이었다. 주위 사람들과 농담도 하고, 처음 보는 사람과도 편하게 대화하는 유형이기는 했지만, 사적인 이야기까지는 하지 않았다. 특히 내 속내나 꿈을 다른 사람에게 이야기하는 경우는 거의 없었다.

그 무렵 나는 심리학, 철학, 자기계발 같은 분야를 공부하기 시작했다. 나는 더 나은 삶을 살 수 있는 방법을 찾으려 했고, 그 분야의 책도 많이 읽었다. 그런데 저자들의 상당수가 나와 같은 경험을 딛고 일어선 사람들이었다. 인생의 큰일을 겪고, 무언가를 깨우치고, 더 나은 사람이 되기 위해 노력하고, 자신이 알게 된 것을 다른 사람들에게도 알려주려고 책을 썼다. 그들의 글을 읽으면서 나는 내 이야기도 사람들에게 알려주고 싶다는 생각을 갖게 되었다.

또한 나는 내가 읽은 책들의 저자들이 강사, 전문 강연자, 워크숍 진행자 등의 직업을 가지고 있다는 점도 알게 되었다. 나는 그들의 이야기를 더 듣고 싶어서 그들이 만든 오디오북을 들어보고, 그들의 온라인 강의도 찾아서 들었다. 그렇게 하면서 결국은 말을 잘하는 사람이 메시지 전달력이 더 뛰어나고 다른 사람의 변화를 더 잘 이끌어낸다는 점도 새삼 인식하게 됐다. 그러자 나도 다른 사람들 앞에서 말을 잘하는 사람이 되고 싶어졌다. 새로운 도전이었지만, 때로는 무언가에 대한 욕구가 도전의 두려움을 극복하기도 한다. 나는 뛰어난 강연자가 되기로 결심했고, 말하는 법을 배우기 시작했다. 그리고 이는 내 삶을 완전히 바꾸는 계기가 됐다.

새로운 분야에서 높은 실력을 쌓고자 할 때 우리는 두 가지 선택지 앞에 놓이게 된다. 하나는 반복적으로 훈련하는 것이고, 다른 하나는 내가 '진행형 실력 습득progressive mastery'이라고 부르는 방식을 이용하는 것이다.

수영을 생각해보자. 어떤 사람이 수영을 잘하고 싶다는 마음이 들면 수영 코치에게 가서 수영하는 법을 배운다. 그리고 계속해서 반복적으로 수영장 레인을 오간다. 그러나 이런 단순 반복 훈련은 매우 비효율적인 방식이다. 사실 단순 반복 훈련이 뛰어난 성과로 이어지는 경우는 드물다. 그래서 내가 제안하는 방식이 '진행형 실력 습득'이다. 진행형 실력 습득은 다음 열 단계로 진행된다.

1. 어떤 분야에서 높은 수준의 실력을 갖추고 싶은지를 결정한다.
2. 목표로 하는 수준의 실력을 갖추기 위한 구체적인 세분 목표들을 설정한다.
3. 목표 수준의 실력으로 가는 과정에 대해 긍정적인 감정과 의미를 부여한다.
4. 성공의 핵심 요소들을 찾아내고, 해당 요소들을 강화한다(성공 요소에 약점이 있는 경우에는 약점을 보완한다).
5. 성공의 모습과 실패의 모습을 상상하면서 그 각각을 간접적으로 경험해본다.
6. 개인적으로 심사숙고하거나 전문가의 자문을 받아 다소 높은 수준의 훈련 프로그램을 만든다.
7. 실력의 발전을 기록하고, 외부로부터 피드백을 받는다.
8. 다른 사람들과 함께 훈련하거나 공개적인 경쟁에 참여함으로써 자신의 발전과 노력을 다른 사람들에게 알린다.
9. 계속해서 더 높은 수준의 목표를 추구함으로써 다음 단계로의 성장을 지향한다.
10. 사신이 알게 된 것들을 다른 사람에게 가르쳐줌으로써 다른 사람의 성장을 돕는다.

진행형 실력 습득은 안데르스 에릭슨Anders Ericsson 교수가 말한 '계획적인 훈련'과 비슷하다.[40] 계획적인 훈련과 마찬가지로 진행형 실력 습득은 전문가의 조언을 받아들이고, 높은 수준의 목표를 추구하고, 목표를 추구하는 과정에 대해 긍정적인 감정을 부여하고, 자신의 발전을 기록하고, 약점을 보완하는 일련의 과정을 아우른다.

진행형 실력 습득에서는 긍정적인 감정을 갖는 것, 자신의 도전을 다른 사람들에게 알리는 것, 자신이 알게 된 것을 다른 사람들에게 가르쳐주는 것 등도 중요하다. 다시 말해 목표에 도전하는 과정이 즐거울 수 있도록 감정을 관리해야 하고, 자신의 도전을 다른 사람들에게 알리거나 다른 사람들과 직접 경쟁함으로써 더 높은 수준의 역량을 추구하고, 자신이 알게 된 것을 다른 사람들에게 가르쳐줌으로써 자신이 추구하는 것을 새로운 관점에서 볼 기회를 갖는 것이다. 나는 진행형 실력 습득 방식이 더 높은 수준의 실력을 획득하는 인간적이고, 사회적이고, 즐거운 방식이라고 생각한다.

그렇다면 이번에는 앞의 열 가지 진행형 실력 습득 원리를 수영 배우기에 적용해보자. 시간 나는 대로 수영장에 뛰어들어 반복적인 연습을 하기보다 다음과 같은 진행형 실력 습득 방식을 활용한다면 어떤 일이 일어날지 한번 생각해보라.

1. 자유형(여기서는 '크롤' 영법)에서 높은 수준의 실력을 갖추기로 결정했다고 가정해보자. (배영, 평영, 접영 등은 일단은 관심 영역 밖에 둔다.)
2. 입수, 랩, 턴, 피니시 등의 목표를 세분화한다.
3. 훈련에 임할 때마다 자유형의 실력을 높이는 게 왜 중요한지를 스스

로에게 되새기고, 자신에게 우호적인 사람에게 자유형과 관련된 목표를 이야기해준다. 더 좋은 몸매를 위해서, 지역 수영대회에서 우승하기 위해서, 친구와의 시합에서 승리하기 위해서 등이 될 수 있다.

4. 기록을 단축하기 위한 근력 강화 훈련을 보충하거나, 지구력에 약점이 있는 경우에는 이를 보완할 훈련을 계획한다.

5. 매일 밤마다 자신이 생각하는 완벽한 레이스를 상상해본다. 물을 헤치는 모습, 턴하는 모습, 마지막 스퍼트를 하는 모습 등을 상세하게 그려본다.

6. 유능한 코치의 도움을 받아 계속해서 실력을 높일 수 있는 훈련 프로그램을 짜고, 코치에게 지속적으로 조언을 받는다.

7. 수영하는 날에는 반드시 그날의 성과를 기록하고, 기록지를 살펴보면서 보완해야 할 부분을 찾는다.

8. 다른 사람들과 함께 훈련을 하고, 기회가 되면 자신보다 기록이 더 좋은 사람과 시합도 해본다.

9. 일정 기간마다 목표 기록을 점진적으로 높여나간다.

10. 함께 훈련하는 사람들 가운데 도움이 필요한 사람에게 도움을 주고, 기회가 된다면 지역 학생들에게 수영 강습을 해준다.

시간이 나는 대로 수영장에 가서 반복 훈련을 하는 것보다 이와 같은 진행형 실력 습득 방식을 활용한다면 훨씬 더 큰 훈련 성과를 낼 수 있다. 똑같은 시간을 투입하더라도 진행형 실력 습득 방식이 훨씬 더 효율적이다.

이 방식은 최고의 강연자기 되겠다는 목표를 추구하는 과정에서 내가 활용했던 방식이다. 당시 나는 기회가 되는 대로 강연을 하면서 그 경험에 의해 강연 실력이 늘어나는 방식과, 긍정적인 기분과 효율성을 추구하는 진행형 실력 습득 방식 가운데 하나를 선택해야 했는데, 진행형 실력 습득 방식을 선택했던 것은 내 인생 최고의 선택 가운데 하나다.

진행형 실력 습득 방식을 따르는 과정에서 특히 효과가 좋았던 것은 2번, 3번, 10번이었다. 나는 강연 횟수가 늘어날수록 강연에서 사용하는 대본의 분량을 줄여나간다는 목표를 세웠었다. 초기에는 강연 내용 전체를 담은 대본을 활용했다. 사실상 강연을 하면서 대본을 보고 읽었던 것이다. 그러다 어느 정도 시일이 흘렀을 때는 강연 대본의 분량을 한 페이지로 줄였고, 그다음에는 반 페이지, 그다음에는 다섯 개의 문장, 그다음에는 다섯 개의 단어로 줄였다. 그리고 대학교를 졸업하던 무렵에는 대본 없이 강연할 수 있는 수준에 이르렀다. 이것이 바로 진행형 실력 습득 방식의 효과다.

내가 능력이 뛰어나서가 아니었다. 내가 처음으로 돈을 받고 한 강연은 한 여성클럽에서 인간관계를 주제로 한 것이었는데, 그 최초의 유료 강연은 결코 잘했다고 할 수 없었다. 너무 긴장했기 때문이다. 나는 내가 하는 일에 긍정적인 기분과 의미를 부여하지만, 잘 못했을 때는 나 자신에게 마음껏 화를 낸다. 하지만 좌절감을 갖지는 않는다. 나는 의미 전달 능력을 높이는 것이 얼마나 중요한지를 스스로에게 계속해서 말해주었다. 그 첫 번째 실패 후 나는 마틴 루터 킹 주니어, 존 F. 케네디, 윈스턴 처칠 같은 명연사들의 동영상을 계속해서 돌려봤고, 명연설문들을 찾아서 읽었다.[41]

10번 항목 '자신이 알게 된 것을 다른 사람에게 가르쳐준다'의 경우도 나의 성장에 큰 역할을 했다. 나는 대학원에서 두 학기 동안 강연 수업을 개설하고 강의를 하게 됐는데, 강사로 일하는 동안에는 학생들의 커뮤니케이션 능력을 높여주겠다는 확고한 목표를 세우고 매번 강의에 임했다. 나는 내가 알고 있는 것을 학생들에게 가르쳐주기도 했지만, 학생들로부터 더 많은 것을 배웠다. 또한 자신의 실력이 늘었다는 것을 자각할 때마다 학생들이 느끼게 되는 즐거움을 나 역시 느낄 수 있어서 좋았다. 학생들과 함께하면서 나는 많은 것을 얻고 성장할 수 있었다.

진행형 실력 습득 방식을 따른 이후 내 인생의 모든 것이 바뀌었다. 우선 소규모 강연조차 제대로 소화하지 못하던 풋내기가 몇 년 만에 대본 없이 대규모 강연을 해내는 강연자로 성장하게 되었다. 수천 명을 대상으로 하는 하루 8~10시간짜리 세미나를 단독으로 진행할 수 있게 되었고, 수만 명의 청중을 대상으로 강연하면서 그동안 매체를 통해서나 접하던 명사들을 내 무대로 초청할 수도 있게 됐다. 카메라 앞에만 서면 어색했던 나였지만, 자연스럽게 강의 동영상을 촬영할 수 있게 됐다.

아직도 가야할 길은 멀다. 하지만 더 높은 단계에 도전하는 것이 즐겁다. 물론 그 과정에서 나의 부족한 점들을 직시해야 하는 것은 결코 쉬운 일이 아니지만 말이다. 하지만 진행형 실력 습득 방식 덕분에 나는 도전에 대해 두려움을 갖지는 않는다. 만약 내가 뛰어난 강연자가 되기 위해 무작정 열심히 노력만 했더라면 나는 높은 수준의 실력을 갖지 못했을 것이고, 여기까지는 오지 못했을 것이다.

그동안 내가 제안했던 진행형 실력 습득 방식을 받아들인 많은 사람들이 자신의 목표를 이뤄낼 수 있었다. 그들 중에는 올림픽에 참가한 국가대표 선수, NBA 농구 선수, 시장에서 승리하고자 하는 기업

CEO, 가족들의 시간을 더 효율적으로 사용하고자 하는 부모 등이 포함돼 있다. 진행형 실력 습득 방식은 인생의 어느 분야에서 활용하더라도 효과를 볼 수 있는 방식이다.

물론 진행형 실력 습득 방식을 처음부터 끝까지 진행하는 것이 불가능한 경우도 있다. 어떤 경우에는 코치나 멘토를 찾는 일이 불가능할 수도 있고, 다른 사람들을 가르치는 기회를 찾지 못할 수도 있고, 계속해서 더 높은 수준의 목표를 추구할 수 없는 경우도 있다.

하지만 자신에게 필요한 실력을 체계적으로 발전시키고 거듭해 성장하게 된다면 우리의 미래는 어떻게 될까? 자신의 관심 영역에서 세계적인 수준의 실력을 갖추게 된다면 어떻게 될까? 뛰어난 실력을 바탕으로 PQO, 즉 우수한 결과의 대량생산을 더 높이고, 목표 달성에 가장 중요하다고 판단되는 다섯 가지 행동을 더 빠르게 진행하게 된다면 어떻게 될까? 목표와 관련해 현재 수준을 넘어서는 다음 단계의 목표를 설정하고 그에 도달하게 된다면 어떻게 될까?

하이 퍼포먼스 프롬프트

1. 내가 발전시키고자 하는 세 가지 실력은…

2. 이 세 가지 실력을 높이기 위해 내가 밟아나가야 하는 단계는…

3. 이 세 가지 실력과 관련해 나에게 도움을 줄 수 있는 코치나 멘토는…

인생은 한 번뿐이다

죽을 만큼 건드리기 싫은 일이 아니라면 내일로 미루지 말라.

-파블로 피카소Pablo Picasso

　인생은 짧다. 우리에게는 우리의 족적을 겨우 남길 수 있는 시간 정도만 주어져 있을 뿐이다. 정말로 중요한 일에 집중해야 하는 이유다. 자신의 영혼을 울릴 수 있는 일이 아니라면 이제라도 그만두라. 스스로 자랑스러운 일, 혹은 세상에 긍정적인 영향을 줄 수 있는 일이 아닌 것에 대해 효율성이나 효과성을 추구하지 마라. 지금 시점에서 자기 자신에게 정말로 중요한 일이 무엇인지를 판단하라. 자신의 진정한 꿈을 이루기 위한 다섯 가지 행동을 결정하고, 필요한 실력을 높은 수준으로 갖추려고 노력하라. 바로 그 시점부터 세상은 우리의 것이 된다.

HABIT 5

사람의 마음을 움직이는 영향력을 키운다

힘에는 두 종류가 있다.
하나는 타인에 대한 위협을 통해 얻을 수 있고,
다른 하나는 타인에 대한 사랑을 통해 얻을 수 있다.
–마하트마 간디 Mahatma Gandhi

**사고방식에 변화를 만들어주라
도전의식을 자극하고 영감을 불러일으켜라
롤모델이 되어라**

그 CEO는 위기에 처해 있었다.

주안Juan 회장의 글로벌 의류회사는 7분기 연속 실적 부진을 기록했다. 10년 동안 고속 성장을 해왔던 그의 회사였지만 지난 2년 동안 매출은 크게 떨어졌고, 애널리스트들은 주안의 경영 능력과 그 회사의 시장 경쟁력에 대해 근본적인 의문을 제기하기 시작했다.

8월의 어느 무더웠던 날, 회사 전용기에 오르기 전까지 그의 회사에 대해 내가 알고 있던 것은 이 정도였다. 내가 주안 회장을 만나게 된 것은 그 회사의 CFO이자 내 오랜 친구인 아론Aaron의 부탁이 있었기 때문이다. 그 당시 그들 둘은 확대임원회의에 참석하기 위해 전용기로 이동하려던 참이었다.

가벼운 인사를 나눈 다음 나는 주안 회장에게 회사의 진짜 문제가 뭐라고 생각하느냐고 물었다.

"다니엘라Daniela입니다. 진짜 문제는 이 사람이에요." 다니엘라는 그 회사의 디자인 책임자였다. 원래는 다른 의류회사에서 일하면서 젊은 감각으로 언론의 주목을 받던 디자이너였는데, 주안이 그녀를 디자인 책임자로 스카우트해왔다고 한다. 그런데 영입 초기부터 그녀와 주안은 의견 충돌을 빚었다. 주안은 회사의 기존 디자인 경향을 유지하기를 바랐지만, 다니엘라는 새로운 유행을 받아들이면서 디자인을 파격적으로 바꾸려고 했다. 그 때문에 회사 조직은 둘로 갈리게 되었다. 그리고 신제품들이 회사의 전폭적인 지원을 받지 못해 거듭 실패하게 되면서 갈등은 심화됐다. 프로젝트들이 멈추고 마케팅이 효과를 내지 못하면서 매출이 급락하기 시작했다.

이 이야기를 하는 주안의 말투에서 나는 다니엘라에 대한 그의 증오심을 분명하게 감지할 수 있었다. 그러면서 그는 이렇게 말했다. "그 여자는 버처드 씨하고 나이가 비슷해요. 그러니 그 여자를 어떻게 해야 하는지 좀 알려주면 좋겠어요."

"나이하고는 상관없는 문제 같습니다." 나는 조용히 대답했다. "그건 관계의 문제입니다. 전설적인 농구코치 존 우든John Wooden이 했던 말에서 답을 찾아야 합니다. 그는 '어떤 일을 해내려면 다른 사람들과 협력해야 한다'라고 했죠."

하지만 주안은 내 이야기를 듣지 않고 있었다. 그러면서 그는 다니엘라가 미치는 회사 내 영향력을 줄이는 것만이 답이라고 했다. 그는 다니엘라가 전용할 수 있는 예산을 줄이고, 팀원 재배치를 통해 다니엘라의 팀에 자신이 영향력을 행사할 수 있는 직원을 투입하고 싶다고 했다. 그리고 회사의 기존 디자인 경향을 따르는 새로운 라인을 만들고, 다니엘라가 주도하는 제품들에 대해서는 홍보를 줄이고 싶다고도 했다. 그는 20분에 걸쳐 다니엘라의 영향력을 줄이기 위한 전략들을 설명하고는 나에게 이렇게 물었다. "버처드 씨는 다른 좋은 생각 없어요?"

성과 코치로 일하다 보면 이런 상황을 자주 겪게 된다. 많은 리더들이 부진한 성과에 대해 팀원들을 비난하고, 상대방의 기를 꺾거나 사내정치를 활용해 조직에 대한 통제력을 유지하려 한다. 하지만 나로서는 그런 상황에 끼고 싶지 않았다. 만약에 그 장소가 4만 피트 상공의 비행기 안이 아니었다면 나는 실례한다는 말과 함께 자리를 떠났을지도 모르겠다.

내 기분을 알아챘는지 아론이 끼어들었다. "브렌든, 내가 부탁한 게 바로 이런 상황에 대한 자네의 의견이야. 주안 회장님도 자네에게 기대하는 건 따로 있고. 지금은 저렇게 말씀하시지만, 자네가 무슨 말을 하든 받아들이실 거야. 그러니 솔직한 자네의 의견을 들려주게." 아론은 이렇게 말하고는 주안 회장을 쳐다봤다.

그러자 주안 회장이 말했다. "솔직하게 말해줘요."

"고마워, 아론." 나는 내 생각을 말하기 시작했다. "회장님은 이미 이 일의 처리 방향을 생각하고 계신 것 같은데, 저로서는 회장님의 생각이나 다니엘라의 생각을 알기 전까지는 뭐라고 말하기가 어렵습니다. 혹시 다니엘라와 끝까지 싸우고, 그녀를 내쫓고, 언론의 이목을 끌고, 브랜드에 손상을 입는 일까지 감수하고 계시는 건가요?"

옆에 앉아 있던 아론이 다소 놀라는 표정을 지었다. 주안 회장은 잠시 생각하다가 이렇게 말했다. "거기까지 바라는 건 아닙니다. 아니에요."

나는 미소를 지으며 이렇게 말했다. "그럼 그녀를 회사에서 내보낼 생각은 안 하시는 건가요?"

그러자 주안 회장은 머리를 내저으며 말했다. "그랬다가는 디자인팀의 절반이 그녀와 함께 회사를 나갈 겁니다."

"그렇군요. 그럼 정확하게 무엇을 원하시는 건가요?"

"나는 그녀가 좀 더 부드러워졌으면 좋겠어요."

"그러니까 회장님의 의견을 따라주고, 회장님의 생각을 실행으로 옮기는 것 말인가요?"

주안 회장은 아론을 한번 쳐다보고 어깨를 으쓱하고는 답했다. "그게 그렇게 나쁜 일인가요?" 회장이니까 그렇게 기대할 수 있는 게 아니냐는 말투였다.

나는 주안의 그 발언이 진심인지를 확인하기 위해 그의 눈을 응시했다. 진심 같았다. 그는 여전히 상명하복 문화에 머물러 있는 사람이었다. 나는 그에게 말했다. "다니엘라에게는 그렇습니다. 그건 분명히 나쁜 일입니다. 저는 다니엘라를 전혀 모르지만, 자신의 생각 외에는 아무 관심도 없는 상사와 함께 일하고 싶은 사람은 아무도 없을 겁니다. 회장님이 지금 다니엘라에게 기대하는 것들 중에는 그녀를 위한 게 아무것도 없습니다. 다니엘라가 좋게 생각할 만한 게 뭐가 있을까요? 어쨌든 그녀를 스카우트해왔을 때는 그녀의 능력이나 비전을 좋게 봤기 때문이었을 텐데요. 스카우트 제안을 할 때 무엇을 약속하셨나요?"

주안은 한참 동안 옛날 일을 떠올리려고 했다. 좋았던 둘의 관계가 깨졌을 때는 둘 사이의 약속이 깨졌기 때문인데, 한창 싸우다 보면 싸움의 원인은 뒤로 잊히곤 한다.

기억을 떠올린 그는 다니엘라가 디자이너로서의 능력도 좋았지만, 대인관계도 좋았기 때문에 스카우트해왔다고 했다. 그 두 가지를 겸비한 사람은 업계에 드물다는 것이다. "나는 우리 회사에서 그녀의 성장을 지원하겠다고 약속했어요. 나는 그녀가 자신의 실력을 발휘할 수 있기를 바랐고, 그렇게 할 수 있도록 기회를 주려고 했습니다. 그런데 그런 지원을 바탕으로 그녀는 나의 비전이 아닌 자신의 비전을 실현하려고만 했어요."

여기서 아론이 끼어들었다. "그래서 지금은, 자네도 알다시피 이렇게 주저앉게 됐어."

나는 이렇게 말했다. "주저앉은 게 아니야. 그냥 잠시 시야를 잃은 것뿐이지."

그러자 주안이 말했다. "그럼 우리가 못 보고 있는 게 무엇인가요? 우리 모두는 다니엘라가 원하는 것을 알고 있습니다."

"예? 그건 무엇이죠?"

"자신이 회사를 지배하는 것입니다."

"그렇게 확신하십니까?"

"다니엘라가 자기 입으로 그렇게 말한 적은 없지만, 확신합니다. 이미 그런 일이 일어나고 있는 것 같기도 하고요."

"제가 회사의 내막을 모르니 회장님의 생각이 틀렸다고 말할 수는 없겠군요. 그리고 다니엘라가 이 자리에 없기 때문에 그녀에게 사실을 확인할 수도 없고요. 그러니 일단은 회장님의 생각이 옳다고 받아들이겠습니다. 그런데 우리가 놓치고 있는 것은 사람에 대한 영향력에 관한 것입니다."

"사람에 대한 영향력?" 아론이 말했다.

나는 주안 회장을 바라보며 이렇게 말했다. "그건 야망을 존중하는 것과 관련 있습니다. 타인에게 영향력을 행사하기 위해서는 우선 그 사람과 관계를 맺어야 하고요, 그다음에는 그가 자신의 야망을 추구할 수 있도록 도와줘야 합니다. 여기서 첫 번째 단계는 함께 일하자는 요청으로 진행될 수 있습니다. 그리고 두 번째 단계를 진행하기 위해서는 그의 생각을 파악하고 앞으로 나아갈 수 있도록 도와줘야 합니다. 회장님은 다니엘라의 야망이 무엇인지 알고 있습니다. 그런데 그 야망을 추구할 수 있도록 도와주는 게 아니라 가로막고 있죠."

주안 회장은 당혹스러운 표정으로 머리를 가로저으며 내 쪽으로 몸을 기울이면서 말했다. "지금 무슨 소리를 하는 거요? 회사를 다니엘라에게 넘겨주기라도 하란 말이오?"

"그건 절대로 아닙니다. 다만 어떤 사람을 가로막거나 억누르는 식으로는 절대로 그 사람에게 영향력을 행사할 수 없다는 말씀을 드리고 싶은 겁니다. 사람은 누구나 자기 생각의 범위를 넓혀주고 자신의 성장을 도와주는 리더와 함께 일하고 싶어 합니다. 다니엘라에게 영향력을 행사하고 싶다면 그녀와의 관계를 재정립하고 그녀가 더 큰 생각을 가질 수 있도록 돕는 것에서 다시 시작할 필요가 있습니다. 그리고 그녀가 더 성장하고 자신의 야망을 추구할 수 있도록 도와주십시오. 당연히 회사를 지배하도록 도와주라는 뜻이 아닙니다. 제 생각에 그녀의 야망은 회사를 지배하는 게 아닐 겁니다. 어쩌면 사실과는 다르게 회장님의 걱정이 그런 생각을 이끌어낸 것일 수도 있습니다. 어쨌든 지금 상황에서 필요한 것은 회장님과 다니엘라가 함께 추구할 수 있는 새로운 야망을 만드는 겁니다. 함께 추구할 수 있는 새로운 야망을 만들지 않는다면 계속해서 이 낡은 문제로 싸우게 될 뿐입니다."

주안은 계속해서 머리를 가로저었다. "그래서 어떻게 하라고요? 새로운 기업 비전이라도 만들라는 겁니까?"

"아닙니다. 새로운 야망의 초점을 다니엘라에게 맞추는 것으로 충분합니다. 회장님이 그녀에게 영향력을 행사할 수만 있다면 그녀는 회장님과 한 팀으로 일하게 될 것이고, 그건 회장님에게 큰 이익이 될 겁니다. 하지만 회장님이 계속해서 그녀에게 영향력을 행사하지 못한다면 그녀는 계속해서 자기식으로 일을 할 겁니다."

"그럼 내가 어떻게 해야 하는 겁니까?"

나는 다시 한 번 설명했다. "방금 말씀드린 대로입니다. 그녀가 더 큰 생각을 가질 수 있도록 돕고, 그녀와 함께 추구할 수 있는 새로운 야망을 만들어보십시오."

주안 회장은 팔짱을 끼고는 이렇게 말했다. "무슨 소리인지 모르겠소만."

이번에는 나도 팔짱을 끼고 말을 시작했다. "아니오, 아마 알고 계실 겁니다. 그게 마음에 들지 않을 뿐이죠. 제가 지금 회장님에게 하고 있는 그대로 다니엘라에게 해주시면 됩니다. 저는 지금 회장님에게 그전과는 다르게 생각하라는 이야기를 하고 있고, 다니엘라와의 관계를 재정립하라는 새로운 비전을 제시하고 있지요. 이제부터는 그녀를 협력자로 생각해보세요. 그녀가 자신의 역할, 자신의 팀, 그리고 회사를 더 큰 관점에서 바라볼 수 있도록 도와주세요. 그것이 그녀에 대한 회장님의 영향력을 되찾는 방법입니다. 그녀가 자신이 사랑하는 일을 하고 지금보다 더 크게 성장할 수 있도록 도와주세요. 그녀가 자신의 일을 할 수 있도록 지원해주세요. 그렇게 하면 그녀에 대한 회장님의 영향력은 더욱 커질 겁니다. 그전까지와는 다르게 다니엘라를 대해주세요."

"좋아요. 그런데 그렇게 해서 내가 얻는 건 뭔가요? 다니엘라에 대한 영향력으로 내가 무엇을 할 수 있는 겁니까?"

나는 솔직하게 말해주기로 했다. 적어도 내가 아는 한 모든 리더는 도전과 발전을 추구한다. 그리고 내면 깊은 곳에는 누군가의 롤모델이 되기를 바라는 마음을 가지고 있다.

그의 질문에 나는 이렇게 답해주었다. "회장님, 회장님은 그렇게 해서 그녀와 그녀의 팀에게 전보다 더 좋은 리더가 되는 겁니다."

그는 의자에 등을 기대면서 팔짱을 풀었다.

그리고 나와 대화를 시작하고 처음으로 얼굴에 미소를 지어 보였다. 그는 내 제안을 받아들이겠다고 했다.

● ● ●

나는 주안 회장에게 사람에 대한 영향력에 관해 좀 더 자세히 설명해주었다. 그리고 그때 주안 회장에게 설명했던 이야기가 바로 이번 장의 내용이다. 다른 사람에 대한 영향력을 높일 수 있다면 우리의 모든 것이 달라질 수 있다.

그렇다면 영향력이란 무엇일까? 영향력이 무엇인지를 구체적으로 알아보기 위해 우리는 사람들에게 다음과 같은 질문에 대해 주관적인 척도로 답해줄 것을 주문했다. 긍정일수록 높은 점수를 매기는 방식이었다.

- 나는 어렵지 않게 사람들에게서 신뢰를 얻고, 다른 사람들과 교우 交友관계를 맺는다.
- 나는 내가 추구하는 목표를 이루는 데 필요한 수준의 대인 영향력을 갖추고 있다.
- 나는 다른 사람을 잘 설득한다.

그리고 다음 질문들에 대해서는 부정일수록 높은 점수를 매기는 식으로 진행했다.

- 나는 말실수 때문에 인간관계를 망치는 일이 자주 있다.
- 사람들은 내 이야기를 잘 듣지 않고 내 부탁을 잘 들어주지 않는다.
- 나는 다른 사람의 일에 감정이입을 잘하지 못한다.

첫 번째 질문들에 대해 긍정적일수록, 두 번째 질문들에 대해 부정적일수록 사람들은 다른 사람에 대해 더 높은 수준의 영향력을 지니고 있었고, 성과지수 역시 더 높게 나타났다.

그렇다면 다른 사람에게 영향력이 높은 사람은 어떤 사람일까? 조사 결과 다른 사람에게 무언가를 주는 것 자체는 영향력과 별 상관이 없었다. 보통은 다른 사람에게 무언가를 주면 영향력이 커진다고 생각할 수도 있으나, 실제로는 그렇지 않았다. "나는 다른 사람에게 무언가를 많이 주는 편이다"라고 응답하는 사람들의 영향력지수가 특별히 높게 나타나지는 않았다.[1] 어찌 보면 상식에 반하는 조사 결과라 할 수 있으나, 이런 사례들은 우리 주위에서 쉽게 찾아볼 수 있다. 다른 사람들에게 끊임없이 무언가를 주는데도 불구하고 정작 자신이 필요한 때에는 다른 사람들을 끌어모으지 못하는 사람이 주위에 있지 않은가?

우리의 조사 결과, 다른 사람에 대한 영향력은 긍정적인 변화를 만들어내는지 여부에 크게 영향을 받았다.[2] 말 그대로 긍정적인 영향을 끼치는 사람이 다른 사람에게 높은 수준의 영향력을 지닌다는 것이다. 성과 코치들만 하더라도 코칭 시간의 양으로는 사람들 사이에 아무런 영향력을 만들어내지 못한다. 성과 코치로서 긍정적인 변화를 분명하게 만들어내야 영향력을 발휘할 수 있다.

창의성도 영향력과 그렇게 크게 상관있는 것은 아니었다.[3] 우리는 지금 창의성이 중시되고 가치 있게 평가되는 사회에서 살아가고 있다. 하지만 우리의 조사 결과에 따르면 창의성이 높은 것으로 분류된 사람이라고 해서 다른 사람에게 높은 영향력을 지니는 것은 아니었다. 높은 수준의 창의성이 높은 수준의 대인 능력을 언제나 동반하는 것은 아니었다.

영향력지수와 가장 상관관계가 높았던 것은 자기 자신에 대한 인식이었다. 다른 사람들이 자신을 성공한 사람으로 생각한다고 인식할수록 영향력지수가 높게 나타났다. 그리고 다른 사람들에 대한 높은 영향력은 더 나은 인생으로 이어진다. 영향력이 높은 사람은 자녀들에게 존중받고, 갈등을 더 빠르게 해결하고, 프로젝트에 추진력을 높이고, 자신의 아이디어에 대한 사람들의 동의를 더 잘 이끌어내고, 더 큰 매출을 일으키고, 사람들을 더 잘 이끈다. 그리고 이런 사람들이 회사에서 임원이나 CEO가 되고, 자신의 1인 기업을 성공적으로 이끌어간다.[4] 하이퍼포머가 되는 것이다.

그런데 어떤 사람은 스스로 기회를 차단하기도 한다. "나는 외향적인 사람이 아니니까, 다른 사람에게 영향력을 발휘할 수 없을 거야." "나는 사람 대하는 일에는 약해." "누군가를 설득하는 일은 나하고는 맞지 않아." 늘 이런 말들을 하면서 말이다. 이런 사람들은 다른 사람들에 대한 영향력을 개인의 특성 문제로 생각하지만, 조사 결과를 보면 그건 사실이 아니다.

인간행동에 관한 기존 연구들을 메타 분석 해보면 타인을 이해하고 설득하고, 타인에게 영향력을 행사하는 능력은 개인적 특성과는 상관관계가 없는 것으로 나타난다. 이와 같은 '정치적 능력'은 자신의 일을 제대로 수행하고, 업무수행 능력에 자신감을 가지고 있고, 다른 사람들에게서 긍정적인 평가를 받고 있을수록 높아지는 경향을 보였다. 그리고 정치적 능력이 높을수록 일과 관련된 스트레스를 적게 받고, 더 빠르게 승진하고, 더 큰 성공 가능성을 보이는 것으로 나타났다. 또한 정치적 능력이 높은 사람은 주위로부터 긍정적인 평판을 받고, 이런 평판이 다른 사람에 대한 영향력을 더욱 높이는 상승작용을 만들어낸다.[5]

이와 같은 직업적 성공이 행복한 삶과 결합된다면 어떤 인생이 전개될지 생각해보라. 내가 사람들에게 타인에 대한 영향력을 높여야 한다고 조언하는 이유다.

영향력을 만들어내기 위한 방법들

우리의 모습은 자기 자신이 설명할 수 있는 것도 아니고,
스스로 지향할 수 있는 것도 아니다. 우리의 모습은 우리 삶이
다른 사람들에게 만들어내는 영향력과 변화의 총합에 의해 형성된다.

-칼 세이건Carl Sagan

뛰어난 성과를 위한 습관 가운데 다른 유형들은 우리가 직접 통제할 수 있는 성격의 것들이다. 명확성을 추구하는 것, 건강한 활력 상태를 유지하는 것, 생산성을 높이는 것 등은 모두 우리가 노력하는 만큼 성과가 나온다. 하지만 다른 사람에 대한 영향력은 어떨까?

'다른 사람에 대한 영향력'은 꽤 모호한 개념이기는 하지만, 여기서는 '다른 사람의 신념이나 행동을 우리 의도대로 변화시킬 수 있는 능력'이라고 정의하겠다. 즉 다른 사람이 우리를 믿게 만들고, 우리 주장을 받아들이고 우리를 따르도록 만들고, 우리 요청대로 행동하도록 만드는 능력을 '다른 사람에 대한 영향력'이라고 하자.

물론 영향력이라는 것은 인간관계 쌍방의 작용이기는 하지만, 어쨌든 다른 사람의 인식에 높은 수준의 통제력을 행사할 수 있다면 그것은 그대로 높은 수준의 영향력이 된다. 그리고 개인의 특성이나 재능과는 상관없이 누구라도 다른 사람에게 높은 수준의 영향력을 가질 수 있다. 그렇다면 다른 사람에 대한 영향력을 높이려면 어떻게 해야 할까?

부탁을 한다(사실 부탁하지 않아서 도움을 못 받는 것이다)

사람들이 자신의 일과 삶에서 다른 사람들에게서 필요한 도움을 받지 못하는 한 가지 이유는 다른 사람들에게 부탁하지 않기 때문이다. 일반적으로 사람들은 다른 사람들이 기꺼이 내 일에 관여해 도움을 줄 거라는 생각을 하지 못한다. 하지만 여러 연구에 따르면 사람들이 타인의 부탁에 실제로 응해주는 비율은 부탁하는 사람이 예상하는 것의 세 배 이상이라고 한다.[6] 이는 기대를 가지고 부탁해도 좋다는 것을 의미한다. 사람들이 좀처럼 부탁을 하지 못하는 이유는 또 있다. 부탁을 받는 사람이 자신에 대해 부정적으로 생각할까 걱정하기 때문이다. 하지만 여러 연구에 따르면 사람들은 다른 사람에 대해 그리 큰 관심을 갖지 않는다. 긍정이든 부정이든 평가 자체를 별로 하지 않는다는 것이다.[7]

함께 일하는 동료가 우리에게 도움을 줄지 여부는 부탁을 해보기 전까지는 알 수 없는 일이다. 우리의 배우자, 이웃, 직장 상사 역시 마찬가지다. "물어보기 전까지는 알 수 없는 일이다"라는 속담이 생각나는 대목이다. "구하라 그리하면 너희에게 주실 것이요"(마 7:7)라는 성경 구절도 있지 않은가. 타인을 움직이고자 한다면 부탁의 기술을 배우고(이건 경험으로 터득하는 수밖에 없다), 그 기술을 토대로 실제 부탁을 해보라. 많은 사람들이 자신의 의지대로 타인을 움직일 수 있기를 바라지만, 이를 위한 가장 기본적인 도구인 '부탁'을 활용하지는 않는다.

성과가 낮은 사람들을 보면 좀처럼 누구에게 부탁하지 못한다. 상대방에게서 부정적인 평가를 받거나 거절당할지도 모른다는 두려움 때문이다. 하지만 이러한 두려움은 근거 없는 것이며, 심지어 잘못된 것이다.

나에게 코칭을 의뢰하는 사람들 중에는 연예인도 많다. 그런데 그들은 항상 사람들로부터 주목받는 위치에서 일을 해왔기 때문에 다른 사람이 자신을 어떻게 생각할지에 대해 지나치게 걱정하는 경향을 보인다. 그래서인지 연예계가 아닌 분야로 진출할 때 좀처럼 다른 사람에게 물어보거나 부탁하지 못한다. 연예인을 코칭할 때 나는 종종 다음과 같은 말을 하곤 한다.

"다른 사람들이 어떻게 생각할지에 대해 걱정하는 마음은 충분히 이해하고도 남습니다. 하지만 이 얘기는 꼭 해드리고 싶네요. 사실 사람은 다른 사람에 대해 그렇게 관심이 많지 않습니다. 당신이 누군가에게 부탁을 했는데 그 사람이 거절하는 경우, 그 사람은 당신이 부탁했다는 사실을 금세 잊고 다시 자신의 일로 돌아갑니다. 당신의 부탁을 곱씹거나 하지 않아요. 자신의 일을 하기에도 바쁘기 때문입니다. 그러니까 부탁할 일이 있으면 그냥 부탁하세요. 일어나지도 않을 일을 걱정하느라 부탁을 하지 못한다면 당신의 꿈은 그만큼 멀어지는 겁니다."

게다가 사람들은 자신에게 부탁해온 사람에게 무언가를 해준 후에는 부탁해온 사람에 대해 전보다 더 우호적인 감정을 갖게 된다는 연구 결과도 있다.[8] 대부분의 경우 사람들은 누군가에게 도움을 줄 때 긍정적인 감정을 갖게 된다. 애초에 싫어하는 일이라면 부탁을 거절했을 것이다. 누군가와 우호적인 관계를 강화하고자 한다면 그 사람에게 무언가를 부탁하는 것도 한 가지 방법이다.

누군가를 우리가 추진하는 일에 적극적으로 참여시키고자 한다면 그 사람에게 자주 부탁을 하라.[9] 더 자주 부탁하고 부탁의 취지를 설명할수록 상대방은 우리 생각에 더 익숙해지고 우리 생각을 적극적으로 받아들일 가능성이 커진다.

다른 사람에게 높은 수준의 영향력을 발휘하고 싶다면 딱히 부탁할 게 없더라도 많이 물어보라. 사람들이 무슨 생각을 하고, 어떤 기분을 가지고 있고, 무엇을 필요로 하고, 무엇을 지향하는지를 알기 위해서는 많이 물어봐야 한다. 뛰어난 리더는 많이 물어본다. 사람들은 자신이 기여하고 도움을 준 것에 애착을 갖는다는 점을 기억하라. 어떤 프로젝트를 추진할 때 사람들에게 의견을 물어보고 반영한다면 사람들은 해당 프로젝트에 애착을 갖고, 지지하고, 자발적으로 도움을 주려 할 것이다. 자신의 요구와 지시사항을 말하고 팀원에게 따를 것을 주문하는 '독재자형' 리더보다는, 팀원들로부터 의견을 구하고 그들의 의견을 다양하게 반영하는 리더가 더 뛰어난 성과를 낸다는 점

에는 별로 이견이 없다.[10]

이 같은 원리는 가족이나 친구나 이웃과의 관계에서도 그대로 적용된다. 무엇을 원하는지, 어떻게 일이 진행되기를 바라는지, 어떤 결과를 기대하는지 사람들에게 물어보라. 이것이 사람들에 대한 영향력을 높이고, 자신이 바라는 대로 사람들의 참여를 이끌어내는 효과적인 방법이다. 사람들에게 더 높은 영향력을 발휘하길 원한다면 끊임없이 물어보라.

도움을 준다

다른 사람에게 도움을 주는 것도 잊어선 안 된다. 특히 되돌려 받으리라는 기대 없이 도움을 주는 것이 성공의 가능성을 높여준다.[11] 어떤 분야에서든 그렇다. 어쨌든 다른 사람에게 도움을 주면 나중에 그 사람이 우리의 부탁을 들어줄 가능성은 커진다. 여러 연구에 따르면 예전에 도움을 준 적 있는 사람에게 부탁을 하는 경우 부탁이 수락될 가능성은 두 배가량으로 높아진다.[12]

하이퍼포머는 누군가를 돕는다는 마음가짐을 항상 가지고 살아간다. 그들은 어떤 상황에 들어가게 되더라도 자신이 도움이 될 수 있는 길을 찾으며, 사람들이 당면해 있는 문제를 분석하고, 해법을 제안하고, 문제 해결을 위해 직접 개입한다. 누가 부탁하거나 요구하지 않아도 직장에서든 인간관계에서든 자신이 먼저 자발적으로 나서서 도움을 주려고 한다.

그런가 하면 조직의 리더로서 팀원에게 줄 수 있는 가장 값진 것으로는 신뢰, 자율성, 의사결정권 등을 들 수 있다. 이렇게 자율성을 부여받고 팀원 스스로가 목표와 목표로 나아가는 방법을 결정하는 경우

직무만족도가 높아진다.[13]

도움을 주는 것에 대해 우려를 표하는 사람도 있다. 다른 사람들을 도와주다가 지칠 수도 있고 스트레스를 받을 수도 있다는 것이다. 하지만 이는 도움을 주는 것 자체의 문제는 아니다. 목표 설정을 명확히 하고, 시간과 노력의 투입을 효과적으로 관리한다면 너무 많이 도와주다가 스스로 지치는 일은 얼마든지 피할 수 있다.

그런데 사실 직접 나서서 다른 사람에게 도움을 주려는 사람은 그리 많지 않은 게 현실이다. 이는 사람들이 나쁘기 때문이 아니다. 너무 피곤하기 때문이다. 자기 자신이 피곤하고 스트레스를 많이 받는 상황에서 남에게 도움을 주기는 어렵다. 이는 활력과 생산성을 높이는 습관이 중요한 또 다른 이유이기도 하다. 실제로 높은 수준의 활력을 지니고 있고 남들보다 더 빠르게 목표를 이뤄내는 사람은 다른 사람을 기꺼이 도우려 하며, 결국에는 다른 사람에게 높은 수준의 영향력을 발휘하게 된다.

다른 사람의 적극적인 옹호자가 된다

미국심리학회가 2016년에 실시한 일과 행복도 조사에 따르면 미국 근로자 가운데 직장에서 자신의 가치를 인정받고 합당한 대우를 받고 있다고 생각하는 사람의 비율은 절반 정도에 불과했다. 그리고 68퍼센트의 근로자가 자신의 직업에 만족하고 있다고 응답했지만, 조직의 중요한 의사결정 과정에 꾸준히 관여하고 있다고 응답한 사람은 46퍼센트에 그쳤다.[14]

직원의 절반이 제대로 평가받지 못하고 있고, 의사결정 과정에 참여하지 못하고 있는 기업을 생각해보라. 동기의식, 조직의 분위기, 성과 모두 나쁘게 나타날 것이고, 직원은 삼삼오오 모여 회사에 불만을 제기할 것이고, 다들 기회만 되면 회사를 떠나려 할 것이다.

그런데 조직의 리더가 직원의 노고와 기여를 인정한다고 표현만 해도 이런 분위기는 단번에 바뀔 수 있다. 오늘날 너무나 많은 사람이 배척당하고 무시당하는 느낌을 지닌 채 살아가고 있는 상황에서 상대방에 대한 존중, 인정, 감사를 진심을 담아 표현하는 것만으로도 차별화된 리더가 될 수 있다.

그리고 이런 좋은 대우를 받은 사람은 나중에 리더의 부탁을 들어줄 가능성이 크게 높아진다.[15] 회의를 할 때 감사를 표하고, 팀원에게 감사의 편지를 보내고, 평소에도 감사하고 있다는 뜻을 행동과 표정으로 나타내자. 팀원의 노고와 기여를 인정하는 리더가 팀원에게서 인정받는 법이다.

그런데 감사의 표현은 첫 단계일 뿐이고, 더 나아가서는 그들의 적극적인 옹호자가 돼야 한다. 팀원의 관심사를 파악하고 그의 의견을 응원하라. 팀원이 성과를 내면 함께 기뻐해주고 분명하게 칭찬하라. 팀원을 신뢰하고 그에게 상당한 수준의 의사결정권을 부여하라. 이는 팀원의 가치를 인정하고 있다는 최고 수준의 표현이다.

너무 당연한 이야기 아니냐고 할 수도 있으나, 내가 만났던 조직의 리더들은 하나같이 자신이 칭찬에 인색했고, 팀원에게 충분한 수준의 신뢰와 자율성을 부여하지 못했다고 말했다. 그리고 여기에는 나 자신도 예외가 아니다. 다른 사람에 대한 영향력을 높이고자 한다면 그들의 적극적인 옹호자가 돼야 한다.

이제부터는 영향력을 만들어내는 좀 더 고차원적인 전략에 대해 알아보자.

다른 사람의 변화를 이끌어내는 방법들

타인에 대해 진정으로 사랑하는 마음을 갖는 것은 그 자체로 축복이다.

─조지 엘리엇 George Eliot

지금까지 살아오는 동안 자신에게 긍정적으로 가장 큰 영향을 끼쳤던 두 사람을 떠올려볼 수 있는가? 그 두 사람에 대해 잠시 생각해보고, 다음 질문에 답을 해보자.

- 그 두 사람이 나에게 영향을 끼치게 된 계기는 각각 무엇인가?
- 그 두 사람에게 배운 가장 큰 교훈은 각각 무엇인가?
- 그 두 사람으로 인해 갖게 된 가치관이나 특성은 무엇인가?

나는 강연을 할 때면 종종 사람들에게 이 질문을 한다. 그러면 사람들은 자신에게 긍정적인 영향을 끼친 사람들로 가족, 선생님, 가까운 친구, 첫 직장의 선배, 사회에서 만난 멘토 등을 꼽는다. 그런데 그렇게 다양한 사람들에게서 긍정적인 영향을 받게 된 이유를 들어보면 몇 가지로 정리된다.

그들이 우리에게 영향을 끼치게 되는 이유는 다음 세 가지 행동 가운데 하나 이상을 행하기 때문이다. 첫째, 그들은 우리의 사고방식을 변화시킨다. 행동으로 선례를 보이거나 직접적으로 조언해주는 식으로 우리가 생각의 눈을 뜨고, 자신과 세상을 다른 관점으로 볼 수 있게 해준다. 둘째, 그들은 우리가 자기 자신의 강점을 발견하고, 그것을 기반으로 더 큰 성장을 추구하고, 나아가 세상에 기여하는 사람이 될 수 있도록 우리의 도전의식을 자극한다. 셋째, 그들은 우리의 롤모델

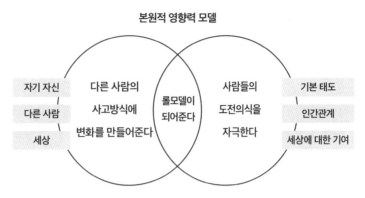

본원적 영향력 모델

자기 자신	다른 사람의	롤모델이	사람들의	기본 태도
다른 사람	사고방식에	되어준다	도전의식을	인간관계
세상	변화를 만들어준다		자극한다	세상에 대한 기여

The Ultimate Influence Model, 2007, Brendon Burchard. 이 모델은 하이 퍼포먼스 마스터스 프로그램(High Performance Master's Program)이라는 온라인 강좌를 위해 만든 것이다. 더 자세한 활용법은 웹사이트 HighPerformanceHabits.com/tools에서 볼 수 있다.

이 된다. 그들이 다른 사람과 상호작용하는 모습, 인생의 도전을 극복해나가는 모습은 우리에게 큰 영감을 주고 우리를 고무시킨다.

이번에는 자신에게 긍정적으로 가장 큰 영향을 끼쳤던 세 사람을 떠올려보라. 그들의 영향력이 위 세 가지 행동으로 설명되지 않는가? 물론 구체적인 세부 행동까지 살펴보면 영향력의 원인은 다양해 보일 수도 있지만, 본질적인 수준에서 살펴보면 위 세 가지 행동으로 설명될 것이다.

나는 이 세 가지 행동을 기반으로 '본원적 영향력 모델The Ultimate Influence Model, UIM'이라는 것을 만들었다. 직원들에게 메시지를 전달해야 하는 CEO, 사춘기 자녀에게 영향력을 갖기를 바라는 부모, 민간인에 대한 적들의 선동방식을 파악하고자 하는 군 지휘관, 마케팅과 영업을 위해 자료를 만들어야 하는 직장인 모두가 이 모델을 참고해야 한다.

지금까지 이야기한 본원적 영향력 모델을 요약하면 다음과 같다.

다른 사람들에게 높은 수준의 영향력을 갖기를 바란다면, 다른 사람의 사고방식에(자기 자신과, 다른 사람과, 세상을 인식하는 사고방식에) 변화를 만들어줄 수 있어야 하고, 사람들의 도전의식을 자극하여 그들의 기본 태도와 인간관계를 발전시키고, 세상에 기여할 수 있도록 이끌어야 하며, 다른 사람들에게 롤모델이 되어주어야 한다.

이어지는 부분에서는 본원적 영향력 모델을 중심으로 다른 사람에게 영향력을 높일 수 있는 세 가지 실행 습관을 살펴볼 것이다. 그리고 나에게 영향을 준 사람들에 대해서도 이야기할 것이다. 나는 이 책을 읽는 이들이 다른 사람들에게 긍정적인 영향을 끼치고, 그들에게 인생을 바꿔준 고마운 사람으로 기억될 수 있기를 바란다. 그것이 이번 장의 궁극적인 목표다.

 사고방식에 변화를 만들어주라

> 자기 시대의 사상에 영향을 끼친 사람은
> 다음 시대에까지 영향력을 발휘하게 된다.
>
> –엘버트 허버드 Elbert Hubbard

우리는 이미 일상에서 다른 사람의 사고방식을 변화시키려는 시도를 하고 있다. 단지 이를 인식하지 못할 뿐이다. 우리가 흔히 말하고 듣는 다음의 말들을 생각해보라.

- 그건 이런 식으로 생각해봐.
- 그 일에 대해 어떻게 생각하는지…….

- 우리가 이렇게 해본다면 어떻게 될 거라고 생각하는지…….
- 그 일은 이렇게 접근해야 한다고 생각하는데…….
- 지금 상황에서 우리가 주목해야 하는 부분은…….

우리는 최근에도 누군가에게 이런 말들을 한 적 있을 것이다. 상대의 생각을 바꾸거나 특정 방향으로 유도하고자 했던 것이다. 그리고 이런 시도가 성공한다면 상대방에 대한 우리의 영향력은 커지게 된다.

내가 말하고자 하는 바는 이런 시도를 좀 더 정교하게 하자는 것이다. 그리고 이것이 습관이 된다면 주위 사람들에 대한 우리의 영향력은 계속해서 커질 것이다.

여덟 살짜리 딸이 있다고 상상해보라. 그 아이가 지금 식탁에서 학교 숙제를 하고 있는데, 잔뜩 화가 난 표정으로 이렇게 말한다. "나는 숙제가 정말 싫어." 그런 딸에게 뭐라고 말해주겠는가?

숙제는 무조건 해야 하는 것이라고 말하기보다는, 숙제에 대한 딸의 인식을 바꿔주는 게 나은 방법일 것이다. 자녀든 직장의 팀원이든, 누군가가 우리 앞에서 불평을 한다면 그건 상대방의 사고방식을 바꿔줄 좋은 기회가 된다. 숙제에 대해 짜증을 내는 자녀에게 숙제의 긍정적인 면을 설명해주고, 숙제에 대한 인식을 바꾸면 학교 성적이 좋아지고 나중에는 공부를 즐겁게 할 수 있게 된다고 알려준다면 어떤 일이 일어날까? 숙제를 하는 자신의 모습에 대해 어떤 생각이 드는지 물어보고, 숙제를 하는 자신의 모습에 대한 인식을 긍정적으로 바꿔준다면 어떤 일이 일어날까? 학교 선생님과 급우들에 대한 딸의 생각을 긍정적으로 바꿔준다면 어떤 일이 일어날까? 자신의 일을 완수한 사람에게 세상이 어떤 평가를 내리는지를 딸에게 알려준다면 어떤 일이 일어날까?

　나는 기업의 리더들에게 코칭을 할 때는 직원과의 커뮤니케이션을 통해 직원 자신, 경쟁자, 전체 시장에 대한 생각을 리더가 생각하는 옳은 방향으로 이끌어나가야 한다는 점을 강조한다. 직원에게 보내는 이메일, 직원과의 회의, 대외 행사, 언론 노출 등, 그야말로 모든 기회를 활용해 직원들에게 의도하는 메시지를 보내라. "경쟁에서 승리하기 위해서는 우리 자신을 ○○○으로 인식해야 합니다. 그리고 우리의 경쟁자들은 □□□으로 인식해야 합니다. 이 세상과 미래에 대해 △△△와 같은 식으로 생각한다면 우리는 세상을 바꿀 수도 있습니다"와 같은 메시지를 전달하는 것이다.

　우리는 누구에게 영향력을 갖기를 바라는가? 그들에게 어떤 메시지를 전달하겠는가? 그들이 어떤 행동을 취하기를 원하는가? 누군가에게 영향력을 발휘하기 위해 뭔가를 시도하기에 앞서 먼저 다음 질문에 답을 구해보라.

- 상대방이 자기 스스로에 대해 어떻게 생각하기를 바라는가?
- 상대방이 다른 사람들에 대해 어떻게 생각하기를 바라는가?
- 상대방이 이 세상에 대해 어떻게 생각하기를 바라는가?

　자신이 영향력을 갖기를 바라는 사람이(예를 들면 자녀나 회사의 팀원 등) 자기 자신, 다른 사람들, 이 세상에 대해 어떻게 생각하는 것이 바람직한지를 먼저 결정할 필요가 있다. (세상이 어떻게 움직이고, 무엇을 필요로 하고, 어디로 나아가고 있는지를 파악하고, 그런 다음에 자신이 취해야 하는 구체적인 행동을 결정하는 식으로 접근하는 것이 순서다.)

사고방식 배우기

아버지가 집안에서 자녀들에게 해주는 말은 바깥에서는

들을 수 없는 것 같지만, 그건 속삭임의 회랑에서처럼 분명하게

세상으로 퍼져나간다. 바로 자손들에 의해서 말이다.

-장 파울 리히터 Jean Paul Richter

언론 인터뷰를 하다 보면 지금의 나를 만든 사람은 누구냐는 질문을 종종 받는다. 나 자신, 주위 사람들, 세상에 대한 지금의 인식을 형성하는 데 가장 큰 영향을 끼친 사람은 누구냐는 것이다. 이에 대한 대답은 우리 부모님에게서 시작된다.

기억을 돌이켜보면 나는 부모님에게 정말 많은 영향을 받았다. 내가 대여섯 살 때 우리 가족은 몬태나주 뷰트Butte에 살고 있었는데, 한번은 겨울에 난방기가 고장 났다. 미국에서 가장 추운 지역 중 하나인 몬태나에서 겨울에 난방기가 고장 났다는 것은 정말 심각한 일이었다. 그런데 당시 우리 가족에게는 난방기 수리비가 없었다. 부모님은 네 자녀를 돌보며 열심히 사셨지만, 그래도 가정형편은 겨우겨우 생활하는 수준이었다. 한 주만 지나면 아버지가 급여를 받게 되고 그 돈으로 난방기를 수리하면 될 테지만, 어쨌든 그 한 주는 난방기 없이 지내야만 했다.

부모님은 물론이고 우리 같은 어린아이들에게는 무척이나 힘들 수도 있던 상황이었다. 그러나 우리 부모님은 삶을 즐겁게 살아갈 줄 아는 분들이었다. 두 분은 우리 앞에서 걱정하는 모습을 보이지 않았고, 곧바로 거실에 캠핑용 텐트를 설치했다. 그런 다음 텐트 바닥에는 전기담요를 깔고, 그 위에 침낭을 놓았다. 우리는 상황의 심각성 같은

것은 전혀 인식하지 못했고, 그저 캠핑을 한다고 좋아했다. 학교에 가서는 다른 아이들에게 이렇게 물어보기까지 했다. "너는 어제 어디서 잤어?" 다른 아이들이 자기 방에서 잤다고 대답하면 우리는 거실에서 캠핑을 했다고 자랑했다.

우리 부모님은 어려운 상황을 즐거운 상황으로 바꿀 줄 아는 분들이었다. 나는 역경 속에서도 즐거움을 찾는 것이 인생을 살아가는 데 필요한 최고의 기술이라고 생각한다.

부모님은 우리 넷을 양육하면서 힘든 일을 많이 겪었지만, 그런 중에도 인생을 즐겁게 사는 모습을 보여주면서 우리에게 자신감을 가르쳐주었다. 그 결과 나는 인생에서 어떤 일을 겪더라도 해결방법이 있고, 더 나은 삶을 살 수 있다는 자신감을 갖게 되었다. 어머니는 언제나 나는 똑똑한 아이이고 나를 사랑한다고 말씀해주시면서 형제자매는 가장 소중한 존재이기 때문에 서로를 잘 보살펴야 한다고 당부하셨다.

그리고 아버지는 항상 이렇게 말씀하셨다. "자신감을 가져라." "정직해야 한다." "최선을 다해라." "가족을 잘 돌봐야 한다." "사람을 존중해라." "좋은 시민이 되어야 한다." "너의 꿈을 좇아라."

부모님은 이런 가르침을 통해 지금의 나를 만드신 셈이다.

그런가 하면 부모님은 늘 이웃을 따뜻하게 대했다. 내가 중학교 때 아버지는 지역의 차량등록국에서 운전면허 발급 업무를 맡고 계셨는데, 당시 지역의 많은 사람들은 운전면허를 따는 데 어려움을 겪고 있었다. 필기시험을 통과하지 못하거나, 시력이 너무 나쁘거나, 도로주행 시험에서 자꾸 실수하거나, 주차를 하지 못했다. 이렇게 운전면허 시험에서 떨어진 사람들은 불만을 갖기 마련이다. 운전면허증을 발급 받으러 오면서 신분증을 놓고 오는 사람들도 있었다. 그리고 시험에도 합격하고 신분증까지 가지고 왔는데, 오늘은 면허증 발급이 안 된다는 말을 들어야 하는 사람들도 있었다. 그럼 다들 화를 냈다.

요즘도 차량등록국을 가보면 사람들은 줄을 길게 서 있고, 시스템은 낡았고, 절차 설명은 부족하다. 차량등록국에서 근무하는 사람들은 박봉을 받으면서도 하루 종일 화가 나 있는 사람들을 상대해야 하고, 조직 내에서는 관료적인 상사들의 규제를 많이 받는다. 그럼에도 그들은 최선을 다해 일한다. 우리 아버지도 그런 사람들 가운데 한 명이었다.

나는 아버지가 일하는 곳에 가본 기억이 많다. 근무지에서의 아버지는 정말로 행복해 보였고, 다른 사람들에게는 친절했다. 아버지는 해병대에서 20년을 복무했고, 전역 후에는 야간대학을 다니며 일을 하셨다. 아버지와 어머니는 그리 넉넉지 않은 살림으로 결혼생활을 시작했고, 열심히 일하며 우리 네 남매를 잘 길러주셨다.

나는 아버지를 매우 존경했다. 그런 아버지의 직장에 따라갔다가 사람들이 아버지에게 화를 내는 모습을 지켜보는 것은 무척이나 당혹스러운 일이었다. 사람들은 신분증을 집에 놓고 왔다며, 시험에 떨어졌다며 아버지에게 화를 냈다. 사람들은 아버지의 지능과 직업을, 아버지의 존재 자체를 모욕했다. 아버지에게 서류를 집어 던지는 사람도 있었고, 심지어 침을 뱉는 이들도 있었다.

아버지에게 화를 내고 함부로 대하는 사람들을 볼 때면 나는 그들에게 이런 말을 해주고 싶었다. "지금 아버지가 얼마나 열심히 일하고 계신지 안 보이세요? 국가에서 정해준 규정에 따라 최선을 다하고 있잖아요? 우리 아버지가 댁들의 자유를 지키기 위해 20년 동안 군인으로 복무했던 건 알고 계시나요? 지금 힘들어하는 거 안 보이세요? 이분은 우리 아버지라고요. 저의 영웅이고요."

그런데 그런 사람들을 대하는 아버지의 행동이 내 눈에 들어왔다. 아버지는 자신에게 화를 내는 사람들 앞에서 감정이 무너지는 모습을 보인 적이 없다. 그런 사람들이 제기하는 문제에 대해 언제나 차분한 태도로 응대하면서 결국에는 사람들이 미소를 띤 채 자신들 집으로 돌아가게 만들었다. 아버지는 언제나 민원인에게 도움을 주려 했고, 상황에 따라 자주 농담도 사용했다. 민원인이 화를 내더라도 서류 작성을 직접 끝까지 도와주고, 시험을 치르러 온 사람들에게는 최대한 안내해주셨다. 무례한 민원인에게 상처받은 팀원이 있으면 가서 등을 두드리며 위로해주는 모습도 보았다.

아버지는 퇴근하고 집에 들어올 때면 언제나 기분 좋은 표정을 우리에게 보여주셨다. 아주 드물게 그렇지 않은 날도 있기는 했지만, 어릴 때의 나는 아버지가 직장에서의 스트레스는 모두 직장에 놓고 집으로 돌아오시는 거라고 생각했다. 집에서 우리가 보는 아버지는 좋은 기분으로 휴식을 취하고, 신문을 읽고, 골프를 치러 가고, 우리와 라켓볼을 함께 쳐주고, 정원을 돌보는 모습이었다. 분명히 밖에서는 힘든 직장생활을 하고 계셨을 테지만, 집에서 우리가 보는 아버지의 모습은 평화로웠다.

어렸을 때의 나는 자기에게 서류를 던지고 침을 뱉는 민원인들 앞에서 평정심을 유지하는 게 얼마나 중요한 일인지 이해하지 못했다. 다만 수십 년 경력의 해병대 출신인 아버지가 카운터를 넘어가 민원인과 멱살잡이를 하지 않는다는 게 신기할 뿐이었다.

무례한 민원인도 꽤 있지만, 간식을 챙겨주면서 고마움을 표하는 민원인이 훨씬 더 많다고 아버지는 말씀해주셨다. 아버지는 사람은 거의 다 착한데, 다만 급한 상황에 몰리면 자기 자신을 망각한 채 무례하게 변할 뿐이라고, 그래서 화를 내는 사람에게 맞대응하지 않는 거라고 하셨다. 아버지는 언제나 사람들의 입장을 이해하려 했고, 자신이 만나는 사람들을 이웃으로 생각하고 도움이 되려고 했다.

다른 사람의 입장을 이해하고, 자신이 만나는 사람을 이웃으로 생각하고 도움을 주라는 것, 이것이 아버지가 나에게 준 가르침이었다. 그리고 급박한 상황에 몰리거나 좌절감 때문에 자기 자신을 망각하고 무례하게 구는 사람을 대할 때 평정심과 유머를 잃지 말아야 한다는 것도 아버지가 나에게 준 가르침이었다.

어머니 역시 나에게 많은 가르침을 주셨다. 베트남이 고향인 어머니는 프랑스인 아버지와 베트남인 어머니 사이에서 태어났는데, 아버지(나의 외조부)는 프랑스-베트남 전쟁 당시 돌아가셨다고 한다. 나중에 우리 아버지가 해병대로 베트남전에 참전됐으니, 묘한 인연이다. 외조부가 돌아가신 후 어머니는 칠드런 오브 워Children of War 프로그램에 따라 프랑스로 가게 됐고, 프랑스에서 스물한 살이 될 때까지 살다가 미국으로 이민을 왔다. 미국으로 온 어머니는 수도 워싱턴의 한 다가구 주택에 살았는데, 그곳에서 이웃이던 아버지를 만나 서로 사랑에 빠졌다고 한다. 그리고 우리 남매들이 태어나면서 아버지의 고향인 몬태나로 이주했다.

나는 아버지가 어머니의 어떤 면에 반했을지 짐작이 간다. 어머니는 내가 아는 한 가장 쾌활하고 상대방을 즐겁게 해주는 사람이다.

몬태나로 이주한 뒤 아버지는 지역의 차량등록국에 취업했고, 어머니는 우리를 양육하면서도 부족한 생활비를 벌기 위해 이런저런 일을 했다. 내가 중학생일 때 어머니는 한 지역 병원에서 간호조무사로 일을 했는데, 밤에 거실 소파에 앉아 울고 있는 어머니를 자주 봤던 기억이 난다. 그럴 때면 아버지는 어머니 옆에 앉아 위로를 해주었다. 어머니는 근무지인 병원에서 그리 존중받지 못했다. 언어 문제 때문이었다. 영어를 뒤늦게 배운 어머니에게는 특유의 억양이 있었고, 무엇보다 의료용어를 잘 이해하지 못했다. 그래서 직장에서 함께 일하는 사람들에게 무시나 면박을 당하기 일쑤였다. 게다가 몬태나처럼 좁은 지역 사회에서는 사람에 대한 평가가 금세 이웃들 사이로 퍼져나갔다.

그러나 어머니는 언제나 바른 태도를 유지했고, 우리에게도 상대방이 무시하거나 무례하게 굴더라도 따뜻한 마음으로 대하라고 하셨다. 아버지가 그랬듯이 어머니 역시 언제나 사람들의 입장을 이해하려고 했다. 어머니는 사람은 저마다 최선을 다해서 살아가지만 그럼에도 누군가의 도움이 필요한 경우가 있다고 말씀하셨다. 어머니는 집에서 빵이나 쿠키를 굽는 일이 많았는데, 일부는 근처의 가게에 팔았고 일부는 이웃들에게 선물했다. 이웃 중에는 누군가의 관심이나 호의가 필요한 사람이 있다는 게 어머니의 말씀이었다.

어머니는 지금도 항상 긍정적이고, 다른 이들에게 무언가를 해주려고 한다. 가끔은 내 세미나에 와서 일을 도와주시기도 하는데, 그럼 나는 세미나 마지막 날에 어머니를 연단으로 모셔서 감사를 표하기도 한다. 세미나 내내 자기들을 도와준 할머니가 우리 어머니라는 사실을 알게 되면 참석자들은 환호성을 질러주고, 미리 알았더라면 좀 더 상냥하게 대했을 거라는 말을 해주기도 한다. 그리고 언제나 기립박수를 쳐준다. 인생에서 정말로 많은 일을 겪었던 어머니가 수천 명의 사람들에게 기립박수를 받는 모습을 지켜보면 내 마음에는 말로 표현할 수 없는 감동이 생겨난다.

내 사고방식은 부모님으로부터 가르침을 받고 부모님의 행동을 지켜보면서 형성된 것이다. 부모님은 어린 시절의 나에게 사람의 본성은 착하다고 가르쳐주셨고, 인내와 호의와 유머로 대하면 사람은 마음을 열고, 변화하고, 친구가 될 수 있다는 점을 몸소 보여주셨다.

그리고 무엇보다 부모님은 나에게 세상을 긍정적으로 바라보는 법을 가르쳐주셨다. 부모님은 자신들의 현재에 항상 감사했고, 그러면서 언제나 더 나은 미래를 기대했다. 우리 부모님은 거창한 계획을 구상하고 추구하는 분들은 아니었다. 그저 자신에게 주어진 일을 열심히 하면 세상이 그에 맞게 보상해줄 거라는 소박한 철학을 가지고 있던 분들이다.

인생은 스스로 개척하는 것이고, 어떤 인생이라 하더라도 충분히 즐거울 수 있다는 점을 두 분은 몸소 우리에게 보여주셨다. 두 분의 가르침이 없었다면 내 인생이 어떻게 되었을지 솔직히 잘 상상이 가지 않는다.

우리에게는 우리 생각의 방향과 크기에 영향을 끼친 사람들이 있다. 그리고 그들의 가르침은 우리의 말과 행동을 통해 우리 주위 사람들에게 영향을 끼치게 된다.

하이 퍼포먼스 프롬프트

1. 내가 더 영향력을 끼치길 바라는 사람은…

2. 그들에 대한 영향력을 높이기 위해 내가 이용할 수 있는 방법은…

3. 자기 자신에 대한 그들의 생각을 바꿔주기 위해 내가 해줄 말은…

4. 다른 사람들에 대한 그들의 생각을 바꿔주기 위해 내가 해줄 말은…

5. 세상에 대한 그들의 생각을 바꿔주기 위해 내가 해줄 말은…

실행 2 도전의식을 자극하고 영감을 불러일으켜라

가장 중요한 것은 그들이 원하는 분야에서 훌륭한 성과를 이룰 수 있도록
도전의식과 영감을 불러일으키는 일이다.

—코비 브라이언트 Kobe Bryant

하이퍼포머는 자기 주위 사람들의 도전의식을 자극하여 그들이 더
높은 수준에 도달할 수 있도록 이끈다. 자기 자신은 물론이고 자신과
함께하는 사람들에게 계속해서 더 높은 목표를 제시하고, 그 목표에
도달할 것을 주문한다. 그리고 이에 대해 사과하지 않는다.

어쩌면 이 책에서 제시하는 실행 습관 가운데 이번의 것이 가장 까
다로울지도 모르겠다. 누군가에게 도전의식을 불러일으킨다는 것은
결코 쉬운 일이 아니기 때문이다. 자칫하면 이는 상대방에 대한 공격

으로 여겨질 수 있고, 그에 따른 저항도 유발할 수 있다. "당신이 뭔데 나에게 그렇게 말하는 겁니까?" 같은 반응이 나올 수 있다.

그래서 도전의식을 자극할 때는 세심하게 접근해야 한다. 상대방에게 동기를 부여하기 위한 긍정적인 태도를 기본으로 해야 한다.

일반적인 커뮤니케이션과 마찬가지로 도전의식을 자극할 때는 의도와 말투가 정말 중요하다. 도전의식을 자극하면서 상대방을 무시한다면 부정적인 반응을 유발할 수 있다. 또한 너무 겸손한 태도로 다가가면 오히려 무시당할 수도 있다. 핵심은 상대방에게 존중을 표하면서 그의 성장과 더 나은 미래를 바란다는 점을 분명하게 드러내야 한다는 것이다. 그럴 때 상대방의 긍정적인 행동 변화를 이끌어낼 가능성이 커진다.

물론 도전의식을 자극하는 것은 본질적으로 상대방의 저항을 불러일으키는 일이다. 하지만 상대방의 변화와 성장을 바란다면 이러한 문제는 감수할 수 있어야 한다. 자녀에게 자신의 능력을 계발하고, 다른 사람에게 친절하고, 세상에 기여하는 사람이 될 것을 주문하라. 그리고 다른 가족들과 직장의 팀원들과 그 외 다른 누구에게라도 긍정적인 방향으로 변화를 주문하라.

우리는 지금 아주 불안정한 시대를 살고 있으며, 그래서인지 사람들은 다른 사람들과 함께 목표나 기준을 정하는 일을 회피하려는 경향이 있다. 목표나 기준을 정한다는 것은 '긍정적으로 도전의식을 자극한다는 것'의 또 다른 표현인데, 사람들은 다른 사람에게 도전의식을 불러일으키는 일이 갈등이나 충돌을 유발할 것이라고 생각한다. 하지만 이는 잘못된 생각이다.

특히 하이퍼포머에게 도전의식을 불러일으키는 일은 결코 갈등이

나 충돌을 유발하지 않는다. 오히려 그들은 주위 사람들로부터 도전의식을 자극받기를 바라며, 그것에 의해 추진력을 얻는다. 우리는 한 조사에서 사람들에게 다음 항목들을 제시하고 각 항목에 대해 숫자 척도로 답해줄 것을 주문했다. 그 결과 하이퍼포머는 자신에게 제시되는 도전을 사랑한다는 결론을 얻었다.

- 나는 인생의 도전이나 긴급 상황을 회피하거나 미루지 않고, 적극적으로 대응한다.
- 나는 새로운 일에 도전하는 것을 좋아하고, 해당 분야에서 최고 수준에 오르고 싶다.
- 나는 인생에서 역경에 처하더라도 그것을 극복하고 목표를 이뤄낼 자신이 있다.

하이퍼포머일수록 이런 항목들에 대해 강한 긍정을 보이는 것으로 나타났다. 하이퍼포머는 인생의 도전을 기꺼이 받아들이고, 그것을 통해 더 높은 수준에 오르는 것을 지향한다. 다른 사람의 도전의식을 자극하는 일을 회피하지 말라. 상대방이 하이퍼포머라면 오히려 고마워할 것이다.

기본 태도

다른 사람의 도전의식을 자극할 때는 세 가지 영역에서 접근할 수 있다. 첫 번째는 기본 태도의 발전을 자극하는 것이다. 정직, 성실, 책임감, 자제력, 인내, 근면 같은 기본 소양 가운데 부족한 점을 지적하고, 개선점을 제안하고, 높은 수준의 기대감을 표하는 식으로 말이다.

기본 태도에 관해 지적하고 개선점을 제안하는 것은 상당히 공격적으로 인식될 수 있다. 하지만 하이퍼포머는 이를 부정적으로 받아들이지 않는다. 우리 대부분은 과거에 누군가로부터 다음과 같은 조언을 들은 적이 있을 것이다. "너는 지금보다 더 잘할 수 있어." "너는 그것보다 더 나은 사람이 될 수 있어." "너는 그것보다 더 잘할 수 있을 거라고 생각해." 이런 조언들은 기본 태도에 관한 도전의식을 자극한다. 어쩌면 이런 조언들을 들었을 때 기분이 나빴을 수도 있다. 하지만 자신의 행동이나 잠재력에 대해 다시 한 번 생각하는 계기가 됐을 것이다.

물론 간접적으로 태도에 관한 도전의식을 자극하는 방법도 있다. "지난번 커다란 성취를 이뤘을 때의 너라면 이번 일에 어떤 식으로 접근할 것 같아?"와 같이 질문함으로써 상대방 스스로 최선의 길을 추구하도록 유도하는 방식이다. 이런 질문들의 예를 몇 가지 들면 다음과 같다.

- 그 일을 생각해봐. 정말로 너의 모든 것을 쏟아부었다고 생각해?
- 이번 일에 정말로 최선을 다하고 있다고 생각해?
- 그 일을 할 때 어떤 가치관을 구현하려고 했던 거야?

리더라면 팀원의 도전의식을 자극할 때 직접적인 방식을 사용하는 편이 더 나을 것이다. 예를 들면 다음과 같은 식으로 말이다. "자네는 어떤 사람으로 기억되기를 원하지? 이번 일에 자네의 모든 것을 쏟아붓는다면 자네 인생이 앞으로 어떻게 될 것 같나? 이런저런 변명은 그만두고, 지금보다 더 뛰어난 성과를 낸다면 앞으로 어떤 일이 일어날지 생각해봤는가?"

인간관계

다른 사람의 도전의식을 자극하는 두 번째 영역은 인간관계다. 이번에도 간접적으로 접근하는 방식과 직접적으로 말해주는 방식이 있다.

우선 잘못된 사회적 행위에 대해서는 적당히 넘어가지 마라. 뛰어난 성과를 내는 리더는 팀원의 부적절한 행위, 무례함, 경멸적 태도에 대해서는 반드시 지적한다. 뛰어난 부모 역시 자녀의 잘못된 행위나 태도를 지적하고 고치도록 한다. 하이퍼포머는 주위 사람의 잘못된 행위를 못 본 채 넘어가지 못한다. 사람이 사람에 대해 부적절하게 행동하는 것을 결코 간과하지 않는다. 그런 행위를 목격하면 직설적으로 잘못을 지적하고 시정을 요구한다. 그리고 계속해서 더 나은 인간관계를 추구한다.

뛰어난 성과를 내는 리더는 끊임없이 더 높은 수준의 팀워크를 주문하는데, 그는 자신의 팀원에게 이렇게 말한다.

- 서로의 이야기를 더 많이 들으세요.
- 서로를 더 존중하세요.
- 팀원들끼리 서로 더 많이 도와줘야 합니다.
- 팀원들과 함께하는 시간을 더 늘려주세요.
- 서로가 서로에 대해 피드백을 더 많이 해줄 필요가 있습니다.

뛰어난 성과를 내는 리더는 팀원의 도전의식을 끊임없이 자극한다.

내가 이런 이야기를 하면 어떤 사람은 팀원을 강하게 몰아붙여야 한다는 식으로 이해한다. 하지만 이는 잘못된 해석이다. 뛰어난 성과를 내는 리더는 팀원을 강하게 몰아붙이지 않는다. 그들이 추구하는 것은 팀 혹은 가족이나 친구들 간의 결속과 협력이다. 이것이 뛰어난 성과의 원동력이 된다는 것을 잘 알기 때문이다.

세상에 대한 기여

다른 사람의 도전의식을 자극하는 세 번째 영역은 세상에 대한 기여에 관한 것이다. 세상에 더 큰 가치를 창출해내도록 다른 사람을 이끄는 것이다.

그런데 이 영역은 하이퍼포머에게도 어려운 일이 될 수 있다. 누군가에게 다음과 같이 말한다고 생각해보라. "우리 팀을 위해서는 상당한 성과를 내고 있지만, 그것만으로는 부족해. 더 넓은 수준에서의 기여를 생각해봐." 하지만 하이퍼포머는 이런 이야기를 망설이지 않고 말한다.

다만 이렇게 세상에 대한 기여에 대해 자극할 때는 현재의 성과에만 초점을 맞추는 게 아니라 미래의 가능성에도 초점을 맞춘다. 더 나은 미래를 위한 혁신이나 창의성에도 가치를 부여하는 것이다.

우리가 조사한 바에 따르면 하이퍼포머는 세상에 대한 의미 있는 기여를 생각할 때 미래지향적인 가치관을 드러내는 것으로 나타났다. 지금 당장 가치를 창출하는 것에만 관심을 갖는 게 아니라, 전에 없던 새로운 유형의 제품을 개발하는 일, 완전히 새로운 비즈니스 모델을 창안하는 일, 아무도 발견하지 못한 새로운 시장을 찾아내는 일, 미지의 영역에 도전하는 일, 아무도 모르던 잠재적인 가치를 찾아내는 일 등에도 관심을 갖는다.

뛰어난 성과를 내는 리더는 전체 팀 단위뿐 아니라 개별 팀원 수준에서도 도전의식을 자극한다. 개별 팀원의 역량이나 상황을 고려해 적절한 내용으로 도전의식을 자극하는 것이다. 그들은 어느 하나의 방식이 모든 팀원의 도전의식을 자극할 수 있다고 생각하지 않는다. 뛰어난 성과를 내는 리더는 각 팀원에게 맞는 방식으로 팀의 미래를 위해 기여해줄 것을 주문하며, 이때 각 팀원에게 가장 설득력 있는 방식을 활용한다.

나의 선생님 이야기

스승의 가르침은 시간을 초월하여 영원히 이어진다.

-헨리 애덤스 Henry Adams

부모님 외에 성장기의 나에게 결정적인 영향을 끼쳤던 선생님이 한 분 계신다. 린다 볼류 Linda Ballew 선생님이다. 린다 선생님은 내가 고등학교 자퇴를 진지하게 고민하던 때에 내게 다가와 주셨던 분이다.

내가 자퇴를 고민했던 건 학교를 싫어했기 때문이 아니다. 나의 '자퇴' 사건은 우리 가족이 프랑스에 친척들을 만나러 갈 기회를 얻으면서 일어났다. 부모님의 휴가에 맞추다 보니 프랑스 여행 일정이 학교 수업일과 겹치게 됐고, 하필이면 그 해에 지역의 학교법이 바뀌면서 학기 중 10일을 초과해 결석하는 학생은 해당 학기를 이수하지 못하게 됐다. 프랑스 여행은 14일 일정이었다. 따라서 내가 부모님과 프랑스로 가게 되면 나는 해당 학기를 이수하지 못하게 된다. 여름방학 계절수업을 듣는다면 학기 중에 프랑스 여행을 가더라도 학기 이수를 할 수 있었지만, 이미 여름방학에는 돈을 벌기 위해 풀타임으로 일을 한다고 약속해놓은 상태였다.

부모님과 나는 교장선생님과 학교위원회를 상대로 14일 동안 프랑스에 다녀오더라도 학기 이수를 가능하게 해달라고 계속해서 요청했다. 우리 가족에게 그 여행은 어쩌면 일생의 마지막 기회일지도 모른다는 점을 강조했고, 여행을 다녀오더라도 수업에 뒤처지는 일이 없도록 할 것이고 체험학습 보고서도 제대로 작성해서 제출하겠다고 이야기했다.

그러나 우리의 요청은 끝내 거부됐다. 일 때문에 여름방학 계절수업을 못 듣는 상황에서 프랑스 여행을 가게 되면 학기 이수를 못하게 되고, 나는 동급생들과 함께 졸업하지 못하게 된다. 당시의 나에게 있어 그건 정말로 끔찍한 일이었다.

어쨌든 나는 부모님을 따라 프랑스로 갔다. 마크 트웨인Mark Twain도 "학교 때문에 무언가를 배울 수 있는 기회를 놓치지 말라"라고 말하지 않았던가. 나는 한 지역신문에 학교위원회의 조치를 비판하는 사설을 기고하고 프랑스로 떠났다. 나는 프랑스를 여행하는 동안 그곳의 명소와 문화를 중심으로 여행기를 꼼꼼히 기록했고, 사진도 많이 찍었다. 그 여행은 나에게 엄청난 경험을 안겨주었고, 여행을 통해 가족 간의 관계도 더욱 좋아졌다.

하지만 여행으로 인해 나는 학기를 이수하지 못하는 것으로 결정이 났다. 그래도 학교의 프랑스어 선생님은 내가 쓴 여행기와 사진으로 프랑스어 수업을 진행하기도 했고, 미술 선생님도 내 사진을 이용해 수업을 진행했다. 하지만 내가 수업에 참여하고 있다는 소식을 들은 교장선생님은 이번 학기는 집에서 쉬고, 다음 학기에나 학교에 나오라고 했다. 너무나 기분이 상한 나는 당장 학교를 자퇴하겠다고 결심했다. 이참에 공원관리업체를 하나 차려 사업가가 되는 것도 괜찮겠다는 생각이 들었다.

바로 그때 린다 선생님을 만났다. 린다 선생님은 문학을 가르치던 분으로, 당시 이니와Iniwa라는 학교 신문부의 지도교사이기도 했다. 린다 선생님은 내가 지역신문에 사설을 기고했던 일, 수업에 참가하려다가 교장선생님께 지적받았던 일 등을 듣고 나를 만나보고 싶었다고 했다.

린다 선생님은 지역신문에 사설을 기고했던 일은 꽤 훌륭했다고 칭찬해주었다. 그러면서 내 글에는 아직 다듬어야 할 부분이 있다고 하면서 글쓰기에 관한 몇 가지 조언도 해주었다. 선생님은 나에게 프랑스 여행 사진도 보여달라고 했다. 내가 사진들을 보여드리자 선생님은 사진이 매우 좋다고 하면서도 사진 구도에 관한 몇 가지 지적도 해주었다. 칭찬을 하고, 부족한 부분에 대해서는 내 도전의식을 자극하는 것이 선생님의 방식이었다. 그리고 린다 선생님은 더 넓은 범위에 대해서까지 내 도전의식을 자극하기 시작했다.

나는 선생님께 이렇게 말했다. "그런 게 이제 무슨 소용이 있겠어요. 학교에 다니지도 못하게 됐는데……" 하지만 린다 선생님은 내 생각이 잘못되었다는 식으로 이야기하지 않았다. 학교법을 따라야 하니 학교 측을 이해해야 한다고도, 고등학교는 반드시 졸업해야 한다고도 하지 않았다. 대신에 린다 선생님은 기본 태도에 관해 내 도전의식을 자극했다.

"너는 무언가를 포기하는 사람이 아니야, 브렌든. 그런 사람이 되기를 바라지도 않을 테고. 너는 무척이나 강한 사람이고, 무슨 위원회 때문에 무언가를 그만두는 일도 일어나지 않을 거야."

린다 선생님은 나에게는 글 쓰는 재주가 있으며, 다음 학기에 복학하면 학교 신문부에 꼭 들어와야 한다고 말했다. 마치 그렇게 하는 게 당연하다는 식으로 말이다. 하지만 나는 자퇴를 할 거라고 다시 한 번 이야기했다. 그러자 선생님은 기본 태도, 인간관계, 세상에 대한 기여 등에 관해 순차적으로 내 도전의식을 자극하기 시작했다.

"그건 참 안타까운 일이네. 더 즐거운 시간을 보낼 수도 있을 텐데. 신문부의 많은 아이들이 너와 같은 사람을 필요로 하고 있거든. 자신의 신념을 당당히 주장할 수 있는 사람 말이야. 너는 학교에서 좋은 일을 많이 할 수 있고, 신문 제작이나 글쓰기에 대해 배울 수도 있는데. 너에게는 그냥 묵혀두기에는 아까운 재능과 잠재력이 있어. 너 스스로 한번 생각해봐. 그리고 다음 학기에 복학하는 게 좋겠다는 판단이 들면 나에게도 알려줘. 내가 도울 일이 있으면 도와줄게. 내가 보기에 너는 무언가를 그냥 포기하는 타입은 아니야."

선생님의 말에 내가 뭐라고 했는지는 기억나지 않는다. 하지만 내 이야기에 대한 린다 선생님의 반응은 분명히 기억난다. 선생님은 내 이야기를 경청했고, 내 생각을 수용하고 존중해주었다. 선생님은 나를 믿어주었고, 나를 다시 보게 되기를 바란다고 했다.

그다음 학기에 나는 복학했다. 그리고 신문부에 가입했다. 린다 선생님은 우리 신문부 학생들에게 그전까지는 생각해보지도 못했던 높은 수준의 도전과제를 제시했다. 바로 미국 최고의 학교신문을 만들어보자는 것이었다. 선생님이 기대했던 것은 무슨 상을 받는 게 아니라, 최고를 추구하는 과정에서 서로를 믿고, 동료의식을 갖고, 자기 자신에 대한 자부심을 갖게 되는 것이었다. 선생님은 우리 모두가 서로를 이끌어주는 리더가 되기를 바랐다.

린다 선생님의 리더십은 '다른 사람이 만들어낸 것을 그대로 존중하는' 리더십이었다. 학교신문의 1면 기사, 제목, 부제목, 사진, 편집 등 모든 부분에서 선생님은 우리가 만들어낸 그대로를 받아들여주었다. 선생님은 우리와는 비교도 안 될 정도의 전문가였지만, 우리가 만든 것을 직접 고치는 일은 거의 없었다.

다만 선생님은 다른 학교 신문부에서 만든 신문과 우리 신문을 비교하고, 우리 신문의 개선할 부분을 찾는 일에 있어서는 적극적으로 지도해주었다. 그리고 하나의 팀으로서 서로가 서로를 도와주고, 각자의 강점을 최대한 활용해야 한다는 점을 강조했다. 확고한 원칙과 학생을 존중하는 태도로 선생님은 우리를 더욱 경쟁력 있고 자신감 넘치는 팀으로 만들어주었다. 그리고 우리 모두를 인격적으로도 성장시켜주었다.

우리는 학교신문 전국대회에 출품할 신문을 만들기 위해 방과 후에, 그리고 주말에 기사를 쓰고 편집을 했고, 그 자리에는 항상 린다 선생님이 있었다. 선생님은 언제나 질문을 통해 우리 스스로 더 나은 방법을 생각하게 해주었다. 이런 식이었다. "그 사진은 어디에 붙이는 게 가장 좋을까? 그 기사는 더 수정할 부분이 없는 건가? 여기에 더 덧붙이고 싶은 건 없어?"

이것 말고도 린다 선생님은 현재 상황에서 어떤 결정을 내릴 것인지, 앞으로 어떤 사람이 되고 싶은지, 세상에 어떤 메시지를 전하고 싶은지, 전국대회에 출품할 신문의 완성도를 더 높일 수 있는 방법은 없는지, 우리 자신과 우리 학교를 어떻게 소개하고 싶은지 등에 대해서도 질문을 하고, 우리 스스로 그에 대한 답을 생각해보도록 이끌었다.

그해 저널리즘교육협회JAE에서 주최한 학교신문 전국대회에서 우리는 종합 최고상을 받았다. 몬태나의 작고 가난한 학교가 수십 배의 예산을 배정받는 대도시 학교들을 제치고 미국 최고의 학교신문을 만들어낸 것이다. 모두 린다 선생님의 리더십 덕분이었다. 그리고 나는 사진과 편집 부문에서 개인 1위상을 받았다. 그 대회 이후 나는 학교 신문부의 편집책임자가 되었고, 내가 졸업한 이후에도 우리 신문부는 여러 전국대회와 지역대회에서 많은 상을 받는 전통 있는 동아리가 되었다.

린다 선생님은 미국에서 가장 예산이 부족한 지역의 가난한 고등학교 신문부를 맡고 있었지만, 부족한 예산에도 불구하고 신문부에 들어오는 학생들을 같은 나이대에서는 최고의 저널리스트로 성장시켰다. 학교신문 전국대회에서 린다 선생님의 신문부는 거의 매년 종합 최고상이나 부문 최고상을 받았고, 그녀는 학교 저널리즘 분야에서 미국 최고의 전문가로 평가받기에 이르렀다.

이와 같은 놀라운 성과의 원동력이 된 린다 선생님의 지도방식은 세 가지로 정리해볼 수 있다. 첫째, 린다 선생님은 우리에게 생각하는 법을 알려주었다. 둘째, 린다 선생님은 우리의 도전의식을 자극해주었다. 셋째, 린다 선생님은 최고의 저널리스트가 되려는 우리에게 직접적인 롤모델이 되어주었다.

내가 자퇴를 진지하게 고민하던 바로 그 시점에 린다 선생님은 단한 번의 대화로 내 인생을 완전히 바꿔주었다. 그분이 없었다면 지금의 나도 없었을 것이고, 이 책도 없었을 것이다.

긍정적인 영향력을 행사하고 싶은 한 사람을 떠올린 후 다음 문장들을 완성해보라.

기본 태도

1. 내가 영향력을 행사하고 싶은 그가 가지고 있는 바람직한 태도는…

2. 그는 지금보다 훨씬 더 뛰어난 성과를 낼 수 있을 것이다. 다만 이렇게 한다면…

3. 그가 지나치게 높은 기준을 설정해놓고 있는 것 같은 부분은…

4. 그의 성장을 위해 내가 그에게 해주고 싶은 말은…

5. 그의 행동 변화를 이끌어내기 위해 내가 그에게 해주고 싶은 말은…

인간관계

1. 내가 바라는 그의 (다른 사람들과의) 상호작용 방식은…

2. 내가 바라는 대로 그가 다른 사람들과 상호작용을 하지 못하는 이유는…

3. 그가 다른 사람들과 더 바람직한 방향으로 상호작용을 하도록 만들기 위해 내가 할 수 있는 일은…

세상에 대한 기여

1. 그가 하고 있는 세상에 대한 기여 가운데 가장 큰 것은…

2. 세상에 대한 기여와 관련해 그가 관심을 갖지 않는 영역은…

3. 그가 더욱 적극적으로 세상에 기여했으면 하는 영역은…

실행 3   롤모델이 되어라

> 본보기를 보이는 것이 바로 리더십이다.
>
> ─알베르트 슈바이처 Albert Schweitzer

하이퍼포머는 스스로가 바람직한 롤모델이 되는 것을 매우 중요하게 생각한다. 그들의 71퍼센트가 롤모델로서의 자신의 모습에 대해 매일 생각하고 있으며, 가족 구성원, 팀원, 지역사회에 자신이 바람직한 롤모델이 되기를 바란다고 응답했다.

사실 누군가의 롤모델이 되는 것을 싫어하는 사람은 없을 것이다. 다만 하이퍼포머는 보통 사람들보다 롤모델로서의 행동에 대해 훨씬 더 자주 생각하며, 이를 주위 사람들에 대한 자신의 영향력과 연계해 인식한다. 다시 말해 단지 주위 사람들로부터 좋은 사람이라는 칭찬을 듣는 데서 그치는 게 아니라 자신이 추구하는 결과를 이루는 과정에 다른 사람들의 참여와 도움을 이끌어내기 위해 롤모델을 생각하는 것이다.

박애주의를 실현하는 것 자체가 목표라면 "나는 마더 테레사와 같은 사람이 되어 이웃을 위해 평생 봉사할 거야"라고 말해도 좋다. 하지만 박애주의가 아닌 다른 목표를 위해 뛰어난 성과를 내고자 한다면 이렇게 말해야 한다. "나는 우리가 추구하는 목표에 도움이 되는 행동을 우리 팀원들이 반복적으로 하도록 만들기 위해 본보기가 되는 방식으로 행동할 거야."

당연한 말이지만, 하이퍼포머도 좋은 사람이라는 평가를 받고 싶고, 그런 평가를 받기 위한 행동을 한다. 그러나 이것만으로는 좋은 사람에 그칠 뿐이다. 뛰어난 성과를 내기 위해서는 함께 일하는 사람들의 성장과 목표 달성을 고려한 행동을 할 수 있어야 한다.

이제 다시 주안 회장의 이야기로 돌아가보자. 그는 새로운 디자인 책임자인 다니엘라와 사사건건 충돌하고 있었고 그로 인해 회사 실적마저 나빠지고 있었다. 그래서 나는 본원적 영향력 모델을 통해 주안 회장과 다니엘라 모두 새로운 유형의 리더가 돼야 한다고 말했다. 우리는 먼저 주안 회장의 입장에서 다니엘라가 자신의 역할, 자신의 팀, 회사에 대해 어떻게 생각하기를 바라는지 이야기했다. 그런 다음 그녀의 기본 태도, 다른 사람들과의 관계, 회사에 대한 그녀의 기여 등을 주안 회장이 바라는 대로 변화시키기 위해 어떻게 해야 하는지에 대해 의견을 나누었다.

그다음 우리는 다니엘라의 입장에서 주안 회장에게 본원적 영향력 모델을 어떻게 적용해야 할지도 의견을 나누었다. 최대한 상상력을 발휘해 다니엘라는 주안 회장이 자신의 역할, 자신의 팀, 회사에 대해 어떻게 생각하기를 바라는지 추정해봤다. 그리고 주안 회장의 변화를 위해 그녀가 어떤 식으로 도전의식을 자극하려고 할지에 대해서도 추정했다. 그녀의 입장에서 본원적 영향력 모델의 적용을 구상하는 일은 꽤 어려운 과정이었지만, 이 과정에서 주안 회장은 그동안 다니엘라는 리더로서 그녀가 생각하는 긍정적인 방향으로 변화하기 위해 영향력의 확대를 추진하고 있었을 뿐인데 회장 자신이 그것을 회사에 대한 위협으로 오해하고 있었다는 자각을 하게 되었다. 그녀는 전혀 변화하지 못하고 있던 회사와 경영진을 변화로 이끌기 위해 자기 나름의 방식으로 노력하고 있었던 것이다.

물론 다니엘라의 의도에 관한 것은 전적으로 추정일 뿐이었다. 하지만 회사의 상황을 변화시키기 위해서는 CEO가 먼저 변해야 한다는 것만큼은 분명한 일이었다. 주안 회장 스스로 다른 사람들 앞에서 변화의 롤모델이 돼야 하는 것이다.

그가 변화의 롤모델이 돼야 한다는 점을 설득하기 위해 나는 그에게 살아오면서 자신에게 가장 큰 영향을 끼쳤던 사람들에 대해 이야기해달라고 부탁했다. 그리고 그의 이야기를 들은 다음 나는 본원적 영향력 모델을 이용해 그들이 어떻게 해서 주안 회장에게 그토록 큰 영향을 끼칠 수 있었는지를 설명했다. 그는 자신에게 가장 큰 영향을 끼친 사람들로 아버지와 자신의 첫 번째 사업 파트너를 꼽았다. 나는 그들의 가치관과 정신을 지금 주안 회장의 리더십에 접목할 수 있겠느냐고 물었다. "그분들의 훌륭한 점을 지금 회장님의 회사와 리더십에 접목할 수 있겠습니까? 그분들이 회장님에게 훌륭한 롤모델이 되어주었던 것처럼 회장님도 다른 사람들에게 훌륭한 롤모델이 될 수 있겠습니까?"

여기까지 대화를 이어나가자 주안 회장에게서 일어나는 분명한 변화를 느낄 수 있었다. 아마도 이런 접근법에 대해서는 한 번도 생각해본 적이 없었을 것이다.

나는 이렇게 말했다. "이제부터는 회장님의 회사에 대해 생각해보죠. 왜 회사에서 그토록 많은 사람이 다니엘라를 롤모델로 삼고 있다고 생각하십니까?" 그녀에 대해 그리 좋게 말하지 않던 주안 회장이었지만, 그녀에게 몇 가지 존경할 만한 점이 있다는 것만큼은 인정하고 있었다. 무엇보다 다니엘라는 자신의 의견을 솔직하게 표현했는데, 이 점이 주안 회장에게는 마음에 들지 않았지만 젊은 나이에 과감하게 자신의 의견과 주장을 내세우는 점은 존경할 만하다고 했다. 사람을 끌어당기는 힘도 존경할 만하다고 했다. 언제나 자신을 지지해줄 것만 같았던 몇몇 사람이 이제는 다니엘라를 지지하고 있다는 것이다. 그녀의 끈기도 존경할 만하다고 했다. 주안 회장은 다니엘라에게는 분명한 미래지향적 시각이 있고 그 때문에 사람들이 그녀를 롤모델로 따르는 것 같다고 말했다.

여기서 나는 주안 회장의 도전의식을 자극하는 것이 효과가 있을지 의문이 들었다. 그가 나 때문에 더 위축되는 것은 아닐지, 아니면 이번 상황을 새로운 관점에서 바라보게 될지 궁금했다. 그래서 나는 이렇게 제안했다. "회장님, 그녀가 다른 사람들에게 롤모델이 되는 것처럼, 회장님의 아버지와 첫 번째 사업 파트너가 회장님에게 롤모델이 되었던 것처럼, 회장님이 그녀의 롤모델이 되면 어떨까요? 롤모델이 되려면 그녀에게 어떤 모습으로 다가가야 할까요?"

이 마지막 질문을 던지는 순간 모든 것이 달라졌다. 그 상황을 정확하게 설명할 수는 없지만, 몇 달간 그를 짓누르던 좌절감이 일시에 사라지는 것을 느낄 수가 있었다.

모든 갈등을 덮어두고
상대에게 롤모델이 될 수 있는 방법을 찾기로 하는 순간
우리 삶에서는 마법과 같은 변화가 일어나기도 한다.

주안 회장은 다니엘라와의 관계 개선을 위해서는 자신의 태도부터 바꿔야 한다는 점을 인식했다. 그는 다니엘라에게 딱딱한 어조로 요구 사항을 전달하는 것이 아니라 질문을 하기로 했고, 다른 이들의 생각에 개방적인 태도를 지니기로 했고, 업무 주도권을 다니엘라에게 주기로 했다.

다니엘라가 주안 회장의 생각에 개방적인 태도를 지니기를 바란다면 주안 회장이 먼저 그녀의 생각에 개방적인 태도를 보여야 한다. 존중받기를 바란다면 먼저 존중하는 태도를 보여야 한다. 롤모델이 되겠다는 생각을 하면서 주안 회장은 가장 중요한 자각을 하게 된 것이다. 자신의 아버지와 첫 번째 사업 파트너가 자신에게 가르쳐준 가치관을 잊고 지냈다는 점 말이다. 그는 내게 말했다. "나는 그냥 까다로운 사람일 뿐이었군요. 나의 롤모델들이 내게 가르쳐주었던 것은 그게 아닌데 말이죠."

비행기 안에서 주안 회장은 확대임원회의에 참석해서 어떤 태도를 보여야 할지에 대해 고민하며 우리와 의견을 나누었다. 그런데 확대임원회의에 참석한 그는 우리에게 언질도 없이 아예 그날의 의제는 모두 다음 회의로 미루고, 그날은 본원적 영향력 모델이라는 것에 대해 이야기해보자고 회의 참석자들에게 제안했다. 그 자리에는 다니엘라와 그녀의 사람들이라고 할 만한 인사들도 참석해 있었다. 주안 회장은 그 자리에 모인 사람들에게 우리 자신과 경쟁자들, 시장에 대해

어떻게 생각해야 할지 물었다. 그런 다음 그 자리에 모인 사람들 각자가 조직의 리더로서 발전해야 하고, 팀으로서 성장해야 하며, 더 높은 차원에서 시장에 기여하는 회사를 만들어야 한다는 목표를 제시했다. 그는 이를 위한 구체적인 방법을 제안해줄 것을 요청했고, 사람들의 의견에 개방적이고 수용적인 태도를 보였다. 그의 태도에는 열정과 진심이 깃들어 있었다. 그리고 회의 참석자들의 표정에서는 놀라움과 기대감이 드러나고 있었다.

주안 회장은 제품과 브랜드에 대해 그동안 자신의 가지고 있던 생각이 잘못됐음을 인정했고, 자신의 기본 태도, 사람들과의 관계, 더 넓은 수준에서의 기여와 관련해 자신이 앞으로 어떻게 변하려고 하는지에 대해서도 공개적으로 이야기했다. 그렇게 회의가 거의 끝나갈 무렵 주안 회장은 다니엘라에게 앞으로 나와 달라고 했다. 그리고 본원적 영향력 모델을 기반으로 그녀의 생각을 들려달라고 요청했다. 다니엘라는 당황한 표정으로 조심스럽게 앞으로 나왔다. 그런 그녀에게 주안 회장은 응원을 보내주었다.

다니엘라는 두 시간 동안이나 자신의 의견을 피력했고, 주안 회장은 내내 그녀의 의견을 경청하고, 질문하고, 메모했다. 다니엘라의 발언이 끝났을 때 주안 회장은 회의 참석자들을 유도해 기립박수를 보내주었다. 그리고 이어진 회식 자리에서 다니엘라는 주안 회장을 위해 건배사를 건넸다. 그건 지금까지 내가 봤던 건배사 가운데 가장 감동적인 것이었다.

돌아오는 비행기 안에서 주안 회장은 내게 이렇게 말해주었다. 오랫동안 기억에 남을 만한 말이었다. "다른 사람을 설득하는 능력은 설득당하는 능력에 비례하는 게 아닐까요?"

1. 일과 삶에서 만나는 주위 사람들에게 더 훌륭한 롤모델이 되기 위해 내가 최우선적으로 해야 할 일은…

2. 내가 강력한 롤모델이 되어 이끌어야 하는 사람으로 가장 먼저 떠오르는 사람은…

3. 그 사람에게 훌륭한 롤모델이 되기 위해 내가 해야 할 일은…

4. 10년 후에 내 주위의 다섯 명의 사람이 나를 자신의 롤모델로 지목한다면, 그들이 롤모델로서의 나에 대해 해주었으면 하는 말은…

결국 진심의 롤모델이 성공한다

다른 사람이 원하는 것을 이룰 수 있도록 충분히 많이 돕는다면
우리는 우리가 인생에서 원하는 모든 것을 이루게 될 것이다.

−지그 지글러 Zig Ziglar

다른 사람에 대한 영향력이나 본원적 영향력 모델에 대해 이야기하다 보면 타인을 조종하는 게 아니냐는 지적이 거의 예외 없이 나온다. 그건 아마도 과거에 누군가에게 의도적으로 조종당했던 기억이 있기 때문일 것이다. 그리고 기업의 마케팅 활동이나 미디어를 보면 소비자에게 특정 사고방식을 주입하려 하거나, 너무 비싼 재화를 구입하도록 도전의식을 자극하는 일이 많다. 이와 같은 수단이 사람들을 조종하거나 사람들에게 부정적인 영향력을 끼치는 데 사용될 수 있을까? 당연히 그런 일에 사용될 수 있다.

나는 우리가 이번 장의 내용을 높은 차원의 목적을 위해 활용했으면 한다. 하이퍼포머는 누구를 조종하려 들지 않는다. 자신이 직접 본을 보이는 롤모델이 되려 할 뿐이다. 그는 충분히 타인을 조종할 수 있지만, 그렇게 하지 않는다. 지금까지 뛰어난 성과를 내는 수많은 사람들을 만나고, 그들과 대화하고, 그들에게 코칭을 해왔지만, 누군가를 조종하려고 하는 사람은 단 한 명도 없었다. 그들과 함께 일하는 사람들, 그들의 가족이나 친구들과도 많은 대화를 나누었지만, 그들이 누군가를 조종하려 한다는 느낌을 받은 적은 한 번도 없었다. 오히려 주위 사람들은 그들을 신뢰하고, 존경하고, 자발적으로 따르고 있었다.

다른 사람을 조종함으로써 성공할 수 있을까? 단기적으로는 가능할지 모른다. 하지만 다른 사람을 조종하려는 사람은 주위 사람들에게서 신뢰를 잃기 때문에 필요한 도움을 받지 못한다. 스스로도 행복하지 못하고, 성공에 필요한 인간관계를 만들지도 못한다. 기만, 불화, 부정적인 의도 위에 세워진 성공은 절대로 지속될 수 없다. 물론 나쁜 의도로 타인을 조종하는 사람이 커다란 성공을 이루는 경우가 아예 없는 것은 아니다. 하지만 이는 극히 일부의 예외일 뿐이다. 대부분의 경우 누군가를 조종하려 드는 사람은 성공하지 못한다. 성공을 계속해서 이어나가기 위해서는 누군가를 조종하려 드는 사람이 아니라 신뢰를 주는 롤모델이 돼야 한다.

지금의 세상은 매우 혼란스럽고, 악한 의도를 가진 사람도 매우 많다. 하지만 그럴수록 긍정적인 롤모델이 되는 사람은 더욱 빛나게 된다. 끊임없이 자문해보라. 나는 누군가의 훌륭한 롤모델이 되기 위해 얼마나 노력하고 있는가? 다른 사람의 생각의 범위를 넓혀주기 위해 무엇을 해야 하는가? 다른 사람의 성장을 돕기 위해 용기를 내어 도전의식을 자극하고 있는가? 지구라는 행성을 떠날 때 나는 후대를 위해 훌륭한 롤모델을 몇 명이나 만들어놓을 수 있을까?

HABIT 6

의지적으로
용기를 보인다

어려운 상황을 대하는 두 가지 길이 있다.
하나는 어려운 상황을 바꾸는 길,
다른 하나는 그 상황을 대하는 자기 자신을 바꾸는 길이다.

－필리스 보텀 Phyllis Bottome

힘든 일과의 투쟁을 기꺼이 받아들여라
솔직하게 야망을 드러내라
인생을 걸 만한 목표를 찾아라

전화벨 소리에 잠을 깼다. 잠긴 목소리로 겨우 "여보세요"라고 말하고 시계를 쳐다보니 새벽 2시 47분이었다.

전화기에서는 어떤 여성의 목소리가 들려왔다. "저 좀 도와주셨으면 해서요. 지금 소셜미디어에서 저에 대한 엄청난 비난이 쏟아지고 있어요. 지금 위험한 상황이에요."

전화를 걸어온 여성은 샌드라Sandra라는 연예인이었는데, 그녀는 내 고객 가운데 한 명이다. 샌드라는 평소에도 상황을 조금 과장해서 표현하는 일이 종종 있었다. "예? 위험한 상황이라뇨? 지금 괜찮은 겁니까?"

"예, 안전해요. 하지만 제가 문자메시지로 보내드리는 링크로 접속해주실 수 있으세요?"

링크를 클릭하자 유튜브의 샌드라 동영상이 실행되었다. '고백'이라는 제목의 영상이었고, 이미 30만 명이 넘는 사람이 시청한 상황이었다. 나는 잠시 기다려달라고 말하고 나서 셔츠를 입고 1층 주방으로 내려갔다. 자고 있는 아내를 깨우고 싶지 않았다.

주방으로 가는 사이에도 샌드라는 절박한 목소리로 계속 말을 걸어왔다. "보고 있어요? 댓글을 볼 수 있나요? 댓글을 좀 보시고, 저한 테 다시 전화를 걸어주세요." 전화가 끊어졌다.

동영상에서 샌드라는 의자에 앉아 카메라를 보며 말하고 있었다. 그녀는 자신이 팬들과 사람들에게 솔직하지 못했다면서 촬영을 시작 했다. 그동안 자신이 보여준 모습은 거짓이라는 것이다. 그녀는 항상 밝고 행복한 모습을 연출했지만, 방송과 언론에 나온 것은 자신의 진 짜 모습이 아니었기 때문에 항상 세상을 속이고 있다는 불편한 마음 이 들었다고 했다. 그러면서 이제는 자신의 실제 모습을 솔직하게 보 여주고 싶다고 했다.

동영상에서 그녀는 자신의 감정을 쏟아내고는 있었지만, 구체적인 내용은 전혀 들어 있지 않았다. 구체적인 내용이 없으면 사람들의 마 음을 얻지 못한다. 동영상에 달린 댓글을 봐도 대부분의 사람이 나와 같은 느낌을 받은 게 분명했다. 그녀를 조롱하는 댓글이 많았고, 조롱 까지는 아니더라도 뭐가 거짓인지 구체적으로 말해야 한다는 지적이 많았다. 그 동영상을 보고 그녀에게 동정심을 표하는 사람은 별로 없 었다. 내용이 너무 모호했기 때문이다. 그 동영상에는 그녀와 공감대 를 형성할 수 있는 근거가 아무것도 없었다.

나는 샌드라에게 이렇게 문자메시지를 보냈다. "동영상과 사람들 의 댓글을 봤습니다. 지금 말한 위험한 상황이라는 건 뭔가요? 사람들 이 그 동영상을 좋아하는 것 같지는 않았습니다. 하지만 그것 때문에 위험해질 것 같지는 않습니다."

그녀가 답신을 보내왔다. "아니에요. 모르겠어요. 내일 점심 때 뵐 수 있을까요?"

우리는 점심식사를 함께하기로 하고 대화를 마쳤다. 나는 식탁 의자에 앉아 동영상에 달린 댓글을 더 읽어봤다. 어차피 잠도 다 깬 상태였다.

나는 다음날 있을 점심식사에서의 대화를 한번 상상해봤다. "버처드 씨가 말씀하셨던 대로 저는 용기를 내봤어요." 그러면서 자신의 진짜 모습을 용감하게 드러내야 한다고 했던 나의 강의 한 대목을 언급할 수도 있다. 아니면 옛날에도 그랬듯이 나에게 화를 내고 소리를 지를지도 모를 일이었다. 그녀는 분명히 따뜻한 마음을 가지고 있었지만, 나의 고객 가운데 가장 감정 기복이 큰 사람이었다.

어쨌든 나는 동영상을 올렸던 일 자체에 대해서는 칭찬할 것이다. 하지만 다음 말은 꼭 덧붙일 생각이었다. "하지만 샌드라, 동영상을 올리는 게 반드시 용기의 표현인 건 아니에요."

요즘은 용기의 범위가 너무 넓어졌다. 소셜미디어에 자기 속내를 털어놓는 동영상을 올려도, 브레인스토밍 때 의견을 내어도, 심지어 운동회 달리기 시합에서 꼴찌로 들어와도 용감하다고 칭찬받는다.

하지만 자기 속내를 털어놓는 동영상을 올리는 것은 자기 표현일 뿐이다. 자신을 드러내고 메시지를 나누는 것이 용기를 드러내는 행위는 아니다. 그건 모든 이들이 하는 일이다. 그렇지 않은가? 오늘도 10억 명이 넘는 사람들이 소셜미디어에 무언가를 올렸을 것이다. 이것이 용기를 드러내는 행위인가?

회의에서 의견을 내는 건 당연히 요구되는 일이다. 만약 의견에 대해 칭찬을 받는다면, 좋은 의견이어서이지 용감해서가 아니다. 평균 이상의 운동능력을 가진 아이가 달리기 시합에서 꼴찌로 들어오는 게 용감하다고 칭찬해줄 일인가?

내 말이 너무 매몰차게 들릴 수 있다는 것은 알고 있다. 하지만 미국 독립전쟁 당시 워싱턴이 훨씬 더 강력한 적을 상대로 싸우기 위해 델라웨어강을 건넜던 일을 생각해보라. 이것이 용기다. 최초의 우주인들이 안전이 보장되지도 않는 우주선에 올랐던 일, 이것이 용기다. 로자 파크스Rosa Parks가 버스에서의 자리 양보 요구를 거부하고 인권운동의 불을 지폈던 일, 이것이 진짜 용기다.

어쩌면 샌드라에게는 이런 말이 필요할지도 모를 일이었다. "영웅이나 순교자가 되기 위해 혁명을 이끌거나 역사에 남을 사회운동을 시작할 필요는 없어요. 하지만 자기 개인사를 공개하는 정도를 가지고 용감한 일이었다고, 스스로 자랑스러워할 일은 없을 겁니다. 불확실한 상황에서 모험을 감행하는 것, 커다란 실패를 감수하고 도전하는 것, 안전이나 보상이나 성공이 보장되지 않는 상황에서 숭고한 원칙이나 다른 사람을 위해 무언가를 하는 것. 나중에 용감한 일이었다고 스스로 자랑스러워할 수 있으려면 이 정도는 돼야 합니다."

'그래, 내일 샌드라를 만나면 용기에 대해서는 이 정도의 말을 해주면 되겠다.' 나는 이렇게 생각하고 다시 잠자리에 들었다.

다음날, 샌드라를 만나기 위해 약속 장소로 이동하면서 나는 그녀가 가지고 있을 용기라는 관념에 대해 좀 더 생각해봤다. 그리고 그녀가 이전과는 다른 관점에서 용기를 바라볼 수 있도록 도와줄 필요가 있겠다는 결론에 이르렀다.

샌드라는 다른 사람의 시야에는 잘 들어오지 않는 구석 자리에 선글라스를 낀 채로 앉아 있었다.

나는 샌드라와 마주 보는 자리에 앉아 호흡을 가다듬고 오늘의 상담을 잘 이끌어야겠다고 다짐했다. '코치로서 해야 할 말은 다 하겠다, 그전까지는 샌드라에게 그렇게 하지 못했지만 오늘은 해내겠다'

이런 생각을 했다.

"그래요, 샌드라. 오늘은 좀 어때요?"

"동영상이 130만 뷰를 찍었어요. 대부분 싫다는 반응이고요." 엄청나게 좌절한 말투였다.

"지금 상황에 대해 어떻게 생각하죠?"

"동영상을 올릴 때만 해도 나 자신이 자랑스러웠어요. 물론 좀 무서웠지만, 그래도 분명히 좋은 반응이 있을 거라고 기대했고요."

나는 드디어 미리 준비한 '진정한 용기'에 대한 연설을 늘어놓을 때가 됐다고 생각했다. 그런데 내가 막 입을 떼려는 순간 웨이트리스가 다가왔다. 나는 차를 주문했고, 샌드라는 커피를 주문했다.

"식사도 좀 주문할까요?" 샌드라가 내게 물었다. "여기 오래 있어야 할지도 모르겠어요. 버처드 씨의 도움이 정말로 필요하거든요."

나는 상담을 짧게 끝내겠다는 생각을 가지고 있었다. 한심한 동영상을 올린 일이 잘못된 거라는 점만 지적하면 된다고 생각했다. 샌드라와 나 사이에는 정적이 흘렀다.

나는 더 이상 참지 못하고 입을 열었다. "그래요 샌드라, 뭐가 무서웠다는 거죠? 그 동영상에 대해서는 우리가 딱히 할 일도 없어요. 그냥 보라고 하세요. 이번 주말에 해명을 담은 동영상을 하나 더 올리죠, 뭐. 그럼 앞에 올린 동영상은 사람들에게서 잊힐 겁니다. 샌드라도 잘 알겠지만, 유튜브 동영상이라는 게 항상 그렇잖아요?"

갑자기 샌드라의 선글라스 아래로 눈물이 흐르는 게 보였다. "샌드라? 괜찮아요?"

"제가 무서운 건 동영상 때문이 아니에요. 저는 용기를 내야만 했어요. 그 동영상은 구조 요청이었지만, 지금 보니 효과가 없었네요."

샌드라는 소리 내어 울기 시작했다. 나는 그녀 쪽으로 몸을 숙이고 그녀의 손을 잡아주었다.

"샌드라, 괜찮아요? 무슨 일인데 그래요? 왜 그래요?"

샌드라는 커피를 한 모금 마시고는 선글라스를 벗었다. 그런데 눈에 멍자국이 있었다.

"세상에! 샌드라! 무슨 일이에요?" 나는 숨이 턱 막혔다.

그녀는 계속 울었다. 그러다 마음을 조금 추슬렀는지 내게 이야기하기 시작했다. "남편이 그랬어요. 이미 오래전에 말씀을 드렸어야 했는데……. 남편이 집에서 폭력을 행사한 지는 오래됐어요. 그동안 너무 무서웠고요. 그러다 더 이상 못 참겠다는 생각이 들었어요. 그래서 어제 그런 동영상을 올렸던 거고요. 그건 저에게 있어서는 첫걸음 같은 거였어요……." 그녀 말소리에 울음이 뒤섞였다.

너무나 미안한 감정이 밀려왔다. 내가 어리석었다. 생각이 너무 짧았다. 엄청난 자책감이 밀려왔다. 그것이 무엇이든 첫걸음에는 큰 용기가 필요하다.

"남편도 그 동영상을 봤어요. 그러더니 완전히 돌아버리더군요. 남편의 반응까지는 생각하지 못했어요. 저는 뭐라도 해야만 하는 상황이었거든요. 아시겠어요?"

샌드라와 나는 세 시간 동안 대화를 나누었다. 남편에게서 어떻게 탈출할지, 탈출한 다음에는 어디에 머물러야 할지, 일과 관련해서는 앞으로 어떻게 대응할지 등에 대해 이야기했다. 그날 그녀는 집으로 돌아가지 않았다. 그리고 그녀의 친구들이 집으로 가서 그녀의 물건들을 가지고 나왔다.

그녀는 뒤도 돌아보지 않고 남편을 떠났다. 그녀는 자기 자신의 델

라웨어강을 건넌 셈이고, 자기 인생의 혁명을 이뤄낸 셈이었다. 그날 그녀는 나에게 진정한 용기가 무엇인지 가르쳐주었다.

●●●

우리가 연구 조사를 해본 결과 용기와 뛰어난 성과 사이에는 밀접한 상관관계가 있는 것으로 나타났다. 용기와 관련한 점수가 높은 사람들이 모든 분야에서 높은 성과지수를 나타냈던 것이다. 이는 삶에서 더 큰 용기를 발휘하는 사람에게서 명확성, 활력, 당위성, 생산성, 영향력 등의 수준이 더 높게 나타난다는 것을 의미한다. 용기를 발휘하면 인생에서 혁명을 이뤄낼 수 있다. 샌드라가 그랬던 것처럼 말이다. 그리고 용기는 식스 해빗의 토대이기도 하다.

예측할 수 없는 상황에서 진정한 변화를 위한 첫걸음을 내딛기 위해서는 용기가 필요하다. 샌드라의 경우는 용기를 내어 동영상을 포스팅했다. 그것은 작은 첫걸음이었지만, 결국은 그것이 출발점이 되어 그녀는 자유를 향해 나아갈 수 있었다. 그녀가 올렸던 그 첫 번째 동영상은 자신의 용기를 드러내는 최초의 빛이었던 셈이다.

사람들이 발휘하는 용기의 수준을 평가하기 위해 우리는 다음과 같은 항목으로 설문조사를 진행했다.

- 나는 내 생각을 과감하게 표출한다.
- 나는 인생의 도전이나 긴급상황을 회피하지 않고, 적극적으로 대응한다.
- 나는 두려움이 느껴지더라도 행동에 나서는 경우가 많다.

그리고 이와는 반대되는 유형의 항목들도 제시했다.

- 나는 내 진짜 모습을 드러낼 정도의 용기는 가지고 있지 않은 것 같다.
- 누군가를 도와주는 것이 옳다는 판단이 들더라도 그로 인해 내게 부정적 평가, 조롱, 위협이 가해진다면 나는 도움을 주지 않을 것이다.
- 나는 나의 안정영역 바깥으로 나가는 일이 거의 없다.

수만 명을 대상으로 설문조사를 해본 결과 성과지수가 높은 사람일수록 용기의 수준이 확연히 높게 나타났다. 우리에게 코칭을 의뢰하는 사람들을 대상으로 인터뷰를 해보더라도 마찬가지였다. 하이퍼포머는 자신에게 있어 용기가 무엇을 의미하는지 잘 알고 있으며, 용기를 내야 할 때는 분명하게 발휘했다.

누구나 자기 인생을 돌이켜보면 인생의 어느 시점에 용기를 냈던 기억을 가지고 있을 것이다. 하지만 용기를 내는 것만으로는 뛰어난 성과를 낼 수 없다. 용기라는 토대 위에 명확성, 활력, 당위성, 생산성, 영향력 등을 모두 갖추고 있어야 한다. 성공을 계속해서 이어나가기 위해서는 뛰어난 성과를 위한 식스 해빗을 모두 갖추고 있어야 한다.

그런데 왜 어떤 사람은 남들보다 더 용감한 걸까? 용감성은 연령이나 성별과는 별다른 상관관계가 없었다.[1] 우리 조사에 따르면 다음과 같은 유형의 사람이 더 높은 수준의 용기를 나타내고 있었다.

- 도전을 완수하는 것을 좋아한다.
- 스스로를 단호한 사람으로 인식하고 있다.
- 높은 수준의 자신감을 가지고 있다.

- 스스로를 하이퍼포머로 인식하고 있다.
- 스스로 평균 수준을 넘어서는 성공을 이뤄냈다고 인식하고 있다.
- 자신의 삶에 대해 전반적으로 행복감을 느끼고 있다.[2]

쉽게 이해되는 조사 결과다. 어려운 도전과 맞닥뜨렸을 때 움츠러들지 않고 도전에 임하는 사람, 행동에 나서야 할 필요를 느꼈을 때 자신감을 갖고 행동에 나서는 사람은 분명 용기 있는 사람들이다. 그렇다면 삶에 대한 행복감은 어떻게 된 걸까?

나는 이 항목에 흥미를 느껴 하이퍼포머 스무 명을 대상으로 심층 인터뷰를 진행했다. 심층 인터뷰에 응한 사람들은 이런 이야기를 해주었다. "자기 인생이 행복하면 자신에 대해서는 걱정할 게 줄어드니까 다른 사람에게 좀 더 집중할 수 있게 됩니다." "행복감은 어려운 일을 해낼 수 있다는 자신감을 만들어줍니다." "인생이 행복하다고 느낄 정도가 되려면 어느 정도 자기 수양이 돼 있어야 합니다. 자기 수양이 그런 수준이라면 불확실한 상황 앞에서도 자신감을 갖게 되죠." 모호한 내용이기는 하지만, 그래도 행복감이 용기로 이어질 수 있다는 점을 잘 설명해준 셈이다.

용기란 무엇이고 어떻게 해야 용기 있는 사람이 될 수 있는지에 대한 단 하나의 정답은 없다. 용기라는 것은 다양한 관점에서 정의된다. 그리고 대부분의 사람은 용기를 원래부터 타고나는 덕목으로만 여길 뿐, 습관으로 만들 수 있다고는 생각하지 않는다. 하지만 그렇지 않다. 용기도 습득 가능한, 일종의 기술이다.[3] 이 점을 이해하고 꾸준히 단련해 용기를 갖게 된다면 그다음부터는 인생의 모든 것이 달라질 것이다.

용기란 무엇인가

용기란 두려움에 저항하는 것, 두려움을 지배하는 것이다.

두려움을 느끼지 못하는 것은 용기가 아니다.

-마크 트웨인

마크 트웨인은 "두려움을 느끼지 못하는 것은 용기가 아니다. 두려움에 저항하며 행동을 취하는 것이 용기다"라고 말했다. 심리학자라면 대부분 이 말에 동의할 것이다.[4] 물론 용기를 갖게 되면 결국에는 두려움을 못 느끼는 수준에 이르는 경우도 있다. 예를 들어 공수부대원의 경우 처음 낙하할 때는 엄청난 용기가 필요하지만, 훈련이 거듭될수록 두려움을 극복하고 결국 지배하는 수준에 이르게 된다.[5] 그러다 일정 수준 이상의 경력이 쌓이면 아예 낙하에 대한 두려움을 느끼지 못하는 경우도 나오게 된다. 폭발물 처리요원, 전투요원, 우주비행사 등에게서도 이와 비슷한 사례가 발견된다. 두려움을 계속 마주하다 보면 어느 순간부터는 두려움을 느끼지 못하게 되는 것이다.[6]

이런 일은 우리에게도 일어난다. 어떤 일을 성공적으로 완수해내다 보면 어느 순간부터 그 일에 대해서는 두려움을 갖지 않게 된다. 중요한 일에 용기를 내어 도전해야 하는 이유이기도 하다. 두려움에 저항하며 시도하고, 자신을 믿고 다른 사람을 돕다 보면 어느 순간부터는 두려움과 스트레스를 거의 느끼지 않게 된다.

그리고 용기는 공포나 두려움과 마찬가지로 전염성이 있다.[7] 부모가 삶 가운데서 두려움에 빠져 있는 모습을 계속 보인다면 자녀 역시 자기 삶에 두려움을 갖게 된다. 이는 팀의 팀원들에게도 마찬가지다. 반면에 우리가 더 큰 용기를 보인다면 그 용기는 우리가 살고 있는 사회로 확산되어 나가고, 그 힘이 모여 사회를 더욱 나은 곳으로 발전시키는 동력이 된다.

다양한 유형의 용기들

용기의 유형을 분류하고 정의하는 것은 꽤 까다로운 일이다.[8] 용기와 관련해 확실한 것은 위험, 두려움, 행동해야만 하는 이유 등의 존재일 뿐이다.

하지만 용기의 유형을 어느 정도 분류하는 것은 용기의 발휘라는 측면에서 유용한 일이라고 생각한다. 우선 물리적 용기가 있다. 숭고한 목적을 위해 위험한 상황에 직접 개입하는 용기를 의미하는데, 예를 들면 차로에서 위험한 상황에 처해 있는 누군가를 돕기 위해 자신이 직접 차로에 들어가는 경우를 들 수 있다. 그리고 심각한 병에 걸렸을 때 포기하지 않고 병과 싸우는 것도 물리적 용기의 한 예다.

둘째, 윤리적 용기가 있다. 자신이 옳다고 믿는 신념을 위해 고초를 견뎌내고 다른 사람들 앞에서 해야 할 말을 하는 용기를 의미한다. 예를 들면 외국인에 대한 혐오를 표출하는 사람의 잘못을 지적하거나, 불합리한 규정의 준수를 거부하거나, 사회적 이슈에 대한 자신의 의견을 대중에게 피력하는 경우를 들 수 있다. 일반적으로 윤리적 용기는 다수의 행복을 위한 원칙이나 훌륭한 가치관을 지키기 위해 발휘되며, 사회적 책임, 이타주의, 올바름 등과 연결된다.

셋째, 심리적 용기가 있다. 불안이나 걱정, 혹은 심리적 공포 등을 극복하는 데 필요한 용기를 의미한다. 심리적 용기는 사회에 순응하지 않고 자신의 진짜 모습을 드러내는 일(즉, 다른 사람들이 좋아하지 않더라도 자신의 솔직한 말이나 행동을 보여주는 일), 사적인 영역에서의 성장을 이뤄내는 일 등에 필요하다.

넷째, 일상의 용기가 있다. 말 그대로 일상생활에 적용되는 용기를 의미한다. 불확실성, 나쁜 건강 상태, 삶의 역경 등에도 불구하고 긍정적인 태도를 유지하거나 무언가를 실행하는 데 필요한 용기다(다른 지역으로 이사 가는 일, 부정 여론이 다수인 의견을 제시하는 일, 조직 내에서 곤란한 상황임에도 계속해서 출근하는 일 등을 생각해보라).

여기에 제시된 용기의 분류는 그 경계가 명확하지 않기 때문에 서로 겹치는 부분도 있다. 하지만 용기를 이해하고 발휘하는 데 유용한 시도라고 생각한다.

> 중요한 것은 더 큰 용기를 낸다는 것이
> 자신에게 무엇을 의미하는지를 규정하고,
> 더 큰 용기를 내는 삶을 실천하는 것이다.

나는 용기란 위험, 두려움, 역경, 반대에도 불구하고 참되고, 숭고하고, 삶을 가치 있게 만드는 목표를 위해 결단 있는 행동을 취하는 동력이라고 생각한다.[9] 여기서 중요한 부분은 '숭고하고'와 '삶을 가치 있게 만드는'이다. 두려움이나 반대를 극복했다고 해서 이를 다 용기 있는 행동이라고 할 수는 없다. 자살폭탄 테러범들을 생각해보라. 그들의 행동은 앞에서 언급한 용기의 정의에 몇 가지 부합되는 부분이 있지만, '숭고하고'와 '삶을 가치 있게 만드는'이라는 정의에는 부합되지 않기 때문에 용기라고 할 수 없다. 도둑도 마찬가지다. 그들의 도둑질은 상당한 위험과 두려움과 역경을 무릅쓰고 행해지지만, 용기라 할 수 없다.[10] 그들이 추구하는 목표는 사회를 해치기 때문이다. 누군가를 해치는 행동은 절대로 용기에 의한 것이 아니다.

용감해 보이지만 용기라고 볼 수 없는 행동은 또 있다. 고층건물 사이를 뛰어서 건너가는 십대 청소년들의 행동을 생각해보라. 분명 두려움을 극복한 행동이지만 이를 두고 용기 있다고 할 수 있을까? 물론 어떤 사람들은 용기 있는 행동이라고 말할지도 모르겠다. 하지만 대부분의 사람은 그런 행동에 대해 무모하거나 어리석다고 평가할 것이다.

그런가 하면 용기가 언제나 과감한 행동을 수반하는 것은 아니다. 비폭력 저항에도 커다란 용기가 필요하며, 때로는 아무런 행동에 나서지 않을 때도 용기가 필요하다. 누가 싸우자고 시비를 거는데 그 자리를 피하는 일은 상당한 용기를 필요로 한다. 불필요한 논쟁에 휘말리지 않고 자신의 존엄성을 지키는 일 역시 마찬가지다.

용기에 대한 정의를 내리는 것이 무슨 의미가 있느냐고 지적하는 사람도 있겠지만, 이는 중요한 일이다. 단순히 두려움을 극복한다고 해서 용기인 게 아닌데, 너무나 많은 사람이 이를 혼동한다. 중요한 것은 용기의 결과다. 자신은 옳은 일이라 생각하고 행동했는데 그것이 누군가를 해치는 결과를 만들어낸다면 그 행동에 대해 용기 있다는 평가를 내리기는 어렵다. 여러 연구에 따르면 실제로도 사람들은 좋은 결과로 이어진 일, 혹은 좋은 의도를 가지고 완수한 일에 대해서만 용기 있는 행동이라고 평가했다.[11] 두려움을 극복하고 자신의 주장을 피력했지만, 단 한 차례의 반대의견에 주장을 접는다면 용기 있는 행동이었다고 평가할 수 있을까? 익사 위기에 빠진 사람을 구하겠다며 무작정 강으로 뛰어들었다가 결국에는 둘 다 죽음에 이르게 된다면 이것에 대해서는 어떻게 평가할 수 있을까? 너무 무모한 행동이었다고 평가해야 하는 게 아닐까?

물론 행동하는 것은 중요하다. 실제로도 조사를 해보면 하이퍼포머는 행동의 결과에 대한 두려움이나 불안감이 있더라도 행동에 나서려는 성향을 보였다. 지난 십수 년 동안 하이퍼포머를 만나고 그들과 대화를 해오면서 나는 다음과 같은 결론에 이르렀다.

누구라도 엄청난 성취를 이뤄낼 수 있다.
다만 실제 행동하기 전에는 그것을 예측도, 확인도 할 수 없다.

나는 용기를 내어 행동에 나섰던 일이 놀라운 결과로 이어졌다는 이야기를 많이 들었다. 회의감이나 두려움에 빠져 있다가도 막상 행동에 나섰더니 좋은 결과로 이어졌다는 것이다. 그들은 자신이 원래 용기 있는 사람은 아니지만, 행동에 나서기 전에 그렇게 많이 고민하지는 않았다고 했다. 행동이 자신의 심장을 깨웠고, 행동에 나섰더니 나아가야 할 길이 나타났다는 것이다. 그들은 가만히 앉아서 좋은 일이 일어나기만을 기다리지 않았고, 행동에 나서야 할 때 머뭇거리지도 않았다. 그들은 실제로 행동에 나섰다. 행동에 나서지도 않으면서 좋은 일이 일어나기를 바라는 것은 도움을 요청하지도 않으면서 도움의 손길이 와주기를 바라는 것과 마찬가지다.

나는 인생의 항로를 완전히 바꾼 사람들의 이야기도 많이 들었다. 기존의 직업을 그만두고, 잘못된 인간관계를 끝내고, 새로운 도전을 위해 먼 곳으로 이주하는 사람들의 이야기 말이다. 앞으로 나아가기 위해서도 용기가 필요하지만, 잃어버린 무언가를 찾기 위해 되돌아가는 데에도 용기가 필요하다. 과거에 불가피한 이유로 포기했던 꿈에 대한 갈망이 크다면 그것을 치유하는 방법은 포기했던 꿈을 향해 다시 나아가는 것뿐이다. 인생 항로를 바꾸기에 너무 늦은 시기라는 것은 없다.

하이퍼포머는 '무언가를 하기에는 너무 늦었다'는 말을 하지 않는다. 너무 늦었다는 평계를 대는 식으로는 아무것도 이뤄낼 수 없기 때문이다. 우리 인류가 앉은 자리에서 불평만 하는 존재였다면 지금까지의 진보는 이뤄지지 못했을 것이다. 하이퍼포머가 언제나 하는 말이 있다. "불평하지 마세요. 행동에 나서야 합니다."

깊게 고민하지 않는 과감한 도전이 좋은 결과로 이어졌다는 이야기는 많이 들어왔지만, 사실 용기와 관련해 내가 가장 좋아하는 이야기는 '계획적으로 발휘된 용기'의 이야기다. 그리고 이런 이야기는 습관으로서의 용기에 관한 가능성을 증명해준다. 하이퍼포머는 자신이 두려워하는 게 무엇인지 알고 대비한다. 고민하고, 멘토들로부터 조언을 듣고, 그런 다음 두려움을 마주한다. 성장을 위한 계획에 우리가 두려워하는 것들이 포함돼야 높은 수준의 성취가 가능해진다.

나는 이번 장에서 용기에 관한 여러 가지 측면에서의 이야기를 할 테지만, 결국 중요한 것은 우리 자신의 선택이다. 그리고 용기는 그 실행자의 눈으로 평가하는 게 가장 정확하다. 자신의 삶을 자신이 원하는 방향으로 이끌어나갈 수 있을 정도의 용기를 낼 것인지, 그 여부를 선택하라. 이런 판단에 도움을 주기 위해 나는 도움을 요청하는 사람들에게 다음과 같은 이야기를 들려준다.

여러분이 상상할 수 있는 가장 성공한 미래의 자신,

즉 지금보다 열 살 더 많고, 지금 시점에서 상상조차 안 되는

유능하고 성공한 자신이 지금 여러분 앞에 나타난다면
어떤 변화를 추구하고 어떤 일에 도전하라고 조언할 것 같습니까?
그 미래의 자신은 여러분에게 어떤 삶을 살라고 말해줄까요?

이 이야기를 반복해서 읽어보고 그 답을 곰곰이 생각해보라.

이 이야기에 대한 구체적인 대답은 매우 다양하겠지만, 가장 성공한 미래의 자신이 소극적인 삶을 살라고 말해주지는 않을 거라는 점만큼은 분명하다. 가장 성공한 미래의 자신은 분명 지금 하고 싶은 일에 과감히 도전하라고 말해줄 것이다. 그리고 그렇게 하기 위해서는 두려움과 역경을 그전과는 다른 방식으로 바라봐야 하며, 용기를 위한 세 가지 실행 습관을 자신의 것으로 만들 수 있어야 한다.

 실행 1 ⏱ **힘든 일과의 투쟁을 기꺼이 받아들여라**

자신의 몸과 마음과 영혼과 노력을
100퍼센트 투쟁에 바치는 것이 바로 성공이다.

-존 우든

사람들이 용기를 쉽게 내지 못하는 이유는 무엇일까? 자신의 의견을 확실하게 드러내야 한다는 것은 알지만, 그렇게 하지 않는다. 두려움이나 위험을 회피하지 않아야 큰 성공이 가능하다는 것은 알지만, 그렇게 하지 않는다. 더 과감하게 도전하고, 더 원대한 꿈을 추구하고, 긴급한 상황의 사람을 선의로 도와야 한다는 것은 알지만, 그렇게 하지 않는다. 왜 그럴까?

성과 코치로 처음 일을 시작했을 때 내가 제일 많이 관심을 가졌던 것들 가운데 하나가 바로 사람의 이 같은 경향성이었다. 많은 고객이 자신의 꿈과 비전, 자신이 지향하는 인생에 대해 말은 하면서도 정작 그것을 위해서는 아무 행동도 취하지 않았다. 지금보다 더 훌륭한 삶을 살고 싶다고 말하는 고객에게 꿈꾸는 삶을 가능하게 해주는 새로운 습관을 제안하면 정작 그들은 너무 바빠서, 혹은 두렵다는 이유로 나의 제안을 받아들이지 않았다. 세미나에 참가해 비전보드를 작성한 사람들에게 "그럼 그 비전보드의 실현을 위해 다음 월요일부터 어떤 변화를 실행할 것인지 세 가지만 말해주세요"라고 하면 대부분의 사람은 구체적인 계획은 아직 없다고 말한다. 비전보드 100개를 만드는 것보다는 한 가지의 실행계획을 실천하는 게 훨씬 더 낫다는 사실을 이해하지 못하는 것 같았다.

누구나 용기를 내어 행동하지 못하는 자기 자신과 주위 사람들의 모습에 실망한 적이 있을 것이다. 무엇이 진짜 문제이고, 그 해법은 무엇일까? 이것은 결국 마음가짐의 문제다. 오늘날 사회에서 우리는 철저히 힘든 일을 회피할 것을 요구받는다. 그렇기 때문에 용기를 내기가 어렵고, 성격이나 기질이 제대로 형성되지 못한다. 성격과 기질은 용기를 내는 데 있어 핵심적인 요소들이다.

우리는 지금 인류 역사상 유례가 없는 풍요의 시대에 살고 있다. 이는 분명 큰 축복이지만, 풍요로움 속에서 사람들은 힘든 일을 회피하고 있다. 오늘날에는 다른 누군가에게 변화나 인내에 대한 조언을 해주는 것은 어색한 일로 여겨질 뿐이다. 대부분의 사람이 적당히 편하고 쉽게 사는 것을 추구한다. 이런 분위기에서 사람들은 결혼을 기피하고, 학교나 직장을 그만두고, 심지어 교우관계를 맺는 것 자체를 꺼린다. 하지만 조금 어려워 보인다고 전부 다 회피한다면 인생의 진짜 위기를 맞았을 때 어떻게 하겠는가?

인생의 기본적인 도전들을 회피하지 말고 정면에서 대응할 필요가 있다. 그래야 기본적인 역량이 높아지면서 필요한 때에 용기를 낼 수 있게 된다. 인생에서 겪게 되는 힘든 일을 자신의 역량을 높일 수 있는 기회로 인식하라. 자신에게 다가오는 어려운 일을 두려워하거나 회피하지 말고, 오히려 적극적으로 받아들이라.

사실 요즘은 어려운 과제를 제시하는 것 자체가 기피되는 분위기다. 코칭 업계만 보더라도 덜 복잡하고 덜 엄격하게 코칭을 하고, 사람들이 쉽게 받아들일 수 있는 조언을 제시하라는 분위기다. "사람들에게 과제를 내주지 마세요. 너무 복잡하고 어려운 단계들을 제시하지 마세요. 제시해봐야 하지 않을 겁니다. 단순하게, 쉽게 하세요. 초등학교 6학년생도 이해가 갈 정도로 쉽게 해야 합니다. 사람들은 어렵게 하는 걸 바라지 않습니다. 쉬운 방식을 제시하세요."(내가 이 책을 쓰는 동안 실제로 들었던 말이다.)

이 같은 분위기는 요즘 사람들은 게으르고, 도전을 싫어하며, 성장보다는 편안함과 안정을 추구한다는 전제에서 형성된 것이다. 그리고 미디어를 보더라도 오늘날에는 이러한 전제가 만연해 있다는 것을 알 수 있다. 제품이나 서비스의 홍보 내용만 보더라도 생활을 훨씬 쉽게 만들어주며, 수고를 덜어준다는 게 최우선 마케팅 포인트이니 말이다. 자신이 잘하는 것에만 집중하라, 그것이 즐겁게 살면서도 결과를 내는 방법이니까. 자신의 부족한 부분을 마주하며 힘들어하지 마라, 그렇게 어렵게 삶을 추구하지 않아도 된다. 웬만한 것들은 전부 외부 서비스를 이용해라, 자신이 직접 배워서 할 필요는 없다. 살을 빼기 위해 식습관을 바꾸지 않아도 된다, 알약 하나면 다 해결되니까. 이것이 요즘 우리가 미디어를 통해 듣고 있는 말들이다.

"힘들게 무언가를 할 필요가 없다, 인생은 쉽게 흘러가야 한다, 인생을 어렵게 살아가는 건 잘못된 방식이다……." 어디를 보더라도 이같은 조언들로 넘쳐난다. 하지만 이런 조언이 우리의 역량과 용기에 어떤 영향을 끼치게 될지 생각해보라.

하지만 다행히 쉬운 길만으로는 뛰어난 성과를 낼 수 없다는 것을 깨달은 사람들 역시 계속해서 늘어나고 있다. 우리의 인내심을 시험하는 반복적인 학습이나 훈련, 우리에게 큰 가르침을 주는 좌절, 우리의 심장과 영혼과 용기를 단련시켜주는 역경, 이러한 것들을 거쳐야 높은 수준에 도달할 수 있다는 점을 아는 사람들 말이다. 뛰어난 성과를 이루는 일은 결코 간단한 과정이 아니다. 뛰어난 성과를 위한 습관들을 자신의 것으로 만들 수 있어야 가능한 일이며, 이를 위해서는 계속해서 자기 자신과 싸우면서 스스로를 단련해야 한다.

나이 많은 세대들에게 인생의 투쟁은 피할 수 있는 일이 아니었다. 아무런 열의 없이 어려운 일을 피하면서 안락한 삶을 사는 것은 꿈꿀 수 있는 목표가 아니었다. 평탄한 길은 생각할 수도 없었다. 나이 많은 세대 중에는 인생의 노고와 투쟁은 스스로를 단련하는 제련소의 불길과 같다고 말하는 이들이 많다. 그들은 손에 흙을 묻히며 남들보다 더 열심히 일하고, 역경을 겪더라도 굴하지 않는 것을 당연하게 생각했다. 그와 같은 인생의 투쟁을 겪으면서 스스로 더 강한 사람이 되고, 결국에는 큰 성취를 이룰 수 있다고 믿었기 때문이다. 그리고 이런 믿음이 그들을 존경받는 사람이자 리더로 만들었다.

너무 감상적인 이야기라는 느낌이 들 수도 있지만, 어쨌든 이건 사실이다. 큰 성취를 이룬 이들 가운데 인생의 투쟁을 회피한 사람은 아무도 없다. 그들은 인생의 투쟁은 피할 수 있는 게 아니며, 삶의 도전과 역경을 거쳐야 자신이 더 성장하고 높은 수준에 도달할 수 있다는 점을 잘 알고 있다. 그들은 인생의 투쟁을 높이 평가한다. 항상 인생의 투쟁을 대비하고, 오히려 투쟁의 기회를 반기고, 투쟁을 통해 한 차원 높은 발전을 추구한다.

인생의 역경과 좌절을 회피하지 않고 맞서 대항하다 보면 우리가 가지고 있던 삶에 대한 두려움이 하나씩 떨어져 나가는 것을 느끼게 될 것이다. 내가 코칭 활동을 통해 가장 강조하는 게 바로 인생의 투쟁을 대하는 태도다. 내 전작들인《두려움이 인생을 결정하게 하지 마라The Motivation Manifesto》,《충전》,《골든 티켓Life's Golden Ticket》등에서는 인생의 투쟁을 대하는 태도가 공통적으로 다뤄지고 있다.

인생의 투쟁을
필수적인 것, 중요한 것, 긍정적인 것으로 보는 법을 배운다면
그때부터 자신의 진정한 힘과 인생의 참된 평화를 발견할 수 있다.

그렇다면 인생의 투쟁을 두려워하고 회피하는 사람은 어떻게 될까? 그들은 불평만 하다가 동기의식을 잃고, 결국은 인생의 모든 도전을 중단하게 된다.

우리의 조사 결과 용기지수가 높은 사람일수록 '나는 새로운 도전을 완수하는 것을 좋아한다', '나는 도전이나 역경에도 불구하고 목표를 달성할 거라는 자신감이 있다'라는 항목에서 강한 긍정의 대답을 했다. 하이퍼포머는 도전, 실패, 역경 등을 전혀 두려워하지 않으며,

이런 것들을 겪으면서 배우고 성장한다. 또한 새로운 분야에 대한 도전을 좋아하고, 어려운 일을 겪더라도 좌절하지 않는다. 그에게 과거의 어려웠던 시기에 대해 물어보라. 그럼 그는 그 시기를 두려움이 아닌 자부심의 기억으로 소환해 이야기할 것이다.

지금까지와 비슷한 맥락에서 심리학에서는 성장추구형 인간과 안주형 인간을 구분한다. 성장추구형 인간의 경우는 자신이 계속해서 발전할 수 있다고 믿으며, 도전을 사랑하고, 인생의 어려운 일을 회피하지 않는다. 그들은 평균적인 사람들에 비해 실패를 두려워하지 않는데, 실패를 통해 배우고 전보다 더 발전한 사람이 될 수 있다고 생각하는 경향이 두드러진다. 이런 이유에서 그들은 인생의 어떤 분야에서든 더 큰 동기의식을 갖고 더욱 적극적으로 도전하며, 긴 인생을 즐거운 기분으로 살아가고, 더 큰 성공을 이뤄낸다.[12]

안주형 인간은 이와는 정반대의 사고와 행동 방식을 나타낸다. 그들은 능력, 지능, 특성 등은 태어날 때 이미 다 정해졌고, 그것을 성장시킬 수 있는 방법은 별로 없다고 믿는다. 그래서 자신이 생각하는 타고난 능력 밖의 일에는 두려움을 갖는다. 안주형 인간은 실패를 두려워한다. 실패가 자신을 무능해 보이게 만들고, 그 실패의 꼬리표는 떼어낼 수 없다고 생각하기 때문이다. 자신이 느끼기에 쉬운 일이 아니면 그들은 금세 포기한다. 한 연구에 따르면 안주형 인간이 도전을 회피할 확률은 성장추구형 인간의 다섯 배나 된다고 한다.[13] 이는 하이퍼포머와 낮은 성과를 내는 사람 간의 차이와도 유사하다.

인생에서 반드시 맞게 되는 투쟁, 실수, 좌절, 역경 등을 받아들이지 못한다면 우리의 인생은 부실해진다. 이런 것들을 받아들일 용기를 내지 못하는 사람은 행복감, 자부심, 성공 같은 것들을 제대로 느끼지 못한다. 이는 여러 연구 결과들이 뒷받침하는 바이기도 하다.

투쟁과 진보

우리가 겪게 되는 역경을 결코 손실로 인식하지 말라.
역경을 마주하고 극복하는 경험은 우리에게 다가오는 가장 큰 이익 가운데
하나가 될 것이며, 이 점을 이해하는 것은 매우 중요한 일이다.

–미셸 오바마Michelle Obama

인류의 역사는 투쟁과 진보, 이 두 가지 힘의 작용으로 여기까지 왔다. 그리고 투쟁이 없었다면 진보도 없었을 것이다. 우리 인류는 지금에 이르기까지 수많은 부침을 겪어왔다. 이는 개인의 역사에서도 크게 다르지 않다. 힘든 시기가 있고, 빠르게 성장하는 시기가 있다. 기쁨과 절망이 있고, 승리와 패배가 있다.

우리는 이 진실을 잘 알고 있다. 하지만 막상 힘든 시기를 겪게 되면 이를 잊고 투쟁을 회피하고 싫어하는 경향을 보인다. 문제는 여기에서 나타난다. 무언가를 싫어하는 순간 우리는 그것의 문제점을 실제보다 훨씬 더 심각하게 인식하게 된다. 물론 투쟁은 우리를 파멸시킬 수 있다. 하지만 우리를 성장시킬 수 있는 것도 사실이다. 투쟁이 어떤 결과로 이어질지는 전적으로 우리 선택에 달려 있다. 그래서 나는 자신에게 투쟁할 거리가 다가온다면 기꺼이 받아들이라고 말한다.

우리는 우리에게 다가오는 인생의 도전을 긍정적인 자세로 맞을 필요가 있다. 실제로 하이퍼포머와 대화해보면 그들은 자신에게 다가오는 인생의 도전을 역경이 아닌 자신이 딛고 다음 단계로 올라설 수

있는 성장의 기회로 인식하고 있다는 것을 알 수 있다. 투쟁은 인생의 필연적인 부분이고, 가치 있는 결과를 만들어내기 위해서는 결코 피해서는 안 되는 일이다. 그리고 투쟁하기로 결심하는 순간 우리 내면에 숨겨져 있던 용기가 그 모습을 드러낼 것이다.

나에게 다가온 그 도전은 내 인생의 필연적인 요소다.
도전에 대한 투쟁은 나의 진짜 모습을 발견하게 해줄 것이고,
나를 더 강하게 만들어줄 것이고, 나와 내가 사랑하는 사람들을 위한
더 나은 미래를 만드는 계기가 되어줄 것이다.

도전을 받아들이라는 것이 외부 상황을 주어지는 대로 수용하라는 의미는 아니다. 나는 지금 불교에서 가르치는 '선禪'을 이야기하는 것이 아니다. 도전이 다가온다면 그것의 결과를 자신이 원하는 것으로 만들기 위해 최선을 다해야 한다. 현실을 직시하고, 이기기 위해 최선의 준비를 하고, 문제 상황을 예측해 그에 적극적으로 대응하고, 옆에서 패배하는 사람들이 나오더라도 평정심을 유지해야 한다.

자신에게 투쟁의 기회가 다가올 때 피하지 않고 승리하기 위해 적극적으로 대응하는 것이 하이퍼포머의 방식이다. 피할 수 없는 인생의 역경이 다가온다면? 온 마음으로 투쟁하라. 현재 자신의 힘으로는 이기기 어려울 것 같더라도 회피하지 말라. 자신이 할 수 있는 일부터 하면서 천천히 앞으로 나아가라. "지금 내가 취해야 하는 가장 옳은 행동은 무엇인가?" 항상 이 물음에 집중하라. 아직 그 행동에 나설 준비가 되어 있지 않은 상황이라면 계획을 수립하고 역량을 높이며 이길 수 있는 상황이 되기를 기다리라.

이 주제에 대해 수강생들에게 들려주었을 때 반응이 좋았던 말 두 가지를 소개해보겠다. 첫 번째 말은 그린베레로 유명한 미육군 특전단 대원들을 대상으로 코칭하면서 알게 된 말인데, "싫은 것도 껴안아라"이다. 가끔은 자신에게 주어진 임무가 싫을 때가 있다. 훈련이 싫을 때도 있고, 순찰이 싫을 때도 있고, 날씨가 싫을 때도 있고, 주위 환경이 싫을 때도 있다. 하지만 그렇다고 해서 임무를 피할 수는 없다. 그랬다가는 진짜로 나쁜 결과가 만들어질 것이기 때문이다. 싫더라도 해야만 하는 일이라면 해야 한다. 그래야 성장할 수 있다. 군대에 대해 가장 존경하는 게 무엇이냐고 묻는다면 나는 불평이 거의 없다는 점을 든다. 불평은 지속될 수도 없고, 존경받을 수도 없다. 인생 가운데 자신이 지향하는 목표를 추구할 수 있는 기회를 갖게 된다면 그 과정에서 행하게 되는 일에 대해서는 불평하지 말아야 한다.

두 번째 말은 "결국에는 다 이뤄질 것이다"인데, 이는 인생의 투쟁을 대할 때 용기를 더해준다. 다른 사람들이 나의 잠재력을 알아주지 않아도, 나의 비전에 공감해주지 않아도, 지금 불안하고 두려운 마음이 들어도 나는 결국 지금 시도하는 일을 이뤄낼 수 있다는 것이다. 하늘에 구름만 보인다고 해서 태양이 없는 것은 아니듯이, 지금 인식하지 못한다고 해서 우리에게 커다란 잠재력이 없는 것은 아니다.

나는 결국에는 다 이뤄질 거라는 것을 믿는다. 힘든 시기를 겪는 이들에게 사람들은 보통 "좋은 일을 생각해"라고 조언하지만, 나는 좋은 일이 일어날 것을 믿으라고 조언한다. 우리가 사는 이 세계는 우리에게 많은 것을 주는 세계다. 따라서 좋은 일이 일어날 거라고 얼마든지 믿을 수 있는 세계다. 나는 역경을 마주하고 있는 사람들에게 이렇게 말한다. "자기 자신과 자신의 미래를 믿으세요." 머리를 심하게 다처 힘든 시기를 보내고 있을 때 나는 이 문구를 메모지에 적어 지갑에 넣고 다녔다. 다시 한 번 강조하지만, 우리는 우리 자신이 생각하는 것보다 더 강한 사람이다. 그리고 우리의 미래는 많은 좋은 것들을 지닌 채 우리를 기다리고 있다.

하이 퍼포먼스 프롬프트

1. 지금 내가 겪고 있는 인생의 투쟁은…

2. 내가 바꾸려고 하는, 내 인생의 투쟁을 바라보는 시각은…

3. 지금의 투쟁을 통해 만들어질 수 있는 위대한 결과는…

4. 인생에서 필연적으로 마주하게 되는 역경들에 대해 내가 앞으로 가질 생각은…

실행 2 솔직하게 야망을 드러내라

자신에게 좋은 일을 많이 만들어내면 필연적으로 누군가의
기분을 상하게 만든다. 적어도 내가 판단하기에는 그렇다.
-에드워드 블레이크Edward Blake

《두려움이 인생을 결정하게 하지 마라》에서 나는 우리 인간이 추구

하는 가장 중요한 가치는 '자유'라고 주장했다. 아무런 제약 없이 자신의 생각을 표현하고 자신의 꿈을 추구하는 자유 말이다. 자유를 억압당할 수 있다는 두려움이 사라질 때 우리 영혼은 그야말로 하늘을 날아다니게 된다. 자신의 진짜 모습을 드러내고, 자신의 솔직한 감정을 표현하고, 자신이 바라고 꿈꾸는 것을 자신 있게 드러낼 수 있을 때 우리는 진정한 자유를 누린다고 할 수 있으며, 이렇게 하는 데에는 용기가 필요하다.

억압받고 순응을 요구받는 삶을 원하는 사람은 아무도 없을 것이다. 하지만 《두려움이 인생을 결정하게 하지 마라》의 출간 이후 나는 개인의 자유를 누린다는 게 얼마나 어려운지를 언급하는 편지와 메시지를 수천 건 이상 받았다. 세상에 자신을 솔직하게 드러내는 것은 많은 위험을 수반하는 일이다. 실제로 많은 사람이 솔직하게 자신의 모습과 의견을 드러내고는 싶지만, 그랬다가는 다른 사람들로부터 부정적인 평가를 받게 될지도 모르며, 그 부정적인 평가를 되돌릴 방법은 없을지도 모른다고 우려한다.

하지만 우리를 응원해주지 않는 사람의 부정적 평가는 전혀 신경 쓸 필요가 없다. 우리를 믿어주고 존중해주는 사람들 이외의 사람들에게까지 맞춰줄 여유는 없다.

특히 우리를 의심하거나 무시하는 사람들의 기분이나 의견은 무시하라. 자기 자신의 삶을 살라. 회의론자들의 동의를 기다리지 말라. 그들의 동의는 아무 의미도 없다. 정말로 중요한 것은 자신의 진짜 모습을 드러내고 자기 자신의 꿈을 추구하는 것이다.

물론 이렇게 하는 순간 우리는 어딘가로부터의 비판이나 부정적 평가에 직면하게 될 것이다. 하지만 이는 우리 인생 투쟁의 일부이며,

피할 수 없는 일이다. 이런 무의미한 비판이나 부정적 평가에 흔들리지 마라. 자신의 길을 걷고 자신의 꿈을 추구하라. 여기에 다른 사람의 동의는 필요 없다.

하이퍼포머에게 다른 사람의 비판이나 부정적 평가는 필연적이다. 그런 비판과 평가는 오히려 우리가 위대한 목표를 추구하고 있으며, 올바른 길을 가고 있다는 신호다. 최근에 누군가가 우리에게 "당신이 뭐라고 그런 일을 해? 당신 미쳤어? 진짜로 그걸 할 생각이야?"와 같은 말을 한 적이 없다면 우리는 지금 충분히 과감한 삶을 살고 있는 게 아니다.

나는 수강생들에게 종종 이런 내용의 강의를 하는데, 수강생 한 명이 이렇게 말해온 적이 있다. "버처드 씨, 저는 제 자신이 그렇게 자랑스럽지는 않습니다. 그래서 세상에 저의 진짜 모습을 드러내고 싶지 않아요. 솔직히 저는 제 자신이 부끄럽다는 생각이 듭니다. 그런 저의 모습을 남들에게는 보여주고 싶지 않습니다." 나는 그에게 이렇게 말해주었다. "자신의 모습이 부끄럽다면, 그건 아직 자신의 진짜 모습을 발견하지 못했다는 의미입니다."

스스로를 작게 표현하지 말라

위험을 무릅쓰고 멀리 가본 사람만이
자신이 어디까지 갈 수 있는지를 알 수 있다.
—T. S. 엘리엇 T. S. Eliot

《두려움이 인생을 결정하게 하지 마라》의 독자 중에는 내가 전혀 예상치 못했던 유형의 두려움을 표출했던 사람도 있었다. 자신의 꿈과 야망을 드러내고 최선을 다해 그것을 추구하면 주위 사람이 스스로를 초라하게 여기지는 않을지, 그게 두렵다고 했다. 그리고 주위 사람들의 감정이 상하지 않도록 자신의 진짜 야망, 자신의 기분, 자신의 능력을 최대한 감춘다고 했다.

그들은 자신의 꿈을 축소해 드러내고, 자신의 목표를 최대한 감추고, 자신의 능력을 실제보다 낮게 보여야 한다고 생각했다. 그렇게 하지 않으면 주위 사람의 기분이 나빠질 것 같다는 것이다.

나는 이런 이야기를 하는 분들에게 다음과 같은 메시지를 보내준다. "일부러 스스로를 작게 표현하지는 마세요. 높은 목표를 가지고 있는 것에 대해 죄의식을 느끼지 마세요. 여러분이 지금의 꿈을 가지게 된 것에는 다 이유가 있고, 지금의 꿈을 스스로 존중해야만 합니다. 다른 사람의 마음을 편하게 만들어주기 위해 자신의 꿈을 축소해 말하지 마세요. 그건 겸손이 아니라 거짓입니다. 여러분의 주위 사람이 여러분의 진짜 생각, 진짜 기분, 진짜 욕구, 진짜 꿈을 정확하게 모른다는 건 여러분이 그동안 자신의 목소리를 내지 않았거나, 용기를 내지 않았다는 의미입니다. 그리고 그건 스스로의 잠재력에 장벽을 치는 행위와도 같습니다. 자신의 꿈을 모두 공개하세요. 그럼 여러분을 지지하고, 여러분에게 힘을 주고, 여러분을 이끌어줄 진짜 인간관계를 맺을 가능성은 더욱 커지는 겁니다. 그리고 주위 사람이 여러분을 지지하거나 믿지 않는다 하더라도 적어도 여러분은 자신의 솔직한 삶을 살 수 있게 됩니다. 모든 것을 자기 앞에 내어놓고, 자신의 진짜 생각과 꿈을 스스로 존중하게 되는 겁니다. 자신의 모든 것을 표출하는 자유를 누리세요. 더 큰 성과를 이뤄내고자 한다면 자신에게 더 솔직해져야 합니다."

이 메시지가 정말로 큰 도움이 되었다고 고마움을 표해오는 사람들이 꽤 있었다. 그러니 이 메시지를 따로 메모하거나 인쇄해 가까운 곳에 두고, 자신의 꿈을 축소해 드러내려는 마음이 들 때마다 소리내어 읽어보기 바란다.

한 차원 높은 수준의 용기를 내고자 한다면 자신의 진짜 모습, 자신이 진짜 원하는 것, 자신이 진짜로 할 수 있고 준비하고 있는 것 등을 솔직하게 드러낼 수 있어야 한다. 다른 사람의 기분을 상하게 만드는 것이 두려워 자신의 모습을 축소해 드러내는 것은 자신의 성장을 가로막는 일이다. 그건 절대로 겸손이 아니다. 그건 자신을 속이는 일이다.

그리고 이는 신, 우주, 행운, 자신의 노력 등 어떤 요인에 의해 자신이 갖게 된 선물의 가치를 스스로 훼손하는 일이며, 자신의 가능성을 계속해서 좀먹는 일종의 '질병'이다. 다른 사람의 기분을 상하게 만드는 것이 두려워 자신의 꿈을 축소해 드러내는 일을 멈추지 않는다면 자신의 진짜 모습을 계속해서 숨기게 되고, 자신의 잠재력을 최대한으로 끌어내지 못하게 된다. 그리고 시야가 좁아지면서 좋은 기회를 계속해서 놓치게 된다. 도대체 무엇 때문에 이 정도의 손해를 감수한단 말인가?

어쩌면 아직도 누군가는 이렇게 생각하고 있을지 모르겠다. "내가 있는 그대로의 야망을 드러내고 열심히 그것을 추구하면 사람들은 위협감을 느낄 것이다. 사람들은 내 야망을 좋아하지 않을 것이고, 나를 놀릴지도 모른다. 그렇다면 그냥 조용히 있는 편이 낫다. 내 야망을 축소하고, 그렇게까지 열심히 일하는 모습은 보이지 말자."

나는 지금까지 표현만 다를 뿐 이런 내용의 말들을 많이 들어왔다. 다시 한 번 강조하지만, 이것은 겸손이 아니다. 이건 두려움의 표현이자 스스로를 속이는 일이다. 자기 자신을 억누르는 일이며, 너무 피상적인 사고방식이다. 그리고 맺고 있는 인간관계의 활력과 진정성을 떨어뜨리는 일이다.

누구도 거짓된 사람과 연결되고 싶어 하지 않는다.

우리가 어떤 사람과 5년 동안 알고 지냈는데, 그가 갑자기 이런 말을 한다고 생각해보라.

"당신은 나의 진짜 모습을 모릅니다. 나는 그동안 당신에게 솔직하지 못했어요. 지금까지 당신 앞에서 나의 진짜 꿈을 말한 적은 없었죠. 그건 내가 당신을 두려워했기 때문일 수도 있고, 아니면 당신이 나를 질투할까봐 그랬던 것일 수도 있어요."

어느 날 갑자기 이런 말을 듣는다면 그 사람에게 더 친근한 마음이 들겠는가, 아니면 기분이 나빠지겠는가? 앞으로 그를 어떻게 대하게 될 것 같은가?

어쨌든 우리는 당황하게 되고 기분이 나빠질 것이다. 나는 이런 태도가 매우 잘못된 것이라고 생각한다.

다른 사람의 기분이 나빠지는 게 걱정되어 자신의 생각이나 꿈을 축소해 드러내는 것은 스스로를 옥죄는 일이다. 다른 사람이 억누르는 게 아니다. 바로 우리 자신이 자기 삶을 억누르는 것이다.

나는 '겸손'이라는 개념을 잘못 이해해 스스로를 억누르는 사람들을 너무 많이 봐왔다. 그런데 "나는 빛나는 사람이 되지 않겠어. 왜냐

하면 내 주위의 소심한 사람들은 그 빛을 견뎌내지 못할 테니까"와 같이 말을 하는 게 정말로 겸손한 걸까?

이 시점에서 분명히 이렇게 말하는 사람들이 나올 것이다. "당신이 내 남편을 (우리 지역사회를, 우리나라 문화를, 우리 어머니를, 우리 코치를, 우리 팬들을, 우리 브랜드를) 잘 몰라서 그런 소리를 하는 겁니다."

하지만 나는 이렇게 말해주고 싶다.

> 누구도 우리의 말을 막을 수 없다.
> 누구도 우리의 자아상을 축소할 수 없다.
> 누구도 우리의 가능성을 개방할 수 없고,
> 우리가 가진 최대한의 힘을 이끌어낼 수 없다.
> 오직 우리 자신만이 할 수 있는 일들이다.

우리는 자신의 진짜 모습을 추구하지 못하고 다른 이의 눈치를 보는 일에 대해 그 원인을 외부에서만 찾으려 하면서 기존의 상태를 방치할 수도 있다. 아니면 이제부터는 자신의 진짜 목표를 적극적으로 추구하는 모습을 드러낼 수도 있다. 그런 모습을 좋아하지 않는 사람들이 있더라도 말이다. 그럴 때 우리의 모습을 비웃는 사람들이 있을까? 우리가 사랑하는 사람이 우리의 미래에 대해 의심하면서 우리를 떠나게 될까? 다른 팀원들이 우리를 무시하게 될까? 이웃이나 기존의 팬들이 주제넘은 목표를 추구한다면서 우리를 비난할까? 안타깝지만, 그럴 수도 있다. 하지만 다른 사람들 앞에서 순응적인 모습을 보이는 것과 자신의 진짜 모습을 드러내는 것 중 어떤 것이 더 바람직할까? 자신의 삶이 두려움에 굴복하기를 바라는가, 아니면 자유를 좇기를 바라는가? 전자가 스스로를 옥죄는 삶이라면, 후자는 용기 있는 삶이 된다.

나는 이번 장의 주제에 그야말로 끝없는 관심을 가지고 있다. 라이프 코치나 작가, 혹은 내면의 목소리가 나타나 세상에 자신의 진짜 모습을 드러내라는 이야기를 들려주면 그 조언을 받아들이라.

물론 얼굴도 모르는 작가의 이야기를 전부 다 받아들일 필요는 없다. 하지만 지금까지 나의 글을 읽어왔다면 조금만 더 책의 내용에 집중해주기 바란다. 자신의 생각이나 야망을 스스로 축소하여 드러내는 일은 자신도 모르는 사이에 상당한 수준의 억압을 자기 자신에게 가하는 일이다. 더불어 이는 다른 사람들을 속이는 일이다. 우리가 자신의 생각이나 야망을 축소해 드러낸다면 다른 사람들은 우리의 참된 모습이나 능력에 대해 제대로 알지 못하게 된다. 그뿐만 아니라 우리가 성공으로 가는 데 필요한 사람들과의 교류를 왜곡하고 망쳐놓는 결과로 이어지게 된다.

나는 지금까지 자신의 생각이나 야망을 숨기는 사람들이 계속해서 성공을 이어나가지 못하는 경우를 너무나 많이 봐왔다. 최초의 성공을 이뤄낸 다음부터는 '적당히 현실적으로 예의를 차리고 싶다'거나, '다른 사람의 기분을 고려한다'면서 자신의 꿈이나 목표를 축소해 드러내고, 더 나아가 자신에게 필요한 도움을 아예 요청하지 않는 상황에 이르는 것이다.

그런데 세상에 도움을 요청하지 않으면 성공에 필요한 도움을 받지 못한다. 만약 세상이 자신을 도와주지 않는다는 생각이 든다면 그건 아마도 우리가 자신의 꿈을 축소해 드러내거나, 아예 드러내지 않았기 때문인지도 모른다. 우리에게 필요한 게 무엇인지 모르기 때문에 세상이 도와주지 못하는 것이다.

얼마 전에 나는 한 올림픽 금메달리스트와 대화를 나누면서 이렇게 물었다. "지금까지 살아오는 동안 세상으로부터 가장 많은 것을 받았던 때가 언제라고 생각하나요?"

그러자 그녀는 이렇게 대답했다.

"올림픽에 나가 금메달을 따고 싶다는 꿈을 소리 내어 세상에 알렸을 때였어요. 그러자 갑자기 사람들이 나타나 저를 올바른 방향으로 이끌어주기 시작했어요. 내가 무엇을 해야 하고, 어느 부분을 보완해야 하고, 누구를 찾아가 조언을 받아야 하고, 어떤 장비를 사용해야 하고, 저에게 도움을 줄 수 있는 최고의 코치가 누구인지 다들 나타나서 알려주었어요. 높은 곳에 올라서서 자신이 무엇을 하고 싶은지 큰 소리로 외치면, 물론 몇몇 바보들은 우리를 놀리면서 그 꿈은 이루지 못할 거라고 하겠지만, 좋은 분들이 나타나 도움을 주기 시작합니다. 우리의 인생에서는 그렇게 멋진 일이 일어납니다."

올바른 동기에 의해 우리 인생에 들어와 있는 사람들은 우리의 야망에 귀를 기울여줄 것이다. 그들은 우리의 야망에 박수를 보내줄 것이고, 우리의 진짜 모습을 볼 수 있다는 사실에 행복해할 것이다. 그들은 자신을 믿고 진짜 생각을 말해준 데 대해 고마운 마음을 가질 것이다. 진실을 말해줌으로써 상대방에게 신뢰를 표현하라. 그럼 진정한 우정, 진정한 사랑이라는 보물을 발견하게 될 것이다.

과거에 우리에게 도움을 주었던 사람들을 생각해서라도 자신의 삶에 용기를 내어 임해야 한다. 그들이 보내주었던 지지를 항상 기억하라. 그들이 우리에게 했던 좋은 일들을 떠올리며 항상 바람직한 태도로 세상에 임하라. 불평하지 말고, 행동하라. 비판하지 말고, 응원하

라. 적당히 순응하지 말고, 자신의 진짜 모습을 찾으라. 자기의 이익만을 따르지 말고, 세상에 봉사하라. 쉬운 길만을 걷지 말고, 지속적인 성장을 추구하라.

일이 뜻대로 진행되지 않을 수도 있지만, 언제나 자신이 가지고 있는 진짜 야망을 염두에 두고 도전하라. 일이 뜻대로 진행되지 않는 어려운 시기는 자신의 꿈을 이루기 위한 단련의 시간임을 기억하라.

일상적인 대화를 통해 공개하라

다른 사람과 진정한 관계를 맺을 때 가장 중요한 것은 자신의 진짜 야망을 공유하는 것이다. 자신의 진짜 야망에 대해 다른 사람의 허락이나 의견을 구할 필요는 없다. 용기를 내어 자신의 진짜 야망을 공개하는 것으로 충분하다. 단번에 모든 것을 공개하기 어렵다면 매일 기회가 되는 대로 조금씩 자신의 생각이나 기분, 꿈을 다른 사람에게 공개하라. 물론 주위 사람들로부터 직접적인 지지를 받지 못할 수 있다. 하지만 누가 알겠는가? 어쩌면 저 멀리 있던 어떤 힘이 작용해 우리의 운이나 운명에 영향을 끼치고, 우리가 나아가야 할 다음 단계로의 문이 열릴지 모를 일이다. 용기가 보물지도를 가져오는 셈이다.

다른 사람에게 자신의 야망을 있는 그대로 공개하는 데 정해진 방식은 없다. 주위 사람 모두를 앉혀놓고 일장 연설을 할 필요는 없다. 자신의 인생 철학을 설명하는 동영상을 제작할 필요도 없다. 일상적인 대화를 통해 자신의 생각과 목표와 기분을 다른 사람에게 조금씩 알리면 된다. 자신의 진짜 생각이 무엇이고 진짜로 원하는 게 무엇인지 조금씩 공개하라. "있잖아, 여보. 나 요새 A라는 일을 시작할까 생각 중이야. 왜냐하면 내가 B를 좋아하잖아." 이 정도의 이야기면 충분하다. 추가로 몇 가지 예시를 들어보면 다음과 같다.

- 이제부터 글 쓰는 법을 좀 공부할까 해. 소설로 출간하면 잘 팔릴 것 같은 스토리가 하나 있거든.
- 이제부터는 매일 아침 체육관에 가서 운동을 할까 해. 인생에서 좀 더 활력을 느끼고 싶어.
- 이제 다른 직업을 가져볼까 해. 내가 열정을 가질 수 있고 더 크게 인정받을 수 있는 직업 말이야.
- 이제 새로운 코치를 찾아볼까 해. 한 차원 더 높은 수준의 경기력을 추구할 준비가 되었으니까.

이렇게 단순한 대화를 통해 자신의 생각과 야망을 공개하라. 그 내용이 무엇이든 괜찮다. 그리고 그런 생각과 야망을 실현하기 위한 행동을 과감하게 취하라.

하이 퍼포먼스 프롬프트

1. 내가 사람들 앞에서 드러내지 않았던 목표 가운데 정말로 추구하고 싶은 것은…

2. 더욱 나다운 삶을 살기 위해 시작할 일은…

3. 야망을 공개했는데 누군가가 비웃는다면 내가 할 일은…

4. 사람들에게 솔직하게 드러내고 그들의 도움을 요청하고 싶은 나의 중요한 꿈은…

실행 3 인생을 걸 만한 목표를 찾아라

당신들의 운명이 앞으로 어떻게 될지 나는 모른다.
하지만 이것 하나는 분명하게 알고 있다. 당신들 가운데 정말로
행복하게 될 사람은 봉사의 길을 찾고 그것을 추구하는 사람이다.
-알베르트 슈바이처

2006년, 나는 컨설팅회사를 그만뒀다. 저술가와 성과 코치가 되기 위해서였다. 나는 내가 아는 모든 사람에게 내 꿈에 대해 이야기했다.

대부분의 사람이 부정적인 반응을 보였다. 나 역시 내가 미친 게 아닐까 하는 생각이 들기도 했다. 나는 글을 어떻게 써야 하는지, 출간은 어떻게 하는지 전혀 모르는 상태였고, 출판 업계든 코칭 업계든 나를 도와줄 인맥도 전혀 없었다. 그 당시는 페이스북, 유튜브, 아이튠스가 대중화되지 않았던 때라서 온라인 매체를 이용해 자신의 목소리를 세상에 내보내는 것도 쉽지 않았다.

나는 자동차 사고를 계기로 절실하게 느낀 생각을 사람들과 공유하고 싶었다. 죽음을 앞두고 자신의 삶을 돌이켜봤을 때 행복한 삶이었다고 말할 수 있는지를 생각해보자는 것 말이다. 자신의 삶이 행복했는지를 확인할 수 있는 질문이 무엇인지를 알고 있다면 매일같이 적극적으로 행복을 추구할 수 있을 것이다. 내 경우에는 '그동안 열심히 살았는가?' '사랑했는가?' '뜻있는 일을 해왔는가?'라는 질문들이 그것이었다.

직장을 그만둔 나는 밤낮으로 웹사이트를 구축하는 법과 온라인 마케팅에 대해 공부했다. 내가 전하고자 하는 메시지를 더 많은 사람

에게 전달하고 싶었기 때문이다. 그러던 중에 돈이 거의 다 떨어졌고, 급기야 여자친구의 아파트에서 살기 시작했다. 가구를 살 돈도 없어서 어머니가 쓰던 접이식 책상을 가져다 사용했고, 좁은 아파트에 물건을 놓을 곳이 없어서 침대를 책장 삼아 사용해야만 했다.

개인적으로 정말 힘든 시기였다. 뛰어난 성과는 저 멀리 있는 것만 같았다. 내가 하고 싶은 일은 명확했다. 글을 쓰고, 코칭을 하는 것. 그리고 용기를 북돋기 위해 냉장고에는 희곡 〈오라스Horace〉에서 인용한 "힘든 시기일수록 더욱 과감해지고 용감해져라"라는 문구도 붙여놓았다. 하지만 내 삶의 어떤 부분에서도 앞으로 나아가지 못한 채 시간만 흐르고 있었다.

카페에 앉아 컴퓨터로 작업하는 사람들을 지켜보면서 이런 생각을 하기도 했다. '정말 나 자신이 초라해 보여. 저 사람들은 저렇게 무언가 일을 하고 있는데, 나는 아무것도 못하고 있으니.' 나는 기운을 내기 위해 아침에 일어나 공원을 산책하기로 했다. 그렇게 공원을 한 바퀴 걸으면 머릿속이 정리되고 글을 더 잘 쓸 수 있을 것 같았다. 하지만 공원 산책은 아무 도움도 되지 않았다. 내 머릿속에는 불안감만 가득했고, 동기의식이 높아진다는 느낌은 별로 들지 않았다.

규칙적인 습관이 내 생활을 바꿔줄 거라는 생각도 해봤다. 나는 정해진 시간에 일어나 녹차와 오믈렛으로 아침식사를 하고, 그런 다음글을 쓰기로 했다. 그런데 식사를 준비하고, 식사를 하고, 설거지를 하니까 글 쓸 시간이 너무 부족해졌다. 규칙적인 습관이 항상 좋은 결과로 이어지는 것은 아니었다. 습관 자체가 아니라 습관의 내용이 중요했던 것이다.

그러다 내 현실에 대한 자각이 모든 것을 바꾸었다.

어느 날 밤, 여자친구가 집에 들어와 나를 방해하지 않으려고 최대한 조심하면서 침대에 올라 잠이 드는 모습이 내 눈에 들어왔다. 그 침대에는 내가 아무렇게나 올려놓은 고지서와 책들이 놓여 있었다.

나는 내가 사랑하는 사람이 나로 인해 날아온 고지서들 옆에서 불편한 모습으로 잠든 모습을 지켜봐야만 했다. 그건 정말로 가슴 아픈 모습이었다.

나는 아파트 살림에 경제적으로 아무런 기여도 하지 못하고 있었다. 그 공간에는 우리의 사랑 외에는 사실상 아무것도 없었다. 나는 아파트 안에서 그저 걱정만 하고 있었다. 글은 진도가 나가지 않았고, 코칭이나 강연 쪽 일감도 없었다. 그런 현실을 바라보는 순간 '이건 내가 바라던 삶이 아닌데. 그녀는 더 행복해져야 하는데'라는 생각이 절실하게 밀려오기 시작했다.

바로 그 순간, 나는 나의 성과에 대해 그전과는 다른 관점에서 바라보게 되었다. 어쩌면 그동안 나는 내가 만들어오던 수준의 성과에 만족했던 것인지도 모른다. 내 생활에는 그렇게 크게 불편하거나 불만족스러운 부분이 없었으니까 말이다. 하지만 나의 낮은 수준의 동기의식이나 습관 때문에 내 소중한 사람의 삶이 망가지는 것만큼은 받아들일 수 없었다. 그녀는 다른 사람들이 나를 비웃을 때도 나를 믿어주었고, 내 생활을 유지시켜주기 위해 노력하고 있었고, 수줍은 표정으로 내게 사랑한다고 말해주는 사람이었다.

모든 것을 걸면 그때부터는 진정한 용기가 나오는 법이다. 또한 많은 경우 진정한 용기는 자기 자신이 아니라 타인을 위해 싸울 때 나오는 법이다.

인생의 어려운 시기를 겪고 있는 사람들을 위해 조언을 해주고, 그녀를 행복하게 만들어주려면 나는 반드시 저술가로서 코치로서 성공해야만 했다. 다른 선택은? 다른 선택이라는 건 존재할 수가 없었다.

나는 그전보다 훨씬 더 강한 집중력과 의지력으로 꿈을 향해 나아가기 시작했다. 여기저기 산책을 하거나 주위를 기웃거릴 여유는 없었다. 이제는 내가 가지고 있던 큰 꿈을 향해 진지하게 나아가야 할 때였다. 나는 내가 가지고 있던 지식과 능력을 최대한 활용하면서 세상에 더욱 큰 목소리를 내고 싶었다. 이제 나에 대한 비판의 목소리에 휘둘리지 않을 것이며, 자신의 삶에서 긍정과 발전을 추구하는 사람들을 위해 내 온 마음과 노력을 기울이기로 결심했다. 그리고 그녀와 결혼해야겠다고 결심했다. 나의 싸움에 그녀라는 이유가 들어오자 싸움에서 이기기 위한 나의 노력은 전에 없이 치열해졌다.

이런 이야기는 드문 게 아니다. 이번 장을 쓰면서 나는 성과지수 평균이 가장 높았던 사람들과의 인터뷰들을 다시 읽어봤는데, 그들의 이야기는 거의 다 내 이야기와 비슷한 맥락을 가지고 있었다.

우리는 우리 자신이 아닌 타인을 위할 때
더 큰 힘을 발휘하게 된다.
용기를 내야 하는 이유는,
더 집중하고 더 큰 성과를 내야 하는 이유는
타인을 위해 무언가를 할 때 더 절실하게 다가온다.

가장 높은 성과지수를 나타낸 사람들은 인터뷰에서 자신이 절실하게 뛰어난 성과를 추구하게 된 계기가 있었다고 말했다. 그리고 그 계기는 대부분 사람에 의해 만들어졌다. 자녀들, 팀원들, 부모나 형제들,

지역사회의 이웃들로 인해 그 계기가 만들어졌다고 말하는 사람들도 있었지만, 대부분은 연인이나 배우자 한 사람이 계기가 되었다.

인생을 걸 만한 목표를 찾아야 한다. 그런 목표가 세상을 바꾸고 수많은 사람을 행복하게 만든다. 물론 그 정도의 목표를 찾아내는 사람은 소수에 불과하다. 그리고 그런 목표를 찾아냈다면 그건 정말로 멋진 일이 될 것이다.

역사를 돌아보면 사람들은 자신의 이익을 넘어서는 숭고한 목표를 추구할 때 진정으로 큰 용기를 발휘하곤 했다. 이는 지금의 사회를 보더라도 마찬가지다. 다른 누군가를 위한 목표를 추구할 때 우리는 전에 없던 용기를 발휘하게 된다.

그렇다고 숭고한 목표를 찾기 위해 너무 멀리 내다볼 것까지는 없다. 주위만 둘러봐도 우리의 도움을 필요로 하는 사람들이 있다. 그런 사람들을 위해 무언가를 함으로써 자기 자신의 역량을 꾸준히 높이는 게 가능하다.

성과지수가 가장 높았던 사람들은 자신의 이익을 넘어서는 좀 더 높은 차원의 목표를 추구하려고 했고, 그로 인해 더욱 큰 용기를 발휘할 수 있었다. 그들이 추구했던 목표는 존경할 만한 것이었다. 거기에는 인간의 선함이 들어 있기 때문이다. 그들은 인터뷰에서 다음과 같은 말들을 했다.

- 그녀가 저를 필요로 했으니까요. 제게는 그녀를 도와주는 것 외에 다른 선택의 여지는 없었습니다.
- 저는 그들이 고통받는 것을 보고 싶지 않았어요.
- 누구도 그들을 돌봐주지 않았어요. 그곳에는 저밖에 없었고요.

- 저는 그를 위해서 그 일을 하고 싶었어요. 그도 그 일을 바랐을 테고요.
- 다들 다른 식으로 생각하는 것 같았어요. 그래서 제가 나설 수밖에 없었죠.
- 저는 훌륭한 본을 남기고 싶었습니다. 그래서 기존의 방식에서 벗어나 도전했던 겁니다.
- 저는 그것들을 그전보다는 더 나은 상태로 만들고 싶었습니다.
- 사랑이 승리해야 하니까요. 그래서 제가 그렇게 했던 겁니다.

용기라는 것은 어느 순간 갑자기 발현되기도 하지만, 어떤 사람이나 무언가에 대한 깊은 관심을 통해 점진적으로 축적되다가 어떤 계기를 통해 발현되는 게 일반적이었다. 적어도 내가 관찰해온 바에 의하면 그렇다. 이제부터는 주위 사람이나 현상에 관심을 가져보라. 그리고 필요한 도움을 제공해보라. 관심의 수준을 점점 높이고, 적극적으로 관여해보라. 그렇게 하다 보면 중요한 순간에 필요한 용기를 발휘할 수 있게 될 것이다.

하이 퍼포먼스 프롬프트

1. 사랑하는 사람을 위해 내가 이번 주에 용기를 내어 할 행동은…

2. 내가 평소 가지고 있던 신념에 기반하여 이번 주에 용기를 내어 할 행동은…

3. 내가 항상 가지고 있던 꿈을 위해 이번 주에 용기를 내어 할 행동은…

용기 있는 행동을 항상 준비해놓는다

용기와 인내는 마법의 부적과도 같다.
용기와 인내 앞에서는 모든 어려움이 사라지고 모든 장애물이 부서진다.
-존 퀸시 애덤스John Quincy Adams

우리가 사는 이 세계는 계속해서 복잡해지고 있고, 우리의 삶 역시 마찬가지다. 따라서 우리는 더 강해져야 한다. 자신의 주장을 더 분명하게 드러내고, 더 잘 견뎌내고, 더 진실해야 하고, 비판과 역경 앞에서도 평정심을 유지할 수 있어야 한다. 그렇게 하다 보면 우리 앞을 가로막고 있던 장벽이 걷히면서 자신이 나아가야 할 길이 명확하게 보이게 된다.

어떤 상황과 맞닥뜨리더라도 자신을 믿고 앞으로 나아가자. 우리가 한 차원 더 높은 수준의 용기를 내면 우리에게 한 차원 더 높은 수준의 성공의 길이 열리게 된다.

이와 같은 과정을 겪으면서 계속해서 앞으로 나아가다 보면 인생의 어느 순간에 자기 자신을 자랑스럽게 여기는 때가 올 것이다. 불확실한 상황에서 모험을 감행하는 것, 커다란 실패를 감수하고 도전하는 것, 안전이나 보상이나 성공이 보장되지 않는 상황에서 숭고한 원칙이나 다른 사람을 위해 무언가를 하는 것. 나중에 용기 있는 삶이었다고 스스로 자랑스러워할 수 있으려면 이 정도는 돼야 한다.

나는 인생이 끝날 뻔했던 일을 두 번이나 겪었기 때문에 이런 이야기를 절실하게 할 수 있다. 나는 호스피스 병동에서 죽음을 맞이하던 사람들과 함께 지냈기 때문에 그들의 생각을 들을 기회가 있었다. 그들이 아쉬워하는 게 무엇이었는지, 그들이 중요하게 생각하는 게 무엇이었는지, 그들이 스스로를 자랑스럽게 생각하는 이유가 무엇이었는지 전부 들을 수 있었다.

살아가면서 우리가 용기를 발휘하는 경우는 매우 드문 사건이다. 하지만 우리는 그 사건을 기억하고, 그 기억이 우리의 자아상과 인생을 결정한다. 다음의 질문들을 읽어보고 각각에 대한 답을 기억해두기 바란다. 이는 기회가 왔을 때 용기 있는 행동을 곧바로 취할 수 있도록 준비를 해두는 의미가 있다.

- 우리 가족의 삶을 완전히 바꿀 수 있는 일임에도 불구하고 어렵다는 이유로 내가 회피해온 일이 있다면 무엇인가?
- 우리 팀과 팀원들에게 큰 도움이 될 수 있지만, 실패하면 내가 불리한 상황에 처하게 되는 일이 있다면 무엇인가?
- 개인적인 이익을 넘어서는 숭고한 목적을 추구하려면 나는 어떤 결정을 내려야 하는가?
- 나를 반복적으로 불안하거나 화나게 만들었던 상황이 다시 재현된다면 다음에는 어떻게 해야 할까?
- 내 입장에서는 두렵지만 내가 사랑하는 사람에게는 도움이 되는 변화가 있다면 무엇인가?
- 내가 좋아하는 삶의 방식 가운데 내 삶을 더욱 발전시키기 위해 포기해야 하는 것이 있다면 무엇인가?
- 가까운 사람들에게 하고 싶은 말은 무엇이며, 언제 어떻게 그 말을 전해야 할까?
- 올해를 기준으로 생각했을 때 나를 필요로 하는 사람은 누구인가? 그리고 나는 누구를 위해 용기를 내야 할까?

이 질문들에 답함으로써 용기 있는 행동을 곧바로 취할 수 있도록 준비해두라. 그리고 이번 장에서 소개한 용기를 내기 위한 실행 습관들을 자신의 것으로 만들라. 그러면 함께하는 사람들을 사랑하고 자신의 꿈을 추구함에 있어 더 이상 두려움을 갖지 않는 자신을 발견하게 될 것이다.

6

HIGH
PERFORMANCE
HABITS

How Extraordinary People
Become That Way

지속 가능한 성공을 위해 꼭 기억해야 할 것들

1장

피해야 할
세 가지 함정

나의 친구 브루투스여, 잘못은 점괘에 있는 게 아니라
우리 자신에게 있는 걸세.

−율리우스 카이사르Julius Caesar

첫 번째 함정: 우월감
두 번째 함정: 불만족
세 번째 함정: 무관심

"저기 저 사람이 돈Don입니다." 안드레Andre가 말했다. "기분 나쁜 인간이죠."

나는 안드레가 가리키는 쪽을 바라봤다. 그곳에는 정장을 잘 차려 입은 사람 하나가 서 있었다. 나는 의아해 물었다. "왜 그렇게 말하는 거예요?"

안드레는 눈살을 찌푸리며 대답했다. "우리는 다들 그렇게 말해요. 내가 여기 왔을 때도 다들 그렇게 말하고 있더라고요. 저 사람은 우리 회사의 영업담당 부사장인데, 다들 함께 일하는 걸 싫어해요. 다들 저 사람을 싫어하더라고요."

"하지만 이 회사의 스타플레이어라고 말하지 않았나요?"

"그렇기는 해요. 일은 잘하죠. 하지만 완전히 밥맛이라고요. 뭐, 저 사람이 올해 영업목표를 두 달이나 빨리 달성했기 때문에 오늘밤 파티가 열린 것이지만 말이죠. 내일 저 사람과 한번 이야기해보세요. 아마 자기가 얼마나 대단한 사람인지를 잔뜩 늘어놓을 겁니다."

나는 안드레가 이렇게 말하는 모습에 크게 놀랐다. 그는 중심을 잘 잡는 차분한 성격의 CFO였고, 인간관계도 매우 원만한 사람이었기 때문이다. 내가 안드레에게 코칭을 해주기 시작한 건 그가 다른 회사에서 일하던 시절부터였는데, 그가 누구에 대해 험담하는 것을 한 번도 본 적이 없다. 그가 지금 회사로 옮긴 것은 6개월 전이었다. 그 6개월 사이에 누군가가 안드레 같은 사람에게 그토록 나쁜 인상을 줄 수 있다는 게 잘 상상이 되지 않았다.

나는 점점 혼란스러워졌다. 돈의 주위에는 많은 사람이 몰려 있었고, 그쪽의 분위기는 매우 좋아보였다. 나는 안드레에게 말했다. "이해가 가지 않아요. 그가 그렇게 밥맛없다면 어떻게 뛰어난 실적을 낼 수 있는 거죠? 사람들이 그를 도와주지 않는다면 좋은 실적을 낼 수가 없을 텐데요."

안드레는 위스키를 한 모금 마시더니 씩 웃으면서 답했다. "다들 도와주지 않아요. 저 사람만 그걸 모를 뿐이지."

다음 날 아침 나는 안드레와 함께 그 회사를 방문했다. 안드레는 종전 직장에서 받았던 연봉의 두 배를 받기로 하고 지금의 자리로 옮겼다. 하지만 출근하는 그의 표정은 그리 좋아 보이지 않았다. 함께 건물 안으로 들어가면서 그가 말했다. "오늘 한번 확인해보세요."

우리는 함께 회의실로 들어갔다. 그곳에서는 돈이 자신이 발표할 파워포인트 자료를 살펴보고 있었다. 그날의 안건은 분기 영업목표에 관한 것이었고, 돈이 이끄는 영업조직 구성원 144명과 그 회사의 CEO, CTO, CMO 같은 인사들도 전부 참석해 있었다. 나는 안드레의 추천으로 그 회사의 최고경영진에게 코칭을 해주고 있었는데, 그 회사의 최고경영진들 모두 나에게 돈을 만나보고 가능하다면 그를 변화시켜달라고 요청했다.

돈은 90분에 걸쳐 멋진 프레젠테이션을 진행했다. 내가 보기에 그는 전략적이고, 차분하고, 자기주장이 확고한 사람 같았다. 진취적이고 당당해 보이기도 했는데, 만약에 전쟁터에 나가게 된다면 그런 사람과 함께 나가는 게 좋겠다는 생각마저 들었다.

프레젠테이션이 끝난 후에 나는 돈을 따로 만났다. 그리고 이렇게 물었다. "오늘 발표는 어땠습니까?"

"충분히 좋았습니다. 사실 만족하려고 하면 끝도 없죠. 항상 빼먹은 부분이 생각나기도 하고요."

"그 기분 저도 잘 압니다. 발표 현장에 있던 사람들은 어떻게 생각할 것 같습니까?"

"아마 대부분은 듣지 않았을 겁니다. 그래도 이렇게 모이는 게 의미가 있는 거죠. 이렇게 모여서 발표하고, 그 발표된 목표를 향해 사람들을 몰고 가는 게 제 일이고요. 계속 몰아대야 합니다. 뭐 잘 아시겠지만."

"꽤 직설적으로 말씀하시네요. 그리고 그 자리에 있던 사람들이 발표를 듣지 않았을 거라고 생각하시고요."

"다 그런 거죠, 뭐. 높은 자리는 외로운 법이니까요. 그냥 자신의 관점을 잘 설명하면 그걸로 되는 겁니다."

"높은 자리는 외로운 법이라고요?"

"잘 아실 텐데요. 모든 사람이 우리의 말을 알아듣는 건 아니잖습니까? 최고라고 해야 하나? 인생의 승자들과 많이 일해오셨을 테니까 잘 아실 겁니다. 저를 도와서 우리 직원들을 승자로 만들려고 하시더라도 못 따라오는 사람들이 있을 겁니다. 그렇지 않습니까?"

나는 아무 대답도 하지 않고, 그가 더 뭐라고 하는지 기다렸다. 그는 묘한 표정으로 나를 쳐다보더니 이렇게 말했다. "제 말의 의미를 아시죠? 예?"

나는 이 사람에게 내 솔직한 생각을 말해도 될지 조금 고민했다. 지금 이 사람과 같은 태도를 보이는 것, '높은 자리는 외로운 법이다'라고 말하는 것은 적어도 내가 아는 한 몰락의 확실한 징조였다.

내가 가만히 있자 그는 웃으면서 나를 독촉했다. "이봐요, 그쪽 생각을 말해봐요. 있는 그대로 말해줘요. 저는 오늘 바쁘거든요. 저는 다 참을 수 있습니다. 약속하죠. 지금 무슨 말씀을 하시더라도 저는 감정이 상하지 않을 겁니다. 진짜로요."

"그래요, 좋습니다. 최장 여섯 달 정도라고 봅니다. 당신이 직업 인생을 스스로 파멸시킬 때까지 말입니다."

● ● ●

이번 장에서는 실패에 대해 논하려고 한다. 특히 뛰어난 성과를 내고 높은 위치에 올랐던 사람이 자신의 성공 요인을 망각하고 바닥으로 떨어지는 유형의 실패에 대해 이야기해볼 것이다.

다시 말하면 이번 장의 주제는 뛰어난 성과를 망치는 습관이다. 뛰어난 성과를 통해 조직이나 어떤 분야에서 리더가 된 사람이 갑자기 자신을 다른 사람과는 다른 존재로 인식하는 경우가 있다. 자신은 다른 사람보다 더 뛰어나고, 더 능력 있고, 더 중요하다고 생각하는 것이다. 그리고 이런 태도는 성과를 떨어뜨리고 자신의 경력 경로를 망쳐놓는다. 기존의 성과에 절대로 만족하지 못하는 것, 지나치게 큰 열의를 갖고 무조건 앞으로만 나아가려 하는 것도 성과를 망치는 습관이다. 그런가 하면 뛰어난 성과를 내던 사람의 몰락을 암시하는 징후들도 있는데, 이번 장에서 그런 징후들에 대해서도 다룰 것이다.

돈을 만나기 오래전에 나는 뛰어난 성과를 내던 사람의 연속적인 성공이 무엇 때문에 끝나는지를 알기 위해 조사를 한 일이 있다. 당시 나는 성과지수 상위 15퍼센트 이내에 드는 사람들 500명을 대상으로 설문조사를 진행했는데, 자신이 얼마나 오랫동안 성공을 지속했다고 생각하는지, 성공의 위치에서 크게 추락한 일이 있는지, 추락 이후 다시 예전의 위치로 올라섰다고 생각하는지 등을 물었다. 구체적으로는 '최초의 성공이 얼마나 오랫동안 지속됐다고 생각하십니까? 성공의 위치에서 추락했다면 그건 언제의 일입니까?'와 같은 질문이었으며, 추락의 원인이 무엇인지, 얼마나 오랫동안 추락의 상태에 머물러 있었는지, 다시 예전의 위치로 올라섰다면 그렇게 할 수 있었던 요인은 무엇인지에 대해서도 알아내려고 했다.

나는 500개의 설문조사 결과를 분석했는데, 응답자들의 대답에는 서로 비슷한 부분이 많았다. 그리고 그전까지 내가 들어왔던 성공과 실패의 이야기와도 비슷한 부분이 많았다. 나는 성공과 실패에 대해 더 많은 것을 알아내기 위해 설문조사 결과를 토대로 20회의 심층 면접도 진행했다. 그런 다음 지난 10여 년 동안 코치로 일하며 겪었던 나의 경험과 비교했다. 이런 과정을 통해 나는 뛰어난 성과를 내던 사람의 실패에 관해 다음과 같은 점들을 알게 됐다.

1. 뛰어난 성과를 내던 사람이 추락하게 되는 가장 큰 원인은(이 책에 나오는 습관들을 행하지 않는 것을 제외하고도) 세 가지로 정리할 수 있다.

2. 추락한 사람이 다시 예전의 위치로 올라서는 데 있어 이 책의 습관

들은 결정적인 동력이 된다.

3. 성공과 추락과 부활을 모두 경험한 하이퍼포머는 다시는 기존의 실수를 반복하지 않으려고 한다. 추락의 경험이 너무나 고통스럽기 때문이다. 초기의 실패는 당혹스러운 것이지만, 오랜 기간에 걸친 반복적인 성공 이후의 실패는 설명할 수 없을 만큼 고통스럽다.

하이퍼포머였던 사람이 추락하게 되는 세 가지 원인에 대해 이야기하기 전에 추락의 원인이 아닌 것들에 대해 먼저 알아보자.

- **두려움 때문에 추락하지는 않았다.** 하이퍼포머가 되기 위해서는 불편한 상황을 참아낼 줄 알아야 한다. 응답자(설문조사에 응한 성과지수 상위 15퍼센트 이내의 사람들) 가운데 두려움이나 걱정 때문에 실패했다고 답한 사람은 아무도 없었다.
- **실력 때문에 추락하지는 않았다.** 하이퍼포머가 되기 위해서는 기본적으로 자신의 분야에서 최고의 실력을 지니고 있어야 한다. 응답자 가운데 "내가 실력이 부족해서 기존의 위치에서 추락했습니다"와 같이 말한 사람은 아무도 없었다.
- **다른 사람들 때문에 추락하지는 않았다.** 응답자 500명 가운데 오직 일곱 명만이 다른 사람들 때문에 자신이 추락했다고 답했으며, 그마저도 따지고 보면 자신의 잘못이었다고 했다. 하이퍼포머는 실패도 성공도 모두 자신의 책임이라고 생각하며, 추락 이후 다시 예전의 위치로 올라가는 일도 전부 자신의 힘으로 해내려고 했다.
- **창의성 때문에 추락하지는 않았다.** 응답자 가운데 아이디어 고갈로 추락했다고 말한 사람은 아무도 없었다. 이는 내 예상을 벗어나

는 결과였다.

- **동기의식 때문에 추락하지는 않았다.** 하이퍼포머는 높은 수준의 동기의식을 지니고 있으며, 응답자 가운데 동기의식을 상실해 추락했다고 말하는 사람은 아무도 없었다.
- **자원 부족 때문에 추락하지는 않았다.** 응답자 가운데 자금 부족이나 지원 부족으로 추락했다고 답한 사람은 서른여덟 명이었다. 나는 그들 가운데 열네 명과 추가 인터뷰를 진행했는데, 그들은 모두 자신의 실수 때문에 자금 부족이나 지원 부족을 겪게 된 거라는 답했다.

여기 나열된 여섯 가지의 원인은 사람들이 일반적으로 실패의 원인으로 꼽는 것들이지만, 하이퍼포머는 이런 것들 때문에 실패한 것은 아니라고 답했다. 그들의 추락 원인은 전부 내적인 것들이었다. 부정적인 사고, 부정적인 기분, 부정적인 행위가 그들의 인간성과 열정과 행복감을 떨어뜨린 것이다. 즉 그들은 우월감, 불만족, 무관심 때문에 추락한 것이다.

첫 번째 함정: 우월감

자부심에는 좋은 자부심과 나쁜 자부심이 있다.
'좋은 자부심'은 자기 자신의 존엄성과 자존감을 드러낸다.
'나쁜 자부심'은 자기 자신에 대한 과대평가와 오만함을 드러낸다.

–존 맥스웰John Maxwell

하이퍼포머는 우월감에 빠지기 쉽다. 하이퍼포머의 정의 그 자체가 다른 사람들보다 더 높은 수준의 성과를 계속해서 만들어내는 사람이기 때문이다. 계속해서 성공을 이어나가다 보면 자기 자신을 특별한 존재, 다른 사람과는 다른 존재, 다른 사람보다 우월하고 더 중요한 존재로 인식하기 시작할 가능성이 크다. 이는 앞에 나온 돈과의 대화에서도 그대로 드러난 바이고, 그 회사의 다른 사람들 역시 돈에 대해 같은 생각을 가지고 있었다. 그리고 이러한 우월감은 절대적으로 피해야 하는 마음가짐이다.

'나는 앞으로 다른 사람들보다 내가 우월하다는 생각을 가질 거야.' 우월감은 이렇게 다짐하기 때문에 생겨나는 게 아니다. 병적인 자기중심 성향, 나르시시즘, 과도한 자기 자랑, 선민의식 같은 것에 빠져 있는 사람과 어울리고 싶은 이는 아무도 없다. 당장 우리 자신만 하더라도 그럴 것이다. 자신이 알고 있는 사람들 가운데 큰 우월감을 보이는 사람 다섯 명만 떠올려보라. 아마 그런 사람들과 어울려서 좋았던 기억은 없을 것이다. 타인에 대한 우월감이 긍정적인 감정이나 행동을 만들어내는 경우는 거의 없다.

만약 우리가 성공을 계속해서 이어나가고 하이퍼포머가 된다면 우리 역시 우월감에 빠져들 위험이 있다. 아니, 어쩌면 우리는 낮은 수준에서의 우월감을 이미 보이고 있을지도 모른다. 앞의 일화에 나오는 돈과 같이 명백하게 우월감을 드러내는 게 아니더라도, 우리 말과 행동에서 미묘하게 우월감이 드러나고 있을 수 있다. 함께 일하는 사람들을 바보라고 생각했거나, 자신의 아이디어가 항상 더 좋다고 생각한 적이 있는가? 그렇다면 우리는 이미 우월감에 빠져 있는지도 모른다.

자신이 작성한 자료는 완성도가 높기 때문에 팀원들의 리뷰를 받을 필요가 없다고 생각한 적 있는가? 도로에서 자기가 항상 남들보다 더 빠르게 달려야 한다고 생각한 적 있는가? 배우자가 이미 마음을 확고히 정한 일에 대해 계속해서 배우자에게 마음을 바꿀 것을 요구한 적 있는가? 자신이 수행한 작업에 대해 부정적인 평가가 내려졌을 때 이를 부인하거나 화를 낸 적 있는가? 자신이 돋보이려고 다른 사람의 위상이나 평가를 낮추려 한 적 있는가? 단지 자신이 정한 기준에 맞추지 않았다는 이유로 다른 사람의 아이디어를 평가절하한 적 있는가?

만약 이런 상황이 익숙하다면 이미 타인에 대한 우월감을 가지고 있는 거라고 봐야 한다.

우월감은 조금씩 커지는 법이다. 그리고 어느 정도의 우월감이 우리 내면에 자리 잡게 되면 그때부터 우리의 사고방식과 행동에는 우월감이 묻어 나오게 된다. 우리는 더 이상 다른 사람들로부터 의견이나 도움을 구하지 않게 된다. 다른 사람들의 기여나 역량을 무시하게 된다. 뛰어난 성과를 이뤄가는 과정을 즐겁고 가치 있게 만들어주는 동료의식이나 소속감을 등한시하게 된다. 사람을 멀리하고, 말투에서 가식이 드러나게 된다. 그리고 여기서 더 심해지면 실제의 증거보다는 자신의 생각을 더 믿으면서 독단적으로 판단하기에 이른다.[1] 모든 인간관계가 허물어지고, 결국은 성과마저 무너지는 상황에 이르는 것이다.

그래도 우월감이 언제 어떤 식으로 발현되는지를 알고 있다면 최소한 자신에게 우월감이 있다는 것을 미리 파악하고 대비할 수 있을 것이다. 그리고 이는 그렇게 어려운 일이 아니다. 우월감은 거의 예외 없이 타인과 거리감을 두고 과도하게 확신을 갖는 행태를 동반하기 때문이다.

자신에게서 다음과 같은 모습이 나타난다면 그때는 자신이 우월감에 빠져 있는 건 아닌지 조심스럽게 살펴봐야 한다.

1. 다른 사람들이나 조직보다 자신이 더 뛰어나다고 생각한다.
2. 자신의 일을 워낙 완벽하게 수행하기 때문에 외부로부터의 피드백이나 지지, 다양한 관점에서의 조언 등은 필요하지 않다고 생각한다.
3. 자신의 지위, 자신의 업적, 자신이라는 존재 그 자체로 인해 타인으로부터의 존경이나 호응은 당연하다고 생각한다.
4. 자신이 겪는 어려움이나 실패는 다른 사람들이 자신을 이해해주지 못하기 때문이고, 여기에 자신의 잘못은 전혀 없다고 생각한다. 자신이 처해 있는 상황, 문제, 책임, 기회 등을 다른 사람들이 다 이해해주는 게 당연하다고 생각한다.

이런 모습들 가운데 어느 하나라도 나타나고 있다면 이미 우리의 성과는 하락세를 타고 있을 것이다. 자기 자신이 인지하지 못하더라도 말이다. 이런 모습들의 공통점은 우월감에 의한 거리감이다. 자신은 매우 유능하기 때문에 다른 사람의 의견이나 도움은 필요 없고, 자신은 다른 사람들 위에 있다고 생각하는 것이다.

돈이 "높은 자리는 외로운 법입니다"라고 말했던 것도 우월감 때문인데, 하이퍼포머 가운데 적지 않은 이들이 이런 사고방식을 가지고 있다. 우월감을 가지고 있는 사람은 다른 이들이 자신을 이해하지 못할 거라고 생각하는데, 이런 생각은 잘못됐을 뿐만 아니라 파멸적이기까지 하다.

세상이 자신을 이해하지 못할 거라는 생각은 처음부터 버리는 게 좋다. 우리 인류가 역사를 기록하기 시작한 것이 벌써 수천 년이고, 오늘날 70억 명이 넘는 사람이 이 세상을 살아가고 있다. 어느 시대 어느 장소의 누군가는 이미 우리가 사는 방식으로 살아갔을 것이고, 우리의 삶의 방식은 이미 사람들이 다 알고 있고, 필요하다면 다른 사람들에게서 더 잘 사는 방법에 관한 조언도 받을 수 있다.

다른 사람과의 거리감은 스스로 만들어내는 것이다. 누구도 자신의 상황을 이해하지 못할 거라는 생각 역시 잘못된 것이다. 이런 식으로 생각하는 사람들에게 나는 다음과 같은 점들을 지적하고 싶다.

- 당신은 재무적으로 곤경에 빠진 최초의 사업가가 아니다.
- 당신은 자녀를 잃은 최초의 부모가 아니다.
- 당신은 부하직원에 의해 기만당한 최초의 팀장이 아니다.
- 당신은 연인에게 배신당한 최초의 사람이 아니다.
- 당신은 꿈이 좌절된 최초의 도전자가 아니다.
- 당신은 글로벌 대기업을 경영하는 최초의 경영자가 아니다.
- 당신은 건강하다가 갑자기 암에 걸린 최초의 사람이 아니다.
- 당신은 가족의 우울증이나 중독을 겪게 된 최초의 사람이 아니다.

정말로 힘든 일을 겪게 되면 사람은 이 세상에서 자기 혼자만 이런 고난을 겪고 있다고 생각하기 쉽다. 하지만 전혀 그렇지 않다. 우리가 겪고 있는 어떤 상황이나 감정은 이 세상의 누군가도 똑같이 겪고 있는 것이고, 우리가 열린 자세를 취한다면 필요한 조언이나 위로를 받을 수 있다. 내 배우자는 나의 상황을 절대로 이해하지 못할 거라고 계속해서 스스로에게 되뇌면서 스스로 마음을 닫아버린다면 정말로 그렇게 된다. 그러면 그와 같은 나쁜 상황은 결국 스스로 만든 것이 된다.

다른 사람들이 우리를 이해하지 못하는 것은 우리가 마음과 입을 닫았기 때문이다.

뛰어난 성과를 내오던 사람이 다른 팀원들을 무시한다면, 이는 팀원들이 창출할 수 있는 가치를 스스로 차단하는 셈이 된다. 다른 사람을 깎아내린다고 해서 자신이 훌륭한 사람이 되는 게 아니다. 다른 사람들과 거리를 두면 둘수록 그는 실패를 향해 더 가까이 가게 된다.

사실 진짜로 어려운 상황에 처한 사람에게는 지금 내가 제시하는 조언들도 전부 무시당할 가능성이 크다. 하지만 뛰어난 성과를 내던 사람이 추락하는 것은 악한 의도에 의해 그렇게 되는 게 아니다. 스스로 다른 사람들과 거리를 두고, 다른 사람들의 참여나 도움을 차단하기 때문에 그렇게 되는 것이다.

다시 한 번 말하지만 인류의 역사는 투쟁과 진보, 이 두 가지 힘의 작용으로 여기까지 왔다. 그리고 우리가 겪고 있는 투쟁은 다른 사람들에게도 익숙한 것이다.

사람들은 우리의 투쟁을 이해해줄 수 있다. 우리가 승리하는 과정도, 우리가 내려야 하는 어려운 선택도 이해해줄 수 있다. 이 사실을 믿지 않는 것은 스스로를 속이는 일이다. 저마다의 투쟁을 통해 자신들의 꿈을 추구하고 있는 70억 명이 넘는 사람들의 현실을 무시하는 일이다.

탁월한 실력으로 자기 분야에서 먹이사슬의 정점에 오른 하이퍼포머에게 내가 해주는 말이 있다. 우리 주위에는 우리보다 더 똑똑하고, 더 높은 소득을 올리고, 더 많이 봉사하고, 더 열심히 훈련하고, 세상에 긍정적인 효과를 더 많이 만들어내는 사람들이 반드시 존재한다는 점 말이다.

사람들을 기죽이기 위해 이런 말을 하는 게 아니다. 그들에게 현실을 인식시켜주기 위해 하는 말이다. 자신과 함께 일하는 사람들에게 우월감을 느끼면서 그들과 거리감을 두는 행태는 좀 더 넓은 범위에서 보면 아무 의미도 없는 일이다. 그리고 우리 주위의 성공한 사람들 중에는 이런 태도가 유발하는 실패를 이미 경험한 사람들이 있을 수도 있다. 만약에 그런 사람들을 찾게 된다면 우리는 훌륭한 멘토를 찾은 셈이다. 그들에게서 문제의 해법을 배우고, 현실과 겸손을 배울 수 있다.

'높은 자리는 외로운 법'이라는 사고방식의 문제점은 또 있다. 다음의 글을 생각해보라.

나는 스스로 '높은 자리'에 올랐다고 생각하는 하이퍼포머를 거의 본 적이 없다. 하이퍼포머는 거의 다 앞으로 이뤄야 할 일이 훨씬 더 많다고 생각하고 있었다.

그들은 자신이 여전히 '인생의 학생'이라는 점을 잘 이해한다. 그들은 기존의 성과가 아무리 빛난다 하더라도 앞으로 가야 할 길이 훨씬 더 멀다고 생각하며, 이는 높은 성과지수를 보인 사람들에게서 공통적으로 나타나는 사고방식이었다.

혹시 다른 사람의 능력을 자꾸만 무시하려는 마음이 든다면 이 점을 한번 생각해보라. 다른 사람들을 낮추는 식으로는 자신의 잠재력을 극대화할 수 없다는 점 말이다.

우리가 인생에서 이뤄내는 것들은 엄밀히 따지고 보면 세상으로부터 혜택을 입었기 때문에 가능한 일이다.[2] 학습, 훈련, 유능한 멘토, 코치, 롤모델 같은 성공의 요인들에 더 많이 접근할 수 있었기 때문에 자신의 분야에서 남들보다 더 뛰어난 성과를 내고 높은 위치에 오를 수 있었던 것이다. 나는 우월감을 드러내는 사람들에게 "당신이 다른 사람들보다 더 뛰어난 것은 아니다"라고 말해준다. 남들보다 좋은 기회에 더 자주 노출됐고, 더 많은 정보를 제공받았고, 더 좋은 교육을 받았고, 양질의 피드백과 조언을 받을 수 있었기 때문에 하이퍼포머가 될 수 있었다고 말이다.

이러한 것들은 누가 특별히 더 뛰어나기 때문에 주어지는 게 아니다. 누구라도 이러한 것들이 주어진다면 하이퍼포머가 될 수 있다. (만약 이러한 나의 주장을 자신 있게 부인할 수 있다면 그 자부심에 경의를 표하겠다.)

그런데 이는 나의 일방적인 주장이 아니다. 직업적 성과에 관한 거의 모든 연구를 보면 성과의 차이를 만들어내는 건 개인의 능력이 아니라 교육 및 기회에 대한 노출 정도라는 결론에 이르고 있다. 마찬가지로 성공을 이뤄내는 데 있어 타고난 재능이 중요한지, 아니면 양육 과정이 중요한지에 대한 논쟁도 이제는 거의 끝난 상태다. 천부적인 재능으로 뛰어난 성과를 낸다는 이야기는 이제 전설의 영역에 있다고 볼 수 있다.[3]

다른 사람들을 자신보다 수준이 떨어지는 사람, 혹은 거리를 둬야 할 사람으로 인식하지 마라. 누구라도 충분한 수준의 교육, 훈련, 유능한 멘토, 코치, 롤모델 등에 대한 접근 기회가 제공된다면 하이퍼포머가 될 수 있다는 점을 망각하는 사람들이나 그렇게 하는 것이다. 그 어떤 것이라도 교육과 훈련을 통해 이뤄질 수 있다는 점을 기억하라. 누구라도 성공할 수 있고, 누구라도 인생의 승자가 될 수 있다는 점을 부인하지 마라.

우리도 한때는 누군가에 의해 무시당할 수 있던 존재였다. 하지만 성장을 통해 지금에 이른 것이다. 그렇다면 다른 사람들에게도 그와 같은 기회가 주어질 수 있다는 점을 기억하라. 이 사실을 받아들인다면 우월감으로 인한 문제를 겪을 가능성은 크게 줄어든다.

물론 이런 사실을 받아들인다고 해서 우월감으로 인한 문제를 전부 차단할 수 있는 것은 아니다. 우월감은 언제 어떤 형태로든 나타날 수 있기 때문이다. 특히 지나친 확신은 우월감으로 이어지기 쉽다. 우월감으로 인한 문제를 예방하고자 한다면 다음과 같은 확신을 조심할 필요가 있다.

1. 나는 다른 사람이나 다른 집단보다 더 우수한 사람이다.
2. 나는 내 분야에서 최고의 능력을 지니고 있기 때문에 외부로부터의 피드백이나 지지, 다양한 관점에서의 조언 등은 필요하지 않다.
3. 나의 지위, 나의 업적, 나의 존재 그 자체로 인해 다른 사람들로부터 존경이나 호응을 받는 것은 당연하다.
4. 다른 사람들은 나를 이해하지 못한다. 그리고 내가 겪고 있는 역경이나 실패는 나의 잘못이 아니다.

이런 사람들은 그 누구에게도 영감을 주지 못한다. 이들은 다른 사람들과 거리를 두고, 다른 사람들을 이해하거나 다른 사람들에게 도움을 주지 못하고, 노골적으로 다른 사람들을 무시한다. '이 사람들 왜 이래? 정말 바보들 아냐?' 이렇게 생각한 적이 있다면 그건 이미 마음 한편에 우월감이 자리 잡고 있다는 징후다. 함께 일하는 누군가가 실수했을 때 명확한 목표, 충분한 정보, 충분한 지원 등이 제공되었는지를 확인하기도 전에 "뭐 이런 바보 같은 사람이 다 있어!"라고 화부터 낸다면 그건 우월감의 징후다. 다른 사람들이 자기만큼 빠르고 효율적으로 일하지 못할 때 게으르다고 생각한다면 그 역시 우월감의 징후다.

부족하다거나 잘못됐다고 아무렇지도 않게 다른 사람들을 평가하는 사람은 머지않아 우월감의 함정에 빠지기가 쉽다. 그리고 우월감의 함정에 빠진 사람은 다른 사람들과의 관계망이 전부 무너지면서 더 이상 리더로서의 역할을 제대로 해낼 수 없게 된다.

우월감의 함정에 빠진 사람은 자신은 남들보다 더 우수하고, 더 능력 있고, 항상 옳은 답을 낸다고 믿는다.[4] 그리고 이런 믿음으로 인해 학습이나 인간관계를 무시하게 되고, 결국은 더 이상 성장하지 못한다. 어떤 것에 더 강한 확신을 가질수록 새로운 관점이나 기회를 무시하게 되는데, 강한 확신은 우월감의 징후다. 이런 점들만 보더라도 우리 내면에 우월감이 자리 잡도록 방치해서는 안 된다.

그렇다면 해법은 무엇일까? 첫째, 우월감의 징후를 항상 경계해야 한다. 우월감의 징후라 할 수 있는 생각이 자꾸 든다면 자신에게 우월감이 생기기 시작했다는 점을 인식할 필요가 있다. 둘째, 계속해서 뛰어난 성과를 내고 사회적 지위가 높아지더라도 겸손함을 유지하고 타인의 의견에 개방적인 태도를 지녀야 한다.

겸손은 우리 인간이 지닐 수 있는 많은 장점들의 기본 토대가 되는 미덕이다. 또한 행복한 결혼생활, 타인과의 협력, 타인에 대한 동정심, 강한 사회적 연대, 원활한 단체생활, 낙천주의, 희망, 결단력, 모호한 상황에 대한 대처, 새로운 경험에 대한 수용 같은 긍정적인 상황의 기본 토대가 되기도 한다. 자기 지식의 부족함을 인정하고, 잘못된 행위에 대해 반성하는 태도 역시 겸손으로부터 나온다.[5]

그렇다면 어떻게 해야 겸손함을 유지할 수 있을까? 이제 겸손함을 유지하면서 우월감의 함정을 피할 수 있는 몇 가지 방법들을 소개하려고 한다.

1. 일의 성과를 높이는 데 있어 다른 사람들의 참여를 요청한다. "내 아이디어를 개선해야 하는데, 뭔가 도움을 줄 수 있습니까?"와 같이 요청하는 것이다. 많은 사람들에게 이렇게 요청을 한다면 자신의 아이디어에 상당히 많은 허점이 있음을 발견하게 될 것이고, 그럼 우월감은 자연스럽게 사라지게 된다. 그리고 그 빈 곳에는 겸손함이 자리 잡게 된다.

2. 자신의 아이디어에 반론을 제기하는 사람도 거의 없고 계속해서 뛰어난 성과를 내고 있다면 라이프 코치 같은 사람을 고용해 우월감을 예방하는 것도 한 가지 방법이다. 함께 일하는 사람들이 자신을 정말로 인정해주거나, 아니면 정말로 그들의 역량이 부족하여 반론을 제기하지 못하는 경우에는 외부 전문가들이 우월감의 문제를 다뤄줄 수 있다. 아니면 유능한 멘토를 찾아 한 달에 두 번 정도 대화를 나누면서 우월감의 함정을 예방하라. 자신의 아이디어

나 성과에 대해 지속적으로 피드백을 받는 것은 지속적인 성장의 필요조건 가운데 하나다.

3. 자신의 지위, 자신의 업적, 자신이라는 존재 그 자체로 인해 타인에게서 존경이나 신뢰를 받는 걸 당연하게 여기는 모습을 예방하기 위해서는 타인을 먼저 배려하는 모습을 보일 필요가 있다. 자기 자신을 과시하려 하지 말고, 다른 사람들이 지금 어떤 상황에 처해 있는지, 그들이 무엇을 원하고 있는지 먼저 물어보라. 다른 사람들과 상호작용을 하기에 앞서 자기 자신에게 다음과 같이 말해주라. "나는 이 사람들과 함께 성과를 이뤄나가야 해. 그들이 어떤 사람들인지, 그들이 어떤 상황에 처해 있는지, 그들이 원하는 것은 무엇인지를 알기 위해 나는 그들에게 어떤 질문을 해야 할까?"

4. 다른 사람들이 나를 이해해주지 않는다고, 내가 겪게 된 갈등과 실패는 다른 사람들 때문이라고 불평하지 말고 자신에게 일어난 일은 전적으로 자기 책임이라는 사고방식을 갖는다. 문제 상황을 겪게 되면 스스로에게 이렇게 물어보라. "문제에 대한 책임을 회피하기 위해 상황을 왜곡해 인식하고 있는 것은 아닐까? 스스로를 위로하기 위해 일방적으로 나에게 유리한 식으로 상황을 해석하고 있는 건 아닐까? 자존심을 지키기 위해 잘못된 변명을 하고 있거나, 내가 피해자인 척하고 있는 건 아닐까? 내가 했던 행동들 가운데 팀에 도움이 되었던 것은 무엇일까? 이번 상황에 대해, 혹은 다른 팀원들에 대해 내가 잘못 알고 있는 것은 무엇일까?"

5. 자신이 세상으로부터 받은 것들을 항상 염두에 둔다. 인간은 감사하는 마음을 가질수록 더욱 겸손한 자세를 지니게 된다. 또한 겸손함을 지닐수록 더욱 감사하는 마음을 갖게 된다. 감사하는 마음과

겸손은 서로를 강화하는 효과를 만들어낸다.[6]

이런 습관들을 갖게 된다면 우리는 겸손함을 유지하게 되고, 주위 사람들로부터 유능하고 존경할 만한 리더라는 평가를 받게 될 것이다. 그리고 성공을 계속해서 이어나갈 수 있게 되고, 스스로 평가하기에도 자랑스러운 삶을 살게 된다.

그런데 우월감을 가지고 있지 않았음에도 우월감의 함정에 빠지는 경우가 있다. 리더 자신은 다른 사람들에 대해 거리감을 둔 적이 없는데, 다른 사람들이 리더에게 거리감을 느끼는 경우가 그렇다. 하이퍼포머로서는 정말로 다른 사람들의 도움이나 피드백이 필요하지 않아서 이를 요청하지 않는 것일 뿐이지만, 그런 상황에 대해 주위 사람들은 리더가 우월감을 가지고 있다는 판단을 내릴 수가 있다. 이는 흔한 일이다. 리더가 함께 어울려주지 않으면 주위 사람들은 리더에 대해 거리감을 느낀다. 리더의 실제 의도와는 상관없이 우월감의 함정에 빠지는 일을 막기 위해서라도 앞에 소개한 우월감의 함정을 피하는 방법들을 자신의 습관으로 만들기 바란다.

하이 퍼포먼스 프롬프트

1. 다른 사람들을 과도하게 비판하고 모욕했던 가장 최근의 상황은…

2. 그 상황에서 나 자신과 다른 사람들에 대해 가졌던 생각은…

3. 그 상황을 최대한 다른 사람들의 관점에서 해석한다면…

4. 모두가 저마다의 인생에서 역경을 헤쳐나가고 있으며, 다른 사람들과 거리감을 두는 게 아니라 함께 문제를 해결해야 한다는 사고방식을 갖기 위해서 내가 앞으로 해야 할 행동은…

두 번째 함정: 불만족

아무리 작은 성공이라 하더라도 그것에 만족하라.
작은 성공이라 하더라도 결코 하찮은 게 아니라는 마음을 가져야 한다.

–마르쿠스 아우렐리우스Marcus Aurelius

어두운 백스테이지에서 강연 차례를 기다리던 내게 엄청난 걱정이 밀려왔다. 내 앞 차례에서 한 유명 가수가 강연을 하고 있었는데, 그 사람은 반복적으로 "절대로 만족하지 마세요!"라고 말하고 있었다. 15분 동안 그 말을 열 번은 한 것 같았다. 그는 불만족은 '감정의 연료'이며, 그 연료가 있어야 계속해서 꿈을 추구하고, 혁신을 이뤄내고, 남들보다 앞서나갈 수 있다고 했다.

'아, 큰일이다. 이거 어떡하나.'

그 가수 다음 차례로 강연을 하게 되어 있던 나는 '만족하세요Be satisfied'라는 주제로 이야기를 풀어나갈 계획이었고, 곧 이 문구는 강단 대형 스크린에 띄워질 터였다.

서로 상반된 주제의 강연이 연달아 진행될 예정이었던 것이다! 그의 메시지가 틀렸다는 의미는 아니다. 성공한 가수가 자신의 성공은 만족하지 않았기 때문이라고 하는데, 누가 거기에 이의를 제기할 수 있겠는가! 성과를 낸 장본인이 그렇게 말한다면 인정할 수밖에 없는 일이다.

다만 그 가수는 모든 사람이 자신의 일과 삶에서 절대로 만족감을 가지면 안 된다고 말했다. 나는 그 지점에는 동의할 수가 없다. 실제로 하이퍼포머는 자신의 일과 삶에서 불만을 갖지 않는다. 앞에서도 언급했지만, 우리의 조사에 따르면 하이퍼포머일수록 삶에서 더 큰 행복감을 느끼고 있었다. 자신의 직업에서 충분한 보상을 받고 있다고 생각하고, 자신의 삶에서 긍정적인 경험을 많이 하고 있다고 생각하고, 일을 통해 즐거움을 느끼고 있다고 했다.

머릿속이 복잡해지던 순간에 사회자가 다음 강연자로 나를 소개하는 소리가 들렸다. 프레젠테이션 제목이라도 바꿔야 하나 걱정이 들었지만, 그럴 시간은 없었다. 나는 내가 준비한 강연을 청중에게 충실하게 전달하기로 다짐하고 강단에 올랐다.

만족감은 현실 안주로 이어지기 때문에 자신의 일에 만족하면 안 된다는 생각을 가진 사람들이 많은 것도 사실이다. 하지만 정말로 만족감은 동기의식과 최고를 지향하는 의지를 약화시키는 걸까?

지난 10년 동안 수많은 하이퍼포머를 만나왔지만, 앞의 질문에 대한 내 대답은 '그렇지 않다'이다. 적어도 내가 아는 한 만족감과 뛰어난 성과는 함께 움직인다.[7]

만족하지 못하는 사람은 마음의 평화를 갖지 못한다. 그리고 일에 몰입하기가 어렵다. 불만이 집중력을 교란하기 때문이다. 만족하지 못하는 사람은 세상에 감사하는 마음을 갖지 못하고 세상과 연결되지 못한다. 불만은 세상과의 단절을 의미하며, 하이퍼포머들이 항상 말하는 몰입이나 즐거움과는 거리가 먼 개념이다.

불만은 부정적인 감정을 유발하고, 현재 잘 진행되고 있는 일의 가치를 망각하고 다른 사람들의 기여를 인정하지 못하게끔 만든다. 이와 같은 상태에서는 뛰어난 성과를 내기도 어렵고, 훌륭한 리더가 되기도 어렵다. 게다가 만족하지 못하는 마음가짐을 기본으로 가지고 있는 사람은 자기 앞에 있는 일에 만족하지 못하고 끊임없이 새로운 도전만 추구하게 된다. 주위 사람들에게서 인정받기도 어렵고, 성공에 필요한 경험과 지식을 쌓기도 어려워진다. 이런 사람들은 항상 바쁘게 무언가를 하면서 엄청난 성공을 꿈꾸지만, 실제로 이뤄내는 것은 거의 없다.

불만이 만들어내는 어둡고, 소모적이고, 부정적인 감정은 성과를 저해할 뿐이다. 결국 끊임없는 불만은 비참한 삶으로 들어가는 첫걸음인 셈이다.

만족을 모르고 불행한 기분으로 끊임없이 더 나은 상태를 추구하는 성향은 '부적응적 완벽주의'라고도 불린다.[8] 스스로에 대해 높은 기준을 세우고(사실 여기까지는 좋은 일이다) 언제나 자신을 자책하는 게 부적응적 완벽주의자의 전형적인 모습인데, 문제는 처음부터 불가능했던 목표에 대해서도 불필요하게 자신을 자책한다는 점이다. 그리고 이는 필연적으로 지나친 걱정, 낮은 자신감, 실패 회피 성향, 실수에 대한 과민한 반응 같은 부정적인 심리 상태로 연결된다.[9] 자신이 무엇을 하고 어떤 것을 이뤄내더라도 불만을 갖게 된다는 것은 우려할 만한 일이다. 실제로 많은 전문가들은 부적응적 완벽주의가 우울증으로 이어질 수 있다고 지적한다.[10]

불만이 성과를 저해하는 상황에서도 왜 그토록 많은 사람이 자신의 성과에 만족하면 안 된다고 생각하는 걸까? 이는 인간의 본능이기 때문이다. 어떤 상황을 문제점 위주로 분석하려는 성향은 진화 과정에서 우리 종의 생존을 가능하게 했다. 이는 결국 진화의 산물이다.[11] 우리의 먼 조상으로 거슬러 올라가면 숲에서 이상한 소리가 날 때, 벌레 울음소리가 갑자기 멈출 때, 이에 대한 가장 나쁜 해석을 내리는 사람이 가장 현명한 사람이었다. 하지만 오늘날에 그건 더 이상 현명하지도 않을뿐더러 고통을 만들어내는 성향이다.

우리의 뇌는 실수나 두려움이 아닌 행복에 초점이 맞춰지도록 조정될 수 있다.[12] 실제로 오늘날 많은 사람들은 실수나 두려움이 아닌 즐거움이나 행복한 기분으로 대부분의 시간을 살아가고 있다.[13] 나는 현대인의 본능이 긍정적인 기분과 경험을 추구하도록 바뀌어가고 있다고 생각한다. 그리고 이렇게 될 때 새로운 기회를 더 잘 알아볼 수 있다고 생각한다.[14] 뛰어난 성과를 내는 데 필요한 몰입의 상태에 도달하기에도 더 수월하다.[15] 우리는 이와 같은 새로운 성향을 추구하고 그것을 더 강화해야 한다. 그게 삶을 즐겁게 살고 뛰어난 성과를 내는 방법이기 때문이다.

'절대로 만족하지 마라'는 신조를 내가 이토록 강하게 거부하는 이유는 그에 반하는 연구 조사 결과 때문이기도 하지만, 이런 신조가 우리에게 아무 도움이 되지 않기 때문이기도 하다. 이 신조는 긍정적인 방향을 제시하는 게 아니라 지금의 상태에 초점이 맞춰져 있다. 나는 뛰어난 성과를 지향한다면 '강한 동기의식을 가져라', '부진한 부분을 찾아내어 그 부분의 성과를 높여라', '세밀한 부분의 완성도를 높여라', '자신의 성장에 따라 목표 수준을 높여라', '더 높은 수준의 목표를 추구하라'와 같은 신조를 따라야 한다고 생각한다. 그리고 이런 신조를 따르면서 만족감을 추구하는 것도 가능하다. 최고를 지향하는 것과 만족감을 갖는 것은 서로 상충하는 개념이 아니다.

만족감을 갖는다는 게 현실 안주를 의미하는 것은 아니다. 만족감을 갖는다는 것은 지금까지 이뤄낸 일을 받아들이고 거기에서 즐거움을 찾자는 의미다. 우리가 행한 일이 완성됐거나 완벽한 것은 아닐지라도 얼마든지 만족감을 가질 수 있다. 내 경우는 이 책을 쓸 때 약속한 마감 시한을 몇 주 앞두고 글을 다듬으면서도 만족감을 느꼈다. 책이 성공할지 어떨지 모르는 상황에서 말이다. 동영상 자료를 만들 때는 제작 기간을 더 늘리면 더 완성도 높은 자료를 만들 수 있다는 생각을 가지고 있었음에도 어쨌거나 내가 만든 자료에 만족감을 가졌다. 상당수의 사람이 그 자료에 비판을 가할 거라는 점을 알고 있었음에도 말이다. 고객들에게 솔루션을 제공할 때 내가 제시하는 솔루션이 완벽한 것이 아닐 수 있다는 점을 알고 있었음에도 나는 만족감을 가졌다.

모든 것을 완벽하게 해내야만 만족감을 가질 수 있는 게 아니다. 또한 만족감을 갖는다고 해서 더 높은 수준의 완성도를 추구하지 않는 것도 아니다. 불만이 가득한 구두쇠가 되는 것보다는 만족하는 노력가가 되는 편이 더 낫다는 게 평소 내 인생 철학이다. 만족감을 가진 채로 휘파람을 불며 일을 해나갈지, 아니면 항상 불만을 가진 채로 화가 나서 씩씩거리며 일을 해나갈지는 선택의 문제다.

하지만 다음과 같이 말하는 사람에게는 뭐라고 해야 할까? "나는 언제나 불만을 가진 채 살아왔는데, 지금까지는 꽤 큰 성공을 이뤄왔습니다." 이렇게 말하는 사람이 있다면 그건 아마도 진짜로 큰 불만을 가지고 살아온 건 아닐 것이다. 그리고 정말로 불만을 가지고 지금까지 살아왔다면 조만간 성과 하락을 경험할 가능성이 크다. 단기적으로는 불만을 가지고 살아왔다 하더라도 인생의 어느 시점부터는 만족 감을 가질 수 있어야 한다. 끊임없이 불만을 가진 채 살아간다면 인생 의 어느 시점부터 그 불만은 우리 인생의 아킬레스건이 될 것이다.

불만이 성과를 만들어내는 게 아니다. 자신의 성공을 자신의 불만 과 연결 짓는다고 해서 불만이 성공의 요인이 되는 건 아니다. 남들이 못 보는 세밀한 부분을 알아보는 눈 때문에 성공한 것일 수 있고, 뛰 어난 열정이나 리더십 때문에 성공한 것일 수도 있다. 자신도 모르는 사이에 뛰어난 성과를 만들어주는 몇 가지 습관을 충실히 실행해왔기 때문일 수도 있다. 너무나 많은 사람이 자신의 성공 요인을 자신의 부 정적인 감정이나 경험에서 찾으려고 하는데, 이는 큰 실수일 수 있다. "나는 하루 4시간만 잠을 잤기 때문에 성공할 수 있었습니다." 정말 그럴까? 아니다. 잠을 조금 잤기 때문에 성공한 게 아니다. 잠이 부족 하면 인지능력이 크게 떨어진다는 게 수면과학 분야 연구들의 공통적 인 지적이다.[16] 잠을 조금 잤기 때문이 아니라, 잠을 조금 잤음에도 불 구하고 다른 긍정적인 요인들 때문에 성공할 수 있었던 것이다. 마찬 가지로 불만을 가졌기 때문이 아니라, 다른 긍정적인 요인들 때문에 불만을 가졌음에도 성공할 수 있었던 것이다.

물론 불만족이 성공의 요인이었다고 확고하게 믿는 사람의 신념을 글 몇 자로 바꿀 수는 없을 것이다. 하지만 일에서 즐거움을 찾고, 자 신의 성과를 스스로 칭찬해주고, 팀원들의 기여를 인정해주고, 자신 이 지금 올바른 방향으로 나아가고 있으며 일의 성과 역시 자신의 의 지대로 진행될 수 있다는 생각을 가져보라고 진심으로 권하고 싶다. 성과에 만족감을 가질수록 일에 더 몰입할 수 있고, 성공의 가능성은 더욱 커지게 된다. 그리고 함께 일하는 사람들 역시 더 즐겁게 일하고, 우리를 리더로서 더욱 인정하게 될 것이다. 불만족이 아닌 성공의 진짜 요인을 찾아라. 그럼 필요한 역량을 더욱 발전시킬 수 있고, 전보다 훨씬 더 뛰어난 성과를 계속해서 만들어낼 수 있게 된다. 어떤 분야가 되었든 불만을 가진 채 일하는 사람보다 즐겁게 일하는 사람이 훨씬 더 뛰어난 성과를 내게 마련이다. 즐거움을 갖는다는 게 방종을 의미하는 건 아니다. 즐겁게 일해야 더 건강하고 행복하게 더 높은 수준의 창의성을 발휘할 수 있다.[17] 몰입과 즐거움은 하이퍼포머가 되는 디딤돌이다. 만족감을 갖는 것에 대해 불안해하지 마라. 좋은 기분을 갖는다고 해서 열정을 잃게 되는 건 아니다.

조직의 리더에게는 지금 말하고 있는 내용이 훨씬 더 중요한 의미를 갖는다. 조직구성원들이 어떤 기분을 가지고 일하느냐에 따라 조직의 성과가 크게 달라지기 때문이다. 자기 자신과 주위 사람들에게 언제나 불만을 가지고 있는 사람과 함께 일하기를 바라는 사람은 아무도 없다. 언제나 조직의 문제점만 찾으려 하고 조직이 이뤄낸 작은 승리들을 축하해줄 줄 모르는 리더는 조직의 발전에 무신경하고, 팀원들에게 칭찬이나 긍정적인 피드백을 해주지 못하며, 팀원들의 아이디어를 옹호해주지 못한다. 한마디로 함께 일하기 좋은 리더가 못 되는 것이다. 타인에 대한 높은 영향력은 뛰어난 성과를 이루는 핵심적인 요소지만, 항상 불만을 가지고 있는 리더는 그 영향력을 계속해서 상실하게 된다.

불만족은 성과 저해의 주요 요인이다. 게다가 우리 인생은 짧다는 점도 기억하기 바란다. 짧은 인생, 부정적인 기분으로 살아가기보다는 즐거움과 만족감으로 살아가는 게 더 나은 길 아니겠는가! 불만이 아닌 만족감을 갖는 순간부터 우리 삶은 더 큰 활력과 동기의식, 행복감을 갖게 될 것이다.

불만을 떨쳐내기가 어렵다면 자신이 세상으로부터 받은 것들을 떠올리면서 감사하는 마음을 갖는 것부터 시작하라. 특히 성과에 대한 불만이 자기혐오로 진행된 상황이라면 불만을 떨쳐내는 일을 본격적으로 시작할 필요가 있다. 자기 자신을 칭찬하라. 과거의 실수나 부족함은 뒤로 하고, 이제부터 이뤄내는 성과에 집중하라.

> 불만을 떨쳐내고 만족감을 갖고자 한다면
> 먼저 자신을 사랑하고 자신의 성과를 칭찬해주라.

자신을 사랑하고, 자신의 성과를 칭찬해주고, 만족감을 갖기 위해 다음 몇 가지 습관을 익히도록 하자.

- 하루를 마무리하며 매일 일기를 기록한다. 일기에는 기대했던 것보다 더 좋았던 일 세 가지를 쓰는데, 그 일들로 인해 갖게 된 긍정적인 기분과 자신에게 실제로 이익이 된 점들까지 함께 쓴다. 자신에게 일어난 좋은 일을 구체적으로 인식하고, 그에 대해 긍정적인 기분을 갖고, 발전의 과정을 즐기고, 자신의 작은 승리들을 확인하는 것은 뛰어난 성과를 지속하는 간단하면서도 효과적인 방법이다.
- 가족, 혹은 팀원들과 한 주에 한 번 정도는 지금 잘되고 있는 일, 우리로 인해 사람들이 좋아해주는 일, 우리가 세상에 기여하고 있는 일 등에 대해 대화를 나눈다. 사소한 변화나 기여로도 충분하다.
- 팀원들이 즐거워하거나 자랑스러워할 만한 성과가 있다면 회의 시간을 이용해 모두에게 알려준다.

이런 습관들은 쉽게 실행할 수 있으면서, 우리 자신은 물론이고 사랑하는 사람들, 혹은 함께 일하는 사람들에게 즐거움과 만족감을 전해준다.

앞서 언급했던 그날의 강연을 마치고 다시 백스테이지로 돌아갔던 상황이 생각난다. 나는 강연을 통해 "절대로 만족하지 마세요"라고 했던 그 유명 가수의 강연을 정면에서 반박한 셈이었다. 나는 혹시 그 가수가 화를 내며 나를 기다리고 있으면 어떡하나 걱정하면서 백스테이지로 들어갔다. 그는 그곳에 있었다. 심지어 팔짱을 낀 채 나를 쳐다보고 있었다. 그는 나에게 이렇게 말했다. "당신 강연을 들었어요. 당신은 지금 대단히 만족하고 있겠네요!"

나는 멋쩍게 웃으면서 답했다. "예, 항상 만족하려고 노력하고 있습니다. 그리고 제 강연이 당신을 화나게 만들지 않았으면 좋겠습니다. 언제나 발전을 추구해야 한다는 당신의 강연 내용을 부정하는 건 아니니까요. 어쨌거나 당신도 자신의 강연에 만족하지 않았나요? 청중은 대단히 좋아하는 것 같던데요."

내 말에 그는 퉁명스럽게 대답했다. "아니오. 나는 만족하지 않아요. 만족하지도 않을 것이고. 그리고 당신도 만족하지 말아야 해요. 사람은 겸손해야 해요. 내 강연은 최고가 아니었어요."

내가 말했다. "동의합니다. 저도 부족하기는 했죠. 하지만 사람은 자신이 하는 일에서 즐거움을 느낄 수 있어야 합니다. 그래야 계속해서 발전을 추구할 수 있으니까요. 당신도 자신이 하는 일에서 즐거움을 느끼지 않습니까? 자신의 일을 사랑하죠?"

"그래요. 내 일을 사랑합니다."

"강연을 하면서 청중에게 지금과 같은 일을 하게 된 건 운명과도 같았다고 말씀하셨죠?"

"그래요."

"그렇군요. 그렇다면 행복이나 만족감을 느껴야 하는 게 아닐까요?"

그는 잠시 뜸을 들이다가 말했다. "아직은 아니라고 생각해요."

"그렇다면 언제 행복이나 만족감을 느끼게 될까요? 운명적인 일을 하게 되었는데 그 일을 사랑하기까지 한다면 이미 자신의 일에 좋은 기분을 가지고 있어야 하는 게 아닐까요?"

그는 팔짱을 풀고는 말했다. "좋은 질문이네요. 행복이나 만족감을 언제 느끼게 될지 누가 알겠습니까? 조만간 느끼게 되겠죠."

그로부터 석 달 후, 그가 우울증 치료를 위해 한 센터에 등록했다는 언론보도가 나왔다.

뛰어난 성과를 지속할 수 있으려면 자신에게 일어나는 작은 승리들을 즐길 수 있어야 한다.

무작정 열심히 일하다 보면 어느 날 갑자기 만족감을 느끼게 될 거라고 생각하지 마라. 성공의 과정에 있어 만족감은 중요하며, 적극적으로 그것을 찾으려고 해야 한다.

하이 퍼포먼스 프롬프트

1. 인생에서 내가 계속해서 불만을 갖게 되는 영역은…

2. 그 영역에서 일어났던 좋은 일들로는…

3. 다음에 불만이 생겨날 때 좋은 일을 떠올리고 계속해서 발전을 추구하기 위해 나 자신

    에게 해줄 말은…

4. 내가 불만을 가지고 있을 때 내 불만을 자주 보게 되는 사람들은…

5. 열심히 일하고 성공을 추구하면서도 삶을 즐길 수 있다고 남들에게 말해주기 위해 내가

    바꿔야 할 행동은…

세 번째 함정: 무관심

인생이 잘 풀리지 않는다는 생각이 들면 자신이 하고 있는 일을,

특히 그 일을 지금 어떤 정신으로 하고 있는지를 자세히 살펴보고,

지금 자신이 놓여 있는 상황부터 바꾸라.

*-로저 뱁슨*Roger Babson

우월감이나 불만족의 함정과 마찬가지로 무관심의 함정 역시 조금씩, 그러나 확실하게 성과를 저해한다. 물론 이렇게 말하는 사람은 아무도 없다. "나는 내 건강을 방치할 거야, 내 가족을 방치할 거야, 내 팀과 책임과 열정과 꿈을 방치할 거야." 오히려 무관심의 문제는 게으름 때문이 아니라, 열정이 너무 크고 너무 바쁘기 때문에 발생하는 경우가 훨씬 더 많다.

뛰어난 성과를 내던 사람이 갑자기 추락하게 되는 원인은 자신이

열심히 하던 분야가 아니라 무관심하게 방치하던 분야에서 발생한다. 어느 한 분야의 목표만을 바라보고 추구하다 보면 나머지 분야들은 방치되기 쉬운데, 그곳에서 심각한 문제들이 발생하는 것이다. 열심히 일만 하느라 배우자를 방치하는 사람들의 경우를 생각해보라. 그럼 얼마 지나지 않아 결혼생활이 파탄 나고, 심리적으로 불안한 상태에 빠지고, 성과는 추락한다. 신체 건강, 자녀, 우정, 정신 건강, 가계 재정 등 무엇을 방치하더라도 성과는 추락한다.

인생의 어느 한 분야에 모든 것을 바치고 나머지 분야는 방치하면 그 방치된 분야에서 부정적인 상황이 발생하고, 그 뒤를 이어 더욱 부정적인 상황이 연쇄적으로 발생하면서 뛰어난 성과를 내던 사람은 무너지게 된다.

다시 한 번 말하지만, 인생의 중요한 부분을 의도적으로 오래 방치하는 사람은 아무도 없다. 적어도 나와 인터뷰를 했던 사람들의 경우는 그랬다. 뛰어난 성과를 내다 추락을 경험한 사람은 거의 다 추락의 원인이 된 부분을 자신이 그토록 오래 방치했다는 사실에 놀랐다. "너무 많은 공으로 저글링하고 있다는 생각은 했지만, 그 부분이 그렇게까지 나빠졌을 거라고는 예상하지 못했습니다." 나와 인터뷰를 했던 많은 이들이 이렇게 말했다. 뛰어난 성과를 내다 추락을 경험했던 이들은 인생의 방치된 부분들에 대해 후회했고, 무관심의 함정에 빠져 큰 고통을 겪어야만 했다.

인생의 중요한 부분들을 방치했을 때 큰 문제가 발생하는 것은 빤한 결말이다. 여기서 무관심의 함정을 피하는 일은 어떻게 보면 간단한 일이지만, 여기에는 상당한 사고의 전환이 필요하다. 이어지는 부분에서는 뛰어난 성과를 내던 사람이 무관심의 함정에 빠지는 경우를 두 가지 유형으로 분류해 이야기할 것이다.

무관심의 함정에 빠져 갑자기 추락하게 된 사람들과 인터뷰를 하면서 알게 된 놀라운 사실은 하이퍼포머와 낮은 성과를 내는 사람들은 무관심의 함정에 빠지게 된 원인을 서로 다르게 지목했다는 점이다. 낮은 성과를 내는 사람들은 다른 사람들 때문에, 혹은 시간이 부족해 무관심의 함정에 빠지게 됐다고 말했다. "나는 충분한 지원을 받지 못했어요. 그렇다 보니 전부 다 잘할 수는 없었고, 결국 문제가 발생한 겁니다.""시간이 없다 보니까 그걸 다 할 수는 없었습니다." 낮은 성과를 내는 사람들은 주로 이렇게 말했다.

반면에 하이퍼포머는 자신의 부주의로 인해 무관심의 함정에 빠지게 되었다고 말했다. 모든 결과를 자기 책임으로 돌렸다. 그들이 무관심의 함정에 빠지게 된 구체적인 이야기를 들어보면 문제의 원인을 두 가지 유형으로 구분할 수 있었다. 바로 무신경과 과도한 욕심이다.

무신경

하이퍼포머가 무신경으로 인해 무관심의 함정에 빠지는 경우는 그리 많지 않지만, 어쨌거나 그 결과는 파멸적이다. '무신경'은 말 그대로 어느 한 분야에만 너무 집중한 나머지 다른 분야에서 생겨나는 문제에 전혀 신경 쓰지 못하면서 무관심의 함정에 빠지는 경우를 의미한다. 이 경우에 대해 하이퍼포머는 이렇게 말했다. "일에만 너무 매달리다 보니 다른 부분이 그렇게까지 망가지는 줄 몰랐습니다.""어느 날 그녀가 그냥 떠나버렸습니다. 제가 너무 무신경했던 거죠. 그 일 이후 제 자신이 싫어졌습니다.""나중에 알고 보니까 우리 팀원들은 몇 달 동안이나 제게 똑같은 요청을 해오고 있었더라고요. 하지만 너무 바쁘다는 핑계로 제가 무신경했죠."

무신경으로 인해 치러야 하는 대가는 고통스러웠다. 그들은 중요한 부분을 전혀 돌보지 못했던 것에 크게 자책했다. 뒤돌아보니 추락의 원인은 명백했지만, 문제가 커지던 당시에는 그것에 대해 전혀 신경 쓰지 못했던 게 너무나도 한탄스럽다고 했다.

특히 자신의 성공 요인이었다고 믿었던 방식, 즉 집중하고 인내하며 열심히 일하는 것이 결국은 자신을 추락하게 만들었다는 사실에 더욱 고통스러워했다. 여러 연구에 따르면 인내와 투지를 제대로 제어하지 못하는 경우 행복감과 건강을 해치게 되고, 목표를 향해 나아가는 과정에서 많은 것을 놓치게 되며, 많은 협력의 기회를 알아보지 못하게 된다.[18] 일 중독자의 생활 패턴을 너무 길게 가져가면 가정에서 반드시 문제가 발생한다. 그리고 이는 본인은 물론이고 가족의 행복감을 크게 떨어뜨리는 결과로 이어진다.[19]

무신경으로 인해 무관심의 함정에 빠지는 일은 정말로 조심해야 한다. 단지 신경을 쓰지 않아 인생 자체가 망가지는 일은 너무나 안타까운 일이다. 절벽에서 추락하는 과정에는 많은 경고 신호들이 나오게 마련인데, 그 신호들을 인지할 수 있어야 한다.

이 책의 'HABIT 1과 5(명확성과 영향력)'의 내용은 무신경으로 인해 무관심의 함정에 빠지는 일을 예방하는 데 도움이 된다. 특히 'HABIT 4(생산성)'에서는 인생의 중요한 분야들을 관리하는 방법을 제시했다. 물론 사람들이 생각하는 인생의 중요한 분야는 나의 제안과 다를 수 있다. 그렇다면 여기서 제시하는 방법론을 토대로 자기 자신만의 관리방법을 만들어보기 바란다. 핵심은 자기가 생각하는 인생의 중요한 분야들을 적어도 한 주에 한 번은 확인해야 한다는 것이다.

나의 고객들은 이와 같은 관리방법이 매우 효과적이라고 말한다. 인생의 중요한 분야들이 방치되는 상황을 예방할 수 있고, 전체적인 삶의 균형을 추구하는 데도 도움이 된다는 것이다.

과도한 욕심

무신경으로 인해 무관심의 함정에 빠지는 일은 본인의 노력으로 얼마든지 회피할 수 있다. 그런데 과도한 욕심으로 인해 무관심의 함정에 빠지는 일은 회피나 예방이 훨씬 더 힘들다.

하이퍼포머는 일의 우선순위를 정하고 중요한 일에 우선적으로 집중하는 유형의 사람들이다. 그들은 주된 관심 영역에서 우수한 결과의 대량생산을 추구한다. 그렇기 때문에 남들보다 더 뛰어난 성과를 내고, 계속해서 성공을 이어나갈 수 있는 것이다. 그런데 어느 정도의 성공 이후 과도한 욕심을 제어하지 못하면 이런 성공방식이 흔들리면서 성과가 떨어지기 시작한다.

뛰어난 성과를 내다가 갑자기 추락하는 사람들을 보면 과도한 욕심으로 인해 무관심의 함정에 빠지는 경우가 많았다. 성과에 대한 욕심이 커지면서 할 수 있는 일에 관한 현실감각을 잃어버리는 것이다. 다시 말해 너무 많은 영역에서, 너무 짧은 기간 안에, 너무 많은 일을 추구하다가 갑자기 추락하는 경우가 많았다.

성과가 잘 나오면 더 욕심을 내는 게 일반적이다. 하지만 이런 충동을 조심해야 한다. 일을 더 많이 하는 것 그 자체를 목표로 삼는 것은 아닌지 항상 경계하라. 주된 관심 영역에서 우수한 결과의 대량생산을 추구하는 것 이외의 일은 최대한 덜어내야 한다. 그래야 여유시간을 확보해내고, 자신의 행복을 추구하고, 주위 사람들을 돌볼 수 있다.

그리고 이렇게 해야 자신의 일을 즐길 수 있고, 반드시 해야 하는 중요한 책임들을 방치하지 않게 된다. 중요한 일과 사람에 집중하라. 과도한 욕심을 제어하지 못하면 결국 자신의 능력으로는 통제하지 못하는 상황에 이르게 된다. 다시 한 번 강조하지만, 중요한 몇 가지 일 외에는 최대한 자신의 일정표에서 덜어내려 해야 한다.

하이퍼포머의 갑작스런 추락을 예상할 수 있는 간단한 질문 하나가 있다. "요즘 심각할 정도로 일이 많다는 느낌이 드나요?"

자신의 분야에서 최초의 성공을 이뤄낸 사람들은 이 질문에 대해 거의 예외 없이 '그렇다'라고 답한다. 사실 어찌 보면 이는 당연한 상황이기도 하고, 이제 막 성공을 이룬 사람은 자신의 역량을 더욱 단련하고 싶기 때문에 주어지는 일을 거절하지 않는다. 또한 한편으로는 혹시라도 엄청난 기회를 놓치는 게 아닐까 하는 두려움 때문이고, 아직은 자신의 능력을 정확히 몰라서 일의 양을 조절하지 못하는 측면도 있다. 그런가 하면 자신의 성과가 떨어지는 추세에 있다고 인식하는 사람도 주어지는 일을 거절하지 못한다.

하지만 최초의 성공을 이뤄냈다면 그다음부터는 상당한 사고의 전환이 필요하다. 새로운 사고는 지금까지 자신이 지켜온 원칙과 완전히 반대되는 것일 수 있기 때문에 거부감이 들 수 있다. 하지만 하이퍼포머가 되고자 한다면 사고의 전환은 매우 중요하다.

**이제부터는 속도를 늦추라. 전략적으로 일을 선택하고,
자신에게 주어지는 일을 더 자주 거부하라.**

이제 막 상승세를 타고 최초의 성공을 이뤄낸 사람이 이와 같은 조

언을 받아들일지는 의문이다. 하지만 적어도 이 책의 독자들만이라도 이 조언을 받아들이기를 바란다. 정말로 중요한 조언이기 때문이다.

처음으로 성공을 이뤄내면 모든 일이 잘 돌아가는 것 같고 무엇이든 해낼 수 있을 것 같은 생각이 강하게 든다. 업계의 주목을 받으며 새로운 기회가 계속해서 주어지면 권한의 범위가 늘어나면서 새로운 야망이 꿈틀거리게 된다. 또한 그 최초의 성공을 가능하게 했던, 닥치는 대로 열심히 하는 방식이 매우 효과적이며 계속 지켜나가야 하는 방식이라는 인식을 갖게 된다. 하지만 닥치는 대로 열심히 하는 방식을 계속 유지하다가는 얼마 지나지 않아 번아웃을 겪으면서 모든 것을 잃게 된다. 업계에 파란을 일으키며 커다란 성과를 이뤄냈고, 엄청난 잠재력을 가진 사람이라 하더라도 마찬가지다. 여기에 예외는 없다.

그러니 속도를 늦추라. 인내심을 가져라. 서두르지 말고, 자신의 능력을 믿어라. 삶의 균형을 추구하며 천천히 가치와 혁신을 창출하라. 인생을 단기 전투가 아닌 긴 여정으로 인식하라. 그러면 일과 삶 모두를 즐기는 게 가능해진다.

"기존의 성과에 만족하지 말라." "쇠는 달궈졌을 때 쳐야 한다." 이런 말들이 천천히 하라는 조언보다 훨씬 더 고무적이다. 하지만 내가 대화를 나눠본 하이퍼포머 대부분은 천천히 해야 한다고 말했다. 이제 막 성과가 나오고 일이 잘 풀릴 때는 더 빠르게 더 많은 일을 하는 것이 옳은 선택 같아도, 얼마 지나지 않아 심각한 부작용이 발생한다는 것이다.

그런데 '천천히 하라'는 게 정확히 무슨 의미일까? 우선은 주어지는 대로 일을 하는 게 아니라, 자신의 시간표에 일을 맞추는 것을 의미한다. 성공이 계속해서 축적되면 여기저기서 초청과 청탁이 쇄도한다. 사람을 만나고 응대하는 일이 많아지면서 시간은 바쁘게 흘러가지만, 정작 자신의 일은 하지 못한다. 뭔가 엄청난 일을 하고 있다는 느낌은 들지만, 실제로 이뤄지는 일은 거의 없다. 이런 식으로 남들에게 끌려다니지 말라는 것이다. 자신이 해야 하는 중요한 일을 우선적으로 행하라. 매일 밤, 그리고 한 주에 한 번씩 자신이 한 일들을 정리하고, 자신이 해야 하는 중요한 일이 잘 진행되고 있는지 확인하라.

좋아 보이는 일이 주어지더라도 그 때문에 너무 무리한 일정이 되는 것 같다면 거절하라. 좋은 기회가 왔다 하더라도 그 기회를 붙잡았을 때 계속해서 밤늦게까지 일해야 하고, 오래전부터 계획돼 있던 중요한 일을 취소해야 하고, 가족과의 시간을 한동안 포기해야 한다면 거절하라. 하루 일을 끝내고 생각을 정리할 시간, 피로를 회복할 시간을 갖지 못한다면 조만간 신체적·정신적으로 지치게 될 것이다. 피곤한 몸과 부정적인 기분으로는 뛰어난 성과를 낼 수 없다.

나는 하이퍼포머에게 자신에게 주어지는 새로운 기회에 대해서는 우선은 '노no' 하라고 말한다. 그런 다음 그 기회를 반드시 잡아야 하는 이유를 떠올려보고, 분명한 이유가 떠올랐을 때만 기회를 잡으라고 말한다. '예스yes'라고 말하는 순간 새로운 일에 끌려 들어간다는 점을 기억하라. 아직 최초의 성공을 이루지 못한 사람이라면 자신에게 주어지는 기회를 최대한 많이 받아들여야 한다. 그러나 이미 최초의 성공을 이뤘고 하이퍼포머의 위치에 올랐다면 추가적인 '예스'가 삶의 균형을 무너뜨릴 수 있다. 기본적으로는 '노'를 말하면서 자신에게 중요한 일에 집중하는 것이 옳은 접근법이다.

자신에게 주어지는 새로운 기회에 '예스'라고 말할지, 아니면 '노'라고 말할지는 전략적으로 판단해야 한다. 새로운 기회를 통해 무엇을 얻을 수 있는지, 그 대신 향후 수개월에서 수년에 걸쳐 업무량이 얼마나 더 늘어날지 미리 추정해보는 것이다. 쉬운 작업은 아니지만, 장기적인 관점에서 전략적으로 판단해야 한다. 새로운 기회가 반짝거리니까 일단 잡고 본다는 식으로 접근하면 안 된다.

앞에서(HABIT 4) 나는 자신이 열망하는 목표를 이루기 위해 취해야 하는 다섯 가지 행동을 결정하고, 그것을 추진하기 위한 구체적인 계획을 수립하라고 했는데, 새로운 기회가 이 계획의 진행을 가로막는다는 판단이 든다면 그 기회를 보류해야 한다. 우리 인생을 바꿀 정도로 중요하고 값진 기회는 일반적으로 6개월 정도는 우리 주위에 머물러준다. 이미 최초의 성공을 이룬 사람이라면 이 말을 쉽게 받아들일 거라고 생각한다. 천천히 하라. 더 자주 '노'라고 말하라. 전략적으로 판단하라. 무신경, 혹은 과도한 욕심으로 인해 무관심의 함정에 빠지지 않도록 조심하라. 자신의 추진력을 효과적으로 관리하며 삶의 균형을 추구하라.

지금의 자신을 만든 것들을 잊지 말라

자녀들에게 자신이 어렸을 때 갖지 못했던 것들을 주는 데
너무 몰입된 나머지 자신이 그때 가졌던 것들을 전해주는 일을 잊곤 한다.
-제임스 돕슨 James Dobson

마지막으로 당부하고 싶은 게 있다. 자신을 성공으로 이끌었던 좋은 습관들을 잊지 말고, 다음 단계의 발전으로 이끌어줄 습관들을 소홀히 하지 말아야 한다. 문제 상황에 대해 무신경해서도 안 되지만,

자신에게 효과적인 방법들에 대해서도 무신경해서는 안 된다. 스스로에게 물어보라. "지금까지의 성공이 가능했던 가장 주요한 이유 다섯 가지는 무엇일까?" 매주 일요일마다 자신의 상황을 살펴볼 때 그 다섯 가지 이유도 함께 살펴보라. 그리고 다음 물음에 대해서도 답을 내보라. "지금의 나를 만든 다섯 가지 요인은 지금도 작동하고 있는가?"

예전에 누군가가 중요한 습관을 잊지 않는 가장 좋은 방법은 자기 주위의 다른 사람에게 해당 습관을 가르쳐주고, 그 습관이 얼마나 값진 것인지를 설명해주는 거라고 한 적이 있다. 예를 들어 인내가 중요하다고 판단되면 자녀에게 인내의 소중함을 알려주는 식이다. 그럼 우리는 자녀 앞에서 인내를 소홀히 하지 않게 된다(자녀 역시 그런 우리를 보면서 인내를 소홀히 하지 않을 것이다). 우리가 중요하게 생각하는 습관을 주위 다른 사람들에게도 가르쳐주라. 그러면 해당 습관에 대한 책임의식이 생겨날 것이다.

하이 퍼포먼스 프롬프트

1. 내 삶에서 중요한 사람과 분야들 가운데 내가 무신경했던 사람과 분야들은…

2. 위와 같은 무신경 때문에 앞으로 일어날 수 있는 심각한 문제들은…

3. 새롭게 관심을 집중할 필요가 있는 분야는…

4. 내가 과도하게 많은 시간을 투입하고 있는 분야는…

5. 전보다 더 자주 '노'라고 말할 필요가 있는 분야는…

6. 내게 주어진 새로운 기회들 가운데 향후 수개월 동안의 스케줄을 조정한 후 본격적으로 도전하고 싶은 것은…

7. 지금의 성공을 가능하게 했고 앞으로도 내가 집중해야 하는 주요한 성공 요인들은…

8. 과도한 욕심으로 인해 무관심의 함정에 빠지는 일을 예방하기 위해 내가 할 일은…

이번 장을 마무리하며

가치관이나 지능 때문에 성공의 자리에서 추락하는 게 아니다. 추락의 가장 큰 원인은 관심의 배분 실패에 있다. 다른 사람들과 거리를 두고, 다른 사람들의 비판, 다양한 관점, 일하는 새로운 방식 등에 관심을 두지 않을 때 성과가 떨어지기 시작하며 결국 추락에 이르게 된다. 혹은 부정적인 상황에만 관심을 두면서 실망이나 좌절감이 사고를 지배하고, 결국에는 열정을 상실하게 될 수도 있다. 어떤 사람들은 인생의 몇몇 분야에만 관심을 집중하고 나머지 분야는 무시하면서 '이렇게 일부 분야에만 집중해야 성공할 수 있는 거야'라고 생각하지만, 이는 결국 인생의 여러 중요한 부분을 무시하는 결과로 이끌 뿐이다. 이런 상황이 우리의 현실이 되어서는 안 된다.

절대로 우월감, 불만족, 무관심의 함정에 빠지지 마라. 이러한 함정에 빠지는 순간 인생의 패배자가 될 수 있다. 함정에 항상 조심하면서, 뛰어난 성과를 위한 식스 해빗을 자신의 것으로 만들라. 그러면 앞으로도 계속 뛰어난 성과를 이뤄낼 수 있다.

이번 장에서 부정적인 것으로 지목한 사고방식이나 행동양식을 가진 사람이라면 불편한 마음이 들 것이다. 그러나 자신의 삶에서 성공을 이뤄내는 게 중요하다면 이번 장을 몇 번이고 읽어서 그 내용을 숙지하기 바란다. 항상 겸손하고, 만족감을 갖고, 인생의 중요한 분야들을 관리하라. 이것이 뛰어난 성과를 향해 나아가는 방법이자, 그 과정에서 소중한 사람들과 함께 즐거움을 찾을 수 있는 방법이다.

2장

가장 중요한
한 가지

사람은 자신이 가능하다고 믿는 만큼만 일을 할 수 있다.

-베르길리우스Virgil

"항상 그러신가요?" 오로라Aurora가 물었다.

"무슨 말씀인지?"

"음, 그러니까, 항상 활력이 넘치시고, 행복해 보이시고."

나는 잠시 의아한 생각이 들다가, 곧 웃음을 내보이며 답했다.

"예, 항상 그렇습니다. 왜 그러시죠?"

오로라는 강연 장소에 모인 1만 5,000명의 청중을 바라보고 있었다. 평소에는 경기장으로 사용되는 그곳에서 우리는 강연을 하기로 되어 있었다.

"떨리지는 않으세요?" 그녀가 말했다. "저는 조금 불안한데요. 생각을 정리하기도 어려워요."

행사 스태프가 와서 이제 강연 대기실로 자리를 옮겨달라고 했다. 대기실로 가는 중에도 그녀는 내게 계속 말을 걸어왔다.

"지금 굉장히 편안해 보이세요. 어떻게 그렇게 마음을 다잡을 수 있는 거죠?"

그 말에 좀 놀랐다. 사실은 나도 불안한 마음을 가지고 있었고, 그런 불안감이 표정에서 드러날 거라고 생각했기 때문이다. 그 정도로 많은 청중 앞에서 강연하는 것도 자주 있는 일은 아니지만, 그날의 강연 주제도 나로서는 처음이었기 때문이다. 나는 오로라에게 말했다. "솔직히 사람들이 내 강연에 어떤 반응을 보일지 나도 걱정이 돼요."

"그런데 어떻게 그렇게 편안해 보일 수 있죠?"

"절대로 편안하지 않아요! 지금 엄청 불안하다고요. 다만 불필요한 걱정은 하지 않으려고 하죠. 청중 1만 5,000명에 대한 걱정은 저 강단 위로 올라갔을 때부터 하면 돼요. 조금 전까지는 당신과의 대화에만 집중했으니까 불안감이 드러나지 않았던 것이고요."

"그렇게 말씀해주시니 감사하네요. 죄송해요. 저는 지금 너무 불안해서 엄청 실수할 것 같아요."

"왜요? 많은 사람들 앞에서 엄청난 실수를 저지른 적이 있나요?"

그녀는 웃으면서 대답했다. "아니오, 그렇지는 않아요."

오로라는 그렇게 많은 사람들 앞에서 강연하는 게 처음이었다. 세계적인 체조 선수 출신인 그녀는 더 많은 사람들 앞에서 경기를 펼친 적은 있었지만, 사실 사람들 앞에서 정식으로 강연하는 것은 그때가 처음이었다. 오로라가 그날 강연자로 초청된 것은 그 지역 출신의 월드스타였기 때문이다. 오로라는 바로 얼마 전 올림픽에서도 메달을 땄다.

대기실에 도착한 오로라는 메이크업을 위해 자리에 앉았다. 그녀는 메이크업 담당자와 잠시 이런저런 이야기를 나누더니, 다시 내게 말을 걸어왔다. "그럼 저는 지금 무슨 생각을 해야 하죠? 사실 이쪽 분야는 제가 전혀 몰라서요."

"글쎄요, 지금 오로라는 무슨 생각을 하고 있죠?"

"엄청난 실수를 할 것 같다는…… 뭐 그런 생각요."

"하지만 강연을 하다가 실제로 실수를 한 적은 한 번도 없죠?"

"예."

"그런데 왜 자기 자신에게 실수에 관한 이야기를 해주죠?"

"모르겠어요. 그냥 그런 생각이 자꾸 들어요."

"이해는 갑니다. 하지만 그런 생각이 자신에게 도움이 되지 않는다는 건 잘 알죠? 다른 질문을 하나 해볼게요. 왜 이 장소에 서고 싶다는 생각을 했던 거죠?"

"제 이야기를 다른 사람들과 공유하고, 그들에게 용기를 불어넣어 주고 싶어서요."

"훌륭하네요. 일단 사람들에게 해줄 이야기는 가지고 있지요? 지금까지 수많은 인터뷰를 하면서 했던 이야기들 말입니다."

바로 그때 메이크업 담당자가 오로라의 인터뷰를 TV에서 본 적 있다고 말했다.

"오로라의 이야기는 워낙 유명하죠. 오로라 당신은 사람들에게 무슨 이야기를 할 것인지를 이미 알고 있어요. 그럼 이제는 강단에 올라 자신이 어떤 사람이 될 것인지, 사람들과 어떻게 소통할 것인지를 결정하면 되는 겁니다. 체조 선수로서 경기장에서 최상의 상태였을 때 어떤 기분이었는지를 설명해줄 수 있나요?"

"행복했어요. 자신감도 넘쳤고. 그리고 너무 즐거웠어요."

"그런 기분일 때도 긴장감은 들었죠?"

"당연하죠."

나는 웃으면서 말했다. "이번 강연도 체조 시합과 다르지 않습니다. 그리고 오로라는 자신이 무엇을 해야 하고 어떤 사람이 되어야 하는지 이미 알고 있어요. 이제 남은 것은 사람들과 어떻게 소통할지를 결정하는 겁니다." 나는 약간 짓궂은 말투로 말을 이어나갔다. "오로라는 기본적인 옆돌기도 못 하는 어린 체조 선수로서 청중을 대하겠습니까, 아니면 올림픽에 출전하여 최고의 기량을 선보이는 영웅으로서 청중을 대하겠습니까?"

이런 내 말에 오로라는 마음이 놓이는 것 같았다. 그리고 옆에 있던 메이크업 담당자는 웃음을 터뜨렸다.

나는 계속해서 말했다. "자기 자신을 있는 그대로 보여주세요. 당황한 표정의 어린 소녀가 아니라, 챔피언으로서의 모습을 보여주는 겁니다. 챔피언으로서 오늘 저 바깥에 모여 있는 사람들과 어떻게 소통하겠습니까?"

"저는 사람들에 대한 제 사랑을 표현하고 싶어요. 제 고향분들의 도움과 지지 덕분에 제가 메달을 딸 수 있었다는 사실도 전해드리고 싶고요."

"그럼 이제 나가서 사람들에 대한 사랑을 표현해주세요. 그 사랑의 기분을 가지고 강단에 오르고, 사랑의 메시지를 전하는 겁니다. 이제 전과는 다른 기분이 드나요?"

오로라는 내게 다가와 볼에 키스해주었다. "이제 알겠어요. 지금 제가 가지고 있는 커다란 사랑의 느낌을 사람들에게 전해주고 올게요."

● ● ●

우리는 뛰어난 성과를 만들어내는 습관을 찾아내기 위해 100개가 넘는 변수를 살펴봤다. 그동안 수만 명의 하이퍼포머를 대상으로 설문조사를 진행했고, 성과지수를 높이는 요인은 무엇인지 알아내려고 했다. 지금까지 우리가 알아낸 바에 의하면 성과지수를 높이는 가장 큰 요인은 자신감이었다. 자신감은 하이퍼포머의 성공 비결이라는 게 우리가 찾아낸 결론이다.

이 책에서 나는 자신감의 중요성을 여러 차례 언급했다. 우리가 하이퍼포머를 대상으로 그들이 뛰어난 성과를 내고 있을 때 어떤 느낌을 가졌는지 설문조사 했을 때 가장 많이 나온 응답은 몰입감, 즐거움, 자신감이었다. 그런가 하면 성과지수가 높은 사람일수록 '여러 가지 어려운 상황이 발생하더라도 나는 목표를 이뤄낼 거라고 자신한다'는 항목에 강한 긍정의 답을 냈다. 자신감 항목에 대한 긍정의 정도는 뛰어난 성과를 만들어내는 각각의 습관과 관련된 성과지수, 그리고 실제의 성취도 등과 분명한 양의 상관관계를 나타내고 있었다. 자신감이 강한 사람들이 명확성, 활력, 생산성, 영향력, 당위성, 용기 등에서 모두 높은 성과지수를 나타냈다.[1]

우리의 조사에 따르면 자신감이 큰 사람일수록 인생에서 느끼는 전반적인 행복감이 컸고, 도전의식과 세상에 기여하고자 하는 의지가 강한 것으로 나타났다.[2] 그야말로 자신감은 우리가 원하는 인생으로 들어가는 관문이라고 할 만하다.

이 책에서 말하는 자신감은 심리학에서 말하는 '자기효능감self efficacy'과 의미가 통하는데, 심리학 분야에서의 지난 40년간의 연구 결과를 보더라도 자기효능감이 클수록 삶에서 더 큰 행복을 느끼고 더 큰 성과를 이뤄내는 것으로 나타난다.[3] 그뿐만 아니라 다양한 분야에서 2만 2,000명이 넘는 사람을 대상으로 진행된 57개의 연구를 메타 분석 해보면 자신감이 클수록 번아웃 증상을 겪을 확률이 낮아지는 것으로 나타났다.[4]

자신감이 클수록 과도하게 많은 일을 하지 않게 된다는 건 무슨 소리일까? 하이퍼포머와 인터뷰를 해보면 자신감이 큰 사람일수록 자신에게 주어지는 일에 '노'를 더 많이 하게 되고, 중요한 일에 더 집중하면서도 여유 시간을 즐긴다는 것을 알 수 있었다.

3만 3,000명이 넘는 사람을 대상으로 한 또 다른 173개 연구에 대한 메타 분석 결과를 보면 자기효능감과 건강을 위한 활동 사이에는 강한 양의 상관관계가 있는 것으로 나타났다. 자기효능감이 강하고 성과에 대한 자신감이 클수록 건강을 지키거나, 건강을 회복하거나, 건강을 개선하기 위한 활동에 더 많은 시간을 쓴다는 것이다.[5] 이런 분석 결과에 사람들 대부분은 수긍할 것이다. 우리 주위를 보더라도 성과에 대한 자신감이 클수록 운동하는 데 더 많은 시간을 쓰는 경향이 나타난다.

자신감이 클수록 건강을 더 많이 챙긴다, 자신감이 클수록 번아웃을 겪을 확률이 낮아진다, 자신감이 클수록 더 큰 행복을 느낀다, 자신감이 클수록 도전의식이 크고 삶에 대한 만족감도 크다. 그동안의 연구 결과를 정리하면 이와 같다. 이런 이유에서 나는 뛰어난 성과를 내고자 하는 사람이 가장 신경 써야 하는 부분은 자신감이라고 말한다.

물론 자신감만으로 뛰어난 성과를 낼 수 있는 건 아니다. 다른 좋은 습관들이 뒷받침되지 않는다면 자신감이 아무리 커도 성공 가능성은 크지 않다. 강한 자신감과 뛰어난 성과를 위한 습관을 함께 가지고 있어야 계속해서 성공을 이뤄내고, 하이퍼포머가 될 수 있다.

어쨌든 자신감은 이토록 중요한 성공 요인인데, 하이퍼포머는 어디에서 어떤 식으로 자신감을 이끌어내는 걸까? 이제 이에 관한 이야기를 해보려고 한다.

자신감을 만들어내는 세 가지 방법

자신감은 위대한 시도의 첫 번째 필요조건이다.

−새뮤얼 존슨Samuel Johnson

나는 어떻게 해야 자신감을 이끌어낼 수 있는지를 알기 위해 우리가 행한 연구 조사에서 하이퍼포머로 분류된 2만여 명의 사람들 중에서도 '여러 가지 어려운 상황이 발생하더라도 나는 목표를 이뤄낼 거라고 자신한다'는 항목을 제시했을 때 가장 강한 긍정의 답을 내고 가장 높은 성과지수를 나타낸 서른 명을 대상으로 별도의 인터뷰를 진행했다. 자신감에 관한 기존 연구들에 대한 메타 분석을 진행했고, 자체적으로 진행한 설문조사를 통해 방대한 양의 데이터를 수집해놓기는 했지만, 나는 하이퍼포머 중에서도 최고의 사람들은 어떤 생각을 가지고 있는지 직접 들어보고 싶었다. 그들에게는 선천적으로 보통 사람들과는 다른 자신감의 원천이 있는 건 아닌지 확인하고 싶었다.

인터뷰 결과 나는 선천적인 자신감의 원천 같은 것은 없다는 결론에 이르렀다. 하이퍼포머가 보통 사람들보다 자신감이 더 컸던 이유는 보통 사람들보다 스스로에게 자신감을 주는 생각을 더 자주 하고, 스스로에게 자신감을 주는 일을 더 많이 하고, 자신감을 깎아내는 일은 의식적으로 회피하기 때문이었다. 하이퍼포머 중에서도 최고의 사람들은 자신의 자신감은 의식적인 사고와 행동의 결과라고 말했다. 적어도 내가 아는 한 하이퍼포머 가운데 '저는 원래부터 인생의 어려운 도전과 책임을 자신 있게 받아들이게끔 태어났습니다'와 같은 식으로 말하는 사람은 아무도 없었다. 그렇다면 하이퍼포머는 자신감을 갖기 위해 구체적으로 어떻게 생각하고 행동하는 걸까? 나는 이들의 생각과 행동을 '능력의 계발', '정체성에 부합하는 삶', '사람들과의 소통' 등의 세 가지 영역에서 구체적으로 살펴볼 것이다.

실행 1 능력을 계발하라

> 자신감의 크기만큼 능력도 커진다.
>
> ─윌리엄 해즐릿 William Hazlitt

뛰어난 성과를 가능하게 하는 자신감은 자기 자신에 대한 막연한 생각이 아니라, 특정한 일에 필요한 자신의 능력에 대한 믿음으로부터 나온다.[6] 따라서 자기 일에 대한 지식, 기술, 기량 등을 더 많이 가지고 있을수록, 즉 자기 일에 대한 능력이 더 뛰어날수록 더 큰 자신감을 가지게 된다. 나는 지난 1997년부터 '자신감과 능력의 상호 상승작용'이라는 주제로 강연을 해오고 있는데, 하이퍼포머도 나와 비슷한 생각을 가지고 있다는 사실을 알 때마다 놀라곤 한다.

어떤 일을 할 때 더 뛰어난 능력을 가지고 있을수록 더 큰 자신감을 갖게 되고, 해당 일을 더 자주 하게 된다. 그리고 이와 같은 일이 반복될수록 능력은 더욱 좋아지고, 자신감 역시 더욱 커지게 된다. 체육관에서 운동할 때를 생각해보라. 맨 처음 체육관에 가면 그 많은 운동기구를 어떻게 사용해야 할지 몰라 어리둥절하다. 운동기구 하나를 붙잡고 운동하는 자신의 모습이 영 어색하다. 하지만 체육관에 가는 횟수가 늘어날수록 운동기구를 능숙하게 사용할 수 있게 되고, 이제는 운동에 대한 자신감을 갖게 된다. 그리고 자신감이 커지면서 구체적인 운동의 목표를 향해 나아가게 된다. 체육관에 가자마자 처음부터 자신감을 갖게 되는 게 아니다. 능력이 커지면서 자신감도 커지는 것이다. 자신감이란 타고난 성격 같은 게 아니다. 근육처럼 노력하면 키울 수 있는 것이다.

인터뷰에 응했던 가장 높은 성과지수를 나타낸 서른 명 역시 자신 감과 능력의 상호 상승작용을 이야기했다. 그들은 자신이 가지고 있 는 현재의 자신감은 오랜 시간 동안의 학습, 훈련, 실무 등을 통해 갖 게 된 능력에서 기인한다고 말했다. 특히 서른 명 가운데 스물세 명은 자신감에는 능력이 가장 중요하다고 했다. 인터뷰를 했던 서른 명 가 운데 자신감은 선천적인 거라고 한 사람은 아무도 없었다. 그리고 '나 는 나를 좋아해, 나는 나에 대해 좋은 느낌을 가지고 있어'와 같은 일 반적인 자존감에 대해 말하는 사람도 없었다. 그들은 자신이 얼마나 노력해왔는지, 앞으로의 미래에 대해 얼마나 큰 자신감을 가지고 있 는지를 이야기했다. 앞으로 무엇을 해야 하고, 어떻게 해야 더 큰 가 치를 창출할 수 있는지 잘 알고 있다는 것이다.

사실 나는 인터뷰를 하기 전까지만 해도 최고의 성과를 내는 사람 은 선천적인 재능이 자신감의 가장 큰 근원이고, 학습이나 경험을 통 해 얻게 된 능력은 그다음이라고 말할 거라고 예상했다. 그러나 놀랍 게도 아무도 그렇게 말하지 않았다. 그 인터뷰 이후 나는 자신감과 능 력의 상호 상승작용에 대해 더욱 확신하게 됐다.

앞에서(HABIT 4) 나는 진행형 실력 습득에 대해 이야기했다. 진행 형 실력 습득은 새로운 분야에서 뛰어난 실력을 갖는 구체적인 방법 이었는데, 하이퍼포머가 높은 수준의 자신감을 가지고 있는 건 자신 이 이미 가지고 있는 능력 때문이기도 하지만, 이에 더해 앞으로 어떤 능력이라도 새롭게 갖출 수 있다는 믿음이 강하기 때문이기도 하다.

그들은 생소한 분야라 하더라도 필요하다면 얼마든지 높은 수준의 능력을 갖출 수 있다고 믿는 것으로 나타났다. 즉 하이퍼포머의 자신감은 자신의 학습능력에 대한 믿음에서 기인한다고도 할 수 있다.

하이퍼포머는 부지런한 학습자다.
미래의 승리를 위해 필요한 것들을 학습할 수 있다는 믿음은
이미 가지고 있는 능력에 대한 믿음만큼이나
강력한 자신감의 원천이다.

하이퍼포머는 과거에도 많은 것들을 학습해왔기 때문에 앞으로도 필요한 것들을 학습할 수 있다고 믿는다. 그래서 자신 있게 말한다. "나는 상황을 이해하고 필요한 것들을 배우는 나의 능력을 믿는다." 새로운 상황을 이해하고 그 상황에 필요한 것들을 빠르게 배울 수 있는 능력에 대한 믿음은 높은 자신감을 이끌어내는 또 하나의 원천이다.

인생 첫 대중 강연을 앞두고 불안해하던 오로라에게 그녀가 얼마나 능력 있는 사람인지를 확인시켜주는 것만으로도 그녀는 자신감을 가질 수 있었다. 그녀는 자신이 배우고 이뤄낸 과거의 성과를 떠올림으로써 지금 해야 하는 일에서도 자신감을 끌어올릴 수 있었다. 그전까지 한 번도 해본 적 없는 일이었음에도 말이다.

자신감은 스포츠 분야에서 특히 중요하다. 신인일 때는 훈련을 할 때나 시합에 나섰을 때 항상 자기보다 경험도 많고, 실력도 뛰어나고, 승리 전적도 많은 선수들을 보게 되는데, 그렇기 때문에 위축되기가 쉽다. 하지만 지금 부족하다고 해서 도전하지 못할 이유는 없다. 아무리 경력이 짧은 신인 선수라 하더라도 계속해서 훈련하고 도전함으로

써 경험과 자신감은 쌓이게 된다.

그런가 하면 과거의 성공을 반추해보는 것도 자신감을 높이는 한 가지 방법이다. 하이퍼포머는 보통 사람들에 비해 이 방법을 더 잘 활용하는 모습을 보인다.

하이퍼포머는 자신이 이뤄낸 과거의 성과도 최대한 활용한다.
과거 성과와 그 승리의 기분을 토대로 더 큰 자신감을 끌어내고,
그 자신감은 결국 더 큰 성과로 이어진다.

하이퍼포머와 낮은 성과를 내는 사람 사이에는 과거의 성과를 돌아보는 방식에도 차이가 있다. 낮은 성과를 내는 사람은 자신의 과거 성과를 거의 돌아보지 않으며, 돌아본다 하더라도 자책하거나 불만족을 갖는 결과로 이어진다. 자기 자신에게 지나치게 엄격한 것이다. 그들은 승리의 기분을 자신의 심리 상태로 끌어들이지 못하고, 자기 자신에게 '승리하는 사람'이라는 정체성을 만들어주지 못한다. 지금까지 꽤 잘해왔다 하더라도 자신은 승리하는 사람이라는 생각을 갖지 못하는 것이다. 그래서 낮은 성과를 내는 사람은 소위 말하는 '파워업', '레벨업'을 잘 해내지 못한다. 그들과 대화해보면 자신이 얼마나 많은 것을 배워왔고 이뤄냈는지 별로 인식하지 못하고, 자신이 앞으로 무엇을 이뤄낼 수 있는지에 대한 자신감도 별로 없다는 것을 알 수 있었다. 객관적으로 봤을 때 많은 것을 이뤄낸 사람조차 자신의 성과를 과소평가하고, 스스로에 대한 자신감이 별로 없다.

뛰어난 성과를 계속해서 이루고자 한다면 자신이 해낸 승리의 기분을 즐기는 습관을 가질 필요가 있다. 연말까지 기다렸다가 한 해의 성과를 돌아보는 식으로는 하지 마라. 나는 매주 일요일 밤 30분씩 시간을 내어 지난 한 주간의 성과를 돌아보고 승리의 기분을 즐기는 습관을 가져보라고 제안하고 싶다. 지난 한 주 동안 무엇을 배웠는가? 지난 한 주 동안 잘 처리한 일은 무엇인가? 지난 한 주 동안의 성과 가운데 스스로 칭찬할 만한 것은 무엇인가? 간단한 방법이지만, 자신감을 높이는 데 매우 효과적인 방법이다.

하이 퍼포먼스 프롬프트

1. 내가 지금까지 높은 수준의 능력(지식, 기술, 기량 등)을 갖기 위해 열심히 노력해온 분야는…

2. 지금까지 능력을 높여온 것에 대해 스스로 칭찬을 해줄 때 느낄 것 같은 기분은…

3. 지난 몇 년 동안 높은 능력을 갖게 됐음에도 스스로에게 칭찬해주지 못한 분야가 있다면…

4. 내가 이 분야에서 뛰어난 학습 능력을 보여왔기 때문에 인생의 큰 도전을 이겨낼 수 있다는 기분이 드는 분야는…

5. 자신감을 높이기 위해 내가 매주 실행할 습관은…

자신의 정체성에 부합하는 삶을 살아라

> 자기 자신에 대한 믿음은 성공의 첫 번째 비결이다.
>
> -랠프 월도 에머슨

우리 인간이 보편적으로 추구하는 중요한 목표 가운데 하나는 자신이 생각하는 최선의 모습에 부합하는 삶을 살아가는 것이다. 나는 내 전작인 《충전》에서 한 개의 장을 할애해 이에 관해 논의한 바 있다.

자신이 생각하는 최선의 모습에 부합하는 삶을 살기 위해서는 그런 삶을 상상만 하는 게 아니라 자기 자신에게 직접 물어봐야 한다. 이렇게 자문해보라. "나는 나 자신에게 솔직한가?" "나는 나와 주위 사람들에게 진실한가?" "나는 평소에 말과 생각에 부합하는 행동을 하고 있는가?" "나는 나 자신에 대해 무엇을 알고 있는가?" "세상이 내게 도전해올 때 나는 그 도전에 당당히 맞서는가?" 이런 질문에 대한 대답이 우리를 규정하고, 우리의 운명을 상당 부분 결정한다.

진정한 자신의 모습으로 살아간다는 것은 어려운 일이다. 우리 내면의 다양한 부분이 끊임없이 상호작용하기 때문이다. 우리가 처한 상황이 달라질 때마다 우리의 정체성, 성격, 심리 상태 등도 다른 식으로 표출된다. 직장에서는 록스타처럼 주목받고 활발하던 사람이 집에만 가면 움츠러들고 배우자가 시키는 일만 하는 소극적인 모습을 보일 수 있다. 친구들과 있을 때는 유쾌하게 적극적으로 잘 노는 사람이 침대에서는 수줍고 소극적인 태도를 보일 수 있다. 평소에는 사람들에게 공격적인 모습을 보이던 사람이 정작 필요한 순간에는 움츠러드는 모습을 보일 수 있다. 서로 다른 상황에서 서로 다른 모습을 보이는 것은 자연스러운 일이고, 어떻게 보면 건강한 반응이기도 하다. 언제 어떤 상황에서도 똑같은 모습만 보인다면 그런 사람의 삶은 매우 건강하지 못한 게 된다. 그럼에도 우리는 자신의 진짜 모습이 무엇인지, 자신이 진짜로 원하는 삶이 무엇인지 항상 알아내려고 해야 한다. 자신의 정체성을 찾고 그것을 지켜내야 한다.

이를 위해서는 세심한 선택과 작업이 필요하다. 어떤 사람은 어렸을 때 누구에게도 사랑을 받지 못해서 자신은 사랑받는 사람이 아니라는 정체성이 형성됐을 수 있다. 그럼에도 불구하고 어른이 된 후에는 스스로 사랑받는 사람이라는 정체성을 만들어나갈 수 있다. 어쩌면 당신은 지금까지 자신이 원하는 수준의 주목이나 존경을 받아본 적이 없을 수 있다. 하지만 이제부터는 스스로가 주목받고 존경받는 사람이라는 정체성을 만들어나갈 수 있다. 어쩌면 지금까지 누구도 당신에게 자신의 힘으로 자신의 세상을 바꿀 수 있다는 자신감을 불어넣어주지 않았을 수 있다. 그렇다면 이제는 그와 같은 자신감을 스스로 만들어내야 한다. 자신의 정체성은 스스로 만들어낼 수 있다.

하이퍼포머는 자신의 정체성을 스스로 긍정적인 방향으로 결정한다. 다른 사람에 의해 형성되는 정체성을 수동적으로 받아들이기만 하는 것은 하이퍼포머의 방식이 아니다. 그들은 인생의 어느 시점에 인생의 중요한 계기를 맞아, 자신이 어떤 사람이 되고 싶은지를 스스로 결정하고, 그와 같은 자아상에 부합하는 삶을 살아가기 시작한다.

하이퍼포머는 의식적으로 자신의 정체성을 만들고,

그 정체성에 맞게 자신의 생각과 기분과 행동을 맞춰나간다.

　스스로 선택한 정체성에 부합하는 삶을 살아가는 기간이 늘어날수록 자신의 삶에서 느끼는 전반적인 자신감이 커진다. 나는 하이퍼포머와의 인터뷰에서 다음과 같은 말을 너무나 많이 들었다. "저는 부모님을(기존의 직업을, 제가 가지고 있던 오랜 인간관계를) 떠나 제가 진짜로 하고 싶은 일을 하기로 결정했습니다." "저는 저의 진짜 모습에 맞는 새로운 일을 찾기로 했습니다." "저는 삶에서 저의 의지를 더욱 강하게 드러내기로 했습니다."

　하이퍼포머는 거짓된 삶을 살지 않는다. 인터뷰에 응했던 가장 높은 성과지수를 나타낸 서른 명 가운데 여섯 명은 사회생활 초년 시절에는 자신의 정체성과 다른, 즉 거짓된 삶을 살았지만, 더 이상은 그런 삶을 살지 않는다고 했다. 하이퍼포머는 스스로 선택한 정체성에 부합하는 삶을 살려고 하며, 그것을 위해 자신의 역량을 집중한다. 스스로 선택한 정체성에 부합하는 삶을 사는 사람들은 자신감과 자부심이 크고, 자신의 진짜 삶을 산다고 생각하기 때문에 삶에 대한 전반적인 만족감도 크다. 앞의 일화에서 나는 오로라에게 그녀의 정체성은 챔피언에 있다고 말해줬고, 자신의 정체성을 확인한 그녀는 그 정체성에 맞게 생각하고 행동하기 시작했다. 이렇듯 자신의 정체성을 '강한 사람'으로 인식하는 순간 자신감이 즉각적으로 커지는 경우도 있다.

　자신의 정체성에 맞는 삶을 살기 위해서는 자기 정체성을 명확하게 파악하는 것이 우선이다. 정체성을 분명하게 알지 못하는 상태에서 그에 부합하는 삶을 산다는 건 처음부터 불가능한 일이다. 다시 말해 명확성이 없으면 자기 정체성에 부합하는 삶도 없고, 그러면 성공의 필수 요소인 자신감도 없다. 따라서 'HABIT 1'의 내용을 분명히 숙지하고, '명확성 차트'를 효과적으로 활용하기 바란다. 한 주에 한 번씩 명확성 차트를 작성함으로써 자신이 어떤 사람이 되고 싶은지를 명확히 하고, 그 정체성에 맞는 삶을 추구하라. 이것이 큰 자신감을 이끌어내는 효과적인 방법이다.

하이퍼포머는 자기 자신과 다른 사람들에게 진실한 삶을 살 때 자신감이 더 커진다고 말했다. 자기 자신에 대해 조금이라도 거짓된 삶을 사는 건 최대한 피해야 하며, 그런 상황을 방치한다면 나중에 큰 문제와 맞닥뜨렸을 때 돌이킬 수 없는 상황에 이를 수 있다. 우리의 심장과 영혼은 우리가 자신에게 솔직한 삶을 살고 있는지를 알고 싶어 한다. 자기 자신에게 솔직한 삶을 살지 못한다면 자신감이 떨어지면서 성과 역시 추락하게 된다. 자신에게 솔직해지고, 자신이 살고 싶은 삶을 추구하라. 그것이 자신감을 높이고 뛰어난 성과를 이끌어내는 방법이다.

하이 퍼포먼스 프롬프트

1. 내가 내 인생에서 되고 싶은 사람은…

2. 그런 사람이 되기 위해서 내가 매주 실행할 세 가지 행동은…

3. 내가 꿈꾸는 자아상에 맞게 살기 위해 즉시 그만둬야 할 세 가지 행동은…

사람들과의 소통을 즐겨라

> 다른 사람들에게 인기를 끌기 위해 2년 동안 노력하는 것보다,
> 두 달 동안 다른 사람들에게 관심을 가질 때 더 많은 친구를 만들 수 있다.
> ─데일 카네기 Dale Carnegie

앞에서 언급했듯이 하이퍼포머는 다른 사람들에게 높은 영향력을 지니기를 바란다. 그들은 다른 사람들과의 소통을 좋아한다. 다른 사람들은 어떻게 생각하고 있는지, 어떤 도전에 직면해 있는지, 무슨 주장을 가지고 있는지 등을 알려고 하며, 자신이 알게 된 것을 다른 사람들과 공유하려고 한다. 그렇다고 해서 외향적인 성격이 뛰어난 성과에 유리하다는 의미는 아니다. 성격이 내향적이냐 외향적이냐는 성과에 영향을 끼치지 않는다. 오히려 최근에 900여 명의 기업 CEO를 대상으로 진행한 조사에 따르면 절반이 조금 넘는 CEO가 내향적인 것으로 나타나기도 했다.[7] 이 결과를 봤을 때 외향적이거나 내향적인 성격이 성과에 영향을 끼치는 것은 아니라고 말할 수 있다.

그렇다면 하이퍼포머가 다른 사람들에게 높은 수준의 관심을 갖는 이유는 무엇일까? 그들은 왜 다른 사람들에게 그토록 호기심을 가지는 걸까? 다른 사람들에게 먼저 말을 걸고, 질문하고, 관심을 내보이는 그 자신감은 어디에서 나오는 걸까?

하이퍼포머는 다른 사람들과의 소통이 얼마나 가치 있는지를 이미 경험했기 때문이다. 세상과 자기 자신에 대해 더 많은 것을 알아내는 가장 효과적인 방법은 다른 사람들과 소통하는 것이다. 또한 자신에게 진실해지고 더 높은 수준의 능력을 추구하도록 자극받는 것도 다

른 사람들과의 소통을 통해 이뤄진다. 우리도 이미 그런 경험을 했을 것이다. 다른 사람들과 더 많이 함께 할수록 자기 자신에 대해 더 잘 알게 되고, 새로운 사고방식과 기술은 물론이고 일하는 새로운 방식도 배우게 된다. 나와 인터뷰를 했던 하이퍼포머도 그와 같이 말하면서, 그렇기 때문에 다른 사람들과의 소통에 적극적으로 나선다고 했다.

자신이 외향적인 사람이 아니더라도, 더욱이 다른 이들과 어울리는 걸 좋아하는 유형이 아니더라도 다른 사람들과 소통하려 해야 한다. 다른 사람들에게서 무언가를 배우고 싶은가? 다른 사람들이 어떻게 생각하고 있는지, 어떤 어려움을 겪고 있는지, 어떤 주장을 가지고 있는지 알고 싶은가? 이를 위해서는 다른 사람들과 소통하는 것 외에 다른 방법은 없다. 다른 사람들과의 소통을 통해 이런 것들을 알게 된다면 자신의 일에서 더 큰 자신감을 갖게 될 것이다. 적어도 나와 인터뷰했던 하이퍼포머는 그렇게 생각하고 있었다.

'나는 다른 사람들에게서 무언가를 배우고 싶고 다른 사람들에 대해 더 많이 알고 싶다. 그렇기 때문에 다른 사람들과 잘 지내고 싶고, 그렇게 할 것이다.' 하이퍼포머는 이렇게 생각하기 때문에 사람들을 대할 때 자신감을 갖는다. 인터뷰에 응해준 하이퍼포머 가운데 이렇게 말하는 사람은 아무도 없었다. "나는 다른 사람들이 내게서 무언가를 배웠으면 좋겠다. 또한 나는 그들이 내게 관심을 갖게 만들 수도 있다. 그렇기 때문에 나는 다른 사람들과 잘 지낼 거라고 생각한다." 낮은 성과를 내는 사람들은 다른 사람들과의 관계에서 자신의 역할에 대해 잘 신경 쓰지 못하는 모습을 보인다. 하지만 사람들과의 관계에서 중요한 것은 일방적인 전달이 아니라 상호 소통이며, 자신감도 여기에서 나온다.

1. 내가 다른 사람들과 잘 지내고 싶은 가장 큰 이유는…

2. 다른 사람들과의 관계에서 더 큰 자신감을 갖기 위해 할 수 있는 일이 있다면…

3. 다른 사람들과의 관계에서 더 큰 자신감을 갖기 위해 다른 사람들에게 말을 할 때 내가
   가져야 할 생각은…

책을 마치며

자기 자신을 믿는 순간 어떻게 살아야 할지가 보일 것이다.

-괴테

자신감을 높이는 세 가지 습관, 즉 능력의 계발, 정체성에 부합하는 삶, 사람들과의 소통을 관통하는 하나의 테마가 있다. 바로 호기심이다. 능력의 계발을 이끌어내는 것도 호기심이고, 자신의 정체성을 찾고 그에 부합하는 삶을 살고 있는지 계속해서 확인하게끔 하는 것도 호기심이고, 소통의 대상을 찾게 만드는 것도 호기심이다. 이런 관점에서 나는 다음과 같은 공식 하나를 제안하려고 한다.

호기심 × (능력 + 정체성에 부합하는 삶 + 소통) = 자신감

뛰어난 성과를 내는 가장 중요한 요인인 자신감을 높이기 위해 초월적인 존재가 될 필요는 없다. 필요한 능력을 키우고, 자신의 정체성에 부합하는 삶을 살고, 다른 사람들에게 관심을 가지는 것으로 충분하다. 그런가 하면 호기심은 자신감을 높여줄 뿐 아니라, 우리 삶의 전반적인 행복도를 높여준다.[8] 호기심은 우리 삶에 즐거움과 활력을 가져다주는 유발인자라 할 수 있다. 그리고 이런 삶을 살기 위해서는 마음에 다음과 같은 의식이 흐르고 있어야 한다.

- 나는 무엇을 해야 하고 어떻게 가치를 더해야 하는지 알고 있다(그리고 그렇게 하고자 하는 의지를 가지고 있다).
- 나는 내가 되고자 하는 그런 사람으로서의 삶을 살고 있다.
- 나는 다른 사람들에게서 무언가를 배우고 다른 사람들에게 도움을 주고자 하는 마음을 가지고 있기 때문에 다른 사람들과 잘 소통할 수 있다.

마음에 이런 의식이 흐르고 실제 삶도 이와 같다면 계속해서 뛰어난 성과를 만들어낼 수 있다.

자신감을 갖는 것, 뛰어난 성과를 내는 것 모두 쉬운 일은 아니다. 뛰어난 성과를 내기 위한 과정은 언제나 투쟁을 수반한다. 발전하기 위해서는 쉬운 길을 찾는 게 목표가 되어서는 안 된다. 우리의 목표는 성장이어야 한다. 이 책에서 언급한 습관들을 자신의 것으로 만드는 과정은 무척이나 어려운 길이 되겠지만, 그 어려움마저 수용하겠다는 태도를 가질 필요가 있다.

뛰어난 성과를 향해 나아가는 길에서 이 책이 좋은 지도가 되기를 바란다. 이 책에 소개된 뛰어난 성과를 위한 식스 해빗을 자신의 것으로 만들고, 다음 단계로의 성장에 도전할 때 더 큰 자신감을 갖게 되기를 바란다. 살아가면서 항상 호기심을 갖고, 다음의 습관들을 통해 전보다 더 나은 삶을 이뤄내기를 바란다.

1. **자신이 원하는 것을 명확히 그린다.** 자신이 어떤 사람이 되고 싶은지, 다른 사람들과 어떤 식으로 상호작용을 하고 싶은지, 자신의 삶에서 무엇에 가장 큰 의미를 두고 있는지를 명확히 한다.

2. **건강한 활력 상태를 유지한다.** 집중력, 추진력, 행복감 등을 유지하기 위해서는 건강한 활력이 뒷받침돼야 한다. 하이퍼포머는 심리적·육체적·정서적 건강 상태에 대해 항상 관심을 갖는다.

3. **강력한 당위성을 찾는다.** 자신이 뛰어난 성과를 내야만 하는 이유를 적극적으로 찾는다. 뛰어난 성과를 내야만 하는 당위성은 (자신의 정체성, 신념, 가치관, 결과에 대한 기대 같은) 자신의 내적 기준과 (사회적 의무, 경쟁 상황, 공공에 대한 봉사 같은) 외부로부터 제기되는 요구를 토대로 만들어져야 한다.

4. **중요한 일의 생산성을 높인다.** 자신이 인정받거나 큰 영향력을 가지길 바라는 분야에서 높은 품질의 결과물을 많이 만들어내려고 해야 한다. 이를 위해 시간과 노력을 집중할 필요가 있다.

5. **사람의 마음을 움직이는 영향력을 키운다.** 주위 사람들로부터 신뢰를 얻고, 자신의 목표를 추구하는 데 있어 주위 사람들의 지지와 도움을 이끌어낼 수 있어야 한다. 지지와 도움을 받을 수 있는 인적 네트워크를 만들어내지 못하면 성공을 계속 이어나가는 일은 사실상 불가능해진다.

6. 의지적으로 용기를 보인다. 두려움, 불확실성, 갑작스러운 상황 변화 앞에서도 과감하게 자신의 생각을 드러내고 행동을 취할 수 있어야 한다. 그리고 자신과 함께 일하는 사람들의 입장을 적극적으로 옹호하려고 해야 한다.

자신이 원하는 것을 명확히 그린다. 건강한 활력 상태를 유지한다. 강력한 당위성을 찾는다. 중요한 일의 생산성을 높인다. 사람의 마음을 움직이는 영향력을 키운다. 의지적으로 용기를 보인다. 이상이 바로 자신이 추구하는 분야에서 뛰어난 성과를 내는 데 필요한 식스 해빗이다. 큰 자신감으로 삶에 임하고, 자신의 삶에서 뛰어난 성과를 이루고자 하는 사람은 식스 해빗을 자신의 것으로 만들어야 한다.

식스 해빗을 리스트로 만들어 항상 확인하라. 이제부터는 회의에 참석하기 전에, 전화를 걸기 전에, 새로운 프로젝트나 목표를 추진하기 전에 자신이 기억해야 하는 습관이 무엇인지 다시 한 번 확인하라.

또한 60일에 한 번씩은 자신의 성과지수가 얼마나 되는지 진단해 보고, 더 관심을 가져야 하는 습관이 무엇인지 파악하라. 우리의 웹사이트를 통해 성과지수를 진단받았다면 앞으로 60일마다 성과지수 진단을 받을 때가 되었다는 이메일이 갈 것이다. 아니면 자기 일정에 맞춰 HighPerformanceIndicator.com을 방문하면 언제든지 무료로 성과지수 진단을 받아볼 수 있다.

지금으로부터 20여 년 전, 나는 피를 잔뜩 뒤집어쓴 채 다 부서진 자동차에 널브러져 있었다. 심각한 교통사고였다. 거의 죽음에 이르렀던 그 날, 나는 사람이 죽음에 임박하면 그동안의 삶이 행복했었는지부터 돌아본다는 것을 알게 됐다. 그리고 내 경우는 구체적으로 이런 질문들이 떠올랐다. '나는 그동안 충실한 삶을 살았는가? 다른 이들을 사랑했는가? 의미 있는 일을 했는가?' 이 질문들에 대한 내 대답은 그리 만족스러운 것이 아니었고, 그 사고를 계기로 삶을 대하는 나의 태도는 완전히 달라지게 됐다. 나는 내게 주어진 두 번째 삶의 기회에서는 내가 될 수 있는 '최선의 나'가 되자고 다짐했다. 그리고 최선의 나를 추구하는 과정에서 많은 것들을 배우게 됐고, 그 배움 중에는 이 책의 주제인 뛰어난 성과를 만들어내는 식스 해빗도 포함돼 있었다.

이 책을 읽은 독자 여러분도 자신이 될 수 있는 '최선의 나'를 추구하고, 자신의 삶을 더욱 행복하고 만족스러운 것으로 만들기 바란다. 자신의 삶을 자랑스러운 것으로 만들어줄 이 책의 습관들을 매일같이 실행하기 바란다. 자신의 삶에서 뛰어난 성과를 추구하며 그에 수반되는 투쟁을 기꺼이 받아들이고, 다른 이들에게 도움이 되는 삶을 살기 바란다. 그리고 어느 날 자신의 삶을 돌아봤을 때 꿈꾸던 것 이상의 성과를 이뤄냈다고, 열심히 노력했고 원하던 삶을 살았다고 말할 수 있기를 바란다. 여러분의 목표가 무엇이든 절대로 포기하지 말기를 바란다. 여러분 자신이 결정하기만 하면 삶에서 뛰어난 성과를 이뤄낼 수 있다.

이건 누구에게라도 일어날 수 있는 현실이다.

이제 그 현실을 자신의 것으로 만들어보자.

3장

요약 : 그레이트 식스 해빗,
내 삶에 새겨넣어야 할
초격차 습관

당신이 무엇을 하는 사람이든, 좋은 사람이 되기를.

-에이브러햄 링컨

퍼스널 해빗

HABIT 1: 자신이 원하는 것을 명확히 그린다

1. **미래의 모습을 구체적으로 상상하라.** 자신의 미래상을 분명하게 수립한다. 자신이 어떤 사람이 되고 싶은지, 다른 사람들과 어떤 식으로 상호작용을 하고 싶은지, 앞으로 어떤 역량을 계발해야 하는지, 어떻게 해야 최고의 가치를 창출함으로써 세상에 기여하는 사람이 될 수 있을지 등에 관해 자신의 의지와 개념을 명확하게 세운다. 어떤 상황에 처하더라도 항상 (자기 자신, 사회, 역량, 기여 등의) 네 가지 영역에서 생각하고 행동한다.

2. **자신의 기분을 스스로 결정하라.** 다음의 질문을 자신에게 지속적으로 제기하라. "이번 상황을 대할 때 내가 가지고자 하는 주된 기분은 무엇인가? 이번 상황으로부터 내가 갖고자 하는 주된 기분은 무엇인가?" 어떤 상황에 대해 심리적 무방비 상태로 맞닥뜨리거나, 해당 상황이 만들어내는 기분을 그대로 받아들이지 마라. 일과 삶에서 자신이 경험하고 싶고 주위 사람들과 공유하고 싶은 기분

을 유지할 수 있도록 기분에 의지를 개입시킨다.

3. **나에게 의미 있는 것을 구분하라.** 모든 성취가 다 중요한 것은 아니다. 자신에게 의미 있는 성취가 중요하다. 자신에게 열정, 사회 관계, 만족감 등을 가져다줄 수 있는 목표들을 선별해 거기에 시간과 노력을 집중하라. 자신에게 항상 이렇게 물어보라. "이번의 일은 나에게 어떤 의미를 가지고 있는가?"

HABIT 2: 건강한 활력 상태를 유지한다

1. **긴장감을 낮추고, 새로운 의지를 세워라.** 하나의 일에서 다음의 일로 '전환'이 이뤄질 때 긴장감을 낮추고, 새로운 의지를 세운다. 잠깐 눈을 감고, 심호흡을 하고, 긴장을 풀고, 새로운 의지를 세우는 식으로 진행하면 된다. 하나의 일에서 다음의 일로 전환할 때, 혹은 한 시간에 한 번씩은 이 과정을 진행하라. 이 간단한 과정을 통해 새로워진 활력과 높아진 집중력으로 일을 진행할 수 있다.

2. **내 삶에 즐거움을 가져오라.** 자신의 삶에서 더 많은 활력을 이끌어내고 그 활력을 기반으로 더 나은 삶을 추구하고자 한다면 자신의 삶에 더 많은 즐거움을 가져오려고 해야 한다. 자기 행동에 대해 긍정적인 결과를 기대하고, 자기 자신에게서 긍정적인 기분을 이끌어내는 질문을 하고, 긍정적이면서 감사하는 마음을 유발하는 장치를 마련하고, 자신에게 일어나는 작은 일들과 주위 사람들에 대해 고마워하는 마음을 갖는다.

3. **운동으로 활력을 만들어라.** 무언가를 빠르게 배워야 하고, 스트레스를 관리해야 하고, 항상 무언가를 경계해야 하고, 집중해야 하고, 기억력을 높게 유지해야 하고, 긍정적인 기분을 가져야 한다

면, 충분히 자고, 운동하고, 건강한 식사를 해야 한다. 의사, 트레이너, 영양사 등의 전문가들로부터 건강에 관한 조언을 받아라. 또한 우리는 이미 건강한 삶에 관한 많은 지식을 가지고 있다. 그 지식을 실행으로 옮겨라!

HABIT 3: 강력한 당위성을 찾는다

1. **나의 성과로 누가 도움을 받을지 생각하라.** 자기 자신을 위해서, 그리고 다른 누군가를 위해서 반드시 뛰어난 성과를 내야만 한다는 당위성을 인식하지 못하면 뛰어난 성과를 낼 수 없다. 이제부터는 일하기 위해 자신의 자리에 앉을 때마다 스스로에게 이렇게 물어보라. "지금부터 내가 만들어낼 수 있는 최고의 성과는 누구에게 가장 도움이 될 것인가? 나의 정체성과 사회적 의무를 생각했을 때 나는 오늘 무엇을 반드시 이뤄내야 하는가?"

2. **목표의 이유를 공개하라.** 자신이 추구하는 목표를 왜 이뤄야 하는지 다른 사람 앞에서 밝히는 것은 자신의 목표에 대한 더 강한 확신과 사회적 의무감을 만들어내는 효과가 있다. 자기 목표를 다른 사람 앞에서 밝히는 순간 그 목표에 부합하는 삶을 살아야 한다는 더 강한 동기의식을 갖게 된다. 목표 달성의 당위성을 더욱 높이고자 한다면 앞으로 내가 어떤 목표를 추구할 것이고 그 목표를 추구하는 이유는 무엇인지 다른 사람들 앞에서, 그리고 자기 자신에게 선언하라.

3. **나보다 더 뛰어난 사람들과 교류하라.** 감정이나 성과는 같은 집단 내에서 공유되는 성향을 보인다. 이런 이유에서 가장 긍정적이면서 뛰어난 성과를 내는 사람들과 더 많이 어울리려고 해야 한다.

우리를 지지해주고 우리에게 도움을 줄 수 있는 사람들과 인적 네트워크를 만들어라. 자기 자신에게 이렇게 물어보라. "어떻게 해야 최고의 사람들과 함께 이번 프로젝트를 진행할 수 있을까? 어떻게 해야 함께하는 사람들이 더 높은 기준을 갖도록 설득할 수 있을까?"

소셜 해빗

HABIT 4: 중요한 일의 생산성을 높인다

1. **중요한 일에 더 집중하라.** 자신의 성공, 경쟁에서의 승리, 세상에 대한 기여라는 관점에서 가장 중요한 목표가 무엇인지 결정한다. 그 목표를 추구하는 데 집중하고, 나머지 일에 대해서는 '노'라고 말한다. 가장 중요한 분야에서 '우수한 결과의 대량생산'을 추구한다. 그리고 중요한 일을 중요하게 대하는 게 중요하다는 점을 기억하라.

2. **가장 중요한 다섯 가지의 행동을 결정하라.** "내가 가장 열망하는 목표를 이루기 위해 내가 취해야 하는 다섯 가지 행동을 꼽는다면 무엇이 있을까?" 자신이 가장 열망하는 목표를 이루기 위해 취해야 하는 다섯 가지 행동을 완수 가능성, 마감 시한, 구체적인 내용 등의 관점에서 생각해보라. 그런 다음 이런 행동을 추진하기 위한 구체적인 계획을 수립하라. 그 계획은 남들에게 보여줄 수 있을 정도로 완성된 것이어야 한다.

3. **끝내주는 실력을 갖춰라.** 자신의 주된 관심 영역에서 자신이 원하는 사람이 되기 위해 향후 3년 안에 높은 수준의 실력을 갖춰야 하

는 다섯 가지 분야를 결정한다. 그리고 이들 분야의 실력을 높이는 데 진행형 실력 습득이라는 열 단계 접근법을 활용한다. 자신의 성공에 필요한 중요한 분야의 실력을 높이는 것은 뛰어난 성과를 내는 데 가장 기본이 되는 일이다.

HABIT 5: 사람의 마음을 움직이는 영향력을 키운다

1. **사고방식에 변화를 만들어주라.** 우리는 다른 사람들이 자기 자신에 대해, 그들 주위의 다른 사람들에 대해, 이 세상에 대해 어떻게 생각하기를 바라는가? 다른 사람들의 사고방식에 변화를 만들어주기 위해서는 꾸준히 소통해야 하며, 다음의 방식으로 말을 꺼내는 게 효과적이다. "그건 이런 식으로 생각해봅시다." "그 일에 대해 어떻게 생각하는지……." "우리가 이렇게 해본다면 어떻게 될 거라고 생각하는지……."

2. **도전의식을 자극하고 영감을 불러일으켜라.** 다른 사람들의 도전의식을 자극할 때는 세 가지 영역에서 접근할 수 있는데, 그 첫 번째는 기본 태도의 발전을 자극하는 것이고, 두 번째는 인간관계의 발전을 자극하는 것이고, 세 번째는 세상에 더 많이 기여하도록 자극하는 것이다. 사람들이 지금 하는 일에 정말로 최선을 다하고 있는지, 주위 사람에게 더 잘 대해줄 수는 없는지, 세상에 더 큰 기여를 할 수는 없는지 계속해서 물어보라.

3. **롤모델이 되어라.** 하이퍼포머의 71퍼센트가 롤모델로서의 자신의 모습에 대해 매일 생각하고 있으며, 그들은 가족 구성원, 팀원, 지역사회에 대해 자신이 바람직한 롤모델이 되기를 바란다고 말했다. 훌륭한 롤모델이 되기 바란다면 자기 자신에게 이렇게 물어보

라. "다른 사람들이 더 큰 자신감을 갖고, 자신의 진짜 모습을 추구하고, 진심으로 최선을 다해 다른 이들에게 도움을 주도록 이끌기 위해서는 어떻게 해야 할까?"

HABIT 6: 의지적으로 용기를 보인다

1. **힘든 일과의 투쟁을 기꺼이 받아들여라.** 무언가를 배우거나 세상에 기여하려고 할 때 그에 수반되는 어려움에 대해 불평하지 마라. 목표를 이뤄내고 마음의 평온을 얻는 과정에서 투쟁은 불가피한 것이며, 그런 투쟁을 필요한 것, 중요한 것, 긍정적인 것으로 인식하라. 자기의 발전과 꿈을 추구하는 과정에서 겪게 되는 어려움에 대해 슬퍼하지 말고, 자신에게 주어지는 도전을 기꺼이 받아들여라.

2. **솔직하게 야망을 드러내라.** 우리 인간이 추구하는 가장 중요한 가치는 자유다. 아무런 제약 없이 자신의 생각을 표출하고 꿈을 추구하는 자유 말이다. 자신의 진짜 모습을 나타내고, 솔직한 감정을 표현하고, 자신이 바라고 꿈꾸는 것을 자신 있게 드러낼 수 있을 때 우리는 진정한 자유를 누린다고 할 수 있으며, 이렇게 하기 위해서는 용기가 필요하다. 다른 사람의 부정적인 평가를 우려하여 움츠러들지 마라. 자신의 진짜 삶을 추구하라.

3. **인생을 걸 만한 목표를 찾아라.** 뛰어난 성과를 내기 위해서는 숭고한 목표가 필요하며, 많은 경우 이 숭고한 목표는 어떤 한 사람에게서 기인한다. 어떤 사람에게 더 안전하고 행복한 삶을 만들어주기 위해 뛰어난 성과를 추구하게 되는 식이다. 우리 인간은 자기 자신보다는 다른 누군가를 위할 때 더 큰 동기의식을 갖게 된다. 그리고 이는 더 큰 용기, 더 높은 수준의 집중력, 더 큰 목표로 이어진다.

이상이 뛰어난 성과를 만들기 위한 식스 해빗이다. 이 책에서는 여러 다양한 인생 전략들이 소개되고 있지만, 지속적인 성장을 위해 가장 중요한 내용은 이 여섯 가지 습관이다.

식스 해빗을 실행하는 데 활용할 수 있는 도표, 포스터, 평가자료, 플래너, 일기장, 기업용 연수 도구 같은 여러 가지 유용한 자료들이 HighPerformanceHabits.com/tools에 있으니 관심 있는 분들은 우리 웹사이트를 방문해보기 바란다.

주

서문

1 저술가로 활동하는 내 몇몇 친구들은 이 같은 나의 결정을 의아하게 생각했다. 이 같은 유형의 책은 구체적인 사례나 방법으로 제시한 내용 때문에 금세 그 유효성을 잃어버릴 수 있기 때문이다. 일례로 짐 콜린스(Jim Collins)가 쓴 《좋은 기업을 넘어 위대한 기업으로(Good to Great)》의 경우 위대한 기업으로 소개된 서킷시티(Circuit City)는 파산에 이르렀고, 패니메이(Fannie Mae)의 경우는 사기성 금융상품을 판매하면서 2008년 금융위기의 주요 원인을 제공한 바 있다. 위대한 기업으로 소개된 웰스파고(Wells Fargo)는 부정행위를 한 이유로 1억 8,500만 달러의 벌금을 부과받았고, 부정행위에 연루된 5,000명 이상의 직원을 해고해야만 했다. 개리 해멀(Gary Hamel)이 쓴 〈꿀벌과 게릴라(Leading the Revolution)〉의 경우 엔론(Enron)을 혁신기업으로 소개했지만, 엔론은 미국 역사상 가장 부패한 기업으로 드러났고, 그에 대한 책임이 있는 경영자들은 유죄 판결을 받고 교도소에 수감됐다. 톰 피터스(Tom Peters)가 쓴 《초우량 기업의 조건(In Search of Excellence)》에서는 아타리(Atari), NCR, 왕랩(Wang Labs), 제록스(Xerox) 같은 기업들을 가장 성공한 기업으로 소개했지만, 지금은 시장에서 사라졌거나 존재감이 없는 기업으로 주저앉았다. 지금 언급한 저자들이 틀린 이야기를 썼다는 의미가 아니다. 기업의 성과를 중심으로 책을 쓰는 경우 시장 상황이 변하고 기업의 성과가 달라지면 책의 내용은 부적절한 것이 될 수 있다는 의미다. 게다가 기업의 성과라는 것 자체가 잘못된 관념이다. 성과를 만들어내는 것은 기업이 아니라 사람이다. 그래서 나는 이 책을 쓰면서 기업 이야기는 다루지 않기로 했다. 나는 성과 코치이자 뛰어난 성과를 연구하는 사람의 시각으로 성공하는 사람의 행동 양식과 습관에 대해 다루기로 했다. 나는 유명한 사람의 사례도 다루지 않기로 했다. 단기적으로는 책 마케팅에 도움이 되겠지만, 얼마의 시간이 지나면 그 내용이 부적절한 것이 될 수 있기 때문이다. 기업과 마찬가지로 개인도 성공의 자리에서 추락할 수 있다. 누구라도 언젠가는 성공의 자리에서 내려오게 마련이다. 나는 억지로 과장하면서 이 책을 쓰지 않았다. 뛰어난 성과라는 건 영원히 지속될 수 있는 성격의 것은 아니다. 나는 지금 시점에서 스타로 평가받는 사람이 아닌, 성공 전략에 초점을 맞춰 이 책을 썼다. 그리고 독자의 이해를 돕고 흥미를 이끌어내기 위해 내가 겪었던 코칭 일화와 개인적인 경험을 곁들였다. 그 대신에 이 책의 내용과 관련된 실제 사

례와 연구들은 내가 운영하는 여러 온라인 채널에 공개되어 있다. 나는 단순히 인터뷰하고 이야기하는 사람이 아니라, 고객과 함께 실제 결과를 만들어내야 하는 사람이다. 그리고 그 과정에서 알게 된 것들을 이 책에 소개하고 있다. 이 책에 나온 방법론을 통해 성공을 이룬 사람들과 나에 대해 더 자세히 알고 싶다면 내가 진행하는 아이튠스의 팟캐스트를 들어보기 바란다. 그리고 내가 제시하는 방법론에 관해 학술적으로 접근하고자 한다면 내가 운영하는 웹사이트 HighPerformanceInstitute.com을 방문해보기 바란다.

타고난 재능을 뛰어넘어

1 내 고객들과 수강생들의 개인 정보를 보호하기 위해 이 책의 일화에 나오는 사람들은 전부 가명 처리를 했고, 일화의 내용에도 변화를 주었다. 따라서 이 책의 일화에 나오는 사람들과 그들이 처한 상황은 실존하는 것이 아님을 밝혀둔다.

2 Dweck, C. S. (2008); Dweck, C. S., & Leggett, E. L. (1988).

3 Duckworth, A. L. (2016); Duckworth, A. L., et al. (2015).

4 Ericsson, K. A., & Pool, R. (2016a); Ericsson, K. A. (2014).

5 Munyon, T. P., et al. (2015); Goleman, D., et al. (2013); Goleman, D. (2007).

6 See Bossidy, L., et al. (2011); Seidman, D. (2011).

7 Reivich, K., & Shatté, A. (2002).

8 Ratey, J. J., & Hagerman, E. (2008).

9 우리의 최근 연구 결과는 HighPerformanceInstitute.com에서 확인할 수 있다.

10 아홉 가지 요인에 대한 보다 학문적인 논의는 HighPeformanceInstitute.com/research에서 찾을 수 있다.

HABIT 1

1 Campbell, J. D., et al. (1996).

2 Locke, E. A., & Latham, G. P. (2002).

3 Gollwitzer, P. M., & Brandstätter, V. (1997).

4 Gollwitzer, P. M. (1999); Gollwitzer, P. M., & Oettingen, G. (2016).

5 Torrance, E.P. (1983).

6 더 빠르고 자신감 있는 목소리가 뛰어난 성과의 징후는 아니라는 반론이 있을 수 있다. 어쩌면 대답하는 사람이 창의력이 높거나 상황을 파악하는 능력이 뛰

어난 것일 수 있다. 아니면 대답하는 사람이 외향적이고 자기주장을 좋아하는 유형일 수도 있다. 하지만 우리는 성과지수를 통해 확인했다. (우리가 조사한 바에 의하면 창의력이나 자신감이 낮게 나타난 사람 중에도 더 빠르고 자신감 있는 목소리로 대답하는 경우가 꽤 있었다.) 성과지수는 창의력이나 외향성과는 강한 상관관계가 나타나지 않았다. 어쩌면 더 빠르고 자신감 있는 목소리로 대답했던 사람은 우리가 제시한 질문이 익숙했기 때문에 그렇게 했던 것일 수 있다. 이에 관해서는 나중에 더 자세히 확인해볼 필요가 있다는 생각이다.

7 Goleman, D. (1998); Goleman, D., et al. (2001, 2013).

8 Boggs, M., & Miller, J. (2008).

9 Gottman, J., & Silver, N. (1995, 2015).

10 우리 인간은 불안감을 스트레스로 해석할 수 있고, 긍정적인 결과에 대한 큰 기대감으로 해석할 수도 있다. 그리고 불안감을 어떻게 해석하느냐에 따라 완전히 다른 기분을 갖게 되고, 완전히 다른 결과를 맞게 된다.

11 Kleinginna, P. R., & Kleinginna, A. M. (1981); Lang, P. J. (2010); Damasio, A. R. (1999).

12 여기서 말하는 반응은 외부에서의 실제 자극에 대한 반응을 의미하기도 하고, 내면의 기대감이나 예상에 대한 반응을 의미하기도 한다. 발생 가능한 어떤 일에 대해 예상하는 경우 우리 내면에서는 감정적 반응이 일어난다.

13 우리의 뇌가 주어진 상황에서 어떤 예상을 하는지, 현재 기분을 어떻게 해석하는지, 과거의 상황을 어떤 식으로 기억하고 있는지에 따라 우리가 갖게 되는 감정은 달라진다. 내가 여기에서 제시하는 예시나 잘못된 상식에도 불구하고 우리가 갖게 되는 감정은 전혀 다른 것이 될 수 있다. 인간의 뇌는 똑같은 상황이라 하더라도 매우 다양하게 해석하며, 그에 따라 인간이 갖게 되는 감정 역시 매우 다양하게 나타난다. 다음 참조. Barrett, L. F. (2017, 2017)

14 다음 참조. Lewis, M., et al. (2010).

15 Ryff, C. D., & Singer, B. (1998); Markman, K. D., et al. (2013).

16 의미에 관한 더 넓은 논의를 위해서는 다음 참조. MacKenzie, M. J., & Baumeister, R. (2014); Wrzesniewski, A. (2003); Rosso, B. D., et al. (2010).

17 Steger, M. F., et al. (2006).

18 Sun, J., et al. (2017).

19 Stillman, T. F., et al. (2009).

20 Debats, D. L. (1999); Lambert, N. M., et al. (2010); Markman, K. D., et al. (2013).

21 다음 참조. Yousef, D. A. (1998); 자율성에 관해서는 다음 참조. Herzberg, F.,

et al. (1969); 균형에 관해서는 다음 참조. Thompson, C. A., & Prottas, D. J. (2006).

22 Martela, F., & Steger, M. F. (2016).

HABIT 2

1 이 주제에 대한 더 자세한 내용은 다음 참조. Koball, H. L., et al. (2010).
2 활력과 생산성 사이에는 강한 양의 상관관계가 있다(r=.63).
3 Ogden, C. L., et al. (2015).
4 다음 참조. https://www.cdc.gov/physicalactivity/basics/adults.
5 American Psychological Association (2015).
6 American Psychological Association (2016).
7 Seppala, E., & Cameron, K. (2015); Harter, J. K., et al. (2003); Danna, K., & Griffin, R. W. (1999).
8 Ghosh, S., et al. (2013). Issa, G., et al. (2010); Tafet, G. E., et al. (2001); Isovich, E., et al. (2000).
9 다음 참조. Grossman, P., et al. (2004); Brown, K. W., & Ryan, R. M. (2003). 창의성에 관해서는 다음 참조. Horan, R. (2009).
10 Valentine, E. R., & Sweet, P. L. (1999).
11 이 책에 설명되어 있는 '긴장감을 낮추고, 새로운 의지를 세우는 시간'은 명상의 시간이라기보다는 휴식의 시간으로 봐야 한다고 말하는 사람들도 있다. 나는 이러한 견해에 대해 별도의 의견을 달지는 않으려 하며, 휴식의 시간과 명상의 시간 둘 다 강력한 효과를 만들어낸다는 정도로만 말하겠다. 휴식의 시간과 명상의 시간을 비교한 연구로 Jain, S., et al. (2007)이 있는데, 이 연구에서는 명상의 효과가 약간 더 강하다는 결론이 내려졌다. 명상의 효과에 관한, 특히 집중력에 대한 신경학 관점에서의 연구로는 Hasenkamp, W., & Barsalou, L. W. (2012)가 있다. 명상에 관한 잘못된 상식이나 연구 오류를 지적하고 있는 논문으로는 Sedlmeier, P., et al. (2012)가 있다.
12 Miller, J. J., et al. (1995).
13 Lyubomirsky, S., et al. (2005).
14 Bryan, T., & Bryan, J. (1991).
15 Sy, T., et al. (2005); Staw, B. M., & Barsade, S. G. (1993).
16 Isen, A. M., et al. (1991).

17 Isen, A. M., & Levin, P. F. (1972); Isen, A. M., et al. (1976).

18 Davidson, R. J., et al. (2000).

19 Lemonick, M. D. (2005).

20 이 방법은 자기계발 분야에서 MCII(Mental Contrasting and Implementation Intentions, 격차인식과 실천의도)라고 불리는 방식과 같은 원리를 가지고 있다. MCII는 자신이 원하는 목표를 확인하고, 목표 추구 과정에서 겪을 수 있는 난관을 생각하고, 그러한 난관을 어떤 식으로 헤쳐나갈 것인지에 대한 구체적인 의지를 세우는 식으로 진행된다. 단순히 성공한 후의 모습만을 연상하는 것은 오히려 목표 달성과 음의 상관관계를 가지고 있는 경우가 많다. 목표 추구 과정에서 겪을 수 있는 난관까지 고려된 구체적인 계획을 기반으로 성공한 후의 모습을 연상해야 목표 달성의 가능성이 더 커진다. Duckworth, A. L., et al. (2011a) and Oettingen, G., et al. (2011). Kross, E., et al. (2014).

21 Lemonick, M. D. (2005).

22 Schirmer, A., et al. (2011); Hertenstein, M. J., et al. (2009).

23 Emmons, R. A. (2000).

24 Seligman, M. E., et al. (2005).

25 다음 참조. Pilcher, J. J., & Huffcutt, A. J. (1996); Benca, R. M., et al. (1992); Cappuccio, F. P., et al. (2008).

26 다음 참조. Blazer, D. G., & Hernandez, L. M. (2006).

27 Cotman, C. W., & Berchtold, N. C. (2002).

28 Ibid.

29 Tomporowski, P. D. (2003); Tenenbaum, G., et al. (1993).

30 Foley, T. E., & Fleshner, M. (2008); Ratey, J. J., & Hagerman, E. (2008).

31 Castelli, D. M., et al. (2007); Kramer, A. F., & Hillman, C. H. (2006); Sibley, B. A., & Etnier, J. L. (2003).

32 Ratey, J. J., & Hagerman, E. (2008); Penninx, B. W., et al. (2002); Chen, C., et al. (2016).

33 Jacobs, B. L. (1994); Jacobs, B. L., & Azmitia, E. C. (1992); Ratey, J. J., & Hagerman, E. (2008).

34 Rethorst, C. D., et al. (2009); Jacobs, B. L. (1994); Jacobs, B. L., & Azmitia, E. C. (1992); Ratey, J. J., & Hagerman, E. (2008); Chaouloff, F., et al. (1989).

35 Anderson, E., & Shivakumar, G. (2015); Sparling, P. B., et al. (2003).

36 비만 관련 통계: Davis, C., et al. (2004). 과잉 소비 관련: McCrory, M. A., et al. (2002).

37 Davis, C., et al. (2004).

38 영양과 생산성에 관해서는 다음 참조. Hoddinott, J., et al. (2008); Thomas, D., & Frankenberg, E. (2002); Strauss, J., & Thomas, D. (1998).

39 Behrman, J. R. (1993).

40 수많은 원인에 관해서는 다음 참조. Grawitch, M. J., et al. (2006); Wright, T. A., & Cropanzano, R. (2000).

41 다음 참조. http://www.apa.org/news/press/releases/2016/06/workplace-well-being.aspx.

HABIT 3

1 다음 참조. Deci, E. L., & Ryan, R. M. (2010, 2002); Koestner, R. (1996).

2 Locke, E. A., & Latham, G. P. (2002).

3 다음 참조. Bandura, A., & Cervone, D. (1983).

4 다음 참조. Bandura, A. (1991).

5 다음 참조. Harkin, B., et al. (2016).

6 Teixeira, P. J., et al. (2015).

7 Frost, R. O., & Henderson, K. J. (1991).

8 다음 참조. Beilock, S. L., & Carr, T. H. (2001); Wan, C. Y., & Huon, G. F. (2005).

9 Locke, E. A., & Latham, G. P. (2002).

10 Ryan, R. M., & Deci, E. L. (2000a, 2000b).

11 Ericsson, K. A., et al. (1993). Duckworth, A. L., et al. (2011a, 2011b).

12 다음 참조. HighPerformanceInstitute.com/research.

13 Baumeister, R. F. (1984)는 성과에 대한 압박을 '어떤 일을 잘 해내야 함의 중요성을 높이는 하나의 요인, 혹은 둘 이상 요인들의 집합'이라고 규정한 바 있다. 나는 압박의 효과를 상당히 넓게 해석한다. 행동의 주체가 어떤 일을 잘 해내야 함의 중요성을 이미 십분 알고 있다 하더라도, 일의 결과가 사회화되거나 자기에게 더 큰 의미를 만들어낼 때는 압박이 유발되면서 일을 더 잘해야 한다는 의지가 강하게 생겨난다.

14 '나는 높은 단계에서 성공해야 한다는 외부로부터의 요구—동료, 가족, 직장 상사, 멘토, 사회문화 등으로부터의 요구—를 느낀다'는 항목에 대한 답은 그 어떤 영역에서도 성과지수, 혹은 성과 관련 변수들과 의미 있는 상관관계가 있는 것

으로 나타나지 않았다. 이 항목에 대한 답은 '나는 내 동료들보다 더 많은 스트레스를 받고 있다'는 항목에 대한 답과 가장 높은 상관관계를 나타냈고, '사람들은 내가 얼마나 힘들게 일하고 있는지를 이해해주지 않는다'는 항목에 대한 답과 두 번째로 높은 상관관계를 나타냈다. 통계적으로는 상관관계가 높은 것으로 나타나기는 했는데, 내용 면에서 보면 여기에서 중요한 의미를 찾기는 어렵다.

15 여기서 말하는 의무는 임무, 의무, 책임 등을 모두 아우르는 광범위한 의미로 사용되었고, 이 점에 대해서는 언어나 철학을 다루는 분들에게 죄송하게 생각한다. 특히 흄과 칸트 같은 위대한 철학자들에게 죄송하다. 이와 관련된 주제에 대해서는 Schneewind, J. B. (1992), Feinberg, J. (1966), Brandt, R. B. (1964), Wand, B. (1956) 등을 참고하기 바란다. 나는 이번 섹션에서 하이퍼포머가 자기에게 요구되는 바를 어떻게 받아들이고 성공의 이유를 어떻게 인식하는지를 그들의 언어로 설명하려고 했다. 그리고 그들에게 지속적인 성공의 필요성을 인식하도록 만드는 사회적 의무나 책임 같은 것들을 의무라는 단어로 표현했다.

16 다음 참조. Lerner, J. S., & Tetlock, P. E. (1999); Crown, D. F., & Rosse, J. G. (1995); Forward, J., & Zander, A. (1971); Humphreys, M. S., & Revelle, W. (1984). Tetlock, P. E. (1992).

17 다음 참조. Rummler, G. A., & Brache, A. P. (1995); Dubnick, M. (2005); Frink, D. D., & Ferris, G. R. (1998).

18 Fuligni, A. J. (2001).

19 Cunningham, G. B. (2006); Sulsky, L. M. (1999).

20 이 조사에서는 종합 성과지수 4.2 이상을 기록하고 생산성 항목에서 성과지수 4.4를 기록한 사람들을 하이퍼포머로 분류했다. (우리는 성과지수를 조사하면서 100개가 넘는 변수들을 활용했고, 생산성 항목은 그것들 가운데 하나다.)

21 Leroy, S. (2009).

22 Csikszentmihalyi, M., & Rathunde, K. (1993); Csikszentmihalyi, M. (1975, 1997); Csikszentmihalyi, M., et al. (2005).

23 지난 5년 동안 하이퍼포머를 대상으로 연구 조사를 진행하는 동안 성과와 개인의 성격 사이에(대표적인 다섯 가지의 인간 성격들 모두) 강한 상관관계가 나타나는 것은 한 번도 본 적이 없다. 최근에 진행된 조직 성과에 관한 연구 결과들을 보더라도 이와 같은 점을 뒷받침하고 있다. 뛰어난 성과를 내고 있는 기업 CEO들을 대상으로 조사해보면 내향적인 성격과 외향적인 성격이 반반씩 나오는 것으로 나타난다. Botelho, E. L., et al. (2017), Cain, S. (2013), Barrick, M. R., & Mount, M. K. (1991), Duckworth, A. L., et al. (2007), Morgeson, F. P., et al. (2007).

24 Schimel, J., et al. (2004).

25 Pury, C. L., et al. (2007); Pury, C. L., & Kowalski, R. M. (2007).

26 다음 참조. Christakis, N. A., & Fowler, J. H. (2008b). 수면에 관해서는 다음 참조. Mednick, S. C., et al. (2010); 음식에 관해서는 다음 참조. Pachucki, M. A., et al. (2011); 경제적 행동에 관해서는 다음 참조. O'Boyle, E. (2016).

27 다음 참조. Christakis, N. A., & Fowler, J. H. (2008a); 비만에 관해서는 다음 참조. Christakis, N. A., & Fowler, J. H. (2007); 외로움에 관해서는 다음 참조. Cacioppo, J. T., et al. (2009); 우울감에 관해서는 다음 참조. Rosenquist, J. N., et al. (2011); 이혼에 관해서는 다음 참조. McDermott, R., et al. (2013); 약물 사용에 관해서는 다음 참조. Mednick, S. C., et al. (2010).

28 다음 참조. Christakis, N. A., & Fowler, J. H. (2008b); 친사회적 태도에 관해서는 다음 참조. Fowler, J. H., & Christakis, N. A. (2010).

29 Coyle, D. (2009); Chambliss, D. F. (1989).

30 Christakis, N. A., & Fowler, J. H. (2009).

31 Felitti, V. J., et al., (1998).

32 Danese, A., & McEwen, B. S. (2012).

33 Lee, T. (2016); Kristof, N. (2016); Dunlap, E., et al. (2009).

34 Dweck, C. S. (2014).

35 Claro, S., et al. (2016).

36 Duckworth, A. L. (2016); Seligman, M. E. P. (2012).

37 Beck, J. S. (2011); Begley, S., & Davidson, R. (2012); Butler, A. C., et al. (2006); Seligman, M. E. P. (1990).

38 이와 같은 현상을 보고 "역시 하이퍼포머는 외향적이야"라고 말하기가 쉽지만, 그렇지 않다. 성과는 개인의 성격과는 크게 상관관계가 없으며, 외향적이기 때문에 자기보다 더 성공한 사람들과 교류하게 되는 게 아니다. 자기보다 더 성공한 사람들과 교류하게 되는 것은 성장, 성취, 기여 등에 대한 욕구 때문이며, 성격이 이러한 욕구를 결정하는 것은 아니다.

39 US Department of Labor (2016). 다음에서 확인 가능. https://www.bls.gov/news.release/volun.nr0.htm.

40 다음 참조. Bronson, P., & Merryman, A. (2013). 아마도 경쟁과 그것이 승리, 패배, 삶에 미치는 영향에 관한 최고의 책일 것이다.

HABIT 4

1 우리의 연구 조사에 따르면 자신이 남들보다 사회봉사를 더 많이 한다고 생각하는 사람들이 평균적인 사람들보다 더 생산적이지는 않은 것으로 나타났다. 자신이 남들보다 사회에 대한 기여가 더 크다고 생각하는 사람들도 마찬가지였다. 사회봉사나 사회에 대한 기여를 더 많이 한다고 해서 생산성이 높은 것은 아니었다. 이들은 좋은 철학을 가지고 있으면서 자신의 삶에 높은 만족감을 느낄 수는 있겠지만, 그것이 언제나 업무 성과로 이어지는 것은 아니었다.

2 Csikszentmihalyi, M. (1996); Locke, E. A., & Latham, G. P. (1990).

3 Cerasoli, C. P., et al. (2014).

4 Weldon, E., et al. (1991); Locke, E. A., & Latham, G. P. (1990).

5 영양에 관해서는 다음 참조. Hoddinott, J., et al. (2008); 운동에 관해서는 다음 참조. Cotman, C. W., & Berchtold, N. C. (2002).

6 영양과 생산성의 관계에 관해서는 다음 참조. Hoddinott, J., et al. (2008); Thomas, D., & Frankenberg, E. (2002); Strauss, J., & Thomas, D. (1998).

7 Lyubomirsky, S., et al. (2005).

8 Lyubomirsky, S., et al. (2005).

9 Sgroi, D. (2015).

10 다음 참조. LexisNexis (2010).

11 다음 참조. http://www.nytimes.com/2013/05/05/opinion/sunday/a-focus-on-distraction.html.

12 Lavie, N. (2010).

13 긍정적인 성과에 관해서는 다음 참조. Ericsson, K. A., et al. (1993); 업무의 질에 관해서는 다음 참조. Newport, C. (2016).

14 Leroy, S. (2009).

15 Mark, G., et al. (2005).

16 〈뉴욕타임스〉 2016년 6월자 기사에 따르면 미국인의 평균 TV 시청 시간은 그 정도라고 한다. Koblin, J. (2016).

17 그 최고경영진들은 행복감이 19퍼센트 더 높아졌고, 일과 삶의 균형은 24퍼센트 개선되었다고 답했다. 우리는 그들에게 행복감 및 일과 삶의 균형에 관한 다섯 개의 질문을 제시했고, 응답자들은 각 질문에 대해 1에서 10까지 주관적인 척도로 답했다. 여기에서 제시된 행복감 및 일과 삶의 균형 개선 수치는 응답자 열여섯 명의 평균치다. 이러한 조사 결과는 너무 작은 표본 때문에 신뢰성을 얻기는 어렵지만, 우리는 이 주제에 관해 정식으로 연구 조사를 진행 중이다.

18 Immordino-Yang, M. H., et al. (2012).

19 다음 참조.
https://www.fastcompany.com/3035605/how-to-be-a-success-at-everything/the-exact-amount-of-time-you-should-work-every-day.

20 Trougakos, J. P., & Hideg, I. (2009); Trougakos, J. P., et al. (2008).

21 Trougakos, J. P., et al. (2014).

22 Berman, M. G., et al. (2008).

23 Garrett, G., et al. (2016).

24 Carter, E. C., et al. (2015).

25 다음 참조. Levitin, D. J. (2014).

26 Schwartz, T., & McCarthy, C. (2007).

27 다음 참조. https://www.fastcompany.com/3035605/how-to-be-a-success-at-everything/the-exact-amount-of-time-you-should-work-every-day.

28 Ericsson, K. A., et al. (1993).

29 Simonton, D. K. (1988).

30 Chui, M., et al. (2012).

31 Whittaker, S., et al. (2011, May).

32 나의 책《백만장자 메신저》참조.

33 Senécal, C., et al. (1995).

34 Wood, R., & Locke, E. (1990).

35 Weldon, E., & Weingart, L. R. (1993); Weldon, E., et al. (1991).

36 다음 참조. Masicampo, E. J., & Baumeister, R. F. (2011).

37 풋볼 스타 톰 브래디(Tom Brady)의 경우는 철저한 계획에 따른 훈련을 통해 마흔 살이 넘어서도 현역 풋볼 선수로 뛰고 있다. 지금 이 책을 편집하는 동안 그는 자신의 팀을 이끌고 슈퍼볼 우승을 이뤄냈는데, 그가 보여준 경기 능력에 대해 많은 평론가들이 스포츠 역사상 최고의 플레이였다고 평가할 정도다. 그가 얼마나 철저하게 계획에 따른 생활과 훈련을 하면서 자신의 상태를 유지하고 있는지는 다음 기사에 잘 나와 있다. https://www.si.com/nfl/2014/12/10/tom-brady-new-england-patriots-age-fitness.

38 하지만 항상 그런 건 아니다. 통찰력 있고 광범위한 기술 탐구는 다음 참조. Grugulis, I., et al. (2017).

39 다음 참조. Dweck, C. S. (2008); Duckworth, A. L. (2016); and Ericsson, K. A., & Poole, R. (2016a).

40 Ericsson, K. A., & Pool, R. (2016c).

41 내가 가장 좋아하는 위대한 연설집이다. 다음 참조. Safire, W. (2004).

HABIT 5

1 두 차례에 걸친 조사에서 모두 "나는 다른 사람들에게 무언가를 많이 주는 편이다"라고 응답한 사람들이 의미 있는 수준에서 높은 영향력을 나타내지는 않았다. 두 차례의 조사 모두 충분히 큰 표본을 대상으로 이뤄졌다. 첫 번째 조사에는 전 세계 140개국 8,826명의 사람들이(여성 비율은 63퍼센트) 참여했고, 두 번째 조사에는 전 세계 50개국 4,626명의 사람들이(여성 비율은 67퍼센트) 참여했다.

2 (r = .45).

3 마찬가지로 두 차례에 걸친 조사에서 "나는 다른 사람들보다 더 창의적이다"라고 응답한 사람들은 영향력과 관련하여 각각 .17과 .19의 상관관계를 나타냈다. 의미 있는 상관관계는 아니다.

4 이 결과 역시 앞의 두 차례에 걸친 조사에서 도출된 것이다.

5 영향력에 관심 있는 사람들, 특히 영향력을 가질 수 없다고 주장하는 사람들은 다음 책을 반드시 읽어야 한다. Munyon, T. P., et al. (2015). 정치적 기술이 어떻게 승진 가능성으로 이어지는지에 대한 연구는 다음을 참조. Gentry, W. A., et al. (2012).

6 Flynn, F. J., & Bohns, V. K. (2012).

7 Savitsky, K., et al. (2001).

8 Jecker, J., & Landy, D. (1969).

9 Weaver, K., et al. (2007).

10 Marquardt, M. J. (2011); Kouzes, J. M., & Posner, B. Z. (2011); Kanter, R. M. (1999); Nanus, B. (1992).

11 Grant, A. (2013).

12 Cialdini, R. B. (2007); Regan, D. T. (1971).

13 Bolman, L. G., & Deal, T. E. (2003).

14 전체 보고서는 다음 참조. https://www.apaexcellence.org/assets/general/2016-work-and-wellbeing-survey-results.pdf.

15 Grant, A. M., & Gino, F. (2010).

HABIT 6

1 우리가 진행한 연구 조사에서는 여성이 남성보다 조금 더 용감한 것으로 나타 났다. 다만 그 차이가 의미 있는 수준으로 큰 것은 아니었다. 그리고 우리 프로 그램에 참가하는 수강생들을 대상으로 조사했을 때는 용감성에 있어(혹은 용기 를 표출하는 수준에 있어) 남녀 간의 차이는 없었다.

2 조사 결과는 다음과 같았다: 도전을 완수하는 것을 좋아한다, r=.45; 스스로 를 단호한 사람으로 인식하고 있다, r=.45; 높은 수준의 자신감을 가지고 있다, r=.49; 스스로를 하이퍼포머로 인식하고 있다, r=.41; 스스로 평균적인 수준을 넘 어서는 성공을 이뤄냈다고 인식하고 있다, r=.40; 자신의 삶에 대해 전반적으로 행복감을 느끼고 있다, r=.41.

3 Rachman, S. J. (2010).

4 '두려움을 느끼지 못하는 것'에 관해서는 다음 참조. Rachman, S. J. (2010); '두 려움에 저항하며 행동을 취하는 것'에 관해서는 다음 참조. Norton & Weiss (2009).

5 Rachman, S. (1990); Macmillan & Rachman (1988).

6 폭발물 처리요원과 전투요원에 관해서는 다음 참조. Cox, D., et al. (1983); 우주 비행사에 관해서는 다음 참조. Ruff & Korchin (1964).

7 Rachman, S. (1990).

8 다음 참조. Pury, C. L., & Lopez, S. J. (2010).

9 이것은 다음의 용기 구성에 대한 포괄적인 검토에서 발견된 구성 요소와 일치한 다. Rate, C. R., et al. (2007).

10 Pury, C. L., et al. (2015); Pury, C. L., & Starkey, C. B. (2010).

11 Pury, C. L., & Hensel, A. D. (2010).

12 Dweck, C. S. (2008).

13 Dweck, C. S., & Leggett, E. L. (1988).

1장

1 Nickerson, R. S. (1998).

2 우월감에 빠져 있는 사람은 자신의 성공이 성격, 재능, 지능, 외모 등의 선천적인 특성에서 기인한다고 믿는 경향을 보인다(그래서 다른 사람의 성공과 실패에 섣 부른 판단을 내리곤 한다). Tracy, J. L., et al. (2009).

3 다음 참조. Ericsson, K. A., & Pool, R. (2016a, 2016b & 2016c).

4 우월감에 빠져 있는 사람은 평균적인 사람들보다 정서적으로 더 불안정하다. 그리고 다른 사람과 좋은 관계를 맺지 못하고, 다른 사람들에게서 지지를 받지 못하고 있다고 여긴다. Tracy, J. L., et al. (2009).

5 Wright, J. C., et al. (2017).

6 다음 참조. Kruse, E., et al. (2014).

7 행복에 관한 200개 이상의 연구에 대한 한 메타 분석에 따르면—이들 실험에 참여한 사람들의 숫자는 27만 5,000명에 이른다— 행복한 사람이 수명이 더 길었고, 더 건강했고, 재무적으로 더 성공했고, 결혼생활이나 인간관계에 대한 만족감이 더 컸고, 직장에서의 생산성이나 만족감이 더 높았고, 사회적 영향력이 더 큰 것으로 나타났다. Lyubomirsky, S., et al. (2005).

8 다음 참조. Grzegorek, J., et al. (2004); Rice, K. G., et al. (2003).

9 Frost, R. O., & Henderson, K. J. (1991).

10 Hewitt, P. L., & Flett, G. L. (2002).

11 다음 참조. Rozin, P., & Royzman, E. B. (2001).

12 Hanson, R. (2013); Lykken, D. (2000).

13 Diener, E., & Biswas-Diener, R. (2011); Lyubomirsky, S., et al. (2005).

14 Fredrickson, B. (2004).

15 Csikszentmihalyi, M. (1997); Stavrou, N. A., et al. (2007).

16 수면에 의해 초래된 장애, 특히 성과와 관련된 장애에 관해서는 다음 참조. Samuels, C. (2009).

17 Marano, H. E. (1999); Elkind, D. (2007); Gil, E. (2012).

18 건강 지속 비용에 관해서는 다음 참조. Miller, G. E., & Wrosch, C. (2007). 편협한 마음가짐 및 기타 개인적인 문제에 관해서는 다음 참조. Kashdan, T. (2017).

19 Bonebright, C. A., et al. (2000).

2장

1 자신감과 종합 성과지수 사이에는 강한 양의 상관관계가 있었다(r=.59). 자신감은 종합 성과지수 분산의 35퍼센트에 대해 영향을 끼치는 것으로 나타났다. 자신감은 성과지수 개별 항목들과도 상당한 수준의 양의 상관관계를 나타냈다. 명확성 r=.53(분산의 28퍼센트에 대해 영향을 끼침). 활력 r=.47(분산의 22퍼센트

에 대해 영향을 끼침). 생산성 r=.44(분산의 19퍼센트에 대해 영향을 끼침). 영향력 r=.41(분산의 17퍼센트에 대해 영향을 끼침). 당위성 r=.37(분산의 13퍼센트에 대해 영향을 끼침). 용기 r=.49(분산의 24퍼센트에 대해 영향을 끼침).

2 '나의 삶은 전반적으로 행복하다'는 항목에 대한 긍정의 답과 자신감 사이에는 상당한 수준의 양의 상관관계가 있었다(r=.42). 자신감은 이 항목에 대한 주관적 척도 점수 분산의 18퍼센트에 대해 영향을 끼치는 것으로 나타났다. '나는 새로운 도전을 완수하기 위해 시도하는 것을 좋아한다'는 항목에 대한 긍정의 답과 자신감 사이에도 상당한 수준의 양의 상관관계가 있었다(r=.44). 자신감은 이 항목에 대한 주관적 척도 점수 분산의 19퍼센트에 대해 영향을 끼치는 것으로 나타났다. '나는 이 세상에 기여하고 있다는 느낌이 든다'는 항목에 대한 긍정의 답과 자신감 사이에도 상당한 수준의 양의 상관관계가 있었다(r=.46). 자신감은 이 항목에 대한 주관적 척도 점수 분산의 21퍼센트에 대해 영향을 끼치는 것으로 나타났다.

3 엄밀히 말해 자신감과 자기효능감은 서로 같은 개념이 아니다. 자신감이 자신의 가치나 능력에 대한 일반적인 관념에 의해 만들어지는 거라면, 자기효능감은 특정한 상황이나 일에 관한 자신의 능력에 대한 믿음에 의해 만들어지는 거라고 할 수 있다. 하지만 우리와의 인터뷰에 응했던 하이퍼포머는 이 둘을 별도로 구분하여 사용하지는 않았고, 이 두 개념의 구분은 학술적 영역의 것이라는 판단하에 이 책에서도 따로 구분하여 사용하지는 않았다. Bandura, A. (1980), Stajkovic, A. D., & Luthans, F. (1998).

4 Shoji, K., et al. (2016).

5 Duff, D. C. (2010).

6 다음 참조. Bandura, A. (1980, 1982, 1991); Bandura, A., & Cervone, D. (1983).

7 Botelho, E. L., et al. (2017).

8 Sheldon, K. M., et al. (2015).

참고 문헌

이 책을 쓰면서 우리가 도움을 받았던 문헌들을 정리해놓으려고 한다. 여기에 정리되어 있는 문헌들은 이 책에서 직접적으로 언급된 내용들의 근거가 되기도 했고, HighPerformanceInstitute.com에 소개되어 있는 논문, 보고서, 보충자료들에 활용됨으로써 이 책의 진행에 간접적으로 도움이 되기도 했다. 성과 코치나 라이프 코치로 활동하려는 사람들, 혹은 이 분야에 관심 있는 사람들이 깊이 있는 지식이나 정보를 얻을 수 있도록 우리는 최대한 많은 문헌을 소개하려고 했다. 뛰어난 성과를 추구하는 사람들이 필요로 하는 지식과 통찰을 공유해준 수많은 학자와 저술가들에게 감사를 표한다. 그리고 추가적인 정보를 원하는 분들은 내가 운영하는 웹사이트 HighPerformanceInstitute.com을 방문해보기 바란다.

Accenture (2009). *Untapped potential: Stretching toward the future. International women's day 2009 global research results.* Retrieved from https://www.in.gov/icw/ files/Accenture_Research.pdf

Aggerholm, K. (2015). *Talent development, existential philosophy and sport: On becoming an elite athlete.* New York, NY: Routledge.

Amen, D. G. (2015). *Change your brain, change your life: The breakthrough program for conquering anxiety, depression, obsessiveness, lack of focus, anger, and memory problems.* New York, NY: Harmony.

American Psychological Association (2015). *Stress in America: Paying with our health.* Retrieved from http://www.apa.org/news/press/releases/stress/2014/stress-report.pdf

American Psychological Association (2016). *2016 Work and well-being survey.* Retrieved from http://www.apaexcellence.org/assets/general/2016-work-and-wellbeing-survey-results.pdf

Anderson, E., & Shivakumar, G. (2015). Effects of exercise and physical activity on anxiety. Progress in physical activity and exercise and affective and anxiety disorders: translational studies, perspectives and future directions.

Frontiers in Psychiatry, 4, 27. Retrieved from http://journal.frontiersin.org/article/10.3389/fpsyt.2013.00027/full

Aronson, J. (1992). Women's sense of responsibility for the care of old people: "But who else is going to do it?" *Gender & Society, 6*(1), 8–29.

Artz, B., Goodall, A. H., & Oswald, A. J. (2016). Do women ask? *IZA Discussion Papers.* No. 10183. Retrieved from https://www.econstor.eu/bitstream/10419/147869/1/dp10183.pdf

Bandura, A. (1980). Gauging the relationship between self-efficacy judgment and action. *Cognitive Therapy and Research, 4,* 263–268.

Bandura, A. (1982). Self-efficacy mechanism in human agency. *American Psychologist, 37*(2), 122.

Bandura, A. (1991). Social cognitive theory of self-regulation. *Organizational Behavior and Human Decision Processes, 50*(2), 248–287.

Bandura, A., & Cervone, D. (1983). Self-evaluative and self-efficacy mechanisms governing the motivational effects of goal systems. *Journal of Personality and Social Psychology, 45*(5), 1017.

Barnwell, B. (2014, August 27). The it factor. *Grantland.* Retrieved from http://grantland.com/features/it-factor-nfl-quarterback-intangibles

Barrett, L. F. (2017). The theory of constructed emotion: an active inference account of interoception and categorization. *Social Cognitive and Affective Neuroscience, 12*(1), 1–23.

Barrett, L. F. (2017). *How emotions are made: The secret life of the brain.* New York, NY: Houghton Mifflin Harcourt.

Barrick, M. R., & Mount, M. K. (1991). The big five personality dimensions and job performance: a meta-analysis. *Personnel Psychology, 44*(1), 1-26.

Batty, G. D., Deary, I. J., & Gottfredson, L. S. (2007). Premorbid (early life) IQ and later mortality risk: Systematic review. *Annals of Epidemiology, 17*(4), 278–288.

Baumeister, R. F. (1984). Choking under pressure: Self-conscious and paradoxical effects of incentives on skillful performance. *Journal of*

Personality and Social Psychology, 46(3), 610–620.

Bayer, A. E., & Folger, J. (1966). Some correlates of a citation measure of productivity in science. *Sociology of Education, 39*, 381–390.

Beck, J. S. (2011). *Cognitive behavior therapy: Basics and beyond.* New York, NY: Guilford Press.

Begley, S., & Davidson, R. (2012). *The emotional life of your brain: How its unique patterns affect the way you think, feel, and live—and how you can change them.* New York, NY: Penguin.

Behrman, J. R. (1993). The economic rationale for investing in nutrition in developing countries. *World Development, 21*(11), 1749–1771.

Beilock, S. L., & Carr, T. H. (2001). On the fragility of skilled performance: What governs choking under pressure? *Journal of Experimental Psychology: General, 130*(4), 701.

Benca, R. M., Obermeyer, W. H., Thisted, R. A., & Gillin, J. C. (1992). Sleep and psychiatric disorders: A meta-analysis. *Archives of General Psychiatry, 49*(8), 651–668.

Berman, M. G., Jonides, J., & Kaplan, S. (2008). The cognitive benefits of interacting with nature. *Psychological Science, 19*(12), 1207–1212.

Blackwell, L., Dweck, C., & Trzesniewski, K. (2007). Achievement across the adolescent transition: A longitudinal study and an intervention. *Child Development, 78*(1), 246–263.

Blazer, D. G., & Hernandez, L. M. (Eds.). (2006). *Genes, behavior, and the social environment: Moving beyond the nature/nurture debate.* Washington, DC: National Academies Press.

Bloom, B. S. (1985). The nature of the study and why it was done. In B. S. Bloom (Ed.), *Developing talent in young people* (pp. 3–18). New York, NY: Ballantine.

Bolman, L. G., & Deal, T. E. (2003). *Reframing organizations: Artistry, choice, and leadership.* Hoboken, NJ: John Wiley & Sons.

Boggs, M., & Miller, J. (2008). *Project everlasting.* New York, NY: Fireside.

Bonebright, C. A., Clay, D. L., & Ankermann, R. D. (2000). The relationship of workaholism with work-life conflict, life satisfaction, and purpose in life. *Journal of Counseling Psychology, 47*(4), 469–477.

Borjas, G. J. (1990). *Friends or strangers: The impact of immigrants on the US economy*. New York, NY: Basic Books.

Bossidy, L., Charan, R., & Burck, C. (2011). *Execution: The discipline of getting things done*. New York, NY: Random House.

Botelho, E. L., Powell, K. R., Kinkaid S., Wang, D. (2017). What sets successful CEOs apart. *Harvard Business Review*, May–June, 70–77.

Brandt, R. B. (1964). The concepts of obligation and duty. Mind, 73(291), 374–393.

Bronson, P., & Merryman, A. (2013). *Top dog: The science of winning and losing*. New York, NY: Random House.

Brown, K. W., & Ryan, R. M. (2003). The benefits of being present: Mindfulness and its role in psychological well-being. *Journal of Personality and Social Psychology, 84*(4), 822.

Bryan, T., & Bryan, J. (1991). Positive mood and math performance. *Journal of Learning Disabilities, 24*, 490–494.

Burt, C. (1966). The genetic determination of differences in intelligence: A study of monozygotic twins reared together and apart. *British Journal of Psychology, 57*(12), 137–153.

Butler, A. C., Chapman, J. E., Forman, E. M., & Beck, A. T. (2006). The empirical status of cognitive-behavioral therapy: A review of meta-analyses. *Clinical Psychology Review, 26*(1), 17–31.

Cacioppo, J. T., Fowler, J. H., & Christakis, N. A. (2009). Alone in the crowd: The structure and spread of loneliness in a large social network. *Journal of Personality and Social Psychology, 97*, 977–991.

Cain, S. (2013). *Quiet: The power of introverts in a world that can't stop talking*. New York, NY: Broadway Books.

Campbell, J. D., Trapnell, P. D., Heine, S. J., Katz, I. M., Lavallee, L. F., & Lehman, D. R. (1996). Self-concept clarity: Measurement, personality correlates, and cultural boundaries. *Journal of Personality and Social Psychology, 70*(1), 141.

Cappuccio, F. P., Taggart, F. M., Kandala, N., Currie, A., Peile, E., Stranges, S., & Miller, M. A. (2008). Meta-analysis of short sleep duration and obesity in children and adults. *SLEEP, 31*(5), 619.

Capron, C., & Duyme, M. (1989). Assessment of the effects of socio-economic status on IQ in a full cross-fostering study. *Nature, 340*, 552-554.

Carter, E. C., Kofler, L. M., Forster, D. E., & McCullough, M. E. (2015). A series of meta-analytic tests of the depletion effect: Self-control does not seem to rely on a limited resource. *Journal of Experimental Psychology: General, 144*(4), 796-815.

Caspi, A., Roberts, B. W., & Shiner, R. L. (2005). Personality development: Stability and change. *Annual Review of Psychology, 56*, 453-484. Retrieved from http://dx.doi.org/10.1146/annurev.psych.55.090902.141913

Castelli, D. M., Hillman, C. H., Buck, S. M., & Erwin, H. E. (2007). Physical fitness and academic achievement in third- and fifth-grade students. *Journal of Sport and Exercise Psychology, 29*(2), 239-252.

Center for Behavioral Health Statistics and Quality. (2015). *Behavioral health trends in the United States: Results from the 2014 national survey on drug use and health* (HHS Publication no. SMA 15-4927, NSDUH Series H-50). Retrieved from https://www.samhsa.gov/data/sites/default/files/NSDUH-FRR1-2014/NSDUH-FRR1-2014.htm

Center for Behavioral Health Statistics and Quality. (2016). *Key substance use and mental health indicators in the United States: Results from the 2015 national survey on drug use and health.* Retrieved from https://www.samhsa.gov/data/sites/default/files/NSDUH-FFR1-2015/NSDUH-FFR1-2015/NSDUH-FFR1-2015.pdf

Cerasoli, C. P., Nicklin, J. M., & Ford, M. T. (2014). Intrinsic motivation and extrinsic incentives jointly predict performance: A 40-year meta-analysis. *Psychological Bulletin, 140*(4), 980.

Chambliss, D. F. (1989). The mundanity of excellence: An ethnographic report on stratification and Olympic swimmers. *Sociological Theory, 7*(1), 70–86.

Chaouloff, F., Laude, D., & Elghozi, J. (1989). Physical exercise: Evidence for differential consequences of tryptophan on 5-HT synthesis and metabolism in central serotonergic cell bodies and terminals. *Journal of Neural Transmission, 78*(2), 1435–1463.

Chen, C., Nakagawa, S., Kitaichi, Y., An, Y., Omiya, Y., Song, N., . . . & Kusumi, I. (2016). The role of medial prefrontal corticosterone and dopamine in the antidepressant-like effect of exercise. *Psychoneuroendocrinology, 69*, 1–9.

Christakis, N. A., & Fowler, J. H. (2007). The spread of obesity in a large social network over 32 years. *New England Journal of Medicine, 357*(4), 370–379. doi:10.1056/NEJMsa066082

Christakis, N. A., & Fowler, J. H. (2008a). The collective dynamics of smoking in a large social network. *New England Journal of Medicine, 358*, 2249–2258. doi:10.1056/NEJMsa0706154

Christakis, N. A., & Fowler, J. H. (2008b). Dynamic spread of happiness in a large social network: Longitudinal analysis over 20 years in the Framingham Heart Study. *British Medical Journal, 337*(a2338), 1–9. doi:10.1136/bmj.a2338

Christakis, N. A., & Fowler, J. H. (2009). *Connected: The surprising power of our social networks and how they shape our lives.* New York, NY: Little, Brown and Company.

Christakis, N. A., & Fowler, J. H. (2013). Social contagion theory: Examining dynamic social networks and human behavior. *Statistics in Medicine, 32*(4), 556–577.

Chui, M., Manyika, J., Bughin, J., Dobbs, R., Roxburgh, C., Sarrazin, H., . . . & Westergren, M. (2012, July). The social economy: Unlocking value and productivity through social technologies. *McKinsey Global Institute.*

Cialdini, R. B. (2007). *Influence: The psychology of persuasion.* New York, NY: Harper Collins.

Claro, S., Paunesku, D., & Dweck, C. S. (2016). Growth mindset tempers the effects of poverty on academic achievement. *Proceedings of the National Academy of Sciences, 113*(31), 8664–8668.

Cole, J. R., & Cole, S. (1973). *Social stratification in science.* Chicago, IL: University of Chicago Press.

Columbia University, CASA. (2012, July). *Addiction medicine: Closing the gap between science and practice.* Retrieved from www.centeronaddiction.org/download/file/fid/1177

Connor, K. M., & Davidson, J. R. T. (2003). Development of a new resilience scale: The Connor–Davidson Resilience Scale (CD-RISC). *Depression and Anxiety, 18,* 76–82.

Cotman, C. W., & Berchtold, N. C. (2002). Exercise: A behavioral intervention to enhance brain health and plasticity. *Trends in Neurosciences, 25*(6), 295–301.

Cox, D., Hallam, R., O'Connor, K., & Rachman, S. (1983). An experimental analysis of fearlessness and courage. *British Journal of Psychology, 74,* 107–117.

Coyle, D. (2009). *The talent code: Greatest isn't born. It's grown. Here's how.* New York, NY: Bantam.

Crown, D. F., & Rosse, J. G. (1995). Yours, mine, and ours: Facilitating group productivity through the integration of individual and group goals. *Organizational Behavior and Human Decision Processes, 64,* 138–150.

Crum, A. J., Salovey, P., & Achor, S. (2013). Rethinking stress: The role of mindsets in determining the stress response. *Journal of Personality and Social Psychology, 104*(4), 716.

Crust, L., & Clough, P. J. (2011). Developing mental toughness: From research to practice. *Journal of Sport Psychology in Action, 2*(1), 21–32.

Csikszentmihalyi, M. (1975). *Beyond boredom and anxiety.* San Francisco, CA: Jossey-Bass.

Csikszentmihalyi, M. (1996). *Creativity: Flow and the psychology of discovery and invention.* New York, NY: Harper Collins.

Csikszentmihalyi, M. (1997). *Finding flow: The psychology of engagement with everyday life*. New York, NY: Basic Books.

Csikszentmihalyi, M., Abuhamdeh, S., & Nakamura, J. (2005). Flow. In A. Elliot (Ed.), *Handbook of competence and motivation* (pp. 598–698). New York, NY: Guilford Press.

Csikszentmihalyi, M., & Rathunde, K. (1993). The measurement of flow in everyday life: Toward a theory of emergent motivation. In J. E. Jacobs (Ed.), *Developmental perspectives on motivation: Volume 40 of the Nebraska Symposium on Motivation* (pp. 57–97). Lincoln, NE: University of Nebraska Press.

Culture. (2016). In *Merriam-Webster's online dictionary* (11th ed.) Retrieved from http://www.merriam-webster.com/dictionary/culture

Cunningham, G. B. (2006). The relationships among commitment to change, coping with change, and turnover intentions. *European Journal of Work and Organizational Psychology, 15*(1), 29–45.

Damasio, A. R. (1999). *The feeling of what happens: Body and emotion in the making of consciousness*. Boston, MA: Houghton Mifflin Harcourt.

Danese, A., & McEwen, B. S. (2012). Adverse childhood experiences, allostasis, allostatic load, and age-related disease. *Physiology & Behavior, 106*(1), 29–39.

Danna, K., & Griffin, R. W. (1999). Health and well-being in the workplace: A review and synthesis of the literature. *Journal of Management, 25*(3), 357–384.

Davidson, R. J., Jackson, D., & Kalin, N. H. (2000). Emotion, plasticity, context, and regulation: Perspectives from affective neuroscience. *Psychological Bulletin 126*, 890–909.

Davis, C., Levitan, R. D., Muglia, P., Bewell, C., & Kennedy, J. L. (2004). Decision-making deficits and overeating: A risk model for obesity. *Obesity Research, 12*(6), 929–935.

Debats, D. L. (1999). Sources of meaning: An investigation of significant commitments in life. *Journal of Humanistic Psychology, 39*(4), 30 –57.

Deci, E. L., & Ryan, R. M. (2002). *Handbook of self-determination research*. Rochester, NY: University of Rochester Press.

Deci, E. L., & Ryan, R. M. (2010). *Self-determination*. Hoboken, NJ: John Wiley & Sons.

Demerouti E., Bakker, A. B., Nachreiner, F., & Schaufeli, W. B. (2000). A model of burnout and life satisfaction amongst nurses. *Journal of Advanced Nursing, 32*(2), 454 –464.

Diener, C. I., & Dweck, C. S. (1978). An analysis of learned helplessness: Continuous changes in performance, strategy, and achievement cognitions following failure. *Personality and Social Psychology, 36*(5), 451 –461.

Diener, E., & Biswas-Diener, R. (2011). *Happiness: Unlocking the mysteries of psychological wealth*. Hoboken, NJ: John Wiley & Sons.

Diener, E., & Seligman, M. E. (2004). Beyond money: Toward an economy of well-being. *Psychological Science in the Public Interest, 5*(1), 1–31.

Diener, E. D., Emmons, R. A., Larsen, R. J., & Griffin, S. (1985). The satisfaction with life scale. *Journal of Personality Assessment, 49*(1), 71 –75.

Doidge, N. (2007). *The brain that changes itself: Stories of personal triumph from the frontiers of brain science*. New York, NY: Penguin.

Doll, J., & Mayr, U. (1987). Intelligenz und schachleistung – Eine untersuchung an schachexperten [Intelligence and performance in chess – A study of chess experts]. *Psychologische Beitrage, 29*, 270 –289.

Drennan, D. (1992). *Transforming company culture: Getting your company from where you are now to where you want to be*. London, UK: McGraw-Hill.

Dubnick, M. (2005). Accountability and the promise of performance: In search of the mechanisms. *Public Performance & Management Review, 28*(3), 376 –417.

Duckworth, A. L. (2016). *Grit: The power of passion and perseverance*. New York, NY: Simon and Schuster.

Duckworth, A. L., Eichstaedt, J. C., & Ungar, L. H. (2015). The mechanics of human achievement. *Social and Personality Psychology Compass, 9*(7), 359–369.

Duckworth, A. L., Grant, H., Loew, B., Oettingen, G., & Gollwitzer, P. M. (2011a). Self-regulation strategies improve self-discipline in adolescents: Benefits of mental contrasting and implementation intentions. *Educational Psychology, 31*(1), 17–26.

Duckworth, A. L., Kirby, T. A., Tsukayama, E., Berstein, H., & Ericsson, K. A. (2011b). Deliberate practice spells success: Why grittier competitors triumph at the National Spelling Bee. *Social Psychological and Personality Science, 2*(2), 174–181.

Duckworth, A. L., Peterson, C., Matthews, M. D., & Kelly, D. R. (2007). Grit: Perseverance and passion for long-term goals. *Journal of Personality and Social Psychology, 92*(6), 1087.

Duff, D. C. (2010). *The relationship between behavioral intention, self-efficacy and health behavior: A meta-analysis of meta-analyses.* East Lansing: MI: Michigan State University Press.

Dunlap, E., Golub, A., Johnson, B. D., & Benoit, E. (2009). Normalization of violence: Experiences of childhood abuse by inner-city crack users. *Journal of Ethnicity in Substance Abuse, 8*(1), 15–34.

Dweck, C. S. (2008). *Mindset: The new psychology of success.* New York, NY: Random House.

Dweck, C. S. (2014). *The power of believing that you can improve* [Video file]. Retrieved from https://www.ted.com/talks/carol_dweck_the_power_of_believing_that_you_can_improve?language=en#t-386248

Dweck, C. S., & Leggett, E. L. (1988). A social-cognitive approach to motivation and personality. *Psychological Review, 95*(2), 256–273.

Dweck, C. S., & Reppucci, N. D. (1973). Learned helplessness and reinforcement responsibility in children. *Journal of Personality and Social Psychology, 25*(1), 109–116.

Easterlin, R. A., McVey, L. A., Switek, M., Sawangfa, O., & Zweig, J. S. (2010). The happiness-income paradox revisited. *Proceedings of the National Academy of Sciences, 107*(52), 22463-22468.

Elkind, D. (2007). *The power of play: How spontaneous imaginative activities lead to happier, healthier children.* Da Capo Press.

Elliott, E. S., & Dweck, C. S. (1988). Goals: An approach to motivation and achievement. *Journal of Personality and Social Psychology, 54*(1), 5-13.

Emmons, R. A. (2000). Is spirituality an intelligence? Motivation, cognition, and the psychology of ultimate concern. *The International Journal for the Psychology of Religion, 10*(1), 3-26.

Emmons, R. A. (2007). *Thanks!: How the new science of gratitude can make you happier.* Boston, MA: Houghton Mifflin Harcourt.

Ericsson, K. A. (2006). The influence of experience and deliberate practice on the development of superior expert performance. In K. A. Ericsson, N. Charness, P. J. Feltovich, & R. R. Hoffman (Eds.), *Cambridge handbook of expertise and expert performance* (pp. 685-706). Cambridge, UK: Cambridge University Press.

Ericsson, K. A. (2014). Why expert performance is special and cannot be extrapolated from studies of performance in the general population: A response to criticisms. *Intelligence, 45*, 81-103.

Ericsson, K. A., & Pool, R. (2016a). *Peak: Secrets from the new science of expertise.* New York, NY: Houghton Mifflin Harcourt.

Ericsson, K. A., & Pool, R. (2016b, April 10). *Malcolm Gladwell got us wrong: Our research was key to the 10,000-hour rule, but here's what got oversimplified.* Retrieved from http://bit.ly/1S3LiCK

Ericsson, K. A., & Pool, R. (2016c, April 21). *Not all practice makes perfect: Moving from naive to purposeful practice can dramatically increase performance.* Retrieved from http://nautil.us/issue/35/boundaries/not-all-practice-makes-perfect

Ericsson, K. A., Krampe, R. T., & Tesch-Romer, C. (1993). The role of deliberate practice in the acquisition of expert performance. *Psychological Review,*

100(3), 363–406.

Feinberg, J. (1966). Duties, rights, and claims. *American Philosophical Quarterly, 3*(2), 137–144.

Felitti, V. J., Anda, R. F., Nordenberg, D., Williamson, D. F., Spitz, A. M., Edwards, V., . . . & Marks, J. S. (1998). Relationship of childhood abuse and household dysfunction to many of the leading causes of death in adults: The Adverse Childhood Experiences (ACE) Study. *American Journal of Preventive Medicine, 14*(4), 245–258.

Flynn, F. J., & Bohns, V. K. (2012). Underestimating one's influence in helpseeking. In D. T. Kenrick, N. J. Goldstein, & S. L. Braver (Eds.) *Six degrees of social influence: Science, application, and the psychology of Robert Cialdini* (pp. 14–26). Oxford, UK: Oxford University Press.

Flynn, J. R. (1987). Massive IQ gains in 14 nations: What IQ tests really measure. *Psychological Bulletin, 101*, 171–191.

Flynn, J. R. (2012). *Are we getting smarter? Rising IQ in the Twenty-first Century.* Cambridge, UK: Cambridge University Press.

Flynn, J. R., & Rossi-Case, L. (2012). IQ gains in Argentina between 1964 and 1998. *Intelligence, 40*(2), 145–150.

Foley, T. E., & Fleshner, M. (2008). Neuroplasticity of dopamine circuits after exercise: Implications for central fatigue. *Neuromolecular Medicine, 10*(2), 67–80.

Forward, J., & Zander, A. (1971). Choice of unattainable group goals and effects on performance. *Organizational Behavior and Human Performance, 6*(2), 184–199.

Fowler, J. H., & Christakis, N. A. (2010). Cooperative behavior cascades in human social networks. *Proceedings of the National Academy of Sciences, 107*(12), 5334–5338. doi:10.1073/pnas.0913149107

Fredrickson, B. (2004). The broaden-and-build theory of positive emotions. *Philosophical Transactions of the Royal Society B, 359*(1449), 1367–1378.

Frink, D. D., & Ferris, G. R. (1998). Accountability, impression management, and

472

goal setting in the performance evaluation process. *Human relations, 51*(10), 1259–1283.

Frost, R. O., & Henderson, K. J. (1991). Perfectionism and reactions to athletic competition. *Journal of Sport and Exercise Psychology, 13,* 323–335.

Fuligni, A. J. (2001). Family obligation and the academic motivation of adolescents from Asian, Latin American, and European backgrounds. *New Directions for Child and Adolescent Development, 2001*(94), 61–76.

Gagne, F. (1985). Giftedness and talent: Reexamining a reexamination of the definitions. *Gifted Child Quarterly, 29*(3), 103–112.

Gandy, W. M., Coberley, C., Pope, J. E., Wells, A., & Rula, E. Y. (2014). Comparing the contributions of well-being and disease status to employee productivity. *Journal of Occupational and Environmental Medicine, 56*(3), 252–257.

Garrett, G., Benden, M., Mehta, R., Pickens, A., Peres, C., & Zhao, H. (2016). Call center productivity over 6 months following a standing desk intervention. *IIE Transactions on Occupational Ergonomics and Human Factors, 4*(23), 188–195.

Gentry, W. A., Gilmore, D. C., Shuffler, M. L., & Leslie, J. B. (2012). Political skill as an indicator of promotability among multiple rater sources. *Journal of Organizational Behavior, 33*(1), 89–104.

Ghaemi, N. (2011). *A first-rate madness: Uncovering the links between leadership and mental illness.* New York, NY: Penguin.

Ghosh, S., Laxmi, T. R., & Chattarji, S. (2013). Functional connectivity from the amygdala to the hippocampus grows stronger after stress. *Journal of Neuroscience, 33*(17), 7234–7244.

Gil, E. (2012). *The healing power of play: Working with abused children.* New York, NY: Guilford Press.

Giorgi, S., Lockwood, C., & Glynn, M. A. (2015). The many faces of culture: Making sense of 30 years of research on culture in organization studies. *Academy of Management Annals, 9*(1), 1–54.

Goleman, D. (1998). *Working with emotional intelligence.* New York, NY: Bantam.

Goleman, D. (2007). *Social intelligence.* New York, NY: Random House.

Goleman, D., Boyatzis, R., & McKee, A. (2001). Primal leadership: The hidden driver of great performance. *Harvard Business Review, 79*(11), 42–53.

Goleman, D., Boyatzis, R., & McKee, A. (2013). *Primal leadership: Unleashing the power of emotional intelligence.* Boston, MA: Harvard Business Press.

Gollwitzer, P. M. (1999). Implementation intentions: Strong effects of simple plans. *American Psychologist, 54*(7), 493.

Gollwitzer, P. M., & Brandstatter, V. (1997). Implementation intentions and effective goal pursuit. *Journal of Personality and Social Psychology, 73*(1), 186.

Gollwitzer, P. M., & Oettingen, G. (2016). Planning promotes goal striving. In K. D. Vohs & R. F. Baumeister (Eds.), *Handbook of self-regulation: Research, theory, and applications* (3rd ed., pp. 223–244). New York, NY: Guilford.

Gottfredson, L. S. (1997). Why g matters: The complexity of everyday life. *Intelligence, 24*(1), 79–132.

Gottfredson, L. S. (1998, Winter). The general intelligence factor. *The Scientific American Presents, 9*(4), 24–29.

Gottman, J., & Silver, N. (1995). *Why marriages succeed or fail: And how you can make yours last.* New York, NY: Simon and Schuster.

Gottman, J., & Silver, N. (2015). *The seven principles for making marriage work: A practical guide from the country's foremost relationship expert.* New York, NY: Harmony.

Gould, S. J. (1996). *The mismeasure of man.* New York, NY: W. W. Norton.

Grabner, R. H., Stern, E., & Neubauer, A. C. (2007). Individual differences in chess expertise: A psychometric investigation. *Acta Psychologica, 124*(3), 398–420.

Grant, A. (2013). *Give and take: Why helping others drives our success.* New York, NY: Penguin.

Grant, A. M., & Gino, F. (2010). A little thanks goes a long way: Explaining why gratitude expressions motivate prosocial behavior. *Journal of Personality and Social Psychology, 98*(6), 946–955.

Grawitch, M. J., Gottschalk, M., & Munz, D. C. (2006). The path to a healthy workplace: A critical review linking healthy workplace practices, employee well-being, and organizational improvements. *Consulting Psychology Journal: Practice and Research, 58*(3), 129.

Grossman, P., Niemann, L., Schmidt, S., & Walach, H. (2004). Mindfulnessbased stress reduction and health benefits: A meta-analysis. *Journal of Psychosomatic Research, 57*(1), 35–43.

Grugulis, I., Holmes, C., & Mayhew, K. (2017). The economic and social benefits of skills. In J. Buchanan, D. Finegold, K. Mayhew, & C. Warhurst (Eds.), *The Oxford Handbook of Skills and Training* (p. 372). Oxford, UK: Oxford University Press.

Grzegorek, J., Slaney, R. B., Franze, S., & Rice, K. G. (2004). Self-criticism, dependency, self-esteem, and grade point average satisfaction among clusters of perfectionists and nonperfectionists. *Journal of Counseling Psychology, 51*, 192–200. doi:10.1037/0022-0167.51.2.192

Haeffel, G. J., & Hames, J. L. (2013). Cognitive vulnerability to depression can be contagious. *Clinical Psychological Science, 2*(1), 75–85.

Hampson, S. E., & Goldberg, L. R. (2006). A first large cohort study of personality trait stability over the 40 years between elementary school and midlife. *Journal of Personality and Social Psychology, 91*(4), 763.

Hanson, R. (2013). *Hardwiring happiness: The new brain science of contentment, calm, and confidence.* New York, NY: Harmony.

Harkin, B., Webb, T. L., Chang, B. P., Prestwich, A., Conner, M., Kellar, I., & Sheeran, P. (2016). Does monitoring goal progress promote goal attainment? A meta-analysis of the experimental evidence. *Psychological Bulletin, 142*(2), 198.

Harris, M. A., Brett, C. E., Johnson, W., & Deary, I. J. (2016). Personality stability from age 14 to age 77 years. *Psychology and Aging, 31*(8), 862.

Hart, B., & Risley, T. R. (2003). The early catastrophe: The 30 million word gap by age 3. *American Educator, 27*(1), 4–9.

Harter, J. K., Schmidt, F. L., & Keyes, C. L. (2003). Well-being in the workplace and its relationship to business outcomes: A review of the Gallup studies. *Flourishing: Positive Psychology and the Life Well-Lived, 2,* 205–224.

Hasenkamp, W., & Barsalou, L. W. (2012). Effects of meditation experience on functional connectivity of distributed brain networks. *Frontiers in Human Neuroscience, 6,* 38.

Heatherton, T. F., & Weinberger, J. L. E. (1994). *Can personality change?* Washington, DC: American Psychological Association.

Hefferon, K., Grealy, M., & Mutrie, N. (2009). Post-traumatic growth and life threatening physical illness: A systematic review of the qualitative literature. *British Journal of Health Psychology, 14*(2), 343–378.

Heilman, M. E., & Wallen, A. S. (2010). Wimpy and undeserving of respect: Penalties for men's gender-inconsistent success. *Journal of Experimental Social Psychology, 46*(4), 664–667.

Hertenstein, M. J., Holmes, R., McCullough, M., & Keltner, D. (2009). The communication of emotion via touch. *Emotion, 9*(4), 566.

Herzberg, F., Mausner, B., & Snyderman, B. (1969). *The motivation to work.* Hoboken, NJ: John Wiley & Sons.

Hewitt, P. L., & Flett, G. L. (2002). Perfectionism and stress in psychopathology. In G. L. Flett & P. L. Hewitt (Eds.), *Perfectionism: Theory, research, and treatment* (pp. 255–284). Washington, DC: American Psychological Association.

Hoddinott, J., Maluccio, J. A., Behrman, J. R., Flores, R., & Martorell, R. (2008). Effect of a nutrition intervention during early childhood on economic productivity in Guatemalan adults. *The Lancet, 371*(9610), 411–416.

Horan, R. (2009). The neuropsychological connection between creativity and meditation. *Creativity Research Journal, 21*(23), 199–222.

Howe, M. J., Davidson, J. W., & Sloboda, J. A. (1998). Innate talents: Reality or myth? *Behavioral and Brain Sciences, 21*(3), 399–407.

Hume, D. (1970). *Enquiries concerning the human understanding and concerning the principles of morals: Reprinted from the posthumous edition of 1777.* Oxford, UK: Clarendon Press.

Humphreys, M. S., & Revelle, W. (1984). Personality, motivation, and performance: A theory of the relationship between individual differences and information processing. *Psychological Review, 91*(2), 153.

Hyde, J. S. (2005). The gender similarities hypothesis. *American Psychologist, 60*(6), 581–592.

Immordino-Yang, M. H., Christodoulou, J. A., & Singh, V. (2012). Rest is not idleness: Implications of the brain's default mode for human development and education. *Perspectives on Psychological Science, 7*(4), 352–364.

Isen, A. M., & Levin, P. F. (1972). Effect of feeling good on helping: Cookies and kindness. *Journal of Personality and Social Psychology 21*(3), 384–388.

Isen, A. M., Clark, M., & Schwartz, M. F. (1976). Duration of the effect of good mood on helping: "Footprints on the sands of time." *Journal of Personality and Social Psychology 34*(3), 385–393.

Isen, A. M., Rosenzweig, A. S., & Young, M. J. (1991). The influence of positive affect on clinical problem solving. *Medical Decision Making, 11*(3), 221–227.

Isovich, E., Mijnster, M. J., Flugge, G., & Fuchs, E. (2000). Chronic psychosocial stress reduces the density of dopamine transporters. *European Journal of Neuroscience, 12*(3), 1071–1078.

Issa, G., Wilson, C., Terry, A. V., & Pillai, A. (2010). An inverse relationship between cortisol and BDNF levels in schizophrenia: Data from human postmortem and animal studies. *Neurobiology of Disease, 39*(3), 327–333.

Jacobs, B. L. (1994). Serotonin, motor activity and depression-related disorders. *American Scientist, 82*(5), 456–463.

Jacobs, B. L., & Azmitia, E. C. (1992). Structure and function of the brain serotonin system. *Physiol Rev, 72*(1), 165–229.

Jain, S., Shapiro, S. L., Swanick, S., Roesch, S. C., Mills, P. J., Bell, I., & Schwartz, G. E. (2007). A randomized controlled trial of mindfulness meditation versus relaxation training: Effects on distress, positive states of mind, rumination, and distraction. *Annals of Behavioral Medicine, 33*(1), 11–21.

Jecker, J., & Landy, D. (1969). Liking a person as a function of doing him a favour. *Human Relations, 22*(4), 371–378.

Jensen, A. (1969). How much can we boost IQ and scholastic achievement? *Harvard Educational Review, 39*(1), 1–123.

Jensen, A. R. (1982). Reaction time and psychometric g. In H. J. Eysenk (Ed.), *A model for intelligence* (pp. 93–132). Berlin, Germany: Springer Berlin Heidelberg.

Judge, T. A., Thoresen, C. J., Bono, J. E., & Patton, G. K. (2001). The job satisfaction–job performance relationship: A qualitative and quantitative review. *Psychological Bulletin, 127*(3), 376–407.

Jung, R. E., Mead, B. S., Carrasco, J., & Flores, R. A. (2013). The structure of creative cognition in the human brain. *Frontiers in Human Neuroscience, 7,* 330.

Kahneman, D., & Deaton, A. (2010). High income improves evaluation of life but not emotional well-being. *Proceedings of the National Academy of Sciences, 107*(38), 16489–16493.

Kant, I. (1997). *Lectures on ethics.* Cambridge, UK: Cambridge University Press.

Kanter, R. M. (1999). The enduring skills of change leaders. *Leader to Leader, 1999*(13), 15–22.

Kashdan, T. (2017, April 13). How I learned about the perils of grit: Rethinking simple explanations for complicated problems. *Psychology Today.* Retrieved from https://www.psychologytoday.com/blog/curious/201704/how-i-learned-about-the-perils-grit

Kaufman, S. (2015). *Ungifted: Intelligence redefined.* New York, NY: Basic Books.

Kaufman, S. B., Quilty, L. C., Grazioplene, R. G., Hirsh, J. B., Gray, J. R., Peterson, J. B., & DeYoung, C. G. (2015). Openness to experience and intellect differentially predict creative achievement in the arts and sciences. *Journal of Personality, 82*, 248–258.

King, L., & Hicks, J. (2009). Detecting and constructing meaning in life events. *Journal of Positive Psychology, 4*(5), 317–330.

Kleinginna, P. R., & Kleinginna, A. M. (1981). A categorized list of emotion definitions, with suggestions for a consensual definition. *Motivation and Emotion, 5*(4), 345–379.

Koball, H. L., Moiduddin, E., Henderson, J., Goesling, B., & Besculides, M. (2010). What do we know about the link between marriage and health? *Journal of Family Issues 31*(8): 1019–1040.

Koblin, J. (2016, June 30). How much do we love TV? Let us count the ways. *The New York Times.* Retrieved from https://www.nytimes.com/2016/07/01/business/media/nielsen-survey-media-viewing.html

Koestner, R., Losier, G. F., Vallerand, R. J., & Carducci, D. (1996). Identified and introjected forms of political internalization: Extending self-determination theory. *Journal of Personality and Social Psychology, 70*(5), 1025.

Kouzes, J. M., & Posner, B. Z. (2011). Credibility: *How leaders gain and lose it, why people demand it.* Hoboken, NJ: John Wiley & Sons.

Kramer, A. F., & Hillman, C. H. (2006). Aging, physical activity, and neurocognitive function. In E. Acevado & P. Ekkekakis (Eds.), *Psychobiology of exercise and sport* (pp. 45–59). Champaign, IL: Human Kinetics.

Kristof, N. (2016, October 28). 3 TVs and no food: Growing up poor in America. *The New York Times.* Retrieved from http://www.nytimes.com/2016/10/30/opinion/sunday/3-tvs-and-no-food-growing-up-poor-in-america.html

Kross, E., Bruehlman-Senecal, E., Park, J., Burson, A., Dougherty, A., Shablack, H.,... & Ayduk, O. (2014). Self-talk as a regulatory mechanism: How you do it matters. *Journal of Personality and Social Psychology, 106*(2), 304.

Kruse, E., Chancellor, J., Ruberton, P. M., & Lyubomirsky, S. (2014). An upward spiral between gratitude and humility. *Social Psychological and Personality Science, 5*(7), 805–814.

Ladd, H. A., & Fiske, E. B. (Eds.). (2015). *Handbook of Research in Education Finance and Policy* (2nd ed.). New York, NY: Routledge.

Lambert, N. M., Stillman, T. F., Baumeister, R. F., Fincham, F. D., Hicks, J. A., & Graham, S. M. (2010). Family as a salient source of meaning in young adulthood. *The Journal of Positive Psychology, 5*(5), 367–376.

Lang, P. J. (2010). Emotion and motivation: Toward consensus definitions and a common research purpose. *Emotion Review, 6*(2), 93–99.

Lavie, N. (2010). Attention, distraction, and cognitive control under load. *Current Directions in Psychological Science, 19*(3), 143–148.

Law, K. S., Wong, C. S., Huang, G. H., & Li, X. (2008). The effects of emotional intelligence on job performance and life satisfaction for the research and development scientists in China. *Asia Pacific Journal of Management, 25*(1), 51–69.

Lee, T. (2016, October 20). The city: prison's grip on the black family: The spirals of poverty and mass incarceration upend urban communities. *MSNBC.* Retrieved from http://www.nbcnews.com/specials/geographyofpoverty-big-city

Lemonick, M. D. (2005, January 9). The biology of joy: Scientists know plenty about depression. Now they are starting to understand the roots of positive emotions. *TIME: Special Mind and Body Issue.* Retrieved from http://bit.ly/2mPoVcG

Lerner, J. S., & Tetlock, P. E. (1999). Accounting for the effects of accountability. *Psychological Bulletin, 125*(2), 255.

Leroy, S. (2009). Why is it so hard to do my work? The challenge of attention residue when switching between work tasks. *Organizational Behavior and Human Decision Processes, 109*(2), 168–181.

Levitin, D. J. (2014). *The organized mind: Thinking straight in the age of information overload.* New York, NY: Penguin.

Lewis, K., Lange, D., & Gillis, L. (2005). Transactive memory systems, learning, and learning transfer. *Organization Science, 16*(6), 581–598.

Lewis, M., Haviland-Jones, J. M., & Barrett, L. F. (Eds.). (2010). *Handbook of emotions.* New York, NY: Guilford Press.

LexisNexis (2010, October 20). New survey reveals extent, impact of information overload on workers; from Boston to Beijing, professionals feel overwhelmed, demoralized. [News release]. Retrieved from http://www.lexisnexis.com/en-us/about-us/media/press-release. page?id=128751276114739

Linley, P. A., & Joseph, S. (2004). Positive change following trauma and adversity: A review. *Journal of Traumatic Stress, 17*(1), 11–21.

Lipari, R. N., Park-Lee, E., & Van Horn, S. (2016, September 29). *America's need for and receipt of substance use treatment in 2015.* (The CBHSQ Report.) Retrieved from Substance Abuse and Mental Health Services Administration website: http://bit.ly/2mPrRGl

Locke, E. A., & Latham, G. P. (1990). *A theory of goal setting and task performance.* Englewood Cliffs, NJ: Prentice-Hall.

Locke, E. A., & Latham, G. P. (2002). Building a practically useful theory of goal setting and task motivation: A 35-year odyssey. *American Psychologist, 57*(9), 705.

Lykken, D. (2000). *Happiness: The nature and nurture of joy and contentment.* New York, NY: Picador.

Lyubomirsky, S., King, L., & Diener, E. (2005). The benefits of frequent positive affect: Does happiness lead to success? *Psychological Bulletin, 131*(6), 803–855.

MacKenzie, M. J., & Baumeister, R. F. (2014). Meaning in life: Nature, needs, and myths. In P. Russo-Netzer & A. Batthyany (Eds.), *Meaning in positive and existential psychology* (pp. 25–37). New York, NY: Springer.

Macmillan, T., & Rachman, S. (1988). Fearlessness and courage in paratroopers undergoing training. *Personality and Individual Differences, 9,* 373–378. doi:10.1016/0191-8869(88)90100-6

Macnamara, B. N., Hambrick, D. Z., & Oswald, F. L. (2014). Deliberate practice and performance in music, games, sports, education, and professions: A metaanalysis. *Psychological Science, 25*(8), 1608–1618.

Mahncke, H. W., Connor, B. B., Appelman, J., Ahsanuddin, O. N., Hardy, J. L., Wood, R. A., . . . & Merzenich, M. M. (2006). Memory enhancement in healthy older adults using a brain plasticity based training program: A randomized, controlled study. *Proceedings of the National Academy of Sciences, 103*(33), 12523–12528.

Marano, H. E. (1999). The power of play. *Psychology Today, 32*(4), 36.

Mark, G., Gonzalez, V. M., & Harris, J. (2005, April). *No task left behind? Examining the nature of fragmented work.* Paper presented at the Conference on Human Factors in Computing Systems, Portland, OR.

Markman, K. D., Proulx, T. E., & Lindberg, M. J. (2013). *The psychology of meaning.* Washington, DC: American Psychological Association.

Marquardt, M. J. (2011). *Leading with questions: How leaders find the right solutions by knowing what to ask.* Hoboken, NJ: John Wiley & Sons.

Martela, F., & Steger, M. F. (2016). The three meanings of meaning in life: Distinguishing coherence, purpose, and significance. *Journal of Positive Psychology, 11*(5), 531–545.

Masicampo, E. J., & Baumeister, R. F. (2011). Consider it done! Plan making can eliminate the cognitive effects of unfulfilled goals. *Journal of Personality and Social Psychology, 101*(4), 667.

Maslow, A. (1962). *Towards a psychology of being.* Princeton, NJ: Van Nostrand.

Maslow, A. (1971). *The farther reaches of human nature.* New York, NY: Viking Press.

McAdams, D. P. (1994). Can personality change? Levels of stability and growth in personality across the life span. In D. P. McAdams, J. L. Weinberger, & J.

Lee (Eds.), *Can personality change?* (pp. 299–313). Washington, DC: American Psychological Association.

McCrory, M. A., Suen, V. M., & Roberts, S. B. (2002). Biobehavioral influences on energy intake and adult weight gain. *Journal of Nutrition, 132*(12), 3830S–3834S.

McDermott, R., Fowler, J., & Christakis, N. (2013). Breaking up is hard to do, unless everyone else is doing it too: Social network effects on divorce in a longitudinal sample. *Social Forces, 92*(2), 491.

Mednick, S. C., Christakis, N. A., & Fowler J. H. (2010). The spread of sleep loss influences drug use in adolescent social networks. *Public Library of Science One, 5*(3), e9775.

Merzenich, M. M. (2013). *Soft-wired: How the new science of brain plasticity can change your life.* San Francisco, CA: Parnassus.

Michaels, E., Handfield-Jones, H., & Axelrod, B. (2001). *The war for talent.* Boston, MA: Harvard Business Press.

Miller, G. E., & Wrosch, C. (2007). You've gotta know when to fold 'em: Goal disengagement and systemic inflammation in adolescence. *Psychological Science, 18*(9), 773–777.

Miller, J. (2016). The well-being and productivity link: A significant opportunity for research-into-practice. *Journal of Organizational Effectiveness: People and Performance, 3*(3), 289311.

Miller, J. J., Fletcher, K., & Kabat-Zinn, J. (1995). Three-year follow-up and clinical implications of a mindfulness meditation-based stress reduction intervention in the treatment of anxiety disorders. *General Hospital Psychiatry, 17*(3), 192–200.

Morgeson, F. P., Campion, M. A., Dipboye, R. L., Hollenbeck, J. R., Murphy, K., & Schmitt, N. (2007). Are we getting fooled again? Coming to terms with limitations in the use of personality tests for personnel selection. *Personnel Psychology, 60*(4), 1029–1049.

Munyon, T. P., Summers, J. K., Thompson, K. M., & Ferris, G. R. (2015).

Political skill and work outcomes: A theoretical extension, meta-analytic investigation, and agenda for the future. *Personnel Psychology, 68*(1), 143–184.

Nanus, B. (1992). *Visionary leadership: Creating a compelling sense of direction for your organization.* San Francisco, CA: Jossey-Bass.

National Institute on Drug Abuse (2012). Principles of drug addiction treatment: A research-based guide (3rd ed.). Retrieved from https://www.drugabuse.gov/publications/principles-drug-addiction-treatment-research-based-guide-third-edition/preface

Newport, C. (2016). *Deep work: Rules for focused success in a distracted world.* New York, NY: Hachette.

Nickerson, R. S. (1998). Confirmation bias: A ubiquitous phenomenon in many guises. *Review of General Psychology, 2*(2), 175–220.

Nisbett, R. E. (2009). *Intelligence and how to get it: Why schools and cultures count.* New York, NY: W. W. Norton.

Nisbett, R. E., Aronson, J., Blair, C., Dickens, W., Flynn, J., Halpern, D. F., & Turkheimer, E. (2012). Intelligence: New findings and theoretical developments. *American Psychologist, 67*(2), 130.

Norton, P. J., & Weiss, B. J. (2009). The role of courage on behavioral approach in a fear-eliciting situation: A proof-of-concept pilot study. *Journal of Anxiety Disorders, 23*(2), 212–217.

Nunez, M. (2015, June 18). Does money buy happiness? The link between salary and employee satisfaction. [Web log post]. Retrieved from https://www.glassdoor.com/research/does-money-buy-happiness-the-link-between-salary-and-employee-satisfaction/

O'Boyle, E. (2016). Does culture matter in economic behaviour? *Social and Education History, 5*(1), 52–82. doi:10.17583/hse.2016.1796

Oettingen, G., Pak, H. J., & Schnetter, K. (2001). Self-regulation of goal-setting: Turning free fantasies about the future into binding goals. *Journal of Personality and Social Psychology, 80*(5), 736.

Ogden, C. L., Carroll, M. D., Fryar, C. D., & Flegal, K. M. (2015). Prevalence of obesity among adults and youth: United States, 2011-2014. *National Center for Health Statistics Data Brief, 219*, 1-8. Retrieved from http://c.ymcdn. com/sites/www.acutept.org/resource/resmgr/Critical_EdgEmail/0216-prevalence-of-obesity.pdf

Pachucki, M. A., Jacques, P. F., & Christakis, N. A. (2011). Social network concordance in food choice among spouses, friends, and siblings. *American Journal of Public Health, 101*(11), 2170-2177.

Penninx, B. W., Rejeski, W. J., Pandya, J., Miller, M. E., Di Bari, M., Applegate, W. B., & Pahor, M. (2002). Exercise and depressive symptoms: A comparison of aerobic and resistance exercise effects on emotional and physical function in older persons with high and low depressive symptomatology. *Journals of Gerontology Series B: Psychological Sciences and Social Sciences, 57*(2), P124-P132.

Pilcher, J. J., & Huffcutt, A. J. (1996). Effects of sleep deprivation on performance: A meta-analysis. *Sleep: Journal of Sleep Research & Sleep Medicine, 19*(4), 318-326.

Pink, D. H. (2011). *Drive: The surprising truth about what motivates us.* New York, NY: Penguin.

Plomin, R., & Deary, I. J. (2015). Genetics and intelligence differences: Five special findings. *Molecular Psychiatry, 20*(1), 98-108.

Pury, C. L., & Hensel, A. D. (2010). Are courageous actions successful actions? *Journal of Positive Psychology, 5*(1), 62-72.

Pury, C. L., & Kowalski, R. M. (2007). Human strengths, courageous actions, and general and personal courage. *The Journal of Positive Psychology, 2*(2), 120-128.

Pury, C. L., & Lopez, S. J. (Eds.). (2010). *The psychology of courage: Modern research on an ancient virtue.* Washington, DC: American Psychological Association.

Pury, C. L., & Starkey, C. B. (2010). Is courage an accolade or a process? A fundamental question for courage research. In Pury, C. L., & Lopez, S. J. (Eds.), *The psychology of courage: Modern research on an ancient virtue* (pp. 67–87). Washington, DC: American Psychological Association.

Pury, C. L., Kowalski, R. M., & Spearman, J. (2007). Distinctions between general and personal courage. *The Journal of Positive Psychology, 2*(2), 99–114.

Pury, C. L., Starkey, C. B., Kulik, R. E., Skjerning, K. L., & Sullivan, E. A. (2015). Is courage always a virtue? Suicide, killing, and bad courage. *The Journal of Positive Psychology, 10*(5), 383–388.

Quoidbach, J., Dunn, E. W., Petrides, K. V., & Mikolajczak, M. (2010). Money giveth, money taketh away: The dual effect of wealth on happiness. *Psychological Science, 21*(6), 759–763.

Rachman, S. (1990). *Fear and courage* (2nd ed.). New York, NY: Freeman.

Rachman, S. J. (2010). Courage: A psychological perspective. In C. L. Pury & S. J. Lopez (Eds.), *The psychology of courage: Modern research on an ancient virtue* (pp. 91–107). Washington, DC: American Psychological Association.

Rate, C. R., Clarke, J. A., Lindsay, D. R., & Sternberg, R. J. (2007). Implicit theories of courage. *Journal of Positive Psychology, 2*(2), 80–98.

Ratey, J. J., & Hagerman, E. (2008). *Spark: The revolutionary new science of exercise and the brain.* New York, NY: Little, Brown and Company.

Regan, D. T. (1971). Effects of a favor and liking on compliance. *Journal of Experimental Social Psychology, 7*(6), 627–639.

Reivich, K., & Shatte, A. (2002). *The resilience factor: 7 essential skills for overcoming life's inevitable obstacles.* New York, NY: Broadway Books.

Rethorst, C. D., Wipfli, B. M., & Landers, D. M. (2009). The antidepressive effects of exercise. *Sports Medicine, 39*(6), 491–511.

Rice, K. G., & Ashby, J. S. (2007). An efficient method for classifying perfectionists. *Journal of Counseling Psychology, 54*, 72–85. doi:10.1037/0022-0167.54.1.72

Rice, K. G., Bair, C., Castro, J., Cohen, B., & Hood, C. (2003). Meanings of perfectionism: A quantitative and qualitative analysis. *Journal of Cognitive*

Psychotherapy, 17, 39–58. doi:10.1521/jscp.2005.24.4.580

Roberts, B. W., Luo, J., Brile, D. A., Chow, P. I., Su, R., & Hill P. L. (2017). A systematic review of personality trait change through intervention. *Psychological Bulletin, 143*(2), 117–141.

Roe, A. (1953a). *The making of a scientist.* New York: Dodd, Mead.

Roe, A. (1953b). A psychological study of eminent psychologists and anthropologists, and a comparison with biological and physical scientists. *Psychological Monographs: General and Applied, 67*(2), 1.

Rosenquist, J. N., Fowler, J. H., & Christakis, N. A. (2011). Social network determinants of depression. *Molecular Psychiatry, 16*(3), 273–281.

Rosso, B. D., Dekas, K. H., & Wrzesniewski, A. (2010). On the meaning of work: A theoretical integration and review. *Research in Organizational Behavior, 30*, 91–127.

Rozin, P., & Royzman, E. B. (2001). Negativity bias, negativity dominance, and contagion. *Personality and Social Psychology Review, 5*(4), 296–320.

Ruff, G., & Korchin, S. (1964). Psychological responses of the Mercury astronauts to stress. In G. Grosser, H. Wechsler, M. Greenblatt (Eds.), *The threat of impending disaster* (pp 46–57). Cambridge, MA: MIT Press.

Rummler, G. A., & Brache, A. P. (1995). *Improving performance: How to manage the white space on the organization chart* (2nd ed.). San Francisco, CA: Jossey-Bass.

Rushton, J. P., & Jensen, A. R. (2010). Race and IQ: A theory-based review of the research in Richard Nisbett's Intelligence and How to Get It. *Open Psychology Journal, 3*(1), 9–35.

Ruthsatz, J., Detterman, D. K., Griscom, W. S., & Cirullo, B. A. (2008). Becoming an expert in the musical domain: It takes more than just practice. *Intelligence, 36*(4), 330–338.

Ryan, R. M., & Deci, E. L. (2000a). Intrinsic and extrinsic motivations: Classic definitions and new directions. *Contemporary Educational Psychology, 25*(1), 54–67.

Ryan, R. M., & Deci, E. L. (2000b). Self-determination theory and the facilitation of intrinsic motivation, social development, and well-being. *American Psychologist*, 55(1), 68.

Ryff, C. D., & Singer, B. (1998). The contours of positive human health. *Psychological Inquiry*, 9(1), 1–28.

Safire, W. (2004). *Lend me your ears: Great speeches in history.* New York: NY: W.W.Norton & Company.

Samuels, C. (2009). Sleep, recovery, and performance: the new frontier in highperformance athletics. *Physical Medicine and Rehabilitation Clinics of North America*, 20(1), 149–159.

Savitsky, K., Epley, N., & Gilovich, T. (2001). Is it as bad as we fear? Overestimating the extremity of others' judgments. *Journal of Personality and Social Psychology*, 81(1), 44–56.

Schein, Edgar H. (2010). *Organizational culture and leadership* (4th ed.). San Francisco, CA: Jossey-Bass.

Schimel, J., Arndt, J., Banko, K. M., & Cook, A. (2004). Not all selfaffirmations were created equal: The cognitive and social benefits of affirming the intrinsic (vs. extrinsic) self. *Social Cognition*, 22(1: Special Issue), 75–99.

Schirmer, A., Teh, K. S., Wang, S., Vijayakumar, R., Ching, A., Nithianantham, D., . . . & Cheok, A. D. (2011). Squeeze me, but don't tease me: Human and mechanical touch enhance visual attention and emotion discrimination. *Social Neuroscience*, 6(3), 219–230.

Schwartz, T., & McCarthy, C. (2007). Manage your energy, not your time. *Harvard Business Review*, 85(10), 63.

Scott, G., Leritz, L. E., & Mumford, M. D. (2004). The effectiveness of creativity training: A quantitative review. *Creativity Research Journal*, 16(4), 361–388.

Sedlmeier, P., Eberth, J., Schwarz, M., Zimmermann, D., Haarig, F., Jaeger, S., & Kunze, S. (2012). The psychological effects of meditation: A meta-analysis. *Psychological Bulletin*, 138(6), 1139.

Seidman, D. (2011). *How: Why how we do anything means everything.*

Hoboken, NJ: John Wiley & Sons.

Seligman, M. E., Steen, T. A., Park, N., & Peterson, C. (2005). Positive psychology progress: Empirical validation of interventions. *American Psychologist, 60*(5), 410.

Seligman, M. E. P. (1990). *Learned optimism: The skill to conquer life's obstacles, large and small.* New York, NY: Pocket Books.

Seligman, M. E. P. (2012). *Flourish: A visionary new understanding of happiness and well-being.* New York, NY: Simon and Schuster.

Senecal, C., Koestner, R., & Vallerand, R. J. (1995). Self-regulation and academic procrastination. *Journal of Social Psychology, 135*(5), 607–619.

Seppala, E., & Cameron, K. (2015, December 1). Proof that positive work cultures are more productive. *Harvard Business Review.* Retrieved from https://hbr. org/2015/12/proof-that-positive-work-cultures-are-more-productive

Sgroi, D. (2015). *Happiness and productivity: Understanding the happy-productive worker.* (SMF-CAGE Global Perspectives Series Paper 4.) Retrieved from Social Market Foundation website: http://bit.ly/2ndmvFA

Shadyab, A. H., Macera, C. A., Shaffer, R. A., Jain, S., Gallo, L. C., LaMonte, M. J., ... & Manini, T. M. (2017). Associations of accelerometer-measured and self-reported sedentary time with leukocyte telomere length in older women. *American Journal of Epidemiology, 185*(3), 172–184.

Sheldon, K. M., Jose, P. E., Kashdan, T. B., & Jarden, A. (2015). Personality, effective goal-striving, and enhanced well-being: Comparing 10 candidate personality strengths. *Personality and Social Psychology Bulletin.* doi:10.1177/0146167215573211

Shoji, K., Cieslak, R., Smoktunowicz, E., Rogala, A., Benight, C. C., & Luszczynska, A. (2016). Associations between job burnout and self-efficacy: a metaanalysis. *Anxiety, Stress, & Coping: An International Journal, 29*(4), 367–386.

Sibley, B. A., & Etnier, J. L. (2003). The relationship between physical activity and cognition in children: A meta-analysis. *Pediatric Exercise Science, 15*(3),

243–256.

Simonton, D. K. (1988). Creativity, leadership, and chance. In R. J. Sternberg (Ed.), *The nature of creativity: Contemporary psychological perspectives* (pp. 386–426). New York, NY: Cambridge University Press.

Sparling, P. B., Giuffrida, A., Piomelli, D., Rosskopf, L., & Dietrich, A. (2003). Exercise activates the endocannabinoid system. *Neuroreport, 14*(17), 2209–2211.

Spelke, Elizabeth S. (2005). Sex differences in intrinsic aptitude for mathematics and science? A critical review. *American Psychologist, 60*(9), 950–958.

Stajkovic, A. D., & Luthans, F. (1998). Self-efficacy and work-related performance: A meta-analysis. *Psychological Bulletin, 124*(2), 240–261.

Stavrou, N. A., Jackson, S. A., Zervos, Y., Karterolliotis, K. (2007). Flow experience and athletes' performance with reference to the orthogonal model of flow. *Sport Psychologist, 21*, 438–457.

Staw, B. M., & Barsade, S. G. (1993). Affect and managerial performance: A test of the sadder-but-wiser vs. happier-and-smarter hypothesis. *Administrative Science Quarterly, 38*(2), 304–331.

Steger, M. F., Frazier, P., Oishi, S., & Kaler, M. (2006). The meaning in life questionnaire: Assessing the presence of and search for meaning in life. *Journal of Counseling Psychology, 53*(1), 80.

Sternberg, R. J. (1999). *Handbook of creativity.* Cambridge, UK: Cambridge University Press.

Sternberg, R. J., & Frensch, P. A. (1992). On being an expert: A cost-benefit analysis. In R. R. Hoffman (Ed.), *The psychology of expertise: Cognitive research and empirical AI* (pp. 191–203). New York, NY: Springer.

Sternberg, R. J., & Grigorenko, E. L. (2003). *The psychology of abilities, competencies, and expertise.* Cambridge, UK: Cambridge University Press.

Stevenson, B., & Wolfers, J. (2013). Subjective well-being and income: Is there any evidence of satiation? *American Economic Review, 103*(3), 598–604.

Stillman, T. F., Baumeister, R. F., Lambert, N. M., Crescioni, A. W., DeWall, C.

N., & Fincham, F. D. (2009). Alone and without purpose: Life loses meaning following social exclusion. *Journal of Experimental Social Psychology, 45*(4), 686 – 694.

Strauss, J., & Thomas, D. (1998). Health, nutrition, and economic development. *Journal of Economic Literature, 36*(2), 766 – 817.

Sulsky, L. M. (1999). Commitment in the workplace: Theory, research, and application. [Review of the book *Commitment in the workplace: Theory, research, and application*, by J. P. Meyer & N. J. Allen.] *Canadian Psychology, 40*(4), 383 – 385.

Sun, J., Kaufman, S. B., & Smillie, L. D. (2017). Unique associations between big five personality aspects and multiple dimensions of well-being. *Journal of Personality*. doi:10.1111/jopy.12301

Sy, T., Cote, S., & Saavedra, R. (2005). The contagious leader: Impact of the leader's mood on the mood of group members, group affective tone, and group process. *Journal of Applied Psychology, 90*(2), 295 – 305.

Tafet, G. E., Idoyaga-Vargas, V. P., Abulafia, D. P., Calandria, J. M., Roffman, S. S., Chiovetta, A., & Shinitzky, M. (2001). Correlation between cortisol level and serotonin uptake in patients with chronic stress and depression. *Cognitive, Affective, & Behavioral Neuroscience, 1*(4), 388 – 393.

Tangney, J. P., Baumeister, R. F., & Boone A. L. (2004). High self-control predicts good adjustment, less pathology, better grades, and interpersonal success. *Journal of Personality, 72*(2), 271 – 324.

Tedeschi, R. G., & Calhoun L. G. (2004). Posttraumatic growth: Conceptual foundations and empirical evidence. *Psychological Inquiry, 15*(1), 1 – 18.

Teixeira, P. J., Carraca, E. V., Marques, M. M., Rutter, H., Oppert, J. M., De Bourdeaudhuij, I., ... & Brug, J. (2015). Successful behavior change in obesity interventions in adults: A systematic review of self-regulation mediators. *BMC Medicine, 13*(1), 84.

Tenenbaum, G., Yuval, R., Elbaz, G., Bar-Eli, M., & Weinberg, R. (1993). The relationship between cognitive characteristics and decision making.

Canadian Journal of Applied Physiology, 18(1), 48–62.

Tetlock, P. E. (1992). The impact of accountability on judgment and choice: Toward a social contingency model. *Advances in Experimental Social Psychology, 25,* 331–376.

Thomas, D., & Frankenberg, E. (2002). Health, nutrition and prosperity: A microeconomic perspective. *Bulletin of the World Health Organization, 80*(2), 106–113.

Thompson, C. A., & Prottas, D. J. (2006). Relationships among organizational family support, job autonomy, perceived control, and employee well-being. *Journal of Occupational Health Psychology, 11*(1), 100.

Tognatta, N., Valerio, A., & Sanchez Puerta, M. L. (2016). *Do cognitive and noncognitive skills explain the gender wage gap in middle-income countries? An analysis using STEP data.* (World Bank Policy Research Working Paper No. 7878.) Retrieved from SSRN website: http://bit.ly/2nehVaf

Tomporowski, P. D. (2003). Effects of acute bouts of exercise on cognition. *Acta Psychologica, 112*(3), 297–324.

Torrance, E. P. (1983). The importance of falling in love with "something." *Creative Child & Adult Quarterly, 8*(2): 72–78.

Tracy, J. L., Cheng J. T., Robins, R. W., & Trzesniewski, K. H. (2009). Authentic and hubristic pride: The affective core of self-esteem and narcissism. *Self and Identity 8*(2–3), 196–213.

Treffert, D. A. (2010). *Islands of genius: The bountiful mind of the autistic, acquired and sudden savant.* London, UK: Jessica Kingsley.

Treffert, D. A. (2014). Accidental genius. *Scientific American, 311*(2), 52–57.

Trougakos, J. P., & Hideg, I. (2009). Momentary work recovery: The role of within-day work breaks. In P. Perrewe, D. Ganster, & S. Sonnentag (Eds.), *Research in occupational stress and wellbeing* (Vol. 7, pp. 37–84). West Yorkshire, UK: Emerald Group.

Trougakos, J. P., Beal, D. J., Green, S. G., & Weiss, H. M. (2008). Making the break count: An episodic examination of recovery activities, emotional experiences, and positive affective displays. *Academy of Management Journal, 51*(1), 131–146.

Trougakos, J. P., Hideg, I., Cheng, B. H., & Beal, D. J. (2014). Lunch breaks unpacked: The role of autonomy as a moderator of recovery during lunch. *Academy of Management Journal, 57*(2), 405–421.

US Department of Labor (2016, February 25). Volunteering in the United States, 2015. [News release.] Retrieved from https://www.bls.gov/news.release/volun.nr0.htm

Vaeyens, R., Lenoir, M., Williams, A. M., & Philippaerts, R. M. (2008). Talent identification and development programmes in sport. *Sports Medicine, 38*(9), 703–714.

Valentine, E. R., & Sweet, P. L. (1999). Meditation and attention: A comparison of the effects of concentrative and mindfulness meditation on sustained attention. *Mental Health, Religion & Culture, 2*(1), 59–70.

Wan, C. Y., & Huon, G. F. (2005). Performance degradation under pressure in music: An examination of attentional processes. *Psychology of Music, 33*(2), 155–172.

Wand, B. (1956). Hume's account of obligation. *The Philosophical Quarterly (1950–), 6*(23), 155–168.

Wang, G. J., Volkow, N. D., Logan, J., Pappas, N. R., Wong, C. T., Zhu, W., . . . & Fowler, J. S. (2001). Brain dopamine and obesity. *The Lancet, 357*(9253), 354–357.

Weaver, K., Garcia, S. M., Schwarz, N., & Miller, D. T. (2007). Inferring the popularity of an opinion from its familiarity: A repetitive voice can sound like a chorus. *Journal of Personality and Social Psychology, 92*(5), 821.

Weldon, E., & Weingart, L. R. (1993). Group goals and group performance. *British Journal of Social Psychology, 32*(4), 307–334.

Weldon, E., Jehn, K. A., & Pradhan, P. (1991). Processes that mediate the relationship between a group goal and improved group performance. *Journal of Personality and Social Psychology, 61*(4), 555.

Whittaker, S., Matthews, T., Cerruti, J., Badenes, H., & Tang, J. (2011, May). Am I wasting my time organizing email? A study of email refinding. In Proceedings of the Conference on Human Factors in Computing Systems (pp. 276–283). Retrieved from http://bit.ly/2nkpdGq

Wigfield, A., & Eccles, J. (2002). The development of competence beliefs, expectancies for success, and achievement values from childhood through adolescence. In A. Wigfield & J. Eccles (Eds.), *Development of achievement motivation* (pp. 91–120). San Diego, CA: Academic Press.

Wood, R., & Locke, E. (1990). Goal setting and strategy effects on complex tasks. In B. Staw & L. Cummings (Eds.), *Research in organizational behavior* (Vol. 12, pp. 73–109). Greenwich, CT: JAI Press.

Woodard, R. W., Pury, C. L. S. (2013). The construct of courage: Categorization management. *Consulting Psychology Journal: Practice and Research*, Vol 59, (2), 135–147.

Wright, J. C., Nadelhoffer, T., Perini, T., Langville, A., Echols, M., & Venezia, K. (2017). The psychological significance of humility. *The Journal of Positive Psychology, 12(1),* 3–12.

Wright, T. A., & Cropanzano, R. (2000). Psychological well-being and job satisfaction as predictors of job performance. *Journal of Occupational Health Psychology, 5(1),* 84.

Wrzesniewski, A. (2003). Finding positive meaning in work. In K. S. Cameron, J. E. Dutton, & R. E. Quinn (Eds.), *Positive organizational scholarship: Foundations of a new discipline* (pp. 296–308). San Francisco, CA: Berrett-Koehler.

Young, W. T. (1971). The role of musical aptitude, intelligence, and academic achievement in predicting the musical attainment of elementary instrumental music students. *Journal of Research in Music Education, 19(4),* 385–398.

Yousef, D. A. (1998). Satisfaction with job security as a predictor of organizational commitment and job performance in a multicultural environment. *International Journal of Manpower, 19*(3), 184–194.

Yu, R. (2014). Choking under pressure: The neuropsychological mechanisms of incentive-induced performance decrements. *Frontiers in Behavioral Neuroscience, 9,* 19–19.

옮긴이 **김원호**

서강대학교 공과대학을(화학공학) 졸업했고 고려대학교 경영대학원에서 마케팅 전공으로 석사학위를 받았다. 삼성물산 상사부문 프로젝트 사업부에서 근무했으며, 현재는 번역가로 활동하고 있다.
《스킨 인 더 게임》《에센셜리즘》《모든 것이 달라지는 순간》《캐털리스트》《댄 애리얼리, 경제심리학》《앨빈 토플러, 불황을 넘어서》《누텔라 성공의 법칙》《스타트업처럼 생각하라》《전쟁 반전쟁》《누구를 위한 미래인가》《코카콜라의 진실》《월마트 방식》《IBM 부활의 신화》《기업 스파이 전쟁》 등을 비롯하여 70권이 넘는 외서들을 번역했다. 지은 책으로는《리치 커플, 포트폴리오 하다》가 있다.

Dom 030

그레이트 식스 해빗:
재능과 환경을 이기는 초격차 인생 습관

초판 1쇄 인쇄 | 2024년 8월 16일
초판 1쇄 발행 | 2024년 8월 30일

지은이 브렌든 버처드
옮긴이 김원호
펴낸이 최만규
펴낸곳 월요일의꿈
출판등록 제25100-2020-000035호
연락처 010-3061-4655
이메일 dom@mondaydream.co.kr

ISBN 979-11-92044-47-7 (03320)

'월요일의꿈'은 일상에 지쳐 마음의 여유를 잃은 이들에게 일상의 의미와 희망을 되새기고 싶다는 마음으로 지은 이름입니다. 월요일의꿈의 로고인 '도도한 느림보'는 세상의 속도가 아닌 나만의 속도로 하루하루를 당당하게, 도도하게 살아가는 것도 괜찮다는 뜻을 담았습니다.
"조금 느리면 어떤가요? 나에게 맞는 속도라면, 세상에 작은 행복을 선물하는 방향이라면 그게 일상의 의미이자 행복이 아닐까요?" 이런 마음을 담은 알찬 내용의 원고를 기다리고 있습니다. 기획 의도와 간단한 개요를 연락처와 함께 dom@mondaydream.co.kr로 보내주시기 바랍니다.